# LE NOUVEAU TESTAMENT

ET LES

## DÉCOUVERTES ARCHÉOLOGIQUES MODERNES

Couvertures supérieure et inférieure manquantes

## DU MÊME AUTEUR

**Les Livres Saints et la critique rationaliste.** *Histoire et réfutation des objections des incrédules contre les Saintes Écritures*, par F. VIGOUROUX, avec des illustrations d'après les monuments, par M. l'abbé DOUILLARD, architecte. Nouvelle édition. 5 in-8°. Paris, Roger et Chernoviz. Prix .................................... 35 fr. »
Édition in-12. Prix ............................................................................ 20 fr. »
Les deux premiers et les trois derniers volumes se vendent séparément.

**Manuel biblique ou Cours d'Écriture Sainte à l'usage des séminaires.** ANCIEN TESTAMENT, par F. VIGOUROUX, prêtre de Saint-Sulpice. NOUVEAU TESTAMENT, par L. BACUEZ, prêtre de Saint-Sulpice. Neuvième édition. 4 in-12. Paris, Roger et Chernoviz. Prix ............................................................. 14 fr. »

**Manuale biblico, o Curso de Sagrada Escritura**, *traducido al castellano bajo la direccion de* D. Vicente Calatayud y Bonmati. 4 in-8°. Alicante et Valence, 1891-1895.

**Manuale biblico, o Corso di Sacra Scrittura,** *Versione italiana sull'ottava edizione francese.* 4 in-8°. San Pier d'Arena, Libreria Salesiana, 1894-1895.

**Carte de Palestine** pour l'étude de l'Ancien et du Nouveau Testament. Une feuille papier japon imprimée en quatre couleurs de $0^m,47$ de haut sur $0^m,39$ de large. Cinquième édition, 1895. Paris, Roger et Chernoviz. Prix ................... 1 fr. »
Achetée avec le *Manuel biblique* ................................................. 0 fr. 50

**La Bible et les découvertes modernes, en Palestine, en Égypte et en Assyrie**, avec cartes, plans et illustrations d'après les monuments. Sixième édition. 4 in-12, Paris, Berche et Tralin. Prix ............................................. 16 fr. »

**Die Bibel und die neueren Entdeckungen in Palæstina, in Aegypten und in Assyrien**, von F. VIGOUROUX. Autorisirte Uebersetzung von JOH. IBACH, Pfarrer von Villmar. 4 in-8°. Mayence, Franz Kirchheim.

**La Bible et la Critique.** Réponse aux *Souvenirs d'enfance et de jeunesse* de M. Renan. Broch. in-8°. Paris, Berche et Tralin. Prix ................... 1 fr. »

**Mélanges bibliques. La Cosmogonie mosaïque d'après les Pères de l'Église**, suivie d'études diverses relatives à l'Ancien et au Nouveau Testament (*Les inventeurs de l'explication naturelle des miracles : Eichhorn et Paulus. — Les inscriptions et les mines du Sinaï. — Les Héthéens de la Bible. — Le livre des Proverbes et la fourmi. — Susanne : caractère véridique de son histoire. — Les Samaritains au temps de Jésus-Christ. — La Bible et la critique*, réponse aux *Souvenirs d'enfance et de jeunesse* de M. Renan), par F. VIGOUROUX, prêtre de Saint-Sulpice : avec une carte et des illustrations d'après les monuments, par M. l'abbé DOUILLARD, architecte. Deuxième édition, in-12. Paris, Berche et Tralin. Prix .......................................................................... 4 fr. »

**La Sainte Bible selon la Vulgate**, traduite en français par M. l'abbé GLAIRE, avec introductions et notes par F. VIGOUROUX. Ancien et Nouveau Testament. 4 in-8°. Prix ............................................................... 24 fr. »
Le Nouveau Testament, deuxième édition, se vend séparément. Prix ..... 6 fr. »

EN COURS DE PUBLICATION :

**Dictionnaire de la Bible**, contenant tous les noms de personnes, de lieux, de plantes, d'animaux mentionnés dans les Saintes Écritures, les questions théologiques, archéologiques, scientifiques, critiques, relatives à l'Ancien et au Nouveau Testament, et des notices sur les commentateurs anciens et modernes avec de nombreux renseignements bibliographiques. Ouvrage orné de cartes, de plans, de vues des lieux, de reproductions de médailles antiques, de fac-similés des manuscrits, de reproductions de peintures et de bas-reliefs assyriens, égyptiens, phéniciens, etc., publié par F. VIGOUROUX, prêtre de Saint-Sulpice, avec le concours d'un grand nombre de collaborateurs. Paris, Letouzey et Ané. Prix du fascicule, in-4° de 320 col... 5 fr. »
Les dix premiers fascicules sont publiés.

SOUS PRESSE :

**La Sainte Bible Polyglotte**, en quatre langues, contenant le texte hébreu, le texte grec, la Vulgate latine et la version française de M. l'abbé GLAIRE, avec les différences de l'hébreu et de la Vulgate, des introductions, des notes, des cartes et des illustrations, par F. VIGOUROUX. Paris, Roger et Chernoviz. L'ouvrage formera 8 forts vol. grand in-8° raisin. — Prix net pour les souscripteurs, le vol. 5 fr. »

BAR-LE-DUC. — IMPRIMERIE CONTANT-LAGUERRE.

# LE
# NOUVEAU TESTAMENT

ET

## LES DÉCOUVERTES ARCHÉOLOGIQUES

MODERNES

PAR F. VIGOUROUX

Prêtre de Saint-Sulpice

AVEC DES ILLUSTRATIONS D'APRÈS LES MONUMENTS
par M. l'abbé DOUILLARD, architecte

DEUXIÈME ÉDITION

PARIS
BERCHE ET TRALIN, LIBRAIRES-ÉDITEURS
69, RUE DE RENNES, 69

1896

TOUS DROITS RÉSERVÉS

Les caractères grecs des inscriptions ont été prêtés
par l'Imprimerie Nationale

# AVANT-PROPOS

## DE LA PREMIÈRE ÉDITION.

Les travaux historiques, critiques, exégétiques publiés depuis un siècle, surtout en Angleterre et en Allemagne, sur le Nouveau Testament, sont innombrables. Aucun cependant, à notre connaissance, n'a pour objet spécial de recueillir, dans une étude d'ensemble, ce que nous ont appris les découvertes modernes sur les écrits des Apôtres.

Après avoir essayé de faire connaître les résultats des recherches de ce genre, relatives à l'Ancien Testament, dans *La Bible et les découvertes modernes en Palestine, en Égypte et en Assyrie,* nous entreprenons aujourd'hui un travail semblable pour le Nouveau. Quoique la matière ne soit ni aussi riche ni aussi abondante, il peut être néanmoins avantageux de réunir dans un seul volume tout ce que nous pourrons rassembler de plus important sur les Évangiles et sur les Actes des Apôtres.

Ce qui est nouveau a le privilège de piquer la curiosité et d'intéresser le lecteur. Ici la curiosité n'est point vaine et l'intérêt n'est point futile, car ce qui touche au Nouveau Testament touche par là même à la religion et au christianisme, c'est-à-dire à ce qui doit régler la vie morale de l'homme et fixer son avenir, non pas seulement dans le temps, mais aussi dans l'éternité. Il est donc bien naturel et bien légitime de rechercher ce que nous apprennent les découvertes modernes sur l'authenticité et sur la véracité des écrits du Nouveau Testament. Tel est le but des pages qui suivent. Cette recherche est propre à raffermir notre foi, à nous mettre en état de défendre nos croyances et en même temps à nous exciter de plus en plus à pratiquer les divins enseignements de Celui qui nous a apporté sur la terre la véritable vie.

Daignent Notre-Seigneur Jésus-Christ, la Très Sainte Vierge Marie et les Saints Apôtres dont les écrits sont le sujet de ce livre, le bénir et le rendre utile aux âmes !

F. V.

Nant-d'Aveyron, 8 septembre 1889,
fête de la Nativité de la Très Sainte Vierge.

# AVERTISSEMENT

## DE LA SECONDE ÉDITION.

Depuis la publication de la première édition de ce travail, l'auteur a visité une seconde et une troisième fois la Grèce et de plus les autres pays et les villes dont il est question dans le Nouveau Testament et qu'il ne connaissait pas encore, en Syrie, en Asie Mineure et en Macédoine, afin de se rendre compte par lui-même des lieux où se passent les scènes racontées par les auteurs sacrés. On trouvera dans les pages qui suivent quelques-uns des résultats de ces voyages entrepris pour suivre les traces de saint Paul et des autres Apôtres. On y trouvera aussi quelques autres additions, fruits des travaux publiés sur la matière depuis 1890.

F. V.

Paris, Séminaire de Saint-Sulpice, 6 juillet 1896,
Octave de saint Pierre et de saint Paul.

# LE NOUVEAU TESTAMENT

### ET LES

## DÉCOUVERTES ARCHÉOLOGIQUES MODERNES.

### CONSIDÉRATIONS GÉNÉRALES.

Les découvertes modernes en Égypte, en Assyrie, en Chaldée, en Perse, en Susiane, ont jeté de vives lumières sur plusieurs parties de l'Ancien Testament. Elles ont fait renaître en quelque sorte à une nouvelle vie des nations qui semblaient à jamais disparues; elles nous ont mis sous les yeux les inscriptions et les monuments qui nous peignent leurs guerres, leurs mœurs, leurs coutumes, leur religion, leur civilisation tout entière, et comme ces peuples ont été en contact avec Israël, leur histoire, désormais connue, éclaire dans les Saintes Écritures des points obscurs, dissipe des doutes, explique des allusions, rend le livre sacré plus intelligible et révèle même des faits ignorés.

L'archéologie ne fournit point une aussi riche moisson à celui qui cultive le champ du Nouveau Testament. La récolte est moins abondante, parce que les Grecs et les Romains, qui avaient succédé aux Égyptiens, aux Assyriens et aux Perses dans l'empire du monde occidental, à l'époque de la venue de Notre-Seigneur, n'étaient pas tombés dans l'oubli ou n'étaient pas négligés comme ceux dont ils étaient les héritiers. Leurs monuments littéraires ont été de tout temps connus et exploités ; on s'en est toujours servi pour l'étude des Évangiles ; ils n'ont donc rien à nous apprendre de nouveau ; seules les inscriptions et les médailles peuvent nous fournir quelques renseignements jusqu'ici ignorés. Les fouilles et les recherches faites en Palestine n'ont guère agrandi non plus le domaine de nos connaissances, car on n'a presque rien découvert dans ce pays.

Cependant, si le trésor ne s'est pas accru autant qu'on aurait pu le souhaiter, il ne faut ni dédaigner ni négliger les richesses acquises. L'épigraphie et la numismatique grecques et romaines ont élucidé un certain nombre de questions historiques, relatives au premier siècle; les progrès de la plupart des sciences ont aussi contribué à rendre plus clairs des détails divers disséminés dans le Nouveau Testament. C'est ainsi que la philologie comparée a fait mieux connaître les langues qu'on parlait au temps de Notre-Seigneur; que les catacombes romaines et les magnifiques travaux de J. B. de Rossi nous ont appris ce que les premiers chrétiens lisaient dans nos Évangiles et comment ils les comprenaient.

Il y a donc dans les découvertes archéologiques de notre siècle bien des matériaux précieux à recueillir pour l'interprétation des écrits du Nouveau Testament, et c'est ce que nous allons nous efforcer de faire dans les pages qui suivent.

Un premier livre sera consacré à l'authenticité des écrits du Nouveau Testament, prouvée par leur langage même; un second, à certaines questions relatives aux Évangiles; un troisième, aux Actes des Apôtres et un quatrième et dernier aux monuments des catacombes.

# LIVRE PREMIER

## DE L'AUTHENTICITÉ DES ÉCRITS
## DU NOUVEAU TESTAMENT
### PROUVÉE PAR LEUR LANGAGE

# CHAPITRE PREMIER.

## OBSERVATIONS PRÉLIMINAIRES.

Parmi les travaux qui font le plus d'honneur à notre siècle, l'étude scientifique des langues occupe une des premières places. Les résultats auxquels elle est parvenue n'intéressent pas seulement la linguistique proprement dite; ils ont aussi une portée historique considérable. Nous n'avons pas à étudier ici la philologie comparée pour elle-même, mais, comme elle est devenue un instrument puissant au service de l'archéologie, nous devons montrer comment elle nous fournit des preuves en faveur de l'authenticité des écrits du Nouveau Testament et établit, par des arguments intrinsèques du plus grand poids, que les Évangiles et les Épîtres sont bien l'œuvre d'auteurs d'origine juive, ainsi que nous l'affirme la tradition de l'Église.

Afin de faire ressortir autant que possible cette vérité dans tout son jour, nous rechercherons en premier lieu quelle a été la langue parlée par Notre-Seigneur, pendant sa vie mortelle, et par ses Apôtres avant la Pentecôte; nous examinerons en second lieu quelles sont les conséquences qui découlent du fait que nous aurons constaté et comment il peut nous mettre en état de vérifier l'exactitude de la tradition concernant l'origine du Nouveau Testament; nous ferons enfin l'application des principes posés et nous démontrerons, par l'étude intrinsèque du langage des Évangiles et des Épitres, qu'il confirme pleinement le témoignage des anciens Pères sur l'origine apostolique du Nouveau Testament.

## CHAPITRE II.

### DE LA LANGUE PARLÉE PAR NOTRE-SEIGNEUR ET LES APÔTRES.

La question de savoir quelle a été la langue parlée par Notre-Seigneur pendant sa vie mortelle est intéressante en elle-même. Elle excite la légitime curiosité de tous les chrétiens instruits. Notre langage est comme une partie de notre personne et de notre vie, et l'idiome qui a été sanctifié en passant par les lèvres divines du Sauveur, celui qui a servi à prononcer le sermon sur la montagne, les paraboles évangéliques, les discours de la Cène et tous les enseignements que nous a apportés du ciel le Verbe incarné mérite bien d'être l'objet de nos recherches.

Mais en nous livrant à cette investigation, nous ne satisferons pas seulement une pieuse curiosité; nous pourrons atteindre le but plus important encore, que nous avons annoncé, celui d'apporter, par ce moyen, de nouvelles preuves en faveur de l'authenticité des Évangiles et des écrits du Nouveau Testament en général. La langue qu'a parlée Notre-Seigneur est celle qu'ont parlée ses Apôtres et ses Évangélistes. Quoique des circonstances diverses aient engagé les écrivains du Nouveau Testament à écrire en grec, si le grec n'est pas leur langue maternelle, nous devrons retrouver dans les œuvres qu'ils nous ont laissées des traces de l'idiome qu'ils parlaient en Palestine, et nous pourrons ainsi constater, par cet examen intrinsèque, l'origine judaïque des Évangiles et des Épitres.

La détermination de la langue parlée par Jésus-Christ et par ses Apôtres a donné lieu à de nombreuses discussions [1]. Nous allons raconter d'abord l'histoire de cette controverse.

---

[1] Voir, outre les ouvrages que nous aurons occasion de citer plus loin, J. Reiske (1641-1701), *Exercitatio philologica de lingua vernacula Jesu Christi*, in-4°, Iéna, 1670; J. Klaeden, *De lingua Jesu Christi vernacula*, Wittenberg, 1761; H.-Ch. M. Rettig (1799-1836), *De lingua quæ Jesu et Apostolorum tempore in Palæstina in usu fuit* (dans les *Ephem. Giss.*, III, 1). Cf. Em. Kautzsch, *Grammatik des Biblisch-Aramäischen*, in-8°, Leipzig, 1884, p. 8; R. N. Cust, *The language spoken by our Lord and His Apostles*, dans ses *Oriental Essays*, série III, in-8°, Londres, 1891, p. 3-17; cf. p. 26-44; H.-L. Strack, *Abriss der biblischen Aramäisch, Grammatik, Wörterbuch*, in-8°, Leipzig, 1896.

## ARTICLE I<sup>er</sup>.

#### HISTORIQUE DE LA QUESTION.

Le Nouveau Testament nous apprend qu'au temps de Notre-Seigneur on parlait en Palestine une langue appelée langue hébraïque[1]. Les recherches philologiques de notre siècle nous la font bien connaître et il est maintenant facile de s'en faire une juste idée.

On pourrait être induit en erreur sur la nature de cette langue par le nom que lui ont donné les écrivains du Nouveau Testament : elle est appelée hébraïque parce qu'elle était parlée par les Hébreux[2] ; mais elle est différente de l'hébreu proprement dit, c'est-à-dire de celui dont se sont servis Moïse, David, les historiens et les prophètes de l'Ancien Testament. La famille des langues sémitiques comprend l'arabe, qui se parlait et se parle encore en Arabie, dans une partie de l'Asie et de l'Afrique ; l'éthiopien, qu'on parlait en Éthiopie ; l'assyrien, qu'on parlait en Assyrie et en Chaldée ; l'araméen, qu'on parlait dans le pays d'Aram ou Syrie et enfin l'hébreu, qu'on parlait en Palestine avant la captivité[3]. Après la captivité, l'hébreu proprement dit de-

---

[1] Cf. Joa., v, 2 ; xix, 13, 17, 20 ; Act., xxi, 40 ; xxii, 2 ; xxvi, 14 ; IV Mac., xii, 7 ; xvi, 15.

[2] Au premier siècle de notre ère, on appelait communément Hébreux les Juifs qui parlaient un dialecte sémitique, et Juifs Hellénistes (jamais Hellènes) ceux qui parlaient grec. Cf. Act., vi, 1.

[3] Le phénicien, qu'on parlait en Phénicie, différait très peu de l'hébreu proprement dit. Le dialecte moabite, qui nous est connu par la stèle du roi Mésa, aujourd'hui conservée au Musée judaïque du Louvre, était aussi à peu près le même que l'hébreu. Voir la stèle de Mésa dans *La Bible et les découvertes modernes*, 6<sup>e</sup> édit., t. iii, fig. 70 et p. 466-474.

vint une langue morte; il fut remplacé par l'araméen.

L'araméen ou langue du pays d'Aram était usitée, non seulement dans la Syrie, mais aussi en Chaldée et dans l'ancienne Assyrie, où de nombreuses tribus araméennes avaient été déportées par les rois de Ninive et de Babylone. L'ancien hébreu avait les affinités les plus étroites avec l'araméen. Les habitants de Juda et de Jérusalem, transportés sur les bords de l'Euphrate, étant moins nombreux que les Araméens, durent y perdre l'habitude de parler leur propre langue, pour se faire entendre de leurs compagnons d'infortune et aussi des indigènes, à qui l'araméen était devenu familier[1]. C'est parce que les Juifs s'accoutumèrent à parler cette langue en Chaldée qu'elle reçut le nom de chaldaïque, quoique cette dénomination ne soit pas plus exacte que celle d'hébraïque.

L'araméen se subdivisait en deux branches ou dialectes : l'araméen occidental, qu'on a plus spécialement appelé syriaque, et l'araméen oriental, auquel on a donné le nom de chaldaïque ou syro-chaldaïque. Le premier se parlait en Syrie, le second en Babylonie : c'est donc l'araméen oriental que les Juifs apprirent dans ce dernier pays. Après la captivité, étant de retour dans leur ancienne patrie, ils continuèrent à en faire usage, et ils s'en servaient encore du temps de Notre-Seigneur, qui a par conséquent parlé ce dialecte, ainsi que ses Apôtres, comme nous allons le démontrer.

On a émis, au sujet de la langue parlée par le Sauveur, des opinions singulières. On a supposé, par exemple, que Jésus avait parlé latin ou grec. Wernsdorf a écrit un traité : *De Christo latine loquente*[2]. Pour prouver que le Sauveur

---

[1] Voir ce que nous avons dit sur ce sujet dans *La Bible et les découvertes modernes*, 6ᵉ édit., t. ɪᴠ, p. 257-258.

[2] E. F. Wernsdorf (1718-1782), *Sententiæ de Christo latine loquente*

## CHAP. II. LA LANGUE PARLÉE PAR NOTRE-SEIGNEUR.

parlait latin, il s'appuie sur certaines expressions, d'origine romaine, qui se lisent dans les Évangiles.

On rencontre, il est vrai, des mots latins dans les discours du Sauveur : *modius* (boisseau)[1], *legio* (légion), *quadrans* (la quatrième partie de la monnaie appelée *as*)[2]; mais de l'emploi d'un terme militaire, d'un nom de mesure ou de monnaie[3], on

---

*examen*, in-4º, Wittenberg, 1771. Voir B. Winer, *Handbuch der theologischen Literatur,* 3º édit., 2 in-8º, Leipzig, 1838, t. ı, col. 557; t. ıı, col. 833.

[1] Sur le *modius*, voir *Dictionnaire de la Bible*, t. ı, col. 1840.

[2] Μόδιον, Matth., v, 15; Marc, ıv, 21; Luc, xı, 33; λεγεών, Matth., xxvı, 53; κοδράντην, Matth., v, 26. On ne peut pas affirmer avec certitude que Notre-Seigneur a employé lui-même ces mots latins dans ses discours, mais rien n'empêche de l'admettre. — Sur le *quadrans*, voir *Manuel biblique*, 9º édit., t. ı, n. 186, p. 316.

[3] Les écrivains du Nouveau Testament ont employé encore d'autres mots latins, mais tous ces mots sont empruntés à la langue des conquérants et cet emprunt s'explique facilement en Judée. Outre les trois mots que nous avons rapportés, on trouve encore, dans les Évangiles, les Actes et les Épîtres, sous une forme grecque, les termes latins suivants :

*Assarius*, ἀσσάριον (diminutif d'as, petite monnaie); Matth., x, 29; Luc, xıı, 6.

*Census*, κῆνσος, « cens, » Matth., xvıı, 25; xxıı, 17, 19; Marc, xıı, 14.

*Centurio*, κεντυρίων, « centurion, » Marc, xv, 39, 44.

*Colonia*, κολώνια, « colonie, » Act., xvı, 12.

*Custodia*, κουστωδία, « garde, » Matth., xxvıı, 65, 66; xxvııı, 11.

*Denarius*, δηνάριον, « denier, » Matth., xvııı, 28; xx, 2, 9, 13; xxıı, 19; Marc, vı, 37; xıı, 15; xıv, 5; Luc, vıı, 41; x, 35; xx, 24; Joa., vı, 7; xıı, 5; Apoc. vı, 6.

*Flagello*, φραγελλόω, « flageller, » Matth., xxvıı, 26; Marc, xv, 15.

*Flagellum*, φραγέλλιον, « fouets, » Joa., ıı, 15.

*Grabatus*, κράββατος, « lit étroit et grossier, » Marc, ıı, 4, 9, 11; vı, 55; Joa., v, 8-12; Act., v, 15; ıx, 33.

*Libertinus*, λιβερτῖνος, « affranchi, » Act., ı, 9.

*Linteum*, λέντιον, « linge, » Joa., xııı, 4.

*Libra*, λίτρα, « poids de douze onces, » Joa., xıı, 3; xıx, 39.

*Macellum*, μάκελλον, « marché où l'on vend de la viande et autres comestibles, » I Cor., x, 25.

ne peut conclure que celui qui s'en sert parle l'idiome même à laquelle ce mot est emprunté[1]. Dans toutes les langues, on emprunte des mots de ce genre ; le français n'en est pas moins différent de l'anglais, malgré les mots que nous avons pris à nos voisins, comme par exemple, les rails, les wagons et les tramways, etc., et nous ne parlons pas

*Membrana*, μεμβράνα, « parchemin, » II Tim., iv, 13.
*Milliarium*, μίλιον, « mille, » mesure de mille pas, Matth., v, 41.
*Niger*, νίγερ, « noir, » surnom du prophète Siméon, Act., xiii, 1.
*Prætorium*, πραιτώριον, « prétoire, » Matth., xxvii, 27 ; Marc, xv, 16 ; Joa., xviii, 28, 33 ; xix, 9 ; Act., xxiii, 35 ; Phil., i, 13.
*Semicinctium*, σιμικίνθιον, « ceinture » étroite de linge. Act., xix, 12.
*Sicarius*, σικάριος, « sicaire, » Act., xxi, 38.
*Spiculator*, σπεκουλάτωρ, « satellite, » Marc., vi, 27.
*Sudarium*, σουδάριον, « mouchoir, suaire, » Luc, xix, 20 ; Act., xix, 12 ; Joa., xi, 44 ; xx, 7.
*Titulus*, τίτλος, « titre, inscription, » Joa., xix, 19.
En plus, les noms propres latins : Aquila, Augustus, Cæsar, Cornelius, Felix, Festus, Justus, Marcus, Paulus, Pontius Pilatus, Pudens, Priscilla, etc.
On voit que tous les noms communs empruntés aux Latins désignent ou des objets qu'avait fait connaître la conquête romaine ou des fonctions, etc.

[1] Marcellin Molckenbuhr (1741-1825), religieux franciscain, dans *Die Bibel des Neuen Testaments, übersetzt von Karl van Ess*, in-8°, Paderborn, 1818, a soutenu l'opinion étrange que le Nouveau Testament tout entier avait été écrit originairement en latin. Ant. Joac. Binterim (1779-1855), prêtre catholique, le réfuta dans son *Epistola catholica interlinearis de lingua originali Novi Testamenti non latina*, in-8°, Dusseldorf, 1820. Cf. *Theologische Quartalschrift* de Tubingue, 1820, p. 415-446. Molckenbuhr répliqua dans son *Problema criticum : Sacra Scriptura Novi Testamenti in quo idiomate originaliter ab Apostolis edita fuerit?* in-8°, Paderborn, 1821. Binterim lui répondit : *Propempticum ad problema criticum : Sacra Scriptura Novi Testamenti in quo idiomate originaliter ab Apostolis edita fuerit? a Marc. Molckenbuhr nuper propositum*, in-8°, Mayence, 1822. Cf. *Theologische Quartalschrift*, 1822, p. 654-677 ; K. Werner, *Geschichte der katholischen Theologie*, in-8°, Munich, 1866, p. 400-401.

## CHAP. II. LA LANGUE PARLÉE PAR NOTRE-SEIGNEUR. 15

néanmoins anglais, même quand nous employons les termes que nous venons de citer. Quoique les Romains fussent assez nombreux en Judée au premier siècle de notre ère, quoique une partie des monnaies qui étaient en circulation dans le pays portassent une légende latine, la langue des vainqueurs n'y était nullement devenue vulgaire[1].

Au premier abord, le sentiment de ceux qui pensent que Notre-Seigneur a parlé grec pourrait paraître plus vraisemblable. Cette opinion a eu ses défenseurs; elle en a même encore[2].

Isaac Vossius fut le premier qui imagina de soutenir que le Sauveur des hommes avait parlé grec. La Judée seule, disait-il, ne pouvait avoir échappé au sort commun des provinces conquises par Alexandre le Grand et ses successeurs; elle ne pouvait avoir conservé seule sa propre langue, au lieu d'adopter celle des conquérants; d'où il concluait que le grec était la seule langue parlée en Palestine depuis l'invasion macédonienne en Asie[3].

[1] L'argument tiré des monnaies à nom ou légende latine ne prouve rien. Les pièces d'or étrangères, françaises et anglaises, sont très estimées aujourd'hui dans tout le Levant et partout acceptées avec leurs noms plus ou moins défigurés, sans que ceux qui les reçoivent parlent français ou anglais.

[2] On s'est même demandé si Notre-Seigneur n'avait pas lu des auteurs grecs et latins. Un Allemand, J. F. Mayer, a publié à Hambourg, en 1701, un écrit intitulé : *Utrum Christus legerit Platonem vel Terentium*. Cette question est bizarre. Nous ne trouvons dans les paroles de Jésus-Christ aucune allusion à la philosophie, à l'histoire, à la littérature de la Grèce ou de Rome. Quelques-uns se sont imaginé que ce que dit Jésus-Christ en saint Marc, xvi, 18 : *Si mortiferum quid biberint, non eis nocebit*, était une allusion à la mort de Socrate, et que la parole du Sauveur que rapporte saint Paul, Act., xx, 35 : *Beatius est magis dare quam accipere*, ressemblait à la maxime épicurienne : Ἥδιόν ἐ εὖ ποιεῖν τοῦ εὖ πάσχειν (Cf. Aristote, *Ethic. Nic.*, iv, 1, 7, édit. Didot, t. ii, p. 39), mais tout cela n'est point fondé.

[3] « Nescio qua ratione factum sit ut hoc nostro sæculo plerique fere

Les prémisses de Vossius étaient fausses : s'il est vrai que l'on parlait grec à la cour des généraux d'Alexandre, devenus rois d'Égypte et de Syrie, il est vrai aussi que le peuple continua à parler copte en Égypte et araméen en Syrie comme le prouve la littérature de ces deux pays.

Dominique Diodati [1] fut néanmoins séduit par la théorie de Vossius et il la soutint à Naples en 1767. Jésus et les Apôtres, d'après lui, parlèrent le grec connu sous le nom de langue hellénistique.

Le savant Bernard de Rossi publia, pour le réfuter, une monographie qui est demeurée célèbre : *De la langue du Christ et des Hébreux de la Palestine depuis le temps des Machabées*, publiée à Rome en 1772 [2]. La langue hellénistique, dit-il, était peu connue en Palestine ; Jésus-Christ, comme tous ses compatriotes, parlait un dialecte sémitique mixte ; Rossi appelle ce dialecte syro-chaldaïque.

A la suite de sa publication, il se produisit en Allemagne, où ses conclusions avaient été acceptées par Pfannkuche [3],

docti Christum et Apostolos hebraice semper locutos fuisse existimant, non autem Græce... Ubicumque jam ab Alexandri Magni temporibus Græci fuere domini, ibi etiam Græca prævaluit lingua, et absurdum est unam excipere Judæam... In Judæa nulla præter Græcam audiebatur lingua, in urbibus præsertim oppidisque. » Is. Vossius, *De Sibyll. oracul.*, in-18, Lugduni Batavorum, 1680, p. 156-158 ; *Ad iteratas P. Simonii objectiones responsio*, dans ses *Variarum observationum liber*, in-4º, Londres, 1685, p. 375.

[1] Dominici Diodati Neapolitani *De Christo græce loquente exercitatio*, Naples, 1767.

[2] Bernard de Rossi, *Della lingua propria di Cristo e degli Ebrei nazionali della Palestina da tempi de' Maccabei*, in-8º, Parme, 1772.

[3] La dissertation de Bernard de Rossi fut reproduite en allemand, avec acceptation complète de ses idées, par Henri-Frédéric Pfannkuche, *Uber die palästinsche Landessprache in dem Zeitalter Christi und der Apostel, ein Versuch, zum Theil nach de Rossi entworfen*, dans le t. VIII de l'*Allgemeine Bibliothek der biblischen Literatur*, d'Eichhorn,

CHAP. II. LA LANGUE PARLÉE PAR NOTRE-SEIGNEUR. 17

une opinion intermédiaire. Le Dʳ Gottlob Paulus, professeur à Iéna ¹, reconnut que la langue vulgaire des Juifs de Palestine, au commencement de notre ère, était en effet un dialecte araméen, mais, ajoutait-il, il faut aussi admettre que le grec était alors assez répandu dans le pays, et en particulier en Galilée et à Jérusalem, pour que le Sauveur et ses disciples pussent en faire usage dans leurs discours publics, toutes les fois qu'ils le jugeaient à propos ².

Paulus fut réfuté par un illustre savant français, Silvestre de Sacy, qui défendit le sentiment qu'avait déjà défendu de Rossi contre Diodati ³. Sans nier absolument que Jésus et ses disciples aient pu parler quelquefois grec, il montre très bien qu'on n'a aucune preuve qu'ils l'aient fait, et il établit que la langue parlée à cette époque en Palestine était l'araméen.

Aujourd'hui presque tous les savants et les critiques se rangent à l'avis de Bernard de Rossi et de Silvestre de Sacy ⁴.

---

p. 365-480. *English translation*, by John Brown, dans le *Biblical Cabinet* de Clark, 1832, t. II, p. 1-90.

¹ Sur Paulus, voir mes *Mélanges bibliques*, 2ᵉ édit., 1889, p. 162 et suiv.

² « Aramæam dialectum in Palæstina etiam, dum Jesus et Apostoli origines Ecclesiæ condebant, perdurasse vernaculam, simul tamen græcæ linguæ dialectum, in Galilæa, magisque ad hoc Hierosolymis in vulgus ita notam fuisse, ut in suis adeo orationibus ad populum, quotiescumque consultius hoc ducebant, ea uti potuerunt rerum christianarum instauratores. » E. G. Paulus, *Verisimilia de Judæis Palæstinensibus, Jesu atque etiam Apostolis non aramæa dialecto sola, sed græca quoque aramaizante locutis*. Particula Iᵃ et IIᵃ. Iéna, 1803. Dans Millin, *Magasin encyclopédique*, t. I, 1805, p. 128. Voir, *ibid.*, p. 134-137, le résumé des arguments de Paulus en faveur de son opinion.

³ S. de Sacy, *Littérature orientale*, dans A. L. Millin, *Magasin encyclopédique*, t. I, 1805, p. 125-147.

⁴ Voir Ed. Böhl, *Forschungen nach einer Volksbibel zur Zeit Jesu*, Vienne, 1873, p. 3; E. Renan, *Histoire des langues sémitiques*, 3ᵉ édit., Paris, 1863, p. 224 et suiv.; Frz. Delitzsch, dans *Saat auf Hoffnung*,

Cependant les partisans de la langue grecque n'ont pas complètement désarmé. Un savant anglais, le D^r Roberts avait publié en 1862 un écrit dans lequel il soutenait l'opinion de Paulus [1]. Toutes les réfutations dont ce premier ouvrage avait été l'objet ne l'ont pas ébranlé, et il est rentré en lice en 1888 par la publication d'un nouveau volume où il maintient toujours son sentiment [2]. Quelques-unes de ses raisons peuvent paraître spécieuses, mais elles ne sont pas solides. C'est ce que nous allons démontrer.

---

xi^e année, Heft iv, p. 195 et suiv.; Id., *The Hebrew New Testament of the British and Foreign Bible Society, a contribution to hebrew philology*, Leipzig, 1883, p. 30-31; Ad. Neulaner, *On the dialects spoken in Palestine in the time of Christ*, dans les *Studia biblica*, in-8°, Oxford, 1885, p. 39-74.

[1] Alexandre Roberts, *Discussions on the Gospels, in two parts*. Part. i, *On the language employed by our Lord and his disciples*, in-8°, Londres, 1862; 2^e édit., 1864.

[2] Alexandre Roberts, *Greek the language of Christ and his Apostles*, in-8°, Londres, 1888. — On peut voir une critique de cet ouvrage dans la *Classical Review*, t. ii, 1888, p. 142-145.

## ARTICLE II.

#### LE GREC N'A PAS ÉTÉ LA LANGUE DE NOTRE-SEIGNEUR ET DES APÔTRES.

Avant d'établir directement que l'araméen était la langue que parlaient Notre-Seigneur et les Apôtres, nous allons exposer et réfuter les arguments de Paulus, du D<sup>r</sup> Roberts et de leurs partisans.

Le premier point qu'ils cherchent à démontrer, c'est que le grec était connu en Palestine. La preuve en est qu'on se servait couramment de cette langue dans plusieurs villes de Palestine, à Sepphoris, à Césarée, à Tibériade[1]. Les monnaies d'Hérode portaient des légendes grecques[2]. On convient, sans doute, que les Juifs n'estimaient guère la connaissance des langues étrangères[3] ; on reconnaît que l'étude du grec fut même sévèrement interdite pendant la guerre contre les Romains[4]; mais on assure que le courant vers l'hellénisme était cependant si fort qu'à certains moments il brisait toutes les digues, de sorte que Gamaliel permit à ses élèves d'étudier la littérature grecque, *hokmat yavanit*, et que certains rabbins

1. — Monnaie de bronze d'Hérode le Grand.

---

[1] Josèphe, *Ant. jud.*, XVII, xi, 4, dit que Gaza, Gadara et Hippos étaient « des villes grecques ».

[2] Voir Figure 1. **HPΩΔOY**. Grappe de raisin avec une feuille de vigne. — ꝶ. **EΘNAPXOY**. Casque macédonien. Dans le champ, un caducée. Cf. de Saulcy, *Histoire d'Hérode*, in-8°, Paris, 1867, p. 385.

[3] Josèphe, *Ant. jud.*, XX, xi, 2.

[4] *Sota*, ix, 14.

recommandèrent l'étude du grec, en disant que le *tallit* de Sem et le pallium de Japhet devaient être unis ensemble[1]. Un poète de l'anthologie grecque, Méléagre, dit, dans son épitaphe, que son grec sera compris des Syriens et des Phéniciens ; il parle aussi de sa ville natale, Gadara, qui n'était pas fort éloignée de Nazareth, comme si c'était une sorte d'Athènes syrienne[2]. Depuis Alexandre le Grand, les Juifs avaient été perpétuellement en contact avec les Hellènes. Le grec était le moyen de converser avec les sujets des Ptolémées et des Séleucides et avec les étrangers en général. Jésus-Christ dut par conséquent se servir de cette langue pour s'entretenir avec le centurion dont il guérit le serviteur, avec les Grecs qui voulurent lui parler pendant la Semaine Sainte, avec Pilate qui le jugea[3]. Telles sont les raisons données par Paulus et ses partisans.

Personne ne conteste les faits qu'ils allèguent. Qu'il y eût des villes, Césarée, Sepphoris, Tibériade, Gadara, où l'élément gréco-macédonien fût considérable et où l'on parlât en conséquence grec, comme on parle aujourd'hui le français au Caire, à Jérusalem, à Constantinople ou à Athènes, nous n'y contredirons pas. Les étrangers apportaient et gardaient leur propre langue dans les lieux où ils étaient groupés ensemble.

---

[1] *Midrasch Rabba,* Gen., xxxiv. Les rabbins furent néanmoins en général peu favorables à l'étude du grec. Rabbi Josué Lévi disait qu'il n'était permis d'étudier la sagesse grecque qu'à une heure qui n'appartînt ni au jour, ni à la nuit, c'est-à-dire jamais. Rabbi Jochanan permettait de l'enseigner aux jeunes filles, etc. Voir Buxtorf, *Lexicon talmudicum,* édit. Fischer, p. 480.

[2] Voir les trois épitaphes de Méléagre, *Anthologia palatina*, vi, 417-419, édit. Didot, t. i, p. 352-353. Il dit de Gadara :

$$\text{Ἀτθὶς ἐν Ἀσσυρίοις ναιομένα, Γάδαρα.}$$

Dans sa troisième épitaphe, il s'adresse en grec aux Syriens et aux Phéniciens comme aux Hellènes.

[3] Matth., viii, 5-9 ; xxvii, 11 ; Joa., xii, 21.

## CHAP. II. LA LANGUE PARLÉE PAR NOTRE-SEIGNEUR.

Qu'il y eût aussi des Israélites qui comprissent le grec, cela est également certain. Ceux qui habitaient l'Égypte et les autres pays où cette langue était usuelle devaient naturellement s'en servir. Comme un certain nombre de Juifs hellénistes séjournaient en Judée et en Galilée, il y en avait également toujours dans ces provinces qui parlaient le grec. Quelques-uns de ceux qui étaient nés en Palestine avaient pu également apprendre cette langue; mais rien ne prouve que Jésus et ses disciples fussent de ce nombre.

De ce que les monnaies d'Hérode portent des légendes grecques, il ne s'ensuit nullement que la connaissance de cette langue fût générale dans son royaume. Les monnaies anglaises portent encore aujourd'hui une légende latine, quoique le latin ne soit pas parlé dans la Grande-Bretagne.

Nous n'avons aucune preuve que le Sauveur ait parlé grec au centurion[1]. Cet officier pouvait avoir appris assez d'araméen pour se faire entendre des gens du pays, ou bien il pouvait parler par interprète, de même que les Grecs qui désiraient s'entretenir avec Notre-Seigneur. Les drogmans ont toujours été connus en Orient[2]. Aucun des faits allégués n'établit donc la thèse soutenue par Paulus et M. Roberts.

---

[1] En supposant que le centurion ait eu des rapports directs avec Notre-Seigneur, comme l'admettent certains interprètes, à cause du langage de saint Matthieu, VIII, 5, car d'autres, s'appuyant sur saint Luc, VII, 3, pensent que le centurion ne se présenta pas en personne à Notre-Seigneur et que le premier Évangile, supprimant une partie des détails, ne parle pas de l'ambassade pour abréger et attribue au centurion ce qu'il avait fait faire et dire par ceux qui le représentaient. Voir J. Knabenbauer, *Comment. in Matthæum*, 2 in-8°, Paris, 1892, t. I, p. 313; Cl. Fillion, *Évangile selon saint Matthieu*, in-8°, Paris, 1878, p. 155.

[2] Voir *La Bible et les découvertes modernes*, 6° édit., 1896, t. IV, p. 370, un récit d'Assurbanipal, roi de Ninive, où il est question des interprètes de langues. Le mot « drogman » lui-même est d'origine orientale.

Mais ils apportent encore d'autres raisons. Quand le Sauveur, disent-ils, s'adressait aux foules, comme elles se composaient d'auditeurs de nationalités diverses, il devait se servir de la langue qui était comprise de tous et cette langue ne pouvait être que le grec.

C'est ce dernier point qu'il faudrait démontrer. La plupart des Israélites, au contraire, ne savaient certainement pas le grec. Ce qui est raconté dans le livre des Actes du don des langues et de l'étonnement que manifestent, avec les habitants de Jérusalem, les Juifs de tous pays qui y sont rassemblés, quand ils voient que les Apôtres sont compris de tous leurs auditeurs[1], venus des diverses parties du monde, nous montre bien qu'il n'y avait pas une langue commune à l'aide de laquelle on pût se faire comprendre de tous en Palestine.

Mais M. Roberts est si prévenu en faveur de son système qu'il va jusqu'à transformer en preuves de son opinion les arguments mêmes qui la détruisent. Si Notre-Seigneur, dit-il, parlait araméen quand il s'adressait à la multitude, pourquoi l'Évangile nous fait-il remarquer que, pour ressusciter la fille de Jaïre, il prononça quelques mots en cette langue[2] ? C'est évidemment parce qu'il n'avait pas coutume de s'en servir. — Les termes araméens conservés par le texte sacré démontrent, au contraire, que le langage de Notre-Seigneur n'était pas le grec. L'Évangéliste ne les a pas rapportés pour indiquer que Jésus se servit en cette circonstance d'un idiome dont il ne faisait pas ordinairement usage[3], — rien dans son récit n'autorise à tirer cette conclusion, — mais parce que la grandeur du miracle, produit par deux simples mots sortis de la bouche du maître : *Thalitha coumi*, avait

---

[1] Act., II, 4-12.

[2] Marc, V, 41.

[3] Saint Luc traduit en grec, VIII, 54, les mots que saint Marc, V, 41, rapporte en araméen.

tellement frappé les spectateurs que ces mots étaient restés gravés dans leur mémoire. Voilà pourquoi saint Marc, qui les avait appris de la bouche du prince des Apôtres, témoin de la scène, nous les a conservés.

Un discours de saint Pierre fournit un autre argument aux partisans du grec. Saint Pierre, parlant aux Apôtres rassemblés au Cénacle, rappelle la fin tragique de Judas et l'usage qu'on fit de l'argent de sa trahison, avec lequel on acheta un champ pour servir de sépulture aux étrangers, puis il ajoute : « Le fait est connu de tous les habitants de Jérusalem, de sorte que ce champ est appelé dans leur langue Haceldama, c'est-à-dire le champ du sang[1]. » Puisque le chef de l'Église explique en grec le sens du mot Haceldama, c'est, dit-on, parce qu'il parlait grec.

On attribue ici à saint Pierre une interprétation qui est de saint Luc. Ce passage de l'auteur des Actes est en réalité tout à fait concluant contre la thèse de Paulus et de M. Roberts. Il atteste d'abord de la manière la plus formelle que la langue qu'on parlait à Jérusalem n'était pas le grec : « Ce champ fut appelé, *dans leur langue*, Haceldama. » L'interprétation du mot était indispensable pour les lecteurs grecs des Actes, parce que c'est la signification du mot Haceldama, « champ du sang, » qui prouve la vérité de ce que dit saint Pierre. Mais si saint Luc avait besoin de donner à ses lecteurs l'explication d'Haceldama, il n'en était pas de même pour saint Pierre parlant aux Apôtres. Ceux-ci savaient aussi bien que lui l'araméen et comprenaient parfaitement le sens d'Haceldama. Saint Pierre, s'adressant en araméen à ses compatriotes, ne pouvait leur traduire en grec des mots araméens.

Que si l'on voulait supposer, contre toute vraisemblance, qu'il parlait grec aux Galiléens rassemblés avec lui dans le Cénacle, il n'en resterait pas moins vrai que l'interpréta-

[1] Act., I, 19.

tion eût été inutile dans la bouche du prince des Apôtres, comme le serait, dans la bouche d'un Breton, parlant en français à un auditoire exclusivement composé de ses compatriotes, l'explication d'un nom propre breton. La traduction du nom du champ acheté avec les trente deniers de Judas est donc dans cet endroit, comme dans les passages analogues des Évangiles, l'œuvre de l'écrivain sacré, non de l'orateur juif.

L'auteur des Actes raconte encore[1] que saint Paul, s'adressant aux habitants de Jérusalem, leur parla en hébreu au milieu d'un grand silence. C'est là, observe le D$^r$ Roberts, la preuve que saint Paul avait coutume de parler grec.

Personne, assurément, ne contestera que saint Paul ne connût le grec. Mais il n'était pas juif palestinien, il était de Tarse en Cilicie, pays où le grec était une langue usuelle. On ne peut donc induire de là que les autres Apôtres et Jésus se servaient aussi du grec; car Notre-Seigneur n'avait jamais habité de pays grec et ses disciples étaient nés et ils avaient toujours vécu en Palestine, avant leur dispersion dans le monde. Du reste l'épisode en question montre bien, contre les partisans de la langue hellénique, qu'on n'avait pas l'habitude de parler grec à Jérusalem, car, en cette circonstance, saint Paul ayant demandé au tribun Lysias de s'entretenir avec lui en particulier, Lysias lui dit : « Savez-vous le grec[2] ? » La connaissance de cette langue était donc une chose exceptionnelle. C'est, au surplus, un fait avéré qu'aucun Juif de Palestine, avant la ruine du second Temple, n'a écrit de livre en grec, à cause de l'ignorance générale du grec dans ce pays[3].

[1] Act. xxi, 40.
[2] Act. xxi, 37.
[3] Josèphe, *Bell. jud.*, V, ix, 2, remarque qu'il parlait araméen à ses compatriotes pendant le siège de Jérusalem, ce qui prouve que les Juifs ne parlaient pas le grec.

## CHAP. II. LA LANGUE PARLÉE PAR NOTRE-SEIGNEUR. 25

On allègue enfin en faveur de l'opinion de M. Roberts que la plupart des citations de l'Ancien Testament faites dans le Nouveau sont conformes à la version grecque des Septante et non au texte hébreu original ; mais l'explication de cette particularité est bien facile : les auteurs sacrés ont écrit en grec et pour les Grecs qui avaient entre les mains la version grecque des Septante, non le texte hébreu original ; ils ont donc cité l'Écriture d'après la traduction qui était connue de leurs lecteurs[1].

Aucune des raisons apportées en faveur de l'opinion que Notre-Seigneur et ses Apôtres auraient parlé la langue hellénistique en Palestine n'a donc de valeur démonstrative. Cela est si vrai que M. Roberts lui-même est obligé de convenir qu'on ne trouve dans le Nouveau Testament aucune preuve directe de sa thèse. Au contraire le sentiment opposé est établi par plusieurs faits certains et incontestables.

---

[1] Cf. E. Böhl, *Die alttestamentliche Citate ins neuem Testament*, in-8º, Vienne, 1878.

## ARTICLE III.

#### L'ARAMÉEN, LANGUE DE NOTRE-SEIGNEUR ET DES APÔTRES.

On ne peut nier d'abord que la langue néo-hébraïque ou araméenne ne fût la langue du peuple sous les Asmonéens. Le second livre des Machabées l'appelle expressément *patria lingua*[1], c'est-à-dire « la langue du pays. »

Du temps de Notre-Seigneur, elle était encore la langue du pays, et c'est par conséquent la langue que parlaient Jésus-Christ et ses disciples. En voici les preuves :

Les renseignements épars dans le Nouveau Testament et dans les monuments de la littérature juive composés vers le premier siècle de notre ère, attestent que les habitants de la Palestine parlaient à cette époque un dialecte araméen. Les Juifs nés en pays étranger et qui se trouvaient à Jérusalem soit en passant soit d'une manière stable, parlaient le grec ; de rares indigènes qui l'avaient appris au moyen de maîtres étaient en état de le comprendre, mais c'étaient là des exceptions : l'araméen était la langue courante et ordinaire. Les Évangiles nous en fournissent de nombreuses preuves, soit dans les noms propres qu'ils contiennent, soit dans quelques phrases qu'ils ont conservées, soit enfin dans leur rédaction même.

Parmi les noms propres, examinons d'abord les noms de personnes.

Cette preuve, assurément, n'est pas la plus forte, parce que les noms d'hommes ne sont pas toujours tirés de la langue en usage : il y a parmi nous des noms anglais, alle-

---

[1] II Mac., vii, 8, 21, 27 ; xii, 37 ; xv, 29.

mands, James, Édith, etc. Au premier siècle de notre ère, les noms de personnes étaient mêlés en Palestine, comme il arrive toujours dans les pays où sont mélangées des nations et des races diverses. Les noms hébreux, qui jouissaient d'une longue possession, y sont naturellement nombreux : Jésus, Marie, Joseph, Jean, Siméon (Simon), Jacques (Jacob), Anne, etc., sont tirés de l'ancien hébreu. Les noms grecs, provenant de la langue qu'on parlait dans la plus grande partie des pays de la dispersion, ne sont pas très rares : Philippe, Nicodème, Étienne (Stéphanos), Nicolas, Nicanor[1]. La langue des vainqueurs, le latin, compte aussi quelques noms : Marc, Lucas, etc. Cependant l'idiome qui fournit le plus fort contingent, c'est l'araméen.

Nous remarquons d'abord toute la série des noms qui commencent par Bar : Barabbas, Barthélemy, Barjésu, Barjona, Barnabé, Barsabas, Bartimée[2]. Tous ces mots sont incontestablement araméens, car le substantif *bar*, « fils, » est caractéristique des langues araméennes ; l'hébreu dit *ben* au lieu de *bar*. Plusieurs autres noms d'hommes ou de femmes sont aussi certainement araméens : Thomas, « jumeau[3], »

---

[1] Φίλιππος, Νικόδημος, Στέφανος, Νικόλαος, Νικάνωρ, etc.

[2] Βαραββᾶς = בַּר אַבָּא, Matth., xxvii, 16; Marc, xv, 7, 11, 15; Luc, xxiii, 18; Joa., xviii, 40. *Abbâ* signifie « père. »

Βαρθολομαῖος = בַּר תַּלְמַי, Matth., x, 3; Marc, iii, 18; Luc, vi, 14; Act., i, 13, « fils de Tholmaï. »

Βαριησοῦς = בַּר יֵשׁוּעַ, Act., xiii, 6 ; « fils de Jésus. »

Βαριωνᾶ = בַּר יוֹנָה, Matth., xvi, 17; « fils de Jonas (la colombe). »

Βαρνάβας = בַּר נַבָּא, Act., iv, 36, etc.; « fils de consolation, » interprète saint Luc, Act., iv, 36.

Βαρσαβᾶς = בַּר סָבָא, Act., i, 23; xv, 22 ; « fils de Seba. »

Βαρτιμαῖος = בַּר תִּימָא, Marc, x, 46 ; « fils de Timée. »

[3] Joa., xi, 16; Matth., x, 3; Marc, iii, 18; Luc, vi, 15; Act., i, 13.

Caïphe, « pierre ou dépression [1], » Saphire, « belle [2], » Marthe, « dame ou maîtresse [3], » Tabitha, « biche [4], » Céphas, « pierre, » Boanergès, « fils du tonnerre [5]. » Ces deux derniers surnoms, donnés, le premier au prince des Apôtres, le second aux deux fils de Zébédée, Jacques et Jean, méritent surtout attention.

On sait dans quelles circonstances, et pour quelle raison, Jésus-Christ donna à Simon le surnom de Céphas ou Pierre, pour marquer la place que tiendrait cet Apôtre dans l'Église, dont il devait être le fondement [6]. Nous voyons par le récit sacré que le Maître ne donna pas au disciple son nom symbolique en grec : *Petros*, mais en araméen : *Képha*. Il ne lui dit pas : « Tu seras appelé Petros, mais : tu seras appelé Céphas, » ce qui, ajoute l'Évangéliste, signifie Pierre [7].

Jésus-Christ ne parlait donc pas grec, mais araméen. On peut tirer la même conclusion du surnom donné aux deux fils de Zébédée. Les surnoms sont significatifs dans toutes les langues et ils sont tirés de la langue usuelle. Or, la qualification de Boanergès ou « fils du tonnerre, » attribuée à Jacques et à Jean [8], est araméenne et non grecque. Le titre qui est donné à Jésus, celui de Messie (traduit en grec par

---

[1] Matth., xxvi, 3, 57; Luc, iii, 2; Joa., xii, 49, etc.; Act. iv, 6.

[2] Act., v, 1.

[3] Luc, x, 38, 40, 41; Joa., ii, 15, etc.

[4] Act., ix, 36, 40.

[5] Sur le nom de Béelzébub, Βεελζεϵούλ, voir Neubauer, dans les *Studia biblica*, p. 55; *Dictionnaire de la Bible*, t. i, col. 1547.

[6] Joa., i, 43; Matth., xvi, 18; Marc, iii, 16.

[7] Joa., i, 43.

[8] Marc, iii, 17. Sur le mot Βοανϵργίς ou Βοανηργίς, voir E. Kautzsch, *Grammatik des Biblisch-Aramäischen mit aramäischen Wörter im Neuen Testament*, in-8°, Leipzig, 1894, p. 9-10. On l'explique ordinairement par בני רגש, *benê régeš*. Le sens est « tonantes. » Voir C. Grimm, *Wilkii Clavis Novi Testamenti*, 3ᵉ édit., 1888, p. 71.

CHAP. II. LA LANGUE PARLÉE PAR NOTRE-SEIGNEUR.   29

*Christos,* d'où notre nom de Christ) est aussi un titre purement sémitique [1].

Les noms de lieux prouvent, comme les noms de personnes, que la langue araméenne était la langue en usage dans la Palestine. Naturellement les noms anciens sont restés les mêmes, mais les noms nouveaux qu'on a eu occasion de donner à des endroits particuliers de Jérusalem, par exemple, sont tirés du dialecte syrien, comme Golgotha, Béthesda, Gabbatha, Haceldama. Dans tous ces noms, on voit du premier coup d'œil la terminaison caractéristique des mots araméens, *a*'. Golgotha ou le Calvaire [2], « le crâne » ou « chauve, » serait en hébreu *Gulgôlet;* il n'est pas grec, non plus que tous les autres noms que nous venons de citer, mais néo-hébreu ou araméen, comme le disent expressément les Évangélistes. Béthesda [3] signifie « maison de miséricorde: » Gabbatha, « hauteur [4]. »

Haceldama, « le champ du sang, » est de tous les mots

---

[1] Joa., I, 42. Le mot Messie est également hébreu, mais, comme pour plusieurs des noms propres cités plus haut, la terminaison est celle de la forme araméenne, qui à l'état emphatique se termine en *a*', et non celle de la forme hébraïque. Voir p. 34. note 3.

[2] Γολγαθᾶ, en araméen גלגלתא, *Gulgaltâ*', Matth., XXVII, 33 ; Marc, XV, 22 ; Joa., XIX, 17. On peut noter que saint Luc, qui n'était pas originaire de la Palestine, n'a pas ce nom dans son Évangile, non plus que quelques autres noms pareillement araméens.

[3] Joa., V, 2. Βηθσαϊδά, ou plutôt Βηθεσδά, en araméen בית חסדא, *bêt ḥesdâ*'.

[4] Γαββαθᾶ, en araméen גבתא, *gabtâ*'. Joa., XIX, 13. Gabbatha est la forme qu'on appelle état emphatique de *Gabbâ*'. En hébreu גב, *gâb*. Saint Jean nous dit, XIX, 13, que Gabbatha s'appelle en grec λιθόστρωτος, c'est-à-dire « pavé en mosaïque ». Les Romains apportaient partout avec eux le goût des mosaïques; ils en avaient rendu l'usage commun à Jérusalem, comme ailleurs, ainsi qu'ont pu s'en convaincre de leurs yeux ceux qui ont vu les fouilles faites par les Pères de l'Assomption dans le terrain qu'ils ont acquis sur le mont Sion. En 1893, j'ai vu là de nombreux restes de mosaïques.

cités le plus important, parce que, comme nous savons que ce nom a été donné au champ acheté avec les trente deniers de Judas, il est, si l'on peut dire, daté et prouve que l'on parlait araméen en Palestine, à l'époque de la mort de Notre-Seigneur[1]. Il se compose de deux mots *ḥaqal*, « champ, » et *demâ*, « sang[2]. » La forme *demâ'*, est incontestablement araméenne.

---

[1] Voir plus haut, p. 23.

[2] חקל דמא *ḥaqal demâ'*. On l'écrit ordinairement en grec Ἀκελδαμά ou Ἀκελδαμάχ, avec un esprit doux, mais l'étymologie prouve qu'il doit avoir un esprit rude, Ἁκελδαμά. Le χ final que portent beaucoup de manuscrits et certaines éditions critiques doit s'expliquer par une aspiration que faisaient entendre les Hébreux à la fin du mot. Voir E. Kautzsch, *Grammatik des Biblisch-Aramäischen*, in-8°, Leipzig, 1874, p. 8; Neubauer, dans les *Studia biblica*, p. 56. — Si l'on voulait justifier l'esprit doux dans Ἀκελδαμά, il faudrait y voir une trace de la prononciation galiléenne, car nous savons par le Talmud qu'un des caractères distinctifs de la prononciation galiléenne, c'était la suppression de certaines gutturales. Le Talmud en offre plusieurs exemples. On lit dans le Talmud de Babylone, *Erubin*, fol. 53 *b*, qu'un Galiléen allait criant : « Qui a un *mar* à vendre ? » Là dessus on lui demanda : « De quoi as-tu besoin, fou de Galiléen ? Est-ce d'un âne (*ḥamôr*) pour qu'il te porte ? du vin (*ḥémar*) pour boire ? de la laine (*'imar*) pour te faire un vêtement ou d'une peau de mouton (*imar*) pour t'en couvrir ? » — Dans le traité *Meghillah*, fol. 24 *b*, on rapporte qu'on ne permettait pas aux habitants de Scythopolis et de quelques autres villes du nord de réciter publiquement les prières dans les synagogues, parce qu'ils prononçaient l'*aleph* comme *aïn* et vice versa. Cf. B. Winer, *Chaldäische Grammatik*, édit., Fischer, Leipzig, 1882, p. 32.

« Le langage du Talmud palestinien, ou, comme on l'appelle communément, de Jérusalem, lequel consiste en discussions entre Galiléens et est réellement une composition galiléenne, dit M. Neubauer, représente, selon notre opinion, la langue que parlaient et écrivaient les disciples de Jésus. Les gutturales y sont constamment changées, ע est écrit pour ח, א pour ה, qui de cette manière n'est souvent pas prononcé du tout, comme nous l'avons vu dans le mot Ἐφφαθά. Très souvent l'א et le ה sont omis tout à fait; nous trouvons, par exemple, מר pour אמר; R. Ba pour R. Abba (d'où le nom Rabba); Lazar pour Éléazar, comme dans le nom de La-

## CHAP. II. LA LANGUE PARLÉE PAR NOTRE-SEIGNEUR. 31

Outre les noms propres de personnes et de lieux, il y a de plus, dans le Nouveau Testament, un certain nombre de mots qui sont rapportés par occasion et qui nous fournissent une nouvelle preuve qu'on parlait en Palestine une langue sémitique au premier siècle de notre ère. Par exemple, les Apôtres donnent souvent à Jésus un titre qui nous a été conservé plusieurs fois dans sa forme originale, quoique d'autres fois il ait été traduit, celui de *rabbi*[1], qui est araméen et correspond à Maître[2]. *Rabboni*, s'écrie aussi Marie-Madeleine, quand elle reconnaît son Sauveur ressuscité[3], donnant de la sorte à Notre-Seigneur la qualification de maître par excellence[4]. Au jour de l'entrée triomphale de Jésus à Jérusalem, la foule l'accueille avec des acclamations dont une locution araméenne, qui nous a été transmise, est le trait principal : *Hosanna*, « sauvez, je vous prie[5]. »

---

zare dans les Évangiles. Les labiales sont prononcées dans le Talmud de Jérusalem plus doucement que dans le Talmud de Babylone. Au lieu de ב et פ on emploie *va*; au lieu de מ, les rabbis galiléens ont souvent *b*. Pour כ nous trouvons ג, ainsi la localité כזיב est dans le Talmud de Jérusalem גזיב. Même ל et נ sont mis l'un pour l'autre, comme dans Antolinus pour Antoninus... Deux mots sont souvent mis en un. » Neubauer, *Dialects of Palestina*, dans les *Studia biblica*, 1885, p. 61. Sur la différence de la prononciation en Syrie et en Palestine, voir aussi B. de Rossi, *Della lingua propria di Cristo*, p. 19.

[1] Matth., xxiii, 7, 8; xxvi, 29, 49; Marc, ix, 5; xi, 21; Joa., iii, 2; vi, 23. On peut remarquer que saint Luc, qui n'était pas de Palestine, est le seul qui n'ait point conservé ce mot dans son Évangile. Voir plus haut, p. 30, note 2.

[2] Joa., i, 39.

[3] Joa., xx, 16.

[4] Dans le texte grec reçu, un aveugle s'adresse aussi à Jésus en l'appelant *Rabboni*, Marc, x, 51.

[5] Ὡσαννά, Matth., xxi, 9; Marc, xi, 9; Joa., xii, 13. הושע־נא ou אושע־נא, *hôsa'-nâ'* ou *'ôsa'-nâ'*. Saint Luc est le seul des Évangélistes chez lequel ce mot ne se lise point.

Les écrivains du Nouveau Testament ont été obligés de se servir d'un certain nombre de mots qui étaient propres aux Juifs et n'avaient aucun équivalent en grec, comme le nom d'une liqueur fermentée énivrante, appelée *sikéra* par saint Luc [1], celui de la mesure appelée *saton* [2], celui de la fête de Pâques, ceux des sectes juives, la secte des Pharisiens et la secte des Sadducéens. La forme qu'ont donnée les Évangélistes à ces mots dans leurs transcriptions fournit une preuve certaine que les Juifs d'alors parlaient un dialecte araméen. La terminaison *aios* qui est donnée [3] au mot Pharisien et au mot Sadducéen, en grec, indique en effet une désinence araméenne, c'est-à-dire la désinence en *a'*, qui caractérise un grand nombre de mots syriaques : *pherisà'*, *sedouqa'* [4], tandis que la désinence hébraïque est *î*, *pherîšî*, *sediqî* [5]. Le nom de mesure, *saton*, qui a été aussi conservé par notre Vulgate, *satum*, et qui est employé pour désigner une mesure équivalent à treize litres environ [6], dans la parabole du levain [7], est passé dans le grec sous sa forme syrochaldaïque *sa'ṭa*; la forme hébraïque est *se'âh*.

Il en est de même de la dénomination de la fête appelée *pascha* [8], d'où nous avons tiré *Pâque*. Cette solennité est nommée en hébreu *Pesaḥ*, mot que la Vulgate a rendu souvent par *Phase* dans l'Ancien Testament [9]; mais cette

---

[1] Σίκερα, Luc, I, 15. Hébreu : שׁכר, *šêkâr*; chaldéen : שׁכרא. Saint Luc, parce que ce nom est étranger, ne le décline pas.

[2] Σάτον, Matth., XIII, 33; Luc, XIII, 21.

[3] Φαρισαῖος, Luc, XI, 38, etc. — Σαδδουκαῖος, Matth., III, 7, etc. Toutes les désinences αῖος, dans les mots grecs d'origine biblique, Ἰουδαῖος, Ἑβραῖος, proviennent de l'araméen.

[4] צדוקא, פרישא, « sadducéen, pharisien. »

[5] Cf. מצרי, *miṣrî*, « Égyptien, » Gen., XXXIX, 1, etc.

[6] Voir *Manuel biblique*, 9e édit., t. I, n° 188, 5°, p. 321.

[7] Matth., XIII, 33; Luc, XIII, 21.

[8] Matth., XXVI, 2; Marc, XIV, 1; Luc, II, 41; Joa., II, 13, etc.

[9] Exod., XII, 11, 21, 43, 48; XXXIV, 25; Lev., XXIII, 5; Num., IX, 2, etc.

forme *pesah* devient *pasha'* ou *pascha*[1], dans le dialecte chaldaïque, et c'est pour cela que le Nouveau Testament appelle toujours ainsi la solennité de l'immolation de l'Agneau pascal. La transcription *Satanas*[2], désignant le chef des démons, indique également la forme syriaque : *sâtânâ*, non la forme hébraïque : *sâtân*. Le titre du Messie, *Messias*[3], a pris aussi une terminaison araméenne dans saint Jean[4].

Les quatre Évangiles mettent fréquemment dans la bouche du Sauveur l'adverbe *amen*, « en vérité, certainement[5], » qui nous montre bien que Notre-Seigneur s'exprimait en sémitique et que c'était là une de ses expressions favorites. C'est pour ce motif que ses historiens ont dû nous la conserver, ne trouvant point d'ailleurs dans la langue grecque de mot qui rendît à leur gré les nuances de cette locution[6].

Le sermon sur la montagne contient, indépendamment d'*amen*, qu'on retrouve dans tous les discours de Notre-Seigneur, quelques autres mots sémitiques sortis de sa bouche sacrée : *raca, gehenna, mammona*. Nous y lisons d'abord : « Quiconque dit à son frère : *raca*, sera exposé à être jugé

---

[1] Hébreu : פסח ; chaldéen : פסחא. Les Septante transcrivent déjà ce mot d'après l'orthographe araméenne, πάσχα, excepté dans les Paralipomènes, II Par., xxx, 1, etc., où ils ont φασέχ. Josèphe transcrit φάσκα, *Ant. Jud.*, V, I, 4, etc.

[2] Matth., iv, 10, etc. Hébreu : שטן, *sâtân;* araméen : שטנא, *sâtânâ;* grec : Σατανᾶς.

[3] Joa., I, 41 ; iv, 25. La forme hébraïque est משיח, *masiah;* elle est devenue en araméen משיחא, *mesihâ*, d'où Μεσσίας. Voir plus haut, p. 30, note 1.

[4] Le mot μνᾶ, « mine, » Matth., xiv, 24; xv, 18; Luc, xix, 13, etc., est aussi un terme sémitique à forme araméenne, mais ce nom de monnaie était passé dans l'usage des Grecs.

[5] Matth., v, 18; Marc, iii, 28; Luc, iv, 24, etc. — Saint Jean, i, 52 ; iii, 3, etc., redouble : *amen, amen* (vingt-six fois).

[6] Aussi saint Luc lui-même l'a-t-il reproduite.

par le conseil; mais celui qui lui dira : *môré*, sera exposé à la géhenne de feu[1] » ou l'enfer.

Le mot *raca*[2], forme araméenne de l'hébreu *riq*, signifie « vide. » Le Talmud l'emploie dans le sens de « vide, stupide[3]. »

*Môré* est la traduction du sémitique *nâbâl*, qui signifie « fou » et « impie[4]. »

Le mot *gehenna*, dans son sens primitif, est une abréviation de *gê-ben-hinnom*, « la vallée du fils d'Hinnom, » vallée située à l'ouest et au sud de Jérusalem, où l'on brûlait les cadavres des suppliciés, et où l'on avait aussi offert des enfants en sacrifice au dieu Moloch. Dans les Évangiles, Notre-Seigneur se sert de ce nom pour désigner l'enfer[5].

Quant à *mammona*[6], il n'existe pas en hébreu. En araméen, il signifie « richesses, trésor[7]. »

Dans un autre discours de Notre-Seigneur, rapporté par saint Marc, Jésus s'exprime ainsi : « Vous dites : Si un

---

[1] Matth., v, 22.

[2] Ῥακά. Matth., v, 22.

[3] רוקא, *reqâ'*. Voir A. Wünsche, *Neue Beiträge zur Erläuterung der Evangelien in Talmud und Midrasch*, in-8°, Leipzig, 1878, p. 47-48. — « Fuit convitium vulgare, non ex iracundia aut malitioso conviciandi affectu profectum, sed a quavis causa levi, etiam joculari. » J. Buxtorf, *Lexicon chaldaicum*, édit. Fischer, p. 1116.

[4] Dans le Midrasch, *môré* est aramaïsé dans le sens de « fou, » d'où quelques-uns ont conclu que le mot grec pouvait être usité comme injurieux en Palestine au temps de Notre-Seigneur. Voir *The Athenæum*, 10 décembre 1881, p. 779; Ad. Neubauer, *The dialects of Palestine*, dans les *Studia biblica*, p. 55.

[5] Matth., v, 22, 29, etc.; x, 28; xviii, 9; xxiii, 15, 33; Marc, ix, 43, 45, 47; Luc, xii, 5; Jac., iii, 6. Γέεννα a une désinence araméenne.

[6] Matth., vi, 24; Luc, xvi, 9, 11, 13.

[7] Voir Buxtorf, *Lexicon chaldaicum*, édit. Fischer, p. 618-619; A. Wünsche, *Neue Beiträge*, p. 94; A. Pfeiffer, *Ebraïcorum et exoticorum Novi Testamenti loca*, dans les *Opera omnia philologica*, t. i, Utrecht, 1704, p. 474.

homme dit à son père ou à sa mère : Le *corban*, c'est-à-dire le don qui est offert par moi vous servira, etc.[1] » *Corban* a en effet en chaldaïque le sens de « don, » comme *corbanas*, que nous lisons en saint Matthieu[2], signifie le trésor sacré où sont reçus les dons offerts au Temple.

Parmi les mots employés par Notre-Seigneur, nous trouvons aussi en saint Marc : *abba*, forme araméenne du mot hébreu *'ab*, qui veut dire « Père[3]. »

Toutes ces expressions montrent bien que Jésus-Christ parlait un dialecte sémitique.

Mais les Évangélistes ne nous ont pas conservé seulement des mots isolés du Sauveur, qu'ils ont enchâssés dans la traduction grecque de ses discours, parce qu'ils ne trouvaient pas de mots helléniques propres à en rendre exactement le sens; ils nous ont conservé aussi des phrases courtes mais complètes, qui avaient été prononcées dans des circonstances solennelles, et que pour ce motif ils ont tenu à nous faire connaître dans les termes mêmes dont s'était servi le Christ[4]. C'est ainsi que saint Marc nous apprend que Jésus guérit un sourd-muet en lui touchant la langue et en disant : « *Ephphatha*, c'est-à-dire ouvre-toi[5] », et qu'il ressuscita la fille de Jaïre en la prenant par la main et lui disant en langue araméenne : « *Talitha coumi*, c'est-à-dire, jeune fille, lève-toi[6]. » Saint Marc nous a aussi transmis en

---

[1] Marc, vii, 11. Josèphe explique ce mot comme l'Évangile, *Ant. Jud.*, IV, iv, 4; cf. *Cont. Apion.*, i, 22.

[2] Matth., xxvii, 6. Josèphe dit aussi, *Bell. Jüd.*, II, ix, 4, que c'est le nom du trésor sacré.

[3] Marc, xiv, 36. Cf. aussi Rom., viii, 15; Gal., iv, 6.

[4] Voir plus haut, p. 22.

[5] Marc, vii, 34. Ἐφφαθά (Vulgate, *Ephphetha*), אתפתח, *'etfattah*, impératif de la forme chaldaïque *ethpaal*.

[6] Marc, v, 41. Au lieu de κοῦμι, certains manuscrits portent simplement κοῦμ. Κοῦμι est l'impératif à la seconde personne féminin singulier,

araméen, de même que saint Matthieu, le passage des Psaumes[1] prononcé par Notre-Seigneur sur la croix : « *Elohi, Elohi, lema sabachtanei*, mon Dieu, mon Dieu, pourquoi m'as-tu abandonné[2]? »

Ces paroles de Notre-Seigneur et l'ensemble des arguments que nous avons rapportés sont plus que suffisants pour démontrer que la langue parlée par Jésus et ses Apôtres était un dialecte araméen. Tous les autres monuments de cette époque, d'accord avec les Évangiles, établissent également que le chaldéen était la langue usuelle de la Palestine au premier siècle de notre ère.

Saint Paul, dans sa première épître aux Corinthiens, a inséré une phrase étrangère : *Maran atha* : « Notre-Seigneur vient[3]. » Elle est araméenne.

Josèphe, qui était contemporain des Apôtres, appelle l'araméen la langue du pays[4]. Il nous apprend que, pendant la guerre contre les Romains, il parlait hébreu, c'est-à-dire araméen, à ses soldats. Pendant le siège de Jérusalem, il servait d'interprète entre les Juifs et les Romains[5]. Nous savons aussi par son témoignage que les Juifs, qui parlaient l'araméen oriental, pouvaient comprendre les Syriens qui parlaient l'araméen occidental, tant les différences entre les

---

mais comme les Syriens avaient l'habitude de supprimer l'*i* final dans la prononciation, les scribes l'ont aussi parfois supprimé dans l'écriture.

[1] Ps. xxii, 2.

[2] Matth., xxvii, 46; Marc, xv, 34. Le texte latin ne reproduit pas la même orthographe dans les deux Évangiles, mais les manuscrits grecs ne mettent pas en général de différence. Voir E. Kautzsch, *Grammatik des Biblisch-Aramäischen*, p. 11. Tous ces mots seraient plus ou moins différents en hébreu : *šebaqtani* en particulier serait *'azabtani*.

[3] I Cor., xvi, 22. Il emploie aussi le mot araméen *Abba*, Rom., viii, 15; Gal., iv, 6.

[4] Josèphe, τῇ πατρίῳ γλώσσῃ, *Bell. jud.*, Proœm., 1; V, vi, 3; ix, 2; γλώσσῃ τῇ Ἑβραίων, *Ant. jud.*, XVIII, vi, 10.

[5] Josèphe, *Bell. jud.*, V, ix, 2-3.

deux dialectes étaient peu sensibles. Quoique ce savant juif fût un des hommes les plus instruits de sa nation, il n'apprit pas sans peine le grec, qu'il ne sût même jamais bien prononcer, dit-il[1], et il écrivit d'abord son histoire de la *Guerre des Juifs* en langue hébraïque[2]. Il cite dans ses ouvrages quelques mots sémitiques et il les reproduit sous leur forme araméenne. C'est ainsi qu'il remarque que les Hébreux expriment le mot « rouge » par *adôma*[3]; « prêtre » par *chanaias*[4]; « Pentecôte » par *asartha*[5]; « boiteux » par *chageiras*[6], etc.[7].

Tous ces faits, qui établissent d'une façon si péremptoire que l'araméen était la langue parlée en Palestine et la seule qui fût généralement connue, sont confirmés aussi par les écrits talmudiques. Non seulement les Targums, la Ghemara

---

[1] Josèphe, *Ant. jud.*, XX, xi, 2. Voici la traduction latine de ce passage important : « Confidenter dico, opere, quod institui, jam ad finem perducto, quod nemo alius, etiamsi voluerit, neque Judæus neque alienigena potuerit commissa huic operi accurate adeo Græcis hominibus enuntiare. Nam populares meos confitentes habeo quod illis in patria disciplina plurimum præstem; Græcarum etiam litterarum studio, postquam grammatices elementa didiceram, memet addixi, quamvis accuratam pronuntiandi rationem assequi per patriam consuetudinem mihi non licuit. Nullo enim in honore sunt apud nostrates qui multarum gentium linguis loqui didicerunt et in sermone dictionis ornatum venantur, eo quod ingenuorum infimis hujusmodi studium cum servis quibuscumque commune esse arbitrantur : illosque solos sapientes haberi volunt, qui legum scientiam consecuti sunt et in sacris litteris rerum verborumque vim scite interpretari possunt. »

[2] Josèphe, *Bell. jud.*, Proœm., 1.

[3] Ἀδωμά, אדומא (hébreu, *'édôm*); Josèphe, *Ant. Jud.*, II, i, 1.

[4] Χαναίας, כהנא (hébreu, *kohen*); Josèphe, *Ant. jud.*, III, vii, 1.

[5] Ἀσαρθά, עצרתא; Josèphe, *Ant. jud.*, III, x, 6.

[6] Χάγειρας, חגירא; Josèphe, *Bell. jud.*, V, xi, 5. Surnom d'Adiabène, fils d'un Nabatéen.

[7] Voir Siegfried, dans la *Zeitschrift für die alttestamentliche Wissenschaft*, de Stade, t. i, 1883, p. 32 et suiv.; Kautzsch, *Grammatik des Biblisch-Aramäischen*, p. 7; Neubauer, dans les *Studia biblica*, p. 62.

du Talmud et les Midraschim[1], c'est-à-dire les commentaires les plus anciens des Juifs, sont composés en syro-chaldaïque, mais ils rapportent aussi des proverbes et des dictons populaires qui, tout en différant par la prononciation et par quelques autres particularités de la langue des rabbins et des docteurs, appartiennent cependant au même idiome. Ces citations populaires sont précédées des mots : « comme le dit le peuple, » ou autres semblables. Quand le célèbre rabbin Hillel donne une explication en langage populaire, cette explication est annoncée par les mots : « Hillel explique dans le langage du commun peuple[2]. »

La Mischna dit qu'il y avait dans le temple de Jérusalem des vases avec des inscriptions araméennes[3]. D'après une tradition, le grand-prêtre Johanan entendit une voix céleste sortant du sanctuaire, qui lui dit en araméen : « Les jeunes gens qui ont entrepris la guerre contre Antiochus sont victorieux[4]. » Les prières les plus anciennes en usage parmi les Juifs, en dehors des textes scripturaires, sont en araméen[5]. Les lettres que Gamaliel l'ancien adressa aux habitants de la haute et de la basse Galilée pour la fixation de la nouvelle lune, sont aussi en cette langue[6].

Il est donc établi par tous les monuments littéraires du commencement de notre ère que la langue de la Palestine, au temps de Jésus-Christ et des Apôtres, était un dialecte sémitique.

---

[1] Sur les Targums, la Ghemara du Talmud et les Midraschim, voir notre *Manuel biblique*, 9º édit., t. I, nos 94, 198, 201, p. 176, 330, 337.

[2] Talmud Babli, *Baba Metsia*, fol. 104 a. Voir L. Dukes, *Die Sprache der Mischnah*, Esslingen, 1846, p. 11; Ad. Neubauer, *The dialects of Palestine*, dans les *Studia biblica*, 1885, p. 53.

[3] *Schegalim*, VI, 6.

[4] Talmud Jér., *Sota*, IX, 13, fol. 24 b.

[5] Voir Neubauer, dans les *Studia biblica*, p. 49.

[6] *Tosifta*, *Sanhedrin*, II.

Ce fait est d'une grande importance pour la critique du Nouveau Testament. Il en découle des conséquences que nous devons maintenant exposer. Montrons d'abord pourquoi et comment les auteurs des Évangiles et des Épîtres ayant parlé dans leur enfance un idiome oriental, cet idiome a dû laisser son empreinte, même dans leurs écrits grecs, de sorte que les traces du dialecte sémitique soient visibles dans les œuvres qu'ils nous ont laissées.

## CHAPITRE III.

### CARACTÈRES PROPRES DE LA LANGUE PARLÉE
### PAR NOTRE-SEIGNEUR ET LES APÔTRES.
### COMPARAISON DE CETTE LANGUE AVEC LE GREC.
### CONSÉQUENCES QUI EN DÉCOULENT.

De tout ce qui précède il résulte que les Apôtres et les Évangélistes[1] ont parlé un idiome sémitique dans leur jeunesse et n'ont eu par conséquent qu'une éducation sémitique. Il importe maintenant de nous rendre compte des effets qu'a dû produire cette éducation, et, pour cela, il est nécessaire d'étudier les caractères qui distinguent l'hébreu et l'araméen de la langue grecque.

L'influence qu'exerce une langue sur ceux qui la parlent[2],

---

[1] Nous ne parlons pas ici de saint Luc et de saint Paul, qui étaient nés hors de la Palestine. Nous verrons que leurs écrits sont également remplis d'hébraïsmes, mais qu'ils connaissent mieux la langue grecque que les autres Apôtres, à cause précisément de leur éducation première.

[2] « Les hommes, dit Fichte, sont beaucoup plus formés par la langue, que la langue n'est formée par les hommes. » — « Entre l'âme d'un peuple et sa langue, dit à son tour Guillaume de Humboldt, il y a identité complète; on ne saurait imaginer l'un sans l'autre. » M. Bréal, *Le langage et les nationalités*, dans la *Revue des deux mondes*, 1er décembre 1891, p. 632.

en particulier sur la formation de l'enfant et sur le développement de son intelligence, est très considérable. Nous nous en apercevons à peine, parce que cette œuvre si féconde s'opère d'une façon presque inconsciente, mais il n'en est pas moins vrai que celui qui vient au monde dans un pays dont le langage a été perfectionné par le travail de nombreuses générations de littérateurs et de savants, naît dans une véritable opulence intellectuelle, comme l'enfant qui jouit de tous les avantages des richesses parce qu'il a reçu le jour de parents fortunés. Les vivants héritent des dépouilles des morts. Tout idiome est un trésor dans lequel les siècles passés ont déposé, avec plus ou moins d'abondance, ce qu'ils ont recueilli de plus précieux, le fruit de l'expérience, des observations et des découvertes de toutes les générations qui l'ont formé. Le vocabulaire d'une langue est ainsi une véritable encyclopédie qui contient tout entière la science du peuple qui la parle. Chacune des choses qu'il sait a un nom, et ce nom a sa place dans son dictionnaire. Celui qui connaîtrait à fond ce dictionnaire aurait donc la connaissance de tout ce que sait la grande famille dont il est membre.

Personne n'arrive à cette connaissance intégrale et parfaite, mais, pour les mieux doués comme pour les moins favorisés, la langue est un instrument merveilleux qui, surtout lorsque la grammaire est riche de formes et permet de rendre toutes les nuances de la pensée, leur donne une foule d'idées qu'ils n'auraient jamais eues d'une manière claire et précise, sans les mots qui en sont l'expression et le signe[1], de sorte que la somme moyenne des connais-

---

[1] « Je m'aperçus, dit Marmontel, *Mémoires*, édit., Didot, in-12, 1857, p. 21, que c'était l'idée attachée au mot qui lui faisait prendre racine ; et la réflexion me fit bientôt sentir que l'étude des langues était aussi l'étude de l'art de démêler les nuances de la pensée, de la décomposer, d'en former le tissu, d'en saisir avec précision les caractères et les rapports ;

sances est proportionnellement beaucoup plus grande chez un peuple qui parle une langue élaborée par un long travail que chez celui qui n'a à son service qu'une langue inculte ou seulement moins travaillée.

Pour apprécier l'état intellectuel d'un peuple, il suffit d'étudier sa langue. Si elle a des termes spéciaux pour exprimer telle ou telle science, on peut en conclure sûrement que cette science a été cultivée par ceux qui la parlent, comme nous savons qu'ils ont connu les animaux ou les végétaux pour lesquels ils ont des noms particuliers, les métiers ou les arts qui sont énumérés dans leur vocabulaire.

Ces principes incontestables étant posés, il est facile d'en faire l'application à la question présente. La langue grecque avait atteint un degré de développement et de culture que ne possédait point le syro-chaldaïque de la Palestine au temps de Notre-Seigneur. Nous n'en donnerons pas d'ailleurs ici toutes les preuves, et nous ne signalerons pas toutes les différences; nous nous bornerons à indiquer celles qui sont indispensables à connaître pour le but que nous nous sommes proposé. Traiter complètement la question demanderait de trop longs développements et serait pour nous sans utilité.

La langue grecque et la langue araméenne se distinguent d'abord par la grammaire. Outre les formes propres à chaque idiome et qui, sur certains points, sont très différentes, leur syntaxe en particulier ne se ressemble en aucune manière. La phrase hellénique est une phrase savante, une espèce d'œuvre d'architecture, construite avec le plus grand art : comme dans un édifice bien conçu et bien ordonné, chaque chose a sa place, l'idée maîtresse se dégage en quelque

qu'avec les mots autant de nouvelles idées s'introduisaient et se développaient dans la tête des jeunes gens, et qu'ainsi les premières classes étaient un cours de philosophie élémentaire bien plus riche, plus étendu et plus réellement utile qu'on ne pense. »

sorte du milieu de toutes les autres comme le bâtiment principal, tandis que les idées accessoires, comme autant de dépendances, occupent autour d'elle le rang subordonné qui leur convient. Pour relier les diverses parties entre elles, le grec dispose d'une foule de formes verbales qui unissent les membres de la phrase, et marquent exactement leurs relations réciproques; il peut aussi se servir à son gré d'une multitude de particules qui indiquent jusqu'aux nuances les plus délicates de la pensée.

En hébreu, rien de pareil. Le Juif de Palestine ignore la période cadencée de la Grèce; sa syntaxe est presque celle d'un enfant; sa phrase n'est pas articulée, mais comme disloquée; il met les propositions bout à bout, les unes à la suite des autres, en les reliant toujours par la même conjonction, *et;* il a peu de moyens pour mettre en saillie la pensée principale; c'est à l'auditeur ou au lecteur à démêler lui-même ce qu'il y a de plus important dans ce qu'il entend ou ce qu'il lit [1].

L'hébreu palestinien du temps de Jésus-Christ, inférieur au grec par la grammaire, l'est peut-être plus encore par le vocabulaire. L'hébreu est un instrument admirable entre les mains d'un poète, parce que tous ses mots sont colorés et font image, mais il est relativement pauvre et il l'est surtout, si on le compare à la langue des Hellènes. Son idiome n'a pas été enrichi, comme celui des Grecs, par un travail intellectuel aussi considérable, par les voyages[2], par le commerce, par les guerres lointaines, par la navigation, par les spéculations des philosophes et les écrits de nombreux poètes et prosateurs, etc.; il a peu de verbes et peu

---

[1] Voir ce que nous avons dit dans le *Manuel biblique,* 9º édit., t. I, nº 78, p. 151-152.

[2] « Multa vidi errando (en voyageant), dit l'auteur de l'Ecclésiastique, et plurimas verborum consuetudines » Eccli., xxxiv, 12.

de substantifs, il a moins encore d'adjectifs et de particules. De là vient qu'il est obligé de se servir du même mot pour exprimer les choses les plus diverses. Ainsi, il a le mot de *fils*, *bên* en hébreu, *bar* en araméen, pour exprimer la relation essentielle de parenté entre celui qui reçoit la vie et celui qui la lui donne; mais, à côté de cette acception primitive, que d'acceptions métaphoriques n'est-on pas forcé de lui donner pour exprimer un grand nombre d'idées qui n'ont pas de mot propre? Les habitants de Jérusalem sont appelés « les fils et les filles de Jérusalem [1]; » les habitants de ce monde, « les fils de ce siècle [2]. » Faute d'adjectifs, les qualités sont exprimées au moyen d'un substantif dont cette qualité est considérée comme le fils : « fils de paix » signifie pacifique [3]; « fils d'iniquité, » inique [4]; « fils de la lumière, » illuminé, éclairé [5]; « fils de la résurrection, » ressuscité [6]; « fils de quatre-vingt-dix ans, » âgé de quatre-vingt-dix ans [7]. Dans plusieurs endroits, « fils, » équivaut à notre adjectif « digne » : « fils de la géhenne » veut dire digne de la géhenne ou de l'enfer [8]; « fils de perdition, » digne de perdition [9]: « fils de colère [10], » « fils de malédiction [11], » digne de la colère de Dieu.

Ce sont là des traits bien caractéristiques qui montrent combien est grand le contraste entre le grec et l'hébreu.

---

[1] Matth., xxiii, 37; xxi, 5; Joa., xii, 15; Luc, xxiii, 28, etc.
[2] Luc, xx, 34.
[3] Luc, x, 6.
[4] Osée, x, 9.
[5] I Thess., v, 5; Eph., v, 8.
[6] Luc, xx, 36.
[7] Gen., xvii, 1, et dans un grand nombre de passages analogues.
[8] Matth., xxiii, 15.
[9] Joa., xvii, 12; II Thess., ii, 3.
[10] Eph., ii, 3.
[11] II Petr., ii, 14. — Voir sur cette multiplicité d'acceptions de *bên*, W. Gesenius, *Thesaurus linguæ hebrææ*, p. 215-219.

Mais il existe une autre différence générale, qu'il est particulièrement important de remarquer ici.

Lorsqu'on étudie la langue de l'Ancien Testament, on est très frappé de ce fait : c'est que les termes abstraits y sont fort rares et que les expressions philosophiques y font à peu près complètement défaut. On a observé depuis longtemps que le cerveau des Sémites n'était pas généralisateur et qu'ils avaient plus d'imagination que de pénétration. Ils observaient volontiers les phénomènes de la nature : les Chaldéens ont créé l'astronomie ; Salomon avait écrit sur toutes les choses naturelles depuis l'hysope qui croît sur la muraille jusqu'au cèdre du Liban[1] ; Job a peint avec autant de magnificence que d'exactitude les animaux les plus remarquables de la création, le cheval si cher à l'Arabe[2], l'aigle[3] et l'autruche[4], le buffle[5] et l'onagre[6], le crocodile[7] et l'hippopotame[8], ou Léviathan[9] et Béhémoth[10] qui vivent dans les eaux du Nil. Les grands problèmes philosophico-religieux, tels que la question de la Providence, l'énigme des épreuves du juste et de la prospérité des méchants, passionnaient aussi les esprits; ils ont été souvent débattus dans l'Ancien Testament, avec tout l'éclat de la plus haute poésie et de longs développements dans le drame de Job, avec plus de brièveté et non moins de coloris dans les Psaumes[11], avec une mélancolie amère dans l'Ecclésiaste, d'une manière tou-

---

[1] I (III) Reg., IV, 33.
[2] Job, XXXIX, 19-25.
[3] Job, XXXIX, 26-30.
[4] Job, XXXIX, 13-18.
[5] Job, XXXIX, 9-12. La Vulgate l'appelle rhinocéros.
[6] Job, VI, 5 ; XI, 12 ; XXIV, 5 ; XXXIX, 5-8.
[7] Job, XL, 20 ; XLI, 26.
[8] Job, XL, 2-19.
[9] Job, XL, 20-XLI, 26.
[10] Job, XL, 2-19.
[11] Ps. LXXII (hébreu, LXXIII), etc.

chante dans le livre de Tobie. Mais, malgré cela, les enfants de Jacob ne faisaient ni de la science proprement dite ni de la philosophie au véritable sens du mot. Aucune science n'a de nom en hébreu : cette langue ne possède aucun mot correspondant à nos expressions de théologie, de philosophie, d'astronomie, d'arithmétique, ou même d'histoire et de géographie[1].

L'analyse psychologique en particulier était inconnue aux habitants de la Palestine. Ils sentaient fortement et ils exprimaient leurs sensations et leurs sentiments avec beaucoup de vivacité et d'imagination, mais ils n'avaient aucune notion théorique de l'analyse et de la synthèse et ils n'en faisaient qu'instinctivement ou naturellement, en tant que cette opération est inhérente à l'intelligence humaine. Ils ne se repliaient sur eux-mêmes que pour considérer et peindre les penchants bons ou mauvais de notre âme; dans tout le reste, ils s'en tenaient en quelque sorte à l'écorce ou à l'apparence; ils ne connaissaient de nos facultés que ce qu'il est indispensable d'en connaître pour être homme.

Il ne peut pas exister de langage sans certaines idées générales et sans une philosophie au moins latente. Les hommes ne peuvent s'entendre ni se comprendre entre eux qu'autant qu'ils ont des termes généraux désignant les genres et les espèces, l'homme, l'animal; et des termes abstraits, exprimant les qualités physiques et morales, blanc, noir, bon, méchant; c'est là comme un minimum de philosophie qui est essentiel pour le langage et qui forme comme le fond de l'intelligence humaine. Les Hébreux possédaient cette

---

[1] Dans le Talmud, on rencontre le nom de philosophe, פלוסופא, mais c'est simplement le mot grec écrit en caractères sémitiques. Rabbinovicz, *Variæ Lectiones in Mishnam et in Talmud Babylonicum*, Sabbath, fol. 116 a; Neubauer, dans les *Studia biblica*, p. 57. Φιλόσοφος se lit Act., xvii, 18, pour désigner les philosophes athéniens, et φιλοσοφία, Col. ii, 8, pour désigner une fausse sagesse.

philosophie qu'on peut appeler rudimentaire, mais ils n'étaient guère allés au delà. Autant ils avaient devancé les Grecs et les Romains en matière religieuse, grâce à la révélation, autant ils étaient restés en arrière de ces peuples dans la science de la pensée et l'étude psychologique de l'âme.

C'est qu'ils n'étaient point doués de cet esprit subtil et pénétrant qui a fait la gloire de la Grèce et lui a mérité la reconnaissance éternelle de la postérité [1]. Les Socrate, les Platon, les Aristote, sans parler de leurs glorieux prédécesseurs, ont considéré l'homme, pour ainsi dire, sous toutes ses faces, ils l'ont comme retourné dans tous les sens, et ils ont fait dans ce microcosme ou ce petit monde, ce résumé de l'univers, comme ils l'appelaient, les découvertes les plus intéressantes et les plus utiles. S'ils n'ont pu porter la lumière dans tous les recoins, que de points n'ont-ils pas éclairés du jour le plus vif? Ils ont isolé, si l'on peut s'exprimer de la sorte, chaque propriété de l'âme, afin de l'étudier en elle-même, sans la confondre avec ses voisines; par ce moyen, ils sont parvenus à la connaître et à la caractériser, et ils ont donné ainsi à nos facultés un nom qui subsiste encore dans nos langues, sous la forme que nous a transmise la traduction latine des appellations grecques.

La langue de l'antique Palestine n'a jamais connu ces progrès. Les facultés de l'âme, les opérations intellectuelles n'avaient pas de nom particulier en hébreu. On chercherait en vain dans l'original de l'Ancien Testament les termes qui désignent le sens intime, la perception des sens, la raison comme faculté distincte, et même la conscience morale :

---

[1] L'esprit aryen est, sous ce rapport, presque le contraire de l'esprit sémitique. Les Hindous, par exemple, ont poussé l'analyse à outrance : ils distinguent, dans l'émotion esthétique, huit *saveurs* produisant huit états différents, se subdivisant en trente-trois, etc. V. E. Senart, *Le théâtre indien,* dans la *Revue des deux mondes,* 1ᵉʳ mai 1891, p. 91-92.

ils n'y sont pas. Assurément toutes ces choses étaient connues des Hébreux ; — elles constituent l'homme même et tous les hommes en ont au moins une notion confuse, — mais ils n'étaient pas parvenus à s'en rendre assez nettement compte pour leur donner un nom propre et en quelque sorte personnel. Ils étaient sous ce rapport au même point que les inventeurs de l'écriture, qui savaient représenter indirectement les sons par des images idéographiques, en peignant les figures des choses, mais qui n'avaient pas su analyser les sons eux-mêmes, distinguer les consonnes et les voyelles, créer, en un mot, des signes pour exprimer directement le son et indirectement l'idée.

Ce sont là des faits qu'il importe d'avoir bien présents pour se rendre compte du parti qu'on peut en tirer pour établir l'authenticité des écrits du Nouveau Testament. Le service éminent que rendent à leurs semblables des génies comme Socrate et Aristote, c'est que le fruit de leurs travaux devient le patrimoine commun de l'humanité. Les trésors qu'ils ont découverts appartiennent désormais à tous, comme l'air que nous respirons, quoiqu'ils ne soient pas toujours mis à l'usage immédiat de tous. Ils forment une des parties les plus précieuses de la civilisation, ils entrent, si l'on peut ainsi dire, dans la consommation journalière ; chacun en bénéficie comme de nos jours tous bénéficient de la découverte de la vapeur et de l'électricité. Ainsi, ce qu'ignoraient avant les philosophes grecs les savants eux-mêmes est devenu vulgaire et est connu maintenant des enfants, qui, de bonne heure, recueillent leur part de cet inépuisable héritage. Un élève de nos écoles sait nommer la raison et la conscience, et il sait clairement ce que ces noms expriment, tandis que le sage Salomon ignorait les noms de ces facultés de notre âme.

Ce n'est que peu à peu que ces progrès s'accomplissent et que ces richesses entrent dans le domaine public, mais un moment arrive où elles sont la propriété de tous, grâce au langage qui féconde les intelligences, comme un fleuve nourricier qui porte partout la fertilité et qui a le privilège de baigner, en quelque sorte, toutes les intelligences, sans jamais tarir ni diminuer. A mesure qu'on apprend les mots, on apprend aussi les choses dont ils sont le signe; l'enfant amasse ainsi comme en se jouant et sans s'en douter un trésor de connaissances qui est d'autant plus vaste et plus précieux que la langue qu'on lui enseigne est elle-même plus riche; il acquiert des notions scientifiques et philosophiques avant même de savoir ce qu'est la philosophie ou la science, et, dès ses premières années, son esprit commence à s'ouvrir aux idées psychologiques et métaphysiques, parce qu'il apprend des mots exprimant ces idées d'une manière nette et précise. La différence qui se produit par là entre l'enfant sauvage, dont la langue usuelle ne dépasse pas deux ou trois cents mots[1], et l'enfant civilisé à qui l'on peut enseigner des milliers de mots, est donc énorme. La différence qui existait entre un Juif élevé à l'aide d'une langue sémitique et un Hellène élevé à l'aide de la langue grecque était aussi très considérable. Ce dernier avait pris sur le premier une avance que celui-ci ne pouvait presque jamais regagner plus tard complètement. C'est là un point fort utile à noter.

On pourrait être porté à croire qu'un Sémite, apprenant le grec dans l'âge mûr, devait combler les lacunes de son éducation première et s'enrichir de tous les trésors que possédait la langue grecque. Il n'en est rien cependant, sauf des cas extrêmement rares, et il est facile de comprendre pourquoi. L'esprit jeune et vierge prend facilement dans l'enfance la

---

[1] Voir Zaborowski, *L'origine du langage*, 3ᵉ édit., in-12, Paris (1879), p. 147-150. Les paysans d'Europe qui ne reçoivent pas d'éducation, n'usent pas eux-mêmes de plus de trois cents mots. Cf. *Les Livres Saints et la critique rationaliste*, 4ᵉ édit., t. IV, p. 93.

## CHAP. III. CARACTÈRES DE LA LANGUE PARLÉE PAR N.-S. 51

première forme qu'on lui donne; mais quand, après plusieurs années écoulées, il a pris son pli, c'est pour toujours. On peut modifier l'arbrisseau encore flexible, on ne peut changer l'arbre déjà grand dont la direction est désormais fixée. Rien ne devient autant nous-mêmes que notre langue, rien n'influe sur notre manière de penser et de concevoir comme le langage qui nous sert à penser et à concevoir. Nous ne pouvons développer nos connaissances sans les mots qui en sont les signes, et ces signes deviennent en général comme la limite même de nos connaissances et de nos idées, de sorte que les choses que nous pouvons exprimer par un mot déterminé sont à peu près les seules dont nous ayons des idées claires et nettes.

C'est là une vérité de tous les temps, mais c'était particulièrement vrai au premier siècle de notre ère, à cause de circonstances particulières. On n'avait point alors, pour compléter une éducation manquée ou défectueuse, les ressources dont on dispose maintenant. Aujourd'hui, au moyen des facilités de tout genre que nous offrent l'imprimerie, les progrès de toutes les études, la multiplicité et le bon marché des livres, la commodité des relations internationales, on peut parvenir à s'approprier une langue, à se rendre compte des idées qui lui sont propres, et même à saisir ce qui constitue le génie de cette langue. Néanmoins, malgré tous les trésors qui sont entre nos mains, un Allemand n'écrira guère le français sans y mêler des germanismes, et un étranger, en général, des idiotismes de sa propre langue; il y aura certains mots, certaines tournures, certaines locutions dont il ne saura point se servir; il en emploiera d'autres mal à propos; un Anglais converti remerciera, par exemple, Fénelon d'avoir pour lui « des boyaux de père[1]. »

---

[1] L'expérience montre qu'on ne peut parvenir à parler tout à fait purement une langue que lorsqu'on l'a apprise dans sa jeunesse. Exemple, les Russes ne parlent si correctement le français que parce qu'ils l'appren-

Combien n'avons-nous point de peine à nous faire une idée exacte des termes philosophiques employés par les Anglais et surtout par les Allemands ! Et cependant nous sommes les uns et les autres de race aryenne, et nous recevons une éducation analogue. Combien donc il devait être plus difficile autrefois à des hommes de race diverse d'acquérir pleinement la connaissance d'une langue étrangère ! Il n'existait alors aucune grammaire, aucun dictionnaire[1] ; ce qu'on apprenait, on ne pouvait l'apprendre que par l'usage, dans les rapports de chaque jour avec ceux qui parlaient cette langue. Il y a tout lieu de supposer que, si l'on excepte saint Paul et saint Luc, les autres écrivains du Nouveau Testament n'ont connu d'autre grec écrit que celui de la version des Septante, qu'on lisait dans les pays de la dispersion. Or, ceux-là seuls qui en ont fait l'expérience peuvent s'en rendre compte : « Il y a peu de choses en ce monde aussi difficiles que d'étudier une langue sans livre, sans dictionnaire, sans grammaire, » dit un missionnaire de la Cochinchine orientale, obligé d'apprendre le dialecte des Ba-Hnars sans autre ressource que la conversation[2].

Dans ces conditions, à part des exceptions rares[3], on ne

---

nent en bas-âge. Un étranger peut parvenir à déguiser son origine quand il parle de vive voix, mais il est bien rare qu'il y réussisse, quand il écrit. Certaines formes exotiques, qui frappent peu dans la conversation, se remarquent du premier coup d'œil à la lecture. Du reste, il ne faut pas oublier que les peuples européens ne se distinguent point entre eux par leur manière de concevoir et de penser comme le Sémite et le Grec, parce que les langues européennes ont toutes le même fonds d'idées et que ceux qui les parlent sont élevés de la même manière.

[1] A l'exception de quelques listes de mots, comme en Assyrie.

[2] P. Dourisboure, *Les sauvages Ba-Hnars*, in-12, Paris, 1873, p. 101-102. — Avec un peuple civilisé, la difficulté est moindre, mais elle est toujours considérable.

[3] Par exemple, l'historien Josèphe, qui descendait de la famille des Machabées, était naturellement bien doué, avait reçu une éducation soignée dans son enfance, vécut plus tard à la cour des empereurs et put se

pénètre pas jusqu'au fond d'une langue, on n'en acquiert d'ordinaire qu'une connaissance superficielle, quoique suffisante pour se faire comprendre. On apprend à exprimer, par un mot étranger, les idées qui ont un nom dans sa langue maternelle, mais on ne saisit pas nettement la valeur des mots qui expriment des idées auxquelles on est étranger. Les termes qui exprimaient en grec des idées pour lesquelles l'hébreu ou l'araméen n'avait pas de nom particulier, ne disaient rien à l'esprit des hommes du peuple de race sémitique et passaient, par conséquent, sans laisser de trace dans leur mémoire. Ponce Pilate, Festus, Félix, vivant en Judée pour y représenter Rome, y gardaient leurs idées romaines et leurs habitudes acquises; ils ne comprenaient guère ce qui était propre à la religion juive[1]. A plus forte raison, les Juifs transplantés au milieu des païens continuaient-ils à penser juif, si l'on peut ainsi dire, et conservaient presque entière leur manière de concevoir, et même de s'exprimer[2].

De là vient que les Apôtres, qui n'ont acquis la connaissance du grec que dans l'âge mûr et par l'usage, n'ont guère appris que des mots nouveaux, mais non des idées

---

donner comme l'homme le plus instruit de sa nation. Voir plus haut, p. 37, note 1. Quant au philosophe juif Philon, il ne saurait être cité comme une exception à la règle. Il était né en Égypte, à Alexandrie, qui était alors un des centres littéraires les plus importants du monde grec, et il y fut initié de bonne heure à la philosophie platonicienne. Le grec était sa langue maternelle et l'on s'est demandé s'il avait jamais su l'hébreu. Cf. *Mélanges bibliques*, 2ᵉ édit., p. 23.

[1] Act., xxv, 18-19; cf. xxvi, 3.
[2] Il va sans dire que la langue n'était pas la seule cause qui rendait la plupart des Sémites élevés en Palestine réfractaires à l'influence grecque. La différence de religion, de mœurs, de pratiques domestiques, des habitudes invétérées, contractées dès l'enfance dans la famille, tout cela contribuait à faire du Juif palestinien un homme tout autre que le Grec ou le Romain; mais, pour le but que nous nous proposons dans ce travail, nous avons à insister surtout sur le rôle du langage.

nouvelles. Ils n'ont su de la grammaire hellénique que les choses essentielles pour se rendre intelligibles en parlant cette langue ; ils ont gardé de la grammaire et de la syntaxe sémitiques tout ce qui n'empêchait pas de les comprendre ; ils n'ont appris que les mots qui correspondaient à leur vocabulaire araméen ; la plupart des autres mots grecs sont restés pour eux comme s'ils n'existaient pas ; ils n'ont pas acquis, en particulier, d'autres connaissances philosophiques et psychologiques que les connaissances primordiales que leur avait données leur langue maternelle.

Si donc un Apôtre, ayant ainsi appris le grec, raconte par écrit la vie de son maître, il habillera sa pensée de mots étrangers, mais il la coulera toujours, pour ainsi dire, dans son ancien moule ; il lui donnera un costume grec, mais sa physionomie sera toujours orientale ; le tour de ses phrases, ses constructions, ses métaphores, resteront les mêmes ; par suite d'une habitude invétérée, il aura toujours un accent et un air étrangers, et même en se servant des mots des Hellènes, il ne s'en servira point comme eux, et s'il ne donne pas au lac de Tibériade le nom de *yâm*, selon la coutume hébraïque [1], il lui donnera celui de *thalassah*, « mer, » au lieu de *limné* [2] « lac ; » s'il n'appelle pas la terre *yabbâšâh* (l'aride), comme il le faisait à Jérusalem, il ne l'appellera pas non plus *gê*, comme on le fait à Athènes, mais *xêra* (l'aride) [3],

---

[1] ים, *yâm*, « mer. » Num., XXXIV, 11 ; XII, 3.

[2] Saint Matthieu, IV, 15, 18 ; VIII, 24, 26 ; XV, 29 ; XXXII, 13 ; saint Marc, I, 16 ; II, 13 ; III, 7 ; IV, 1, 3 ; V, 13 ; VII, 31 ; saint Jean, VI, 16, 19, 22, 25 ; XXI, 1, 7, appellent toujours le lac de Génésareth ou de Tibériade, θαλάσσα, « mer, » selon l'usage de la Palestine. Saint Luc, qui était natif d'Antioche et plus familiarisé avec la langue grecque, est le seul qui donne au lac son véritable nom, λίμνη, « lac. » Luc, V, 1, 2 ; VIII, 22, 23.

[3] Ξηρά ou « la sèche », Matth., XXIII, 15. Χέρσος en grec et *terra* en latin signifient aussi étymologiquement « la sèche, » par opposition à l'eau, l'humide. Voir P. Regnaud, *Origine et philosophie du langage*, in-12, Paris, 1888, p. 255, 357.

etc [1]. Il aura de la peine à se familiariser avec les conjugaisons grecques, et il oubliera même quelquefois de décliner les mots [2], parce que les déclinaisons sont inconnues au dialecte palestinien; il gardera surtout ce qui fait le fond de son langage, la façon de concevoir l'homme et les choses ou, en d'autres termes, sa terminologie philosophique [3].

Puisqu'il en est ainsi, rien ne doit être plus aisé que de distinguer à son langage si un écrivain est juif ou grec de naissance. La tradition nous dit que les auteurs du Nouveau Testament l'ont écrit en grec, mais qu'ils étaient nés Juifs, la plupart en Palestine, et deux, saint Paul et saint Luc, hors de la Palestine, en pays où l'on parlait grec. Si la tradition dit vrai, nous devons retrouver dans les écrits des

---

[1] Les exemples de ce genre abondent. En voici quelques uns :

Ὀφείλημα « péché, » purement hébreu. Matth., vi, 12.

Χορτάζειν, « rassasier » dit des personnes, Marc, viii, 4, etc.

Ποτήριον, « coupe, » employé dans le sens de sort, fortune, adversité, Apoc., xvi, 19, etc.

Χεῖλος, « côte, rivage, » Heb., xi, 12.

Στόμα, « tranchant de l'épée. » Luc, xxi, 24; Heb., xi, 34

Στηρίζειν τὸ πρόσωπον, ἐνωτίζεσθαι, κοινός, ὁ ἀδελφός = al er; πρόσωπον λαμβάνειν, σάρξ καὶ αἷμα, καρπὸς τῆς ὀσφύος, υἱὸς εἰρήνης, ἐξέρχεσθαι ἐξ ὀσφύος τινός, ποιεῖν ἔλεος (χάριν) μετά τινος, ἐξομολογεῖσθαι θεῷ. etc. Cf. B. Winer, *Grammatik des neutestamentlichen Sprachidioms*, 5e édit., in-8°, Leipzig, 1844, p. 22-23; J. Th. Beelen, *Grammatica Græcitatis Novi Testamenti*, in-8°, Louvain, 1857, p. 23; Ed. Reuss, *Die Geschichte des heiligen Schriften Neuen Testaments*, 6e édit., Brunswick, 1887, p. 37.

[2] Par exemple dans ce curieux passage de l'Apocalypse, i, 4 : Εἰρήνη ἀπὸ ὁ ὤν. Saint Jean met ὁ ὤν au nominatif, oubliant que la préposition ἀπὸ gouverne le génitif. Ce langage a paru si extraordinaire que le *textus receptus* l'a modifié d'une manière qui n'est guère, d'ailleurs, moins surprenante, et a écrit : ἀπὸ τοῦ ὁ ὤν, répétant l'article et mettant le premier au génitif et le second au nominatif. « Invito suo codice, [sic] edidit Erasmus; » dit Tischendorf, *Novum Testamentum græce*, editio viii° minor, p. 976. Les meilleurs manuscrits portent : ἀπὸ ὁ ὤν.

[3] Ce point sera expliqué et développé dans le chapitre iv.

Juifs palestiniens les caractères que nous avons indiqués ; au contraire, nous devons découvrir dans saint Paul et dans saint Luc, un mélange de la civilisation hébraïque et de la civilisation hellénique.

Au commencement de l'ère chrétienne, à l'époque où fut écrit le Nouveau Testament, le langage philosophique, fruit du travail des écoles grecques, était le langage usuel de tous ceux qui avaient reçu une éducation hellénique, et l'on ne trouve point un seul écrit, composé alors par un Grec d'origine, qui n'emploie la terminologie philosophique, créée par les fines et délicates analyses de Platon et d'Aristote et devenue, grâce à eux, comme une portion de la vie intellectuelle de la Grèce.

Cela est tellement vrai que ce langage était devenu courant jusque chez les Romains, élèves des Grecs. Nous en trouvons la preuve dans la traduction latine du Nouveau Testament. Quoiqu'elle ait été faite par des hommes de condition médiocre, qui ne parlaient que le latin populaire, et traduisaient ordinairement mot à mot le texte original, ils ont souvent, sans y prendre garde, substitué, dans leur version, le mot propre à la locution sémitique dont s'était servi l'Évangéliste. Ainsi *ignorer, ignorant*, ne peuvent s'exprimer en hébreu que par *ne pas savoir, ne sachant pas, loʾ yadaʿ* ; le correspondant du mot *ignorance* n'existe pas dans la Bible hébraïque[1] ; aussi dans le texte original des Évangiles, *ignorer* est-il ordinairement rendu par *ne pas savoir*[2], mais la traduction latine emploie le mot *ignorare*[3]. De même dans l'Ancien Testament, *lêb, lêbâb*, « cœur » a été rendu quel-

---

[1] Dans les passages où la Vulgate a traduit *ignorantia*, Lev., IV, 2, 22 ; Num., XV, 27, etc., on lit en hébreu *šegâgâh*, qui signifie « erreur, faute irréfléchie. » *Ignorantia* n'est pas non plus la traduction littérale dans Job, XIX, 4 et Ps., XXIV (XXV), 7.

[2] En grec : οὐ γινώσκειν.

[3] Matth., XXIV, 50 ; Marc, XIV, 40 ; Joa., III, 10 ; Act., XX, 22.

quefois par *mens*, « esprit¹. » Dans le Nouveau, le traducteur latin a substitué plusieurs fois au verbe « voir » de l'original grec, le terme abstrait *visus*, « la vue². »

On peut donc distinguer un Grec d'origine d'un barbare, comme on disait alors, même quand le barbare emploie la langue d'Athènes, à ces signes caractéristiques³. Le Juif qui se sert des mots dont s'étaient servis Platon et Démosthène, n'a d'hellène que l'apparence. Pour tout dire en un mot qui résume tout ce qui précède : les écrivains du Nouveau Testament écrivent en grec, mais ils pensent toujours en hébreu.

¹ Lev., xxvi, 41 : Num., xxxii, 7; Deut., v, 29 (hébreu, 26), etc. Dans la plupart des cas, *lêb, lêbâb*, est rendu simplement par « cœur. » Nous verrons plus loin, p. 68-71, les diverses acceptions que les Hébreux attribuaient à cette expression.

² Luc, vi, 21; Act., ix, 12, 18.

³ Il peut être utile, en terminant, de faire les remarques suivantes. Nous avons exposé ce qui nous semble établi par l'histoire et par la science du langage, mais ceux qui n'ont pas eu occasion de faire de la linguistique comparée une étude spéciale seront naturellement portés à croire cette thèse outrée, et cela d'autant plus qu'ils auront fait moins attention aux termes restrictifs, ajoutés partout avec soin, pour empêcher de donner aux différentes propositions énoncées un sens absolu qu'elles ne doivent point avoir. Le chapitre suivant fixera pour eux la véritable signification de ce qui a été dit ici. Ceux-là mêmes qui, ne connaissant que leur langue maternelle ou qui n'ayant étudié que des langues indo-européennes, de même famille que le français, peuvent difficilement se rendre compte de la distance qui sépare l'esprit sémitique de l'esprit aryen, n'auront pas de peine à voir dans le chapitre iv que les écrivains du Nouveau Testament sont restés sémites tout en parlant grec. De fait, ces écrivains ne se sont point approprié la terminologie philosophique des Hellènes, et cela nous suffit pour démontrer que les auteurs sacrés sont d'origine juive.

# CHAPITRE IV.

LE LANGAGE DU NOUVEAU TESTAMENT, PREUVE DE SON AUTHENTICITÉ.

---

Les hébraïsmes du Nouveau Testament sont tellement frappants qu'on les a de tout temps remarqués et signalés et qu'on les a donnés toujours comme une preuve de l'origine judaïque des livres qu'il renferme[1], ainsi que nous l'avons dit en commençant.

Il est donc inutile d'insister sur ce point. Mais ce que l'on n'a jamais fait ressortir assez expressément[2], croyons-nous,

---

[1] Voir W. H. Guillemard, *Hebraisms in the Greek Testament*, in-8º, Cambridge, 1879 ; D. Schilling, *Commentarius exegetico-philologicus in hebraismos Novi Testamenti*, in-8º, Malines, 1886. Cf. B. Winer, *Grammatik des neutestamentlichen Sprachidioms*, 5ᵉ édit., in-8º, Leipzig, 1844, p. 15-23 ; Berger de Xivrey, *Mémoire sur le style du Nouveau Testament*, dans les *Mémoires de l'Académie des Inscriptions*, 1858, t. xxiii, p. 1 et suiv.; Ed. Hatch, *Essays on biblical Greek*, in-8º, Oxford, 1889 (cf. du même, *The influence of Greek ideas and usages upon the Christian Church*, in-8º, Londres, 1890); Ch. H. Hoole, *The classical Element in the New Testament considered as a proof of its Genuineness*, in-8º, Londres, 1888 ; H. Simcox, *The language of the New Testament*, in-8º, Londres, 1894.

[2] On a bien noté, en passant, dans les idiotismes du Nouveau Testa-

c'est que les auteurs des Évangiles ne connaissaient pas d'autre langage philosophique et psychologique que celui des Hébreux. Ce fait peut moins impressionner de prime abord, parce qu'il est plus négatif pour ainsi dire que positif, et cependant il en est le plus digne d'attention, parce qu'il est le plus caractéristique de tous.

Un faussaire, quelle que pût être son habileté, n'aurait certainement jamais songé à tromper ses lecteurs en imitant le style hébraïque par les traits qui échappent généralement à l'observation et que, de fait, personne jusqu'aujourd'hui ne semble avoir remarqués. Quoiqu'on ne doive user qu'avec discrétion des arguments intrinsèques, il sera donc utile et légitime de se servir de celui qui vient d'être indiqué et de le mettre en lumière.

Montrons d'abord que la langue qu'on peut appeler philosophique du Nouveau Testament est purement sémitique.

Bien que les Hébreux n'eussent point cultivé la philosophie et fussent même dénués de génie philosophique, ils avaient cependant, comme nous l'avons dit, les notions philosophiques essentielles et indispensables.

Tous les hommes ont une certaine idée de la prose et de la poésie, puisqu'ils distinguent les vers du langage non mesuré, et malgré cela il y en a beaucoup qui ignorent, avec M. Jourdain, qu'ils s'expriment en prose. Tous les hommes ont aussi une notion confuse des voyelles et des consonnes, puisqu'ils se servent des unes et des autres en parlant, sans pouvoir cependant distinguer nominativement les unes des autres. De même les hommes les moins cultivés ont aussi certaines idées philosophiques, quoiqu'ils ne les aient jamais réduites en système et qu'ils ne soient pas en état de s'en

---

ment, les expressions philosophiques avec les autres, mais, outre qu'on n'a pas donné à ce fait le relief qu'il semble mériter, on n'a pas signalé toutes les lacunes de la terminologie philosophique du Nouveau Testament.

## CHAP. IV. LE LANGAGE DU NOUVEAU TESTAMENT.

rendre compte. Nous trouvons donc une philosophie, rudimentaire si l'on veut, mais néanmoins très réelle, dans l'Ancien et dans le Nouveau Testament. Leur théodicée est même infiniment supérieure à tout ce qu'ont jamais dit et enseigné les Grecs, parce qu'elle est d'origine divine; toutefois, pour notre dessein, nous ne nous occuperons ici que de la psychologie qu'on appelle expérimentale et de la terminologie philosophique.

Les Hébreux distinguent dans l'homme le corps et l'âme, formant par leur réunion le composé humain ou la personne humaine. Cette distinction se trouve aussi dans la philosophie grecque, mais les Juifs, pour l'exprimer, avaient des expressions particulières et pour ainsi dire consacrées. Or les auteurs du Nouveau Testament emploient toujours, pour désigner soit l'âme, soit le corps, soit ces deux substances unies ensemble, les mots grecs qui correspondent exactement aux mots hébreux et qui avaient été mis en usage parmi les Juifs hellénistes par la version grecque des Septante, non les expressions usitées chez les philosophes grecs.

La substance spirituelle et pensante porte en hébreu le nom de *roua*; ce mot est rendu en grec par *pneuma*, et en latin, par *spiritus*.

Le nom par lequel le corps est souvent désigné dans le Nouveau Testament est particulièrement digne de remarque. A cause de sa pauvreté, la langue hébraïque n'avait pas de mot propre pour désigner le corps, et elle l'appelait « la chair, » *bâsâr*. Les Évangélistes traduisent simplement le mot sémitique et donnent au corps le nom de *sarx* ou chair[1]. Le mot qui signifie proprement corps en grec, *sôma*, ne désigne ordinairement dans saint Matthieu, saint Marc et saint

---

[1] Σάρξ, Joa., VI, 33; Matth., XIX, 5; XXVI, 41; Marc, X, 8; XIV, 38; Joa., I, 14; VI, 51; I Pet., IV, 2.

Jean[1] que le corps mort, le cadavre[2]. Saint Paul et saint Luc, au contraire, s'en servent dans l'acception ordinaire[3], tout en employant aussi le mot « chair » selon l'idiotisme sémitique[4].

Le mot *psychê*[5], « âme, » *anima* des Latins, correspondant au *néfeš* hébreu, signifie souvent, comme dans l'Ancien Testament, l'homme composé de corps et d'âme, et la vie qui est le résultat de l'union du corps et de l'âme. Ce sens de « vie, » qui est sémitique, est fréquent dans le Nouveau Testament. « Ils sont morts, ceux qui cherchaient l'âme (*psychê*), c'est-à-dire la vie de l'enfant (Jésus), » dit saint Matthieu[6]. « Ne vous mettez pas en peine pour votre âme (*psychê*) de ce que vous mangerez[7], » lisons-nous dans le sermon sur la montagne. — « Est-il permis, demande Jésus-Christ aux Juifs en saint Marc, de faire le bien ou le mal les jours de sabbat, de sauver une âme (*psychên*) ou de la tuer, » de guérir un malade ou de le laisser mourir[8]? « Aimer son âme (*psychê*), la perdre, la trouver, la sauver, » c'est aimer, perdre, trouver, sauver sa propre vie. « Le bon pasteur donne son âme (*psychê*) ou sa vie pour ses brebis[9]. » « Celui qui

---

[1] Σῶμα. Matth., xiv, 12; xix, 5; xxvii, 58; Marc, x, 8; xv, 43; Joa., xix, 31, 38, 40; xx, 12; Jude, 9. Aussi dans saint Luc, xvii, 37; xxiii, 52, 55; Act., ix, 40; Heb., xiii, 3.

[2] Excepté dans saint Matthieu, v, 29 et suiv.

[3] Luc, xi, 34; xii, 23; I Cor., vi, 13, 19 et suiv.

[4] Luc, iii, 6; Act., ii, 30 (26); II Cor., xii, 7; Gal., iv, 14; Eph., v, 29; Heb., ix, 10, 13, etc. On remarque dans ces passages que, quoique saint Paul et saint Luc connaissent mieux le grec que les autres écrivains du Nouveau Testament, les habitudes juives l'emportent souvent et les font parler d'après l'usage sémitique.

[5] Ψυχή.

[6] Matth., ii, 20; cf. xx, 28; Marc, x, 45; Luc, vi, 9; xii, 20, 23; Joa., xii, 25; Act., xx, 24; Rom., xvi, 4, etc.

[7] Matth., vi, 25; Luc, xii, 22.

[8] Marc, iii, 4.

[9] Joa., x, 11.

perdra son âme » ou sa vie en souffrant le martyre pour la cause de Jésus-Christ, trouvera « son âme » ou la véritable vie[1]. Dans ce dernier passage, comme dans plusieurs autres du Nouveau Testament, le mot *psyché* désigne, la seconde fois qu'il est employé, la vie future, la vie éternelle.

Un sens encore plus particulier du mot *néfeš* dans l'Ancien Testament et de *psyché* dans le Nouveau, sens qui est la conséquence de la signification de « composé humain, d'homme, » donnée à ces mots, c'est qu'ils servent à exprimer la première personne; « mon âme » correspond à « je » ou « moi » comme dans les premières paroles du cantique de la Très Sainte Vierge :

> Mon âme glorifie le Seigneur
> Et mon esprit tressaille en Dieu, mon salut [2].

La *néfeš* des Hébreux et, par suite, la *psyché* du Nouveau Testament, est considérée comme ce qui en nous aime ou hait, se réjouit ou s'attriste, souffre ou se livre au plaisir, craint ou espère, bénit ou maudit, pratique la vertu ou s'adonne au vice; en un mot, elle est regardée souvent comme le siège de la sensibilité [3].

La sensibilité elle-même n'a point de nom. Les mots « sentir, percevoir par les sens, perception, sensation des

---

[1] Matth., x, 39.
[2] Luc, i, 46-47. Cf. Matth., vi, 25; xxvi, 38; Act., ii, 43, etc. Voir Gesenius, *Lehrgebaüde der hebräischen Sprache*, in-8°, Leipzig, 1817, p. 752; B. Winer, *Grammatik des neutestamentlichen Sprachidioms*, 5° édit., 1844, p. 180-181. — En sanscrit, *âtman*, « souffle, vie, personne, » s'emploie aussi comme pronom des trois personnes et particulièrement de la première. V. P. Regnaud, *Origine et philosophie du langage*, in-12, Paris, 1888, p. 261-262.
[3] Luc, ii, 35; Joa., x, 24, etc. Ἀνάπαυσιν ταῖς ψυχαῖς εὑρίσκειν, Matth., xi, 29; cf. Luc, xii, 19-20; περίλυπός ἐστιν ἡ ψυχή μου, Matth., xxvi, 38; Marc, xiv, 34; ἡ ἐπιθυμία τῆς ψυχῆς, Apoc., xviii, 14, etc., etc. On trouve quelques locutions analogues dans les auteurs classiques, mais ce qui est rare chez eux est fréquent dans le Nouveau Testament.

sens, » ne se lisent jamais dans le Nouveau Testament¹. Là où nous dirions « sentir, » comme dans le récit du miracle de l'hémorrhoïsse, qui, après avoir touché la frange du vêtement de Notre-Seigneur « *sentit* qu'elle était guérie, » saint Marc dit : « elle *connut* qu'elle était guérie ². »

Le mot « sens, » désignant les organes de la sensation et de la perception, est aussi absent du Nouveau Testament. Les Évangélistes nous racontent que Notre-Seigneur rendait la vue aux aveugles et l'ouïe aux sourds, mais, pour décrire ces miracles, ils n'emploient pas de termes abstraits, ils nous disent : « Les aveugles voient, les boiteux marchent,... les sourds entendent³. » Saint Marc connaît le mot *akoê*, qui vient du verbe *akouô*, « entendre » et signifie « l'ouïe, » mais il est si peu habitué aux termes abstraits qu'il emploie ce mot au pluriel dans le sens « d'oreilles ⁴. »

Le sens de la vue n'est jamais désigné par un mot abstrait ⁵. La Vulgate latine rend par l'expression *visus*, « la

---

¹ Αἰσθάνομαι, « sentir, percevoir par les sens, » ne se rencontre qu'une fois et c'est dans le sens de « comprendre, » et encore est-ce dans saint Luc, ix, 45. Αἴσθησις, « perception par les sens, » ne se lit également qu'une fois dans tout le Nouveau Testament, et c'est dans saint Paul, mais dans le sens de « connaissance. » Phil., i, 9. Αἰσθητήριον, « la faculté de sentir, » n'est aussi employé qu'une fois, dans l'écrit qui se distingue entre tous par l'excellence de son grec, l'Épître aux Hébreux, v, 14.

² Marc, v, 19. — La Vulgate a plusieurs fois rendu par *sentire*, le verbe φρονεῖν, « penser, juger, » Act., xxviii, 22 ; Rom., viii, 5 ; xii, 16 ; Phil., i, 7 ; ii, 2, 5 ; iii, 15 ; iv, 10 ; comme elle a rendu νοῦς par *sensus*, Luc, xxiv, 45 ; Rom., i, 28 ; xi, 34 ; xii, 2 ; xiv, 5, etc.

³ Matth., xi, 5.

⁴ Διηνοίχθησαν αὐτοῦ αἱ ἀκοαί, « ses oreilles furent ouvertes. » Marc, vii, 35. Ἀκοή est employé dans le même sens, Luc, vii, 1 ; Act., xvii, 20. C'est d'ailleurs un des sens d'ἀκοή. Ordinairement ce mot signifie, dans les Évangiles, « renommée, bruit, » Matth., iv, 24, etc. Saint Paul seul l'emploie dans le sens d'ouïe, Gal., iii, 2, etc.

⁵ Excepté dans Luc, iv, 19, mais c'est une citation de la traduction grecque des Septante, qui porte ἀνάβλεψις, « la vue. »

## CHAP. IV. LE LANGAGE DU NOUVEAU TESTAMENT.

vue, » plusieurs passages du texte original, mais celui-ci a un verbe là où la traduction met ce substantif [1]. L'odorat n'est nommé que dans saint Paul [2]. Il est fréquemment question du « goûter [3] » et surtout du « toucher [4] » dans le Nouveau Testament, mais jamais du « goût » et du « tact. »

Les opérations des cinq sens s'exprimaient donc par des verbes : voir, entendre, sentir (par l'odorat), goûter, toucher [5] ; encore faut-il remarquer que, quoiqu'il y eût des verbes pour exprimer les fonctions de chacun des sens, *voir* était souvent employé au lieu des autres. C'est ainsi que nous lisons dans Isaïe : « J'ai *vu* la chaleur [6] » au lieu de : je l'ai sentie. Nous retrouvons cet idiotisme dans le Nouveau Testament. Saint Marc nous dit que Notre-Seigneur entrant dans la maison de Jaïre « *voit* le bruit [7] » qu'on fait afin de pleurer la mort de la jeune fille qu'il va ressusciter. Pour « jouir de la vie, » saint Jean dit « *voir* la vie [8] ; » pour « ne pas souffrir la mort et la corruption, » saint Luc et saint Jean disent : « ne pas *voir* la mort et la corruption [9]. » Le verbe « goûter » s'emploie aussi quelquefois dans ce sens général. Ainsi nous lisons dans les quatre Évangélistes : « *goûter* la mort » pour « souffrir la mort [10]. »

---

[1] Luc, vii, 21 ; Act., ix, 12, 18.
[2] Ὄσφρησις. I Cor., xii, 17.
[3] Matth., xxvii, 34 ; Luc, xiv, 24, etc.
[4] Matth., viii, 3, 15 ; ix, 20, etc.
[5] Ὁρᾶν, ἀκούειν, ὀσφραίνεσθαι (ce verbe ne se lit pas dans le Nouveau Testament, mais seulement les substantifs ὄσφρησις, « odorat, » et ὀσμή, « odeur »), γεύεσθαι et ψηλαφᾶν ou ἅπτεσθαι.
[6] Is., xliv, 16.
[7] Marc, v, 38.
[8] Joa., iii, 36.
[9] Luc, ii, 26 ; Act., ii, 27 ; Joa., viii, 51.
[10] Matth., xvi, 28 ; Marc, ix, 1 ; Luc, ix, 27 ; Joa., viii, 52 ; Héb., ii, 9. Cf. I Pet., ii, 3.

Puisque l'analyse de la sensibilité était si peu avancée chez les Hébreux, nous ne devons pas nous attendre à rencontrer dans le Nouveau Testament la distinction explicite entre la sensation et le sentiment. Elle n'y est pas en effet. L'expression même d'un grand nombre de sentiments et d'affections de l'âme en est absente. Ainsi pour les sentiments les plus profonds qui remplissent l'âme humaine, l'amour et la haine, il y a deux mots qui les rendent, mais les nuances sans nombre qui séparent ces deux extrêmes ne peuvent s'exprimer ni dans l'ancien hébreu ni dans le dialecte parlé du temps des Apôtres, de telle sorte que Notre-Seigneur, pour signifier qu'on ne doit point lui préférer son père ou sa mère, est obligé de dire : « Si quelqu'un vient après moi, et ne *hait* point son père ou sa mère et sa femme et ses enfants et ses frères et ses sœurs et son âme (sa vie) même, il ne peut pas être mon disciple [1]. » Les Pères ont expliqué dans leurs commentaires [2] le sens de cette manière de parler, qui surprend les lecteurs occidentaux ; la raison pour laquelle Jésus s'en est servi, c'est la pauvreté de la langue dans laquelle il s'exprimait.

Pour signifier « l'amour, » les auteurs sacrés emploient le mot *agapê*, inusité chez les auteurs classiques [3], mais qui pour des étrangers devait paraître naturellement formé du verbe *agapaô* [4]. Le mot *érôs*, le verbe *érân*, l'adjectif *érastês* [5] ne se lisent jamais dans le Nouveau Testament [6]. On rencontre

---

[1] Luc, xiv, 26. Cf. xvi, 3. Voir aussi Rom., ix, 13.

[2] Voir, par exemple, saint Grégoire le Grand, *Hom. xxxvii in Evang.*, 2, t. lxxvi, col. 1275.

[3] Ἀγάπη. Wilke, *Clavis Novi Testamenti philologica*, 3º édit. de Grimm, 1888, p. 3; G. A. Deissmann, *Bibelstudien*, in-8º, Marbourg, 1895, p. 80.

[4] Ἀγαπάω.

[5] Ἔρως, ἐρᾶν, ἐραστῆς. Voir R. C. Trench, *Synonymes du Nouveau Testament*, trad. Cl. de Faye, in-8º, Bruxelles, 1869, p. 48-49.

[6] Voir Cremer, *Wörterbuch der neutestamentlichen Gräcität*, 3º édit., in-8º, Gotha, 1883, p. 9.

## CHAP. IV. LE LANGAGE DU NOUVEAU TESTAMENT. 67

seulement dans saint Paul le nom propre Érastos[1]. *Philos*, « ami[2], » et *philéin*, « aimer, être ami, embrasser[3], » sont employés dans les Évangiles et les Épîtres, mais non *philia*, « attachement[4]. » Le verbe qui signifie « haïr » est assez fréquent[5] ; le substantif « haine[6] » n'apparaît jamais dans le texte grec.

La douleur est exprimée par des termes qui signifient ou la douleur de la femme qui enfante[7], ou la douleur qui se manifeste par des cris et des gémissements[8]. Le substantif et le verbe qui servent à rendre ce sentiment[9] d'une manière générale, ne se trouvent que dans les deux écrivains non palestiniens, saint Paul et saint Luc, qui avaient reçu une certaine culture hellénique. On ne lit aussi que dans saint Luc et dans les auteurs des Épîtres le mot *édoné*, « plaisir[10] : » *euphrainô*, « se réjouir[11] ; » *épipotheô*, « désirer[12]. » Les « passions » n'étant pas distinctes des « désirs »

---

[1] Act., xix, 22 ; Rom., xvi, 23 ; II Tim., iv, 20.
[2] Φίλος. Matth., xi, 19 ; Luc, vii, 34, etc.
[3] Φιλεῖν. Matth., x, 37 ; Luc, xx, 46, Joa., v, 20, etc.
[4] Φιλία.
[5] Μισεῖν. Matth., v, 43 ; xxiv, 10 ; Luc. i, 71, etc.
[6] Μῖσος.
[7] Ὠδῖνες, Matth., xxiv, 8 ; Marc, xiii, 8, etc.
[8] Ὀδυρμός, Matth., ii, 18 ; II Cor., vii, 7.
[9] Ὀδύνη, Rom., ix, 2 ; I Tim., vi, 10. Ὀδυνάω, Luc, ii, 48 ; xvi, 24 ; Act., xx, 38.
[10] Ἡδονή, Luc, viii, 14 ; Tit., iii, 3 ; Jac., iv, 1, 3 ; II Pet., ii, 13.
[11] Εὐφραίνω, Luc, xv, 32 ; Act., ii, 26 ; Rom., xv, 10 (citant Deut., xxxii, 43), etc. — « Se réjouir » est ordinairement exprimé par χαίρω, et « la joie » par χαρά. Matth., ii, 10 ; Jac., xiii, 29, etc. — Matth., ii, 10 ; xiii, 44 ; Marc, iv, 16 ; Luc, viii, 13, etc.
[12] Ἐπιποθέω, Rom., i, 11 ; II Cor., v, 2, etc. ; I Pet., v, 2 ; Jac., iv, 5. — Ἐπιπόθησις, II Cor., vii, 7, 11, et ἐπιποθία, « désir, » Rom., xv, 23, qui sont inconnus aux classiques, sont employés par saint Paul. Le mot simple πόθος, « désir, » familier aux classiques, ne paraît pas dans le Nouveau Testament, où l'on emploie ordinairement ἐπιθυμία, Marc, iv, 19 ; Luc,

dans l'Ancien Testament ne le sont pas non plus dans le Nouveau [1].

Quant à l'intelligence, elle s'exprime ordinairement en hébreu par un terme métaphorique qui est tout à fait caractéristique, par *lêb*, qui signifie *cœur*. Les écrivains du Nouveau Testament n'ont pas manqué de traduire simplement le mot sémitique pour rendre l'idée d'intelligence, *kardia*[2]. Tandis que le grec classique distingue avec soin le cœur de la faculté de penser, de réfléchir et de raisonner, les écrivains hébreux, au contraire, confondent constamment l'un avec l'autre et considèrent le cœur comme siège de la pensée[3]. De là les locutions : « connaître ou comprendre par le cœur, » en saint Matthieu[4] et en saint Jean[5]; « penser ou

---

xxii, 15, etc. En général, les Évangélistes, quand il existait plusieurs mots grecs pour rendre un seul mot sémitique, n'en ont pris qu'un seul dont ils se sont constamment servis.

[1] Ἐπιθυμία et ἐπιθυμέω s'emploient pour désigner les passions, surtout mauvaises, Rom., vii, 7; Matth., v, 28, etc. Πάθος, dans le sens de « passion, inclination, » ne se lit que dans Rom., i, 26; I Thess., iv, 5; Col., iii, 5, et πάθημα, Rom., vii, 5. — Πρόσκλισις, « inclination, penchant, » est employé par saint Paul, I Tim., v, 21, mais n'est pas dans les meilleurs auteurs grecs, qui disent καταφέρεια, προσπάθεια, etc.

[2] « Καρδία, spiritualis vitæ sedes atque centrum, mens, animus, ut est cogitationum, cupiditatum, desideriorum, appetituum, voluntatum, consiliorum, studiorum fons et sedes ;... speciatim dicitur de ingenio, intelligentiæ facultate ac sede. » Wilke, *Clavis Novi Testamenti*, 3º édit. de Grimm, 1888, p. 226.

[3] Ἐκ τῆς καρδίας ἐξέρχονται διαλογισμοί. Matth., xv, 19. Cf. Luc, ii, 35; xxiv, 38; Act., viii, 22. Voir H. Cremer, *Wörterbuch der neutestamentlichen Gräcität*, 3º édit., p. 438; Fr. Delitzsch, art. *Herz*, dans Herzog, *Realencyclopädie*, 2º édit., t. vi, p. 58; Wittichen, dans Schenkel's, *Bibel-Lexicon*, t. iii, p. 71.

[4] Συνιέναι τῇ καρδίᾳ. Matth., xiii, 15. Voir aussi Act., xxviii, 27. L'esprit obtus est ainsi « un cœur épaissi, » dans les mêmes passages, Matth., xiii, 15; Act., xxviii, 27.

[5] Νοεῖν τῇ καρδίᾳ. Joa., xii, 40.

CHAP. IV. LE LANGAGE DU NOUVEAU TESTAMENT. 69

réfléchir dans son cœur, » en saint Marc[1]; « aveuglement du cœur » pour absence d'intelligence, dans le même Évangéliste[2]; « lents de cœur » pour lourds ou obtus d'intelligence, en saint Luc[3]; « avoir un voile placé sur le cœur, » c'est-à-dire ne pas comprendre, en saint Paul[4], etc. Saint Paul lui-même, ainsi qu'on le voit par ce dernier exemple, emploie aussi la métaphore de « cœur, » comme saint Luc, pour exprimer l'intelligence, et il en fait très souvent usage. Il y attache même un sens plus précis qu'aux expressions qu'il emprunte aux Grecs pour désigner l'esprit et ses puissances[5].

Les Grecs employaient souvent, là où les Hébreux disaient « le cœur, » le mot *dianoia*, « intelligence, pensée. » Les Septante, dans leur version, ont rendu quelquefois par ce mot le *lêb* du texte original, parce qu'ils connaissaient mieux le grec que la plupart des écrivains du Nouveau Testament. En les citant, saint Matthieu, saint Marc et saint Luc[6] ont reproduit cette expression, mais c'est uniquement par cette citation qu'elle paraît dans les Évangiles[7].

Par suite sans doute de la métaphore qui fait du cœur le siège de la pensée, saint Matthieu et saint Luc appellent la

---

[1] Διαλογιζόμενοι ἐν ταῖς καρδίαις αὐτῶν. Marc, II, 6. Cf. II, 8.
[2] Ἐπὶ τῇ πωρώσει τῆς καρδίας. Marc, III, 5. Cf. VI, 52; VIII, 17; Joa., XII, 40; Eph., IV, 18, etc.
[3] Luc, XXIV, 25. Βραδεῖς τῇ καρδίᾳ.
[4] Κάλυμμα κεῖται ἐπὶ τὴν καρδίαν αὐτῶν. II Cor., III, 15.
[5] Πνεῦμα, νοῦς. Cf. J. G. Krumm, *De notionibus psychologicis Paulinis*, in-8°, Giessen, 1858.
[6] Matth., XXII, 37; Marc, XII, 30; Luc, X, 27. Saint Paul, qui savait mieux le grec, emploie plusieurs fois διάνοια. Eph., I, 18 (text. vulg.); IV, 18; II, 3; Col., I, 21; Heb., VIII, 10; X, 16. Aussi, I Pet., I, 13; II Pet., III, 1; I Joa., V, 20.
[7] Excepté Luc, I, 51, dans le *Magnificat* : διανοίᾳ καρδίας αὐτῶν, « mente cordis sui. »

pensée elle-même *enthumêsis*[1], ce qui est dans le *thumos*, mot qui désigne l'haleine, l'âme, le cœur, et surtout un mouvement violent de l'âme qui fait battre plus fort le cœur[2]. *Enthumêsis* est rarement employé dans ce sens par les auteurs classiques[3]. « Réfléchir » s'exprime par la locution « mettre dans son cœur[4]. »

La faculté que nous appelons « raison, » l'opération de l'intelligence à laquelle nous donnons le nom de « raisonnement, » la « démonstration, » la « preuve, » ne sont jamais exprimées par un mot propre[5] ni dans l'Ancien, ni dans le Nouveau Testament[6]. « Expliquer » une chose se dit « ouvrir » cette chose, les Écritures, par exemple[7]. Pour signifier : faire comprendre, on dit d'une façon sem-

---

[1] Matth., ix, 4; xii, 25; Heb., iv, 12; Act., xvii, 29. Ἐνθυμέομαι, Matth., i, 20; ix, 4; Act., x, 1, 9 (texte vulgaire).

[2] « Quum θυμός proprie ipsum animum denotet, a spiritu quem exhalamus, deinde ad omnem animi vehementiorem impetum transfertur, quasi exhalatio vehementior. » J.-A.-H. Tittmann, *De synonymis in Novo Testamento*, 2 in-8°, Leipzig, 1829-1832, t. i, p. 132.

[3] Le mot διαλογισμός est aussi usité dans le Nouveau Testament. Matth., xv, 19; Marc, vii, 21; Luc, ii, 35; v, 22; vi, 8; ix, 46, 47; xxiv, 38; Rom., i, 21; xiv, 1; I Cor., iii, 20; Jac., ii, 4. Ce mot, qui appartient au meilleur grec, est, on le voit, plus fréquemment employé par saint Luc et par saint Paul, comme dans tous les autres cas. Saint Luc se sert aussi de διανόημα, Luc, xi, 17; ἐπίνοια, Act., viii, 22; saint Paul de νόημα, II Cor., ii, 11; x, 5; cf. iii, 14; v, 4; Phil., iv, 7.

[4] Luc, ii, 19.

[5] Le mot λόγος signifie « parole, » verbe, mais il n'a jamais le sens propre de raison, même dans saint Jean, i, 1. Frz. Delitzsch, *Biblical Psychology*, p. 219. — Ἔλεγχος, *argumentum*, Heb., xi, 1, ne veut pas dire « preuve. »

[6] Le mot « raisonnable, » λογικός, se lit deux fois dans le Nouveau Testament, la première fois dans saint Paul, qui l'applique au culte, λατρεία λογική, Rom., xii, 1, pour signifier que le culte doit être rendu à Dieu par notre intelligence ; la seconde fois par saint Pierre, τὸ λογικὸν γάλα, pour exprimer le lait qui doit servir de nourriture à l'esprit. I Pet., ii, 2.

[7] Luc, xxiv, 32; cf. 45; Matth., ix, 30.

blable « ouvrir le cœur[1]. » La mémoire elle-même est quelquefois appelée « le cœur, » et « garder le souvenir » se dit « poser ou conserver dans le cœur[2]. »

On voit quel rôle est attribué au cœur dans l'activité de l'âme ; il semble être comme le centre et le principe de tout ; les distinctions qui forment la science même de la psychologie échappent à l'esprit sémitique. L'Écriture considère généralement la sensibilité, l'intelligence et la volonté même[3] comme une chose unique, et ce qui, en l'homme, perçoit, pense et veut, est appelé cœur, quand il ne reçoit pas le nom encore plus général de *psyché*[4].

Ce qui peut étonner encore davantage, c'est que la conscience morale elle-même n'a pas de nom dans l'Ancien Testament et est à peine nommée dans le Nouveau[5], quoique l'idée que ce mot exprime joue un rôle important dans les Livres Saints. La peur que la présence de Dieu inspire à Adam et à Ève devenus pécheurs est causée par les remords de la conscience, mais l'hébreu ne possède aucun mot qui

---

[1] Act., xvi, 14.

[2] Luc, ii, 51 ; xxi, 14 (et ix, 44, d'après la leçon de la Vulgate).

[3] « Scriptura de cogitationibus non ita loquitur ut voluntatem vel volitiones sejungat, quemadmodum id in scholis philosophorum fit, qui discrimen inter intellectum ac voluntatem ingens constituerunt et intellectui regimen, voluntati obsequium attribuerunt. » Frd. M. Roos (1727-1803), *Fundamenta psychologiæ ex S. S. collecta*, 2ᵉ édit., Stuttgart, 1857, p. 182.

[4] Νοῦς n'est employé dans le sens d'intelligence que dans les Épîtres. Rom., i, 28 ; vii, 25 ; Eph., iv, 17, etc. — Dans l'Ancien Testament, il y a quelques autres mots qui désignent le principe pensant, mais ce n'est pas ici le lieu d'entrer dans tous ces détails, qui ne modifieraient en rien notre thèse : ce que nous avons dit suffit pour notre but.

[5] Les Grecs avaient distingué et nommé de bonne heure la conscience. On dit que Périandre, l'un des sept sages de la Grèce (627-584 avant J.-C.), à cette question : Τί ἐστιν ἐλευθερία ; « qu'est-ce que la liberté ? » répondit : Ἀγαθὴ συνείδησις, « la bonne conscience. » Voir Frz. Delitzsch, *Biblical Psychology*, p. 160.

exprime proprement soit le remords, soit la faculté qui provoque en nous ce remords. Le mot *lêb*, « cœur, » sert encore à désigner la « conscience, » comme les autres facultés de l'âme. Salomon dit à Séméi, qui avait accablé d'insultes David fuyant devant Absalom : « Tu connais tout le mal que ton *cœur* (c'est-à-dire ta conscience) sait que tu as fait à David mon père [1]. » — « Mon *cœur* (pour ma conscience) ne me reproche rien en mes jours, » dit Job [2]. Les remords de la conscience sont exprimés par l'image de coups qui frappent « le cœur [3]. »

Dans le Nouveau Testament et jusque dans saint Paul, c'est aussi le mot « cœur » qui désigne souvent la conscience. « La loi est écrite dans leur cœur, » c'est-à-dire dans la conscience des païens, dit l'Apôtre aux Romains [4]. Le nom grec de la conscience n'est pas dans les Évangiles [5]. Nous le lisons pour la première fois, dans l'Ancien Testament, dans un livre composé par un Juif helléniste, l'auteur de la Sa-

[1] I (III) Reg., II, 44.
[2] Job, XXVII, 6. — Voir aussi I Sam. (I Reg.), XXV, 31.
[3] I Sam. (I Reg.), XXIV, 6; II Sam. (II Reg.), XXIV, 10. Cf. C. A. G. von Zeschwitz, *Profangräcität und biblischer Sprachgeist*, in-8°, Leipzig, 1859, p. 52-57; Frz. Delitzsch, *Biblical Psychology*, III, § 4, p. 160-161.
[4] Rom., II, 15. Voir aussi Heb., X, 22; I Joa., III, 19.
[5] Συνείδησις se lit une fois dans le *textus receptus* de saint Jean, VIII, 9, dans l'histoire de la femme adultère, mais le membre de phrase où il se trouve n'est point traduit dans notre Vulgate et ne figure point dans beaucoup de manuscrits grecs; aussi est-il exclu aujourd'hui des éditions critiques. On a tout lieu de penser que c'est une glose marginale, ajoutée par un Grec, et que quelques copistes ont fait entrer dans le corps du texte. Elle est très digne d'attention, parce qu'elle met en relief la différence du génie grec et du génie sémitique, et sert très bien à montrer ce que nous nous efforçons d'établir ici, savoir que, si les Évangiles avaient été écrits par des Grecs, ceux-ci auraient employé les termes philosophiques qui leur étaient familiers. S'ils n'avaient pas eu occasion d'employer tous ceux dont on constate l'absence dans les Évangiles, ils en auraient du moins employé quelques-uns.

gesse[1]. C'est aussi un Juif hellénisant, élevé dans les pays grecs de l'Asie Mineure, saint Paul, qui nomme le premier la conscience par son nom propre dans la loi nouvelle. Il commence son discours au Sanhédrin, à Jérusalem, en disant : « Mes frères, je me suis conduit devant Dieu avec une bonne conscience jusqu'à ce jour[2]. » Il se sert aussi souvent de ce mot dans ses Épîtres[3]. Nous pouvons donc faire ici la même remarque que dans plusieurs autres circonstances : c'est que saint Paul et saint Luc, qui ont reçu en partie une éducation grecque, tout en gardant d'une manière très accusée l'empreinte de leur origine hébraïque, savent cependant se servir de termes philosophiques grecs[4] qui ne

---

[1] Sap., xvii, 10 (Vulgate, 11) : « Semper enim præsumit sæva, perturbata conscientiâ (συνείδησις). » Le mot συνείδησις apparaît dans les Septante Eccl., x, 20, mais il traduit l'hébreu מַדָּע, *maddâ'*, « connaissance. » C'est le sens qu'il a aussi dans notre Vulgate latine, Gen., xliii, 22 : « non est in nostra conscientia, » traduisant les mots hébreux : « nous ne savons pas. » Le mot *conscientia* se lit dans quatre autres passages de notre traduction latine de l'Ancien Testament : 1° « Est qui promittit et quasi gladio pungitur conscientiæ. » Prov. xii, 18. Il n'y a rien de pareil dans le texte original qui porte : « Il y a tel homme dont les paroles blessent comme des pointes d'épée. » — 2° « Scit enim conscientia tua quia et tu crebro maledixisti eis. » Eccl., vii, 23. *Conscientia* traduit ici le mot *lêb*, « cœur. » — 3° « Bona est substantia, cui non est peccatum in conscientia. » Eccli., xiii, 30. Le texte grec de l'Ecclésiastique, sur lequel le latin est traduit, n'a rien qui corresponde à *in conscientia*. — 4° Le dernier passage contenant le mot « conscientia » est celui que nous avons cité plus haut de Sap., xvii, 10.

[2] Πάσῃ συνειδήσει ἀγαθῇ, Act., xxiii, 1. Voir aussi Act., xxiv, 16.

[3] Conscience bonne, Tim. i, 5, 19 (et aussi I Pet., iii, 16); καλή, Heb., xiii, 18; pure, I Tim., iii, 9; II Tim., I, 3; sans inquiétude, Act. xxiv, 16; mauvaise, Heb., x, 11 ; gâtée, I Cor., viii, 7 ; Tit., i, 15; cautérisée, I Tim., iv, 2; faible, I Cor., viii, 7, 12, etc.

[4] On peut citer encore σύνεσις, « intelligence, » employé par saint Luc, ii, 47, et par saint Paul, I Cor., i, 19, etc. Saint Marc l'emploie aussi, xii, 33 ; il faut remarquer du reste qu'il est souvent dans les Septante. Quelques-uns des mots abstraits de la philosophie grecque se lisent de même dans le Nouveau

sont pas familiers aux autres écrivains du Nouveau Testament[1].

Mais même saint Luc et saint Paul ignorent plus d'un terme philosophique de la Grèce, dont ils auraient eu néanmoins plusieurs fois l'occasion de faire usage. Ainsi ils ne nomment jamais « l'imagination ; » ils ne distinguent pas « l'intention » du « cœur » où elle se forme. Le mot de substance, *ousia*, qui devait jouer un si grand rôle dans la théologie chrétienne et remplir pour ainsi dire les pages des Pères grecs, leur est inconnu[2].

La « vertu » est à peine nommée deux fois dans les Épîtres[3], jamais dans les Évangiles. Les vertus particulières portent quelquefois leur nom abstrait dans les Épîtres[4], mais dans les Évangiles elles ne sont ordinairement désignées que par

---

Testament, mais ce n'est que dans saint Paul, comme « hypostase, » ὑπόστασις, *substantia*, Heb., I, 3 ; « nature, » φύσις, Rom., I, 26, etc. Ce dernier mot, auquel saint Paul a attaché un sens si précis, en opposition avec la « grâce, » et qui a été aussi employé par saint Jacques, III, 7, et saint Pierre II, Pet., I, 4, n'est pas employé une seule fois dans les Septante, ni dans les Évangiles.

[1] Voir J. Jahnel, *De conscientiæ natione qualis fuerit apud veteres et apud christianos*, Berlin, 1862 ; H. Cremer, *Wörterbuch der neutest. Gräcität*, p. 306-309 ; R. Hoffmann, *Die Lehre von Gewissen*, Leipzig, 1866 ; H. A. Koch, *Das Gewissen und die öffentliche Meinung im Alterthum und in der Neuzeit*, Berlin, 1870 ; Kähler, *Das Gewissen, die Entwickelung seiner Namen und seines Begriffs*, Halle, 1878 ; H. A. P. Ewald, *De vocis* συνειδήσεως *apud scriptores Novi Testamenti vi ac potestate*, in-8°, Leipzig, 1883 ; E. Güder, *Erörterungen über die Lehre von Gewissen nach der Schrift*, dans les *Theologische Studien und Kritiken*, 1857, p. 245 et suiv.

[2] Οὐσία est employé une fois dans saint Luc, xv, 12, mais c'est dans le sens de richesse. C'est le seul endroit du Nouveau Testament où on lit ce mot. Le juif Philon s'en sert cependant dans le sens de « substance. »

[3] Ἀρετή, Philip., IV, 8 ; II Pet., I, 5. — Ἀρετή est employée deux autres fois par saint Pierre, mais dans le sens de « force, » I Pet., II, 9 ; II Pet., I, 3.

[4] I Cor., IV, 21 ; II Cor., x, 1 ; Gal., v, 23 ; VI, 1, etc. II Pet., I, 6-7. Voir les divers noms abstraits réunis par saint Paul, Gal., v, 19-23.

CHAP. IV. LE LANGAGE DU NOUVEAU TESTAMENT. 75

des adjectifs, comme dans les huit Béatitudes. Saint Paul lui-même les indique quelquefois de la même manière : « Tout ce qui est *vrai*, tout ce qui est *pur*, tout ce qui est *juste*, tout ce qui est *saint*, etc., faites-le[1]. » Nous remarquons donc ici comme partout la même difficulté à se servir des termes abstraits et des termes philosophiques. Saint Matthieu nous parle plusieurs fois de « celui qui est doux[2] » et pas une seule de « la douceur[3] ; » de celui qui est « humble ou modeste[4] » et point de « l'humilité ni de « la modestie[5]. » La vertu chrétienne par excellence, la patience ou la mortification, n'a pas d'autre nom dans les Évangiles que celui de la croix qui en est le symbole[6].

L'homme « pieux, » *eusébês*, et « la piété, » *eusébéia*, sont nommés dans les Actes et dans les Épîtres[7] ; ils ne le sont pas dans les Évangiles. La « religion » n'a pas de nom spécial dans le Nouveau Testament[8] ; elle se désigne ordi-

---

[1] Phil., iv, 8.
[2] Matth., v, 5; xi, 29; xxi, 5.
[3] La douceur, πραότης, est assez souvent mentionnée au contraire dans les Épîtres, I Cor., iv, 21; II Cor., x, 1, etc.
[4] Matth., xi, 29 : ταπεινός.
[5] Saint Paul dans les Actes, xx, 19, dit ταπεινοφροσύνη, ainsi que Éph., iv, 2; Phil., ii, 3; Col., ii, 18, 23; iii, 12; I Pet., v, 5. Ce mot ne se lit d'ailleurs ni dans la version des Septante ni dans les auteurs profanes.
[6] Σταυρός, Matth., x, 38; xvi, 24; Marc, viii, 34; Luc, ix, 23; xiv, 27. La patience ὑπομονή, qui n'est pas nommée dans les Évangiles, excepté Luc, viii, 15; xxi, 19, l'est assez souvent dans les Épîtres : Rom., ii, 7; v, 3, 4; viii, 25, etc. — Μακροθυμία, dans le sens de « patience, longanimité, » se lit aussi dans saint Paul, Rom, ii, 4. Saint Luc, xviii, 7, emploie μακροθυμῶν, dans le sens de « attendant, prenant patience. »
[7] Εὐσεβής, Act., x, 2, 7; xxii, 12; II Pet., ii, 9; εὐσέβεια, Act., iii, 12; I Tim., ii, 2; iv, 7, 8; vi, 5, etc.; εὐσεβῶς, II Tim., iii, 12; Tit., ii, 12.
[8] Excepté Jac., i, 26-27, où elle est appelée θρησκεία, ainsi que Act., xxvi, 5 (et dans Josèphe, *Ant. jud.*, VIII, xi, 1, etc.; Saint Clément romain, I Cor., xlv, 7; lxii, 1, édit. Funk, *Opera Patrum apostol.*, t. i, p. 118, 140. Cf. *Index of noteworthy Words and Phrases found in the Cle-*

nairement comme dans l'Ancien par une périphrase : « La crainte de Dieu[1]. »

---

mentine Writings commonly called the Homilies of Clement, in-8º, Londres, 1893, p. 45). Dans saint Paul, θρησκεία est dit du culte (des anges), Col., II, 18.

[1] Matth., x, 28 ; Luc, xii, 5 ; xxiii, 40 ; Rom., iii, 18 ; II Cor., vii, 1 ; I Pet., i, 17.

# CHAPITRE V.

## CONCLUSION.

Nous pourrions pousser plus loin cette étude analytique de la langue philosophique des écrivains sacrés, mais ce que nous avons dit nous paraît suffisant pour établir d'une manière incontestable que les auteurs du Nouveau Testament sont tous des Juifs d'origine. Les preuves que nous avons rapportées démontrent qu'ils sortaient du sein du judaïsme et qu'ils en avaient conservé la manière de penser, de concevoir et de s'exprimer, tout en prêchant la doctrine nouvelle apportée par Notre-Seigneur du ciel sur la terre et en se servant de mots grecs au lieu de mots hébreux. Ils ont vécu la plupart au milieu des païens pour remplir leur mission apostolique, mais ils n'ont guère eu d'autres rapports intellectuels avec les Grecs et les Romains que ceux du maître qui enseigne sa doctrine à ses élèves de bonne volonté, et qui leur communique ce qu'il sait, sans chercher à s'instruire auprès d'eux de ce qu'ils connaissent et qu'il ignore lui-même. Ils ont ainsi appris seulement des mots et non des choses, en vivant au milieu des Hellènes; ils ont enseigné aux nouveaux convertis la doctrine du Sauveur, ils ne se sont pas initiés aux sciences et à la philosophie profane.

Non seulement les Évangiles ont été écrits par des Juifs, ils ont de plus été composés à un moment où l'élément grec et romain n'avait pas encore apporté son contingent au langage chrétien. Le grec et le latin devaient devenir la langue du Christianisme, à la place des langues hébraïque et chaldaïque, qui étaient incapables de rendre toutes les nuances et toutes les délicatesses des dogmes de la religion nouvelle ; la race de Japhet devait se dilater et habiter dans les tentes de Sem, et mettre entre les mains de l'Église un instrument d'une admirable précision pour exprimer toutes les vérités surnaturelles ; mais aux Évangélistes, elle ne fournit encore pour ainsi dire que les mots correspondant aux mots sémitiques, à l'aide desquels doit s'opérer la transition. Dans saint Paul, l'influence de la culture grecque est déjà sensible et manifeste ; il commence à créer la langue chrétienne, et, bientôt après, les premiers écrivains convertis de l'hellénisme vont apporter chacun leur pierre à l'œuvre commune, mais il n'en est pas de même dans les Évangélistes.

Si les Évangiles n'avaient été écrits qu'au second siècle, lorsque l'élément occidental commençait à acquérir la prépondérance, après la publication des lettres de saint Clément romain et des premiers ouvrages chrétiens d'origine hellénique, il serait impossible qu'ils ne portassent point des traces de l'influence que la civilisation et la philosophie grecque auraient exercée nécessairement sur la manière d'écrire de leurs auteurs, sur l'exposition et l'expression de la doctrine chrétienne.

* Quand on lit le Nouveau Testament traduit en hébreu, on croit lire l'original, tandis que celui qui sait l'hébreu est porté à croire qu'il lit une traduction, lorsqu'il lit l'original grec. Il y a même plus d'une locution, plus d'un passage qui ne sont intelligibles qu'au moyen de l'hébreu. Ainsi le mot *rêma*, « parole, » est un mot grec, mais, dans plusieurs endroits, il a un sens exclusivement hébreu, qu'un

## CHAPITRE V. CONCLUSION.

Hellène ne pouvait même pas soupçonner, celui de « chose, » comme *dâbâr*, qui, en hébreu, a la double signification de parole et de chose [1]. Les Évangélistes parlent donc encore hébreu, en se servant de mots grecs. Leur vocabulaire n'est guère plus étendu que celui des Sémites ; ils se servent ordinairement de périphrases pour exprimer les idées qui n'ont pas de terme propre en hébreu, quoiqu'elles en aient en grec ; ils emploient des mots vagues quand ils n'ont que des mots vagues en hébreu [2], quoique le grec possède des termes précis. Les tournures grecques leur sont inconnues ; c'est toujours la phrase hébraïque avec sa simplicité et en quelque sorte sa nudité. Les idiotismes helléniques sont absents ; en revanche, les idiotismes sémitiques de toute espèce abondent ; pour tout dire en un mot, le Juif apparaît partout.

Des écrivains qui auraient écrit vers l'an 150, comme on a osé le dire pour l'Évangile de saint Jean, même s'ils avaient conservé les pensées de Jésus, n'auraient pu s'empêcher de lui prêter leur langage ; ils n'auraient jamais réussi à les jeter dans ce moule sémitique si inimitable pour un occidental ; ils n'auraient pu aliéner à ce point leur personnalité [3].

Les traducteurs grecs de l'Ancien Testament lui ont conservé à peu près dans toute sa pureté son caractère sémitique, parce qu'ils étaient Juifs, et qu'ils traduisaient un

---

[1] Luc, II, 15 : « Voyons cette parole (pour cette chose) qui est arrivée. » Voir aussi Luc, I, 65 ; II, 19, 51 ; Act., v, 32 ; x, 37 ; xiii, 42.

[2] Ainsi φωνή a tous les sens de קֹל, *qôl*, « voix, bruit, etc.; » « voix de la meule. » Apoc., xviii, 22, etc. ; ἀλήθεια a tous les sens de אֱמֶת, *'émet*, « vérité, » en hébreu, Rom., I, 18, etc.

[3] « In recent years, dit un savant anglais, as I came to understand Roman history better, I have realised that, in the case of almost all the books of the New Testament, it is as gross an outrage on criticism to hold them for second-century forgeries, as it would be to class the works of Horace and Virgil as forgeries of the time of Nero. » W. M. Ramsay, *The Church in the Roman Empire before A. D. 170*, in-8º, Londres, 1893, p. viii.

80  LIVRE I. DE L'AUTHENTICITÉ DU NOUV. TESTAM.

original hébreu. Mais un grand homme comme saint Jérôme, le savant traducteur de notre Vulgate latine, même dans une simple version, le plus souvent littérale, malgré l'étendue de sa science et malgré son grand talent, y a marqué ou trahi, dans une foule de passages, son origine occidentale et romaine. Quoiqu'il soit né dans le sein du Christianisme, quoiqu'il ait sucé avec le lait la doctrine de l'Évangile, quoique, de son temps, la langue chrétienne fût complètement formée, on s'aperçoit qu'il a été élevé dans un milieu tout différent de celui des Juifs, et l'on remarque qu'il a rempli sa version d'images profanes et de locutions païennes. Il nous parle de Mercure [1], de Priape [2], des aruspices [3], de Python [4], de marbre de Paros [5], de poterie de Samos [6], de terre rouge de Sinope [7], de Mausolée [8], des Pygmées [9]; il nous montre en Israël des r' anges [10], des quadriges [11], des sénateurs [12], des consuls [13], des licteurs [14], des tribuns [15], des centurions [16], etc. Nous rencontrons même dans la Vulgate des monstres imaginaires : l'onocentaure [17],

---

[1] Prov., xxvi, 8.
[2] III Reg., xv, 13 ; II Par., xv, 16.
[3] IV Reg., xxi, 6, etc.
[4] Lev., xx, 27 ; Deut.. xviii, 10, etc.
[5] I Par., xxix, 2 ; Esther, i, 6.
[6] Is., xlv, 9.
[7] Jér., xxii, 14.
[8] II Par., xxxv, 24.
[9] Ézéch., xxvii, 11.
[10] I Reg., xvii, 8.
[11] Jud., v, 28 ; I Reg., viii, 11, etc.
[12] Prov. xxxi, 23. Cf. Dan., vi, 7 ; II Mac., i, 10 ; xi, 27.
[13] Job. iii, 14.
[14] I Reg., xix, 20.
[15] Exod., xviii, 21, 25 ; Num., xxxi, 14, etc.
[16] Exod., xviii, 21 ; Num., xxxi, 14, etc.
[17] Is., xxxiv, 14.

## CHAPITRE V. CONCLUSION.

les sirènes[1], et jusqu'au Cocyte[2]. Ce sont là tout autant de choses inconnues aux Hébreux, et qui révèlent l'étranger.

Quel contraste entre ce langage et celui des textes originaux! Dans ces derniers, tous les termes sont rigoureusement sémitiques; toutes les images, toutes les comparaisons sont exclusivement juives[3] : rien qui ne soit emprunté aux usages, aux mœurs, aux coutumes, à l'histoire, à la religion, au sol, au paysage, à la topographie et à la nature de la Palestine. Tout est encadré dans ce tableau qui se déploie du Liban au désert d'Égypte, du Jourdain à la Méditerranée; rien qu'on ne rencontre sur ses pas en allant de Dan à Bersabée. Les similitudes si familières aux classiques et aux Pères grecs, tirées des exercices gymnastiques, en grand honneur dans toute la Grèce, similitudes que nous retrouvons aussi dans saint Paul[4]; les allusions aux théâtres et aux spectacles qui abondent chez tous les écrivains d'Athènes et de Rome, tout cela est complètement absent des Évangiles, qui sont cependant comme une sorte d'encyclopédie de la vie publique et privée de la Palestine, depuis les jeux des enfants[5] jusqu'aux subtilités des rabbins[6], depuis la générosité de la veuve qui offre au Temple son obole[7] jusqu'au brigandage exercé sur le chemin de Jéricho contre le voyageur qui fut secouru par le bon

---

[1] Is., XIII, 22.

[2] Job, XXI, 33. Hébreu : נחל, *nahal*, « vallée. »

[3] Dans les Évangiles et les livres de l'Ancien Testament composés en Palestine. Il faut excepter, dans l'Ancien Testament, les livres écrits à l'étranger, notamment ceux d'Ézéchiel et de Daniel.

[4] I Cor., IX, 24, etc.

[5] Matth., XI, 17; Luc, VII, 32.

[6] Marc, VII, 3-13, etc.

[7] Marc, XII, 42-44.

Samaritain[1], depuis le juge inique jusqu'au faible opprimé[2], depuis le pharisien jusqu'au publicain[3], depuis les passereaux qui se vendent une demi-obole[4] jusqu'aux poissons qu'on pêche dans le lac de Génésareth[5].

Tous ceux qui ont visité la Terre Sainte à la saison des fleurs l'ont vue comme tapissée de ce lis des champs ou de cette anémone, qui par sa brillante couleur rouge dépasse en éclat la pourpre de Tyr dont se revêtait le roi Salomon[6]. Ils ont pu voir aussi les vautours ou les aigles percnoptères se précipitant, pour les dévorer, sur les cadavres des animaux morts dans les champs[7], comme ils ont pu entendre à Nazareth les enfants jouant sur la place publique en chan-

---

[1] Luc, x, 30.

[2] Luc, xviii, 2-5.

[3] Luc, xviii, 10-14.

[4] Matth., x, 29 ; Luc, xii, 6.

[5] Luc, v, 6, etc. Nous lisons, Joa., xxi, 9 : « Viderunt prunas positas et piscem superpositum. » Un soir, sur les bords du lac de Tibériade, le lundi de Pâques, 2 avril 1888, nous avons vu, en débarquant à Aïn-Tabagha, deux pêcheurs qui s'apprêtaient à mettre le poisson qu'ils venaient de prendre, sur le feu qu'ils allumaient.

[6] Matth., vi, 28-29.

[7] Matth., xxiv, 28 ; Luc, xvii, 37. Ce spectacle n'est pas rare en Palestine, parce que les caravanes qui sillonnent le pays perdent souvent dans le trajet des bêtes de somme, qu'on abandonne sur place, après les avoir saignées et écorchées. Dans les environs d'Antioche, nous avons vu en 1888 un mulet, passant à gué une rivière, tomber dans l'eau accablé sous le poids de sa charge. Un quart d'heure plus tard, lorsque nous eûmes fait franchir nous-mêmes, non sans peine, la rivière à notre voiture, nous rencontrâmes, à quelque distance, la pauvre bête qu'on était en train d'écorcher. Pendant une semaine de séjour à Alexandrette, au mois d'avril 1888, nous avons vu tous les jours des cadavres de chameaux qui avaient fait partie des caravanes venues d'Alep et qu'on jetait sur le bord de la mer à l'embouchure du ruisseau. Quant à la scène à laquelle fait allusion le proverbe évangélique, nous en avons été témoin au-dessus du lac de Tibériade, au nord, sur la route du Khan-Yousef : un grand nombre d'aigles percnoptères ou vautours dévoraient un mulet que des voyageurs, qui étaient passés avant nous, avaient perdu en cet endroit.

tant comme aux jours du Seigneur[1]. Le cadre de l'Évangile s'est parfaitement conservé en Galilée et en Judée, et l'on peut ainsi en vérifier encore l'exactitude. On y respire le même air : c'est la même atmosphère, comme ce sont les mêmes horizons et en partie les mêmes usages. On retrouve ainsi dans les Évangiles toute la Palestine et rien que la Palestine, et les écrits sacrés, fortement marqués d'une empreinte hébraïque par leurs images, par leurs allusions et par leurs peintures, nous présentent déjà de la sorte comme leur certificat de naissance. Mais ce qui, mieux encore que la fidélité et la vérité des descriptions, atteste à quel pays et à quelle race appartiennent les auteurs du Nouveau Testament, c'est qu'ils sont Juifs, comme nous l'avons montré, par leurs idées, par leurs expressions philosophiques, par leur manière de concevoir les choses et de les présenter, de même que par leur langue qui demeure sémitique dans le fond, quoiqu'elle soit grecque par la forme et par les termes.

Le Nouveau Testament est donc, pour résumer, un livre unique au point de vue de la langue; il ne ressemble à aucun autre livre d'origine grecque; il a des caractères particuliers qui lui sont exclusivement propres; il n'a pu être écrit que par des Juifs, au premier siècle de l'ère chrétienne.

---

[1] Matth., xi, 17; Luc, vii, 32. Il est digne de remarque qu'il y avait un jeu de mots et une sorte de rime dans le texte original des paroles rapportées par le Sauveur : « Nous vous avons joué de la flûte et vous n'avez pas dansé, רקדתון, *raqdetoun*; nous vous avons joué des chants lugubres et vous n'avez pas pleuré, ארקדתון, *'arqedtoun*. » Voir S. Glassius, *Philologia sacra*, in-4°, Leipzig, 1713, col. 2001-2002. — Pendant un séjour de plusieurs jours à Nazareth, en 1894, nous avons à diverses reprises fait chanter les enfants à l'école des Frères des Écoles chrétiennes et chez les Dames de Nazareth pour chercher à découvrir s'il se serait conservé dans la patrie de Notre-Seigneur quelques-uns de ces chants anciens auxquels il est fait allusion dans les Évangiles, mais nous n'avons rien pu trouver qui portât la marque d'une haute antiquité.

Les rationalistes font bon marché de l'autorité des témoignages historiques sur la composition des Livres Saints; ils les dédaignent, faute d'y pouvoir répondre, ou bien ils les dénaturent et les rejettent, sous les plus fallacieux prétextes. Nous venons de les suivre sur le terrain de leur choix. Ils attachent aux preuves intrinsèques une importance poussée jusqu'à l'exagération. Nous avons examiné ces preuves et elles sont décisives en faveur de l'authenticité du Nouveau Testament : il nous semble clair comme le jour qu'aucun faussaire, qu'aucun écrivain postérieur au premier siècle n'aurait pu écrire comme ont écrit les Évangélistes et les auteurs du Nouveau Testament.

# LIVRE SECOND

LES ÉVANGILES

# LES ÉVANGILES.

Nous avons montré comment l'étude intrinsèque de la langue du Nouveau Testament nous fournit une preuve frappante de l'authenticité des écrits qu'il renferme; nous allons maintenant examiner en particulier certains points de détail sur lesquels les découvertes archéologiques modernes jettent des lumières nouvelles.

Saint Luc, médecin de profession [1], avait reçu une culture intellectuelle que ne possédaient point les autres Évangélistes. Il nous en a donné des preuves en rapportant certains faits contemporains d'histoire générale auxquels les autres écrivains du Nouveau Testament n'ont fait aucune allusion. Il se trouve néanmoins que ce sont ces mêmes synchronismes qui ont fourni la matière principale des objections soulevées contre l'exactitude de son Évangile. Les deux synchronismes qu'on a accusés d'erreur sont le recensement de Quirinius, au moment de la naissance de Notre-Seigneur, et l'existence

---

[1] Voir W. K. Hobart, *The medical Language of St. Luke : a proof from internal Evidence that the Gospel according to St. Luke and the Acts of the Apostles were written by the same person and that the author was a medical man*, in-8°, Dublin, 1882. Il prouve par le troisième Évangile et par les Actes que saint Luc connaissait bien les termes techniques de la médecine grecque.

d'un Lysanias, tétrarque d'Abilène, à l'époque où Jésus-Christ commença sa vie publique. Les travaux contemporains et en particulier l'épigraphie ont accumulé les documents relatifs à ces deux faits et ce sont les deux premiers points dont nous aurons à nous occuper.

Les synagogues jouent un rôle important dans les Évangiles et dans les Actes des Apôtres, et l'on peut dire en général dans l'établissement du Christianisme. On a découvert en Galilée les ruines de quelques-uns de ces édifices, qui remontent jusque vers l'époque de Notre-Seigneur. Nous en ferons connaître l'origine, la forme et l'organisation.

Les travaux philologiques faits sur les Évangiles sont fort nombreux. Quoiqu'ils n'aient d'ordinaire d'autre résultat que de rendre plus clair et plus précis le sens du texte[1], ils expliquent cependant quelquefois des difficultés qui n'avaient pas encore été résolues d'une manière satisfaisante. Nous en donnerons un exemple à propos du parfum que Marie-Madeleine répandit sur la tête et les pieds du Sauveur.

Enfin la partie la plus touchante de nos quatre Évangiles, le récit de la passion et de la mort du Sauveur, a été l'objet de nombreuses recherches archéologiques, destinées à éclaircir les diverses circonstances du drame sanglant du Calvaire et à nous faire bien connaître les instruments sacrés qui ont servi au rachat du monde. Ces recherches seront résumées dans un dernier chapitre sur les Évangiles.

---

[1] L'épigraphie a retrouvé certains mots employés par les auteurs du Nouveau Testament, qui ne se lisent point dans les auteurs classiques et que les Juifs hellénistes avaient forgés pour leur usage personnel. Ainsi πρωτοκαθεδρία, Matth., XXIII, 6; Marc, XII, 39; Luc, XI, 43; XX, 46, se trouve justifié et expliqué par une inscription grecque juive de Nouvelle-Phocée *Journal officiel*, 12 avril 1886, p. 1711-1712.

# CHAPITRE PREMIER.

## LE RECENSEMENT DE QUIRINIUS.

« Or il arriva en ce jour, dit saint Luc, que César Auguste publia un édit (ordonnant) de faire le dénombrement de toute la terre (c'est-à-dire de tout l'empire). Ce premier dénombrement fut fait pendant que Cyrinius (Quirinius) était légat de Syrie[1]. »

Aucun texte des Évangiles n'a été l'objet de plus de difficultés, non seulement dans notre siècle, mais aussi dans les siècles antérieurs.

Saint Luc nous dit trois choses : 1° qu'il y eut un recensement général de l'empire romain fait par ordre d'Auguste ; 2° que ce recensement s'exécuta, en Judée, avant la mort d'Hérode ; 3° que ce recensement eut lieu pendant que Qui-

---

[1] Luc, II, 1-2. — Comme la lettre Q n'existe pas en grec, saint Luc a été obligé d'écrire Cyrinius (ou Cyrinus, cf. Vulgate, Cyrinus), mais la véritable orthographe latine du nom est Quirinius. Josèphe a écrit le nom comme saint Luc, *Ant. jud.*, XVIII, I, 1, édit. Didot, t. I, p. 692. Strabon, XII, VI, 5, édit. Didot, p. 487, écrit : Κυρίνιος ; Dion Cassius, l. LIV, 28, édit. Teubner, t. II, p. 144, l'appelle simplement : Πούπλιος Σουλπίκιος ; Suétone, *Tiber.*, 49, édit. Teubner, p. 106, le nomme Quirinus ; Tacite, *Ann.*, III, 22, 23, 48, Quirinus ; l'inscription que nous rapporterons plus loin, Quirinius.

rinius était légat de Syrie[1]. En abusant du silence ou des lacunes des auteurs anciens, on a nié cette triple affirmation de saint Luc. Nous allons établir que c'est à tort.

[1] Nous disons : *pendant que Quirinius était légat*, et non *fait par Quirinius*, parce que le texte grec original de saint Luc ne dit pas que le recensement fut fait par Quirinius, mais ἡγεμονεύοντος τῆς Συρίας Κυρηνίου. Luc, II, 2.

## ARTICLE Ier.

### RECENSEMENT GÉNÉRAL DE L'EMPIRE ROMAIN SOUS L'EMPEREUR AUGUSTE.

On soutient, en premier lieu, que l'empereur Auguste n'a point prescrit un recensement général de l'empire et que, par conséquent, saint Luc s'est trompé en disant que Joseph et Marie s'étaient rendus à Bethléem pour obéir à un édit qui n'a jamais existé.

« Sur ce dernier point, il (Luc) en sait plus long que l'histoire, dit Strauss. Aucun auteur ancien des environs du siècle d'Auguste ne fait mention d'un recensement général ordonné par ce prince. Suétone, Dion Cassius, le monument d'Ancyre[1], disent simplement que le peuple, c'est-à-dire les citoyens romains, furent, à plusieurs reprises, enregistrés et taxés. Ce sont des sources bien postérieures, du commencement du cinquième siècle de notre ère et en deçà, qui parlent d'un cadastre et d'un recensement de l'empire entier[2]. » « Il est établi, dit à son tour M. Reuss, que sous le règne d'Auguste il n'y a pas eu de recensement général de tout l'empire[3]. »

---

[1] Ancyre, aujourd'hui Angora, possède les ruines d'un temple d'Auguste, où se trouve une inscription gravée sur six colonnes qui contient le testament de cet empereur ; elle est connue sous le nom de *monument d'Ancyre*.

[2] D. Strauss, *Nouvelle vie de Jésus*, trad. Nefftzer et Dollfus, t. II, p. 22. Dans sa *Vie de Jésus*, trad. Littré, 3e édit., 1864, t. I, p. 229, Strauss disait : « Nul écrivain ancien ne parle d'un pareil recensement général ordonné par Auguste. »

[3] Ed. Reuss, *Histoire évangélique*, in-8º, Paris, 1876, p. 143.

Malgré ces affirmations si positives des ennemis de la révélation, il n'en demeure pas moins vrai que saint Luc ne s'est pas trompé. Auguste avait porté réellement un édit pour faire dénombrer tout son empire, et dans ce dénombrement il avait compris non seulement l'Italie et les provinces incorporées à l'empire, mais aussi les royaumes alliés des Romains, comme l'était la Judée[1].

Le testament d'Auguste, conservé sur le monument d'Ancyre, énumère trois cens faits par cet empereur[2]; il est vrai que, comme le dit Strauss, ils n'ont aucun rapport avec celui dont parle saint Luc, parce qu'ils ne concernaient que les citoyens romains[3], mais ils montrent déjà que l'empereur tenait à se rendre compte de la population et des ressources de son empire. Si le monument d'Ancyre ne mentionne pas le recensement fait en Judée, il a du moins l'avantage de nous montrer que ce genre d'opérations était tout à fait conforme aux pratiques du gouvernement de l'empereur. C'est ce qu'attestent aussi d'autres documents anciens.

Auguste avait rédigé un *Breviarium imperii*, dont l'existence nous est connue par Tacite, Suétone et Dion Cassius. Quoique ce *Breviarium* soit aujourd'hui perdu, nous savons par Tacite que « ce livre énumérait toutes les ressources de l'État : combien il y avait de citoyens et *d'alliés* sous les armes, combien de flottes, de *royaumes*, de provinces; les tributs et les redevances[4]. » Suétone et Dion Cassius nous

---

[1] Dans ce qui va suivre, nous serons obligés de recourir souvent aux témoignages des auteurs anciens, mais il est indispensable de le faire pour traiter la question avec toutes les ressources que nous fournit la critique moderne.

[2] Th. Mommsen, *Res gestæ divi Augusti*, 2ᵉ édit., in-8°, Berlin, 1883, col. II, l. 1 et suiv., p. XLVI; G. Perrot, *Exploration de la Galatie*, in-f°, Paris, 1862, pl. 25.

[3] Voir E. Desjardins, *Le recensement de Quirinius*, dans la *Revue des questions historiques*, 1867, t. II, p. 13.

[4] Tacite, *Ann.*, I, 11 : « Opes publicæ continebantur : quantum civium

## CHAP. I. LE RECENSEMENT DE QUIRINIUS. 93

fournissent des renseignements analogues[1]. Pour qu'Auguste pût connaître le nombre d'*alliés* que contenaient les *royaumes* unis par des traités à l'empire, il fallait de toute nécessité que le dénombrement de ces alliés eût été effectué.

Nous avons d'ailleurs des témoignages directs, tout à fait indépendants de celui de saint Luc, en faveur de ce recensement. Un premier travail de ce genre fut fait par l'ordre de Jules César, comme nous l'apprend la *Cosmographie* qui porte le nom d'Æthicus Ister et qui est du IVe siècle[2] :

« Jules César, l'inventeur de l'année bissextile, cet homme si profondément initié aux choses divines et humaines, décréta, étant consul[3], la délimitation du globe entier[4], ou, pour mieux dire, du monde romain, et confia ce travail à des hommes supérieurs en intelligence et en lumière. Ainsi, en exécution de ce décret, Zénodoxus mesura tout l'orient dans l'espace de vingt et un ans, cinq mois, neuf jours, à partir du consulat de Jules César et de M. Antoine, jusqu'au troisième consulat d'Auguste, collègue de Crassus ; Théodotus mesura le septentrion dans l'espace de vingt-neuf ans, huit mois, dix jours, à partir du même consulat de Jules César et de M. Antoine, jusqu'au dixième consulat d'Auguste ; enfin Polyclitus mesura le midi dans l'espace de trente-deux ans, un mois, dix jours, à partir du même consulat de Jules César jusqu'à celui de Saturnus

---

*sociorumque* in armis ; quot classes, *regna*, provinciæ, tributa aut vectigalia, et necessitates ac largitiones. »

[1] Suétone, *August.*, 101 ; Dion Cassius, LXVI, 33.

[2] Sur Éthicus l'Istriote, voir d'Avezac, *Mémoire sur Éthicus*, dans les *Mémoires de l'Académie des Inscriptions, Savants étrangers*, t. II, 1852, p. 230-431.

[3] L'an 44 avant notre ère, l'année même où Jules César fut assassiné.

[4] *Omnem orbem;* c'est l'expression de saint Luc, II, 2. L'occident manque dans le texte imprimé d'Éthicus, mais il avait été mesuré par Didyme. Voir d'Avezac, *loc. cit.*, p. 339.

et de Cinna... Ce travail fut donc accompli dans l'espace de trente-deux ans, et présenté au Sénat romain[1]. »

La plus grande partie de cette vaste opération cadastrale eut donc lieu sous le règne d'Auguste[2] et par conséquent avec son approbation et par son ordre; aussi lui est-elle attribuée par Pline l'ancien[3], et les savants les plus compétents déclarent-ils qu'on ne peut en contester la réalité historique[4].

Le témoignage d'Éthicus est corroboré et complété par plusieurs autres. Frontin, ainsi qu'un auteur dont le nom est inconnu, nous disent qu'un certain Balbus, « au temps d'Auguste, enregistra les formes et les mesures de toutes

---

[1] *Cosmographie* d'Éthicus, traduction L. Baudet, dans la *Bibliothèque latine française* de Panckoucke, in-8°, 1843, p. 9. Les chiffres donnés par le texte pour la durée du recensement sont inexacts. Ils ont été rectifiés par divers critiques, mais ils sont pour nous sans grande importance. Voir d'Avezac, *Mémoire sur Éthicus*, dans les *Mémoires de l'Académie des Inscriptions, Savants étrangers*, t. II, 1852, p. 342-344, et les auteurs qu'il cite, p. 343.

[2] Auguste fut chef unique de l'empire depuis l'an 30 avant Jésus-Christ jusqu'au 19 août de l'an 14 de notre ère.

[3] Dans le passage suivant qui y fait allusion : « Agrippam quidem in tanta viri diligentia præterque in hoc opere cura, cum orbem terrarum orbi spectandum propositum esset, errasse quis credat, et cum eo divum Augustum. » *H. N.*, III, 3, 14. Cf. P. S. Frandsen, M. *Vipsanius Agrippa, eine historische Untersuchung über dessen Leben und Wirken*, in-8°, Altona, 1836, c. XXXII, p. 195-200 ; Fr. Ritschl, *Reichsvermessung des Augustus, Agrippa's Weltkarte*, dans le *Rheinisches Museum*, 1842, p. 481 et suiv.; C. A. F. Pertz, *De cosmographia Ethici libri tres*, in-8°, Berlin, 1853, p. 18.

[4] « Aucun doute sérieux ne peut donc être élevé sur la vérité historique du mesurage exécuté sous les règnes de César et d'Auguste, et au moyen duquel fut obtenu le routier officiel qui servait à dresser la feuille d'étapes des armées, telle que nous la font connaître Lampridius, dans la vie d'Alexandre Sévère, et saint Ambroise, en son Commentaire sur le Psaume CXVIII, *Sermo*, V, 2, édit. Bened., t. I, p. 1018. » D'Avezac, *loc. cit.*, p. 376-377.

les provinces et de toutes les villes, selon qu'il les avait lui-même décrites et recueillies ; il publia la loi agraire de toutes les provinces[1]. » Le *Livre des colonies,* d'où est extrait ce qu'on vient de lire, date, dans sa rédaction originale, du premier siècle de notre ère[2].

Comme cet ouvrage ne mentionne formellement que les provinces de l'empire, on pourrait prétendre, quoiqu'il parle d'une manière générale, qu'il exclut les royaumes qui étaient simplement alliés à l'empire; mais d'autres fragments d'anciens écrivains appliquent cette opération cadastrale à la terre entière, c'est-à-dire à tout ce qui appartenait ou se rattachait par un lien quelconque à l'empire romain[3].

Par d'autres passages d'auteurs anciens, nous savons également que les tableaux du cadastre étaient conservés dans les archives publiques ou, comme on les appela plus tard, dans « le sanctuaire du prince. » Chacun, en cas de contestation, pouvait les consulter, comme il résulte d'un

---

[1] « Balbi mensoris qui temporibus Augusti omnium provinciarum et civitatum formas et mensuras compertas in commentarios contulit, et legem agrariam per universitatem (alii : diversitates) provinciarum distinxit ac declaravit. » Frontin, *De coloniis libellus,* dans W. Gœsius, *Rei agrariæ auctores,* in-4°, Amsterdam, 1674, p. 109 et 141-142; *Gromatici veteres,* Berlin, 1848, ch. v, p. 239. « Jubente Augusto Cæsare, dit un auteur inconnu, Balbo mensore, qui omnium provinciarum mensuras distinxit ac declaravit. » Gœsius, *ibid.*, p. 148.

[2] E. Desjardins, *Le recensement de Quirinius,* dans la *Revue des questions historiques,* t. II, 1867, p. 28.

[3] « Sed videamus, dit Aggenus Urbicus, ne forte postea jussu principis alieni datus sit (ager), qui terram denuo metiri præceperit, sicut Cæsaris Augusti temporibus factum est. » Gœsius, *loc. cit.*, p. 50. Et Frontin lui-même nous dit, *Ex libro Balbi, provincia Picena, ibid.,* p. 143 : « Item Divi Juli Augustei pro hac ratione sunt, quod Augustus eas recensuit, et ubi non fuerunt, lapides alios constituit et omnem terram sui temporibus fecit remensurari. » Cf. Ph.-E. Huschke, *Ueber den zur Zeit der Geburt Jesu Christi gehaltenen Census,* in-8°, Breslau, 1840, p. 10.

texte de Siculus Flaccus, qui l'affirme expressément[1]. Ces registres étaient accompagnés de plans gravés sur métal[2].

Le célèbre *Orbis pictus* d'Agrippa, mentionné par Pline[3], et dont la *Table* si connue de Peutinger n'est que la reproduction avec des additions postérieures, fut le fruit de l'enquête faite par l'ordre d'Auguste et nous fournit une nouvelle preuve de la réalité de cette grande opération cadastrale[4].

Ce relevé de tous les biens-fonds et de toutes les propriétés de l'empire avait pour but la fixation des impôts, et il comprit par conséquent les personnes en même temps que leurs terres. Ici encore nous pouvons apporter toute une série de témoignages.

Cassiodore, ayant eu à rédiger pour son roi, Théodoric le Grand, un rescrit destiné à trancher un différend survenu entre deux Romains, au sujet des bornes de leurs propriétés, y fait, selon l'habitude de cette époque, l'historique de l'arpentage. « Au temps d'Auguste, dit cet auteur érudit, le monde romain fut divisé en domaines et décrit par le cens, afin de déterminer d'une manière certaine pour chacun l'étendue de la propriété en raison de laquelle il devait

---

[1] « Quod si quis contradicat, sanctuarium Cæsaris respici solet. Omnium enim et agrorum et divisorum et adsignatorum formas, sed et divisionem et commentarios et principatus in sanctuario habet. Qualescumque enim formæ fuerint, si ambigatur de earum fide, ad sanctuarium principis revertendum erit. » Siculus Flaccus, *De conditionibus agrorum*, dans Gœsius, *Rei agrariæ auctores*, p. 16 ; *Gromatici veteres*, t. 1er des *Schriften der römischen Feldmesser* (2 in-8°, 1848-1852), Berlin, 1848, p. 154-155. Cf. Egger, *Examen critique des historiens d'Auguste*, in-8°, Paris, 1844, p. 50.

[2] Voir les preuves dans E. Egger, *Examen critique des historiens d'Auguste*, p. 50-51.

[3] Pline, *H. N.*, vi, 31, 14.

[4] E. Desjardins, dans la *Revue des questions historiques*, t. ii, 1867, p. 58-59 ; Wallon, *De la croyance due à l'Évangile*, 2e édit., note xxix, p. 526.

payer sa part de tribut. C'est ce que Hyrummetricus rédigea en prescription écrite [1]. »

Suidas nous fournit encore plus de détails. Quoiqu'il n'ait composé, croit-on, son *Lexique* qu'au xe siècle, il est certain qu'il vivait au milieu des monuments encore entiers de l'antiquité et qu'il nous en a conservé de précieux fragments. Or, voici ce qu'il écrit en deux endroits différents :

« L'empereur Auguste, quand il fut devenu seul maître, choisit vingt hommes [2] distingués par leur intégrité et leur probité, et il les envoya dans toute la terre soumise à son obéissance pour faire le recensement des personnes et des biens, afin de fixer avec justice les contributions qui devaient être payées au Trésor public. Ce fut le premier recensement. Les cens qui avaient eu lieu précédemment avaient été une sorte de spoliation des riches, comme si l'État regardait la fortune comme un crime public [3]. »

Ces renseignements sont complétés par d'autres, donnés dans l'article sur Auguste : « Quand l'empereur Auguste voulut savoir quel était le nombre de ceux qui habitaient l'empire romain, il les fit recenser individuellement. Le chiffre de ceux qui étaient soumis à l'empire romain s'éleva

---

[1] Cassiodore, *Variarum liber* IV, epist. LII, Migne, *Patr. lat.*, t. LXIX, col. 608. Cf. Huschke, *Ueber den zur Zeit der Geburt Jesu Christi gehaltenen Census*, p. 3 ; Wallon, *De la croyance due à l'Évangile*, 2e édit., p. 337. Le nom d'Hyrummetricus est altéré ; c'est peut-être Hygin qu'il faut lire, mais, quel qu'il soit, nous avons là une preuve que Cassiodore s'appuie sur un témoignage ancien.

[2] Ce détail donné par Suidas est très précieux, parce qu'il prouve que cet écrivain a puisé les renseignements qu'il nous donne ailleurs que dans saint Luc, contrairement aux affirmations des incrédules.

[3] Suidas, *Lexicon*, au mot Ἀπογραφή, édit. Bernhardt, t. I, col. 594. Sur la valeur de ce témoignage, voir les observations concluantes de Huschke, *loc. cit.*, p. 6, et H. Wallon, *De la croyance due à l'Évangile*, 2e édit., p. 338. Cf. E. Egger, *Examen critique des historiens d'Auguste*, p. 49.

à quatre millions cent un mille dix-sept personnes[1]. »

Le fait du recensement est confirmé par divers auteurs ecclésiastiques. Les ennemis des Évangiles ont contesté la valeur des témoignages d'Orose et de saint Isidore de Séville, comme émanant d'écrivains qui ne seraient que des échos de saint Luc, mais ils sont loin d'être sans autorité, surtout si l'on tient compte de leur concordance avec ceux qui viennent d'être rapportés. Orose dit expressément qu'Auguste fit faire le recensement des provinces et des personnes[2]. Avant eux, Tertullien avait attesté que les archives romaines conservaient les actes du recensement[3].

Enfin, nous avons des preuves directes du recensement fait par l'ordre d'Auguste, non pas en Judée, il est vrai, mais dans d'autres provinces.

En 1527, un vigneron découvrit sur la colline de Saint-Sébastien, près de Lyon, deux tables de bronze sur lesquelles était gravée une inscription latine[4]. Un savant Lyonnais,

---

[1] Suidas, *Lexicon*, au mot Αὔγουστος, t. I, col. 851. Le chiffre est certainement trop faible, et il y a là une faute de copiste, mais cette faute ne saurait faire suspecter le fond du passage. Voir Huschke, *loc. cit.*, p. 5.

[2] « Tunc primum idem Cæsar... censum agi singularum ubique provinciarum, et censeri omnes homines jussit. » *Histor.*, l. v, c. xxii, Migne, *Patr. lat.*, t. xxxi, col. 1058. Voici ce que dit saint Isidore de Séville : « Æra singulorum annorum constituta est a Cæsare Augusto, quando primum censum exegit, ac Romanum orbem descripsit. Dicta autem *æra* ex eo quod omnis orbis æs reddere professus est reipublicæ. » *Etymol.*, l. v, c. 36, n. 4, Migne, *Patr. lat.*, t. lxxxii, col. 222.

[3] « De censu denique Augusti, quem testem fidelissimum Dominicæ nativitatis romana archivia custodiunt. » Tertullien, *Adv. Marcionem*, iv, 7, t. ii, col. 370. Le témoignage de Tertullien a ici d'autant plus de poids qu'il répond aux objections de Marcion au sujet du recensement et qu'il le place, comme nous le verrons plus loin, sous Sentius Saturninus et non sous Quirinius. Cf. de même saint Justin, qui était originaire de Palestine, et qui, s'adressant à l'empereur, lui parle aussi du dénombrement fait sous Quirinius et suppose que les documents en sont conservés à Rome. *Apolog.* i, 34, t. vi, col. 384.

[4] Roland Gerbaud, « faisant miner une sienne vigne en la coste Saint-

Claude Bellièvre, y reconnut aussitôt des fragments du discours prononcé au Sénat de Rome, l'an 801 de cette ville, par l'empereur Claude. Le résumé nous en a été conservé par Tacite[1], mais le célèbre historien a passé sous silence plusieurs traits, dont l'un, fort important pour nous, est connu seulement par la *Table claudienne*, conservée maintenant au palais de Saint-Pierre de Lyon. Voici ce passage :

Sébastien, découvrit deux grandes tables de cuivre ou d'areyn antiques et toutes escrites, lesquelles examinées par messire Claude Bellièvre, lui parurent antiquailles aussi belles que guères se trouvent et dignes d'estre par la ville retirées pour estre affigées en quelque lieu à perpétuelle mémoire. » *Actes consulaires*, mss. de feu l'abbé Sudan, dans A. de Boissieu, *Inscriptions antiques de Lyon*, in-f°, Lyon, 1846, p. 135.

[1] Tacite, *Ann.*, xi, 24.

ILLI·PATRI·MEO·DRVSO·GERMANIAM
SVBIGENTI·TVTAM QVIETE SVA·SECVRAMQVE·A TERGO PACEM·PRAES
TITERVNT·ET·QVIDEM·CVM·ADCENSVS·NOVO·TVM·OPEREET·IN·AD·SVE
TOGALLIS·AD·BELLVM AVOCATVS·ESSET.QVOD OPVS. QVAM. AR
DVVM·SIT·NOBIS·NVNC CVM·MAXIME QVAM·VIS NIHIL·VLTRA·QVAM
VT·PVBLICE·NOTAE SINT FACVLTATES· NOSTRAE·EXQVIRATVR·NIMIS
MAGNO EXPERIMENTO COGNOSCIMVS[1].

« Ils ont procuré à mon père Drusus, en se tenant en repos pendant qu'il était occupé à sou-
ettre la Germanie, une tranquillité parfaite et assurée sur ses derrières ; et cela, alors que ce
ui l'occupait quand il dut partir pour la guerre, c'était le cens, opération nouvelle alors et à
quelle les Gaulois n'étaient pas accoutumés. Nous savons nous-mêmes, maintenant encore,
rès une expérience prolongée, combien elle nous est pénible, quoiqu'on n'exige rien de plus
nous que de faire connaître publiquement ce que nous possédons. »

[1] A. de Boissieu, *Inscriptions antiques de Lyon*, p. 136. Cf. Henri Lutteroth, *Le recensement de Quirinius
Judée*, in-8º, Paris, 1865, p. 90-97.

Ce passage d'un monument que Michelet appelle « la première de nos antiquités nationales » peut être rapporté, non sans vraisemblance, au recensement même dont parle saint Luc[1].

L'histoire a aussi conservé quelques traces d'un recensement fait dans la Frise, quoique ce pays, comme la Judée, ne fût pas directement soumis à l'empire[2].

Nous pouvons donc conclure de la Table claudienne de Lyon et de tous les autres témoignages que nous avons rapportés, qu'Auguste avait réellement promulgué un édit prescrivant de faire le recensement de tout l'empire, dans les provinces directement soumises au pouvoir central et aussi dans les « royaumes alliés, » selon l'expression de Tacite.

Le recensement des Gaules dut avoir lieu l'an 742 de Rome ou an 12 avant notre ère[3]. Celui de Judée n'eut lieu que plus tard. On ne peut fixer avec une entière certitude la date de ce dernier, parce que, malgré les travaux innombrables publiés sur ce sujet, on ignore encore l'année précise de la naissance de Notre-Seigneur. La plupart la placent en l'an 6, 5 ou 4 avant notre ère. Mais, quoi qu'il en soit, saint Luc n'indique que d'une manière vague l'époque où l'édit fut porté — « en ces jours-là, » dit-il[4], — et l'on ne saurait douter qu'il ne se fût écoulé un laps de temps assez considérable entre la promulgation de l'édit et son exécution dans les diverses parties du monde ; le passage d'Éthicus rapporté plus haut[5] montre combien était longue une opération si difficile et si étendue, qui ne put être faite que successivement dans les diverses provinces de l'empire.

[1] Voir H. Lutteroth, *Le recensement de Quirinius*, p. 92-93 ; E. Desjardins, dans la *Revue des questions historiques*, 1867, t. II, p. 30, 63.
[2] Tacite, *Ann.*, IV, 22 ; W. Zumpt, *Das Geburtsjahr Christi*, p. 177, 187-188.
[3] W. Zumpt, *Das Geburtsjahr Christi*, p. 187.
[4] Luc, II, 1.
[5] Voir plus haut, p. 93-94.

## ARTICLE II.

#### PREMIER RECENSEMENT DE LA JUDÉE AVANT LA MORT D'HÉRODE.

Les mieux instruits parmi les ennemis de nos Évangiles ne peuvent contester sérieusement les faits que nous venons de rapporter, mais ils font un dernier effort pour excepter la Judée du recensement général prescrit par Auguste. « Il n'entrait point dans les usages de Rome d'entreprendre aucun (cens), dit Strauss, avant d'avoir tout à fait ôté à un pays ses maîtres indigènes et de l'avoir placé sous l'autorité directe et immédiate de l'administration romaine[1]. »

« Un recensement comme celui dont il est question ici et qui se serait fait par ordre de l'empereur, dit M. Reuss, est absolument inadmissible du vivant d'Hérode, vassal de Rome, il est vrai, mais parfaitement indépendant quant à tout ce qui regardait l'administration de son royaume et en particulier ses finances[2]. »

Ainsi, d'après M. Reuss, les Romains ne pouvaient faire un recensement dans un royaume qui était indépendant. — Ils pouvaient, si l'on veut, n'en avoir pas le droit, répondrons-nous, mais pour les Romains la force primait le droit, et certes Hérode n'était pas prince à les en empêcher. Nous savons positivement que Rome ne se faisait pas scrupule d'opérer le cens chez des peuples qui ne lui étaient pas assujettis. C'est ce qu'elle fit, par exemple, chez les Clites,

---

[1] D. Strauss, *Nouvelle vie de Jésus*, trad. Nefftzer et Dollfus, t. II, p. 24.
[2] Ed. Reuss, *Histoire évangélique*, p. 144.

petit peuple de Cappadoce, quoiqu'elle les eût laissés libres[1].

Il ne faut pas d'ailleurs se laisser induire en erreur par ce beau titre de roi qu'Auguste avait laissé à Hérode. Le titre royal n'emportait pas l'indépendance et toute la réalité du pouvoir. Les Romains tenaient véritablement sous leur domination les royaumes alliés ; ils y agissaient en maîtres, quand ils le jugeaient à propos ; l'investiture ou la déposition du monarque dépendait du bon plaisir de César. Auguste enleva le trône à Archélaüs, le fils d'Hérode[2]; Caligula, à Ptolémée, roi de Mauritanie[3]; à Archélaüs, roi de Cappadoce[4]; à Rhescuporis, roi de Thrace[5]. Sous prétexte de les honorer, on faisait des rois alliés des citoyens romains[6] et on les assujettissait ainsi à l'empire. Nous savons par Josèphe que tous les Juifs furent obligés de prêter serment à Auguste comme à Hérode[7] et qu'Hérode lui-même était subordonné au légat de Syrie, dont il était obligé dans certains cas de prendre les ordres[8]. C'est pour cette raison que le recensement de la Judée sous Hérode était du ressort du légat de Syrie[9].

[1] « Per idem tempus (an. U. C. 789), Clitarum natio Cappadoci Archelao subjecta, quia nostrum in modum deferre census, pati tributa adigebatur, in Tauri juga abscessit, » dit Tacite, *Ann.*, VI, 41. Cf. E. Desjardins, dans la *Revue des questions historiques*, t. II, 1867, p. 61; Huschke, *Ueber den Census zur Zeit der Geburt Christi*, p. 100; W. Zumpt, qui cite plusieurs exemples, *Das Geburtsjahr Christi*, p. 181-186.

[2] Josèphe, *Ant. jud.*, XVII, XIII, 3.

[3] Dion Cassius, LXIX, 25.

[4] Tacite, *Ann.*, II, 42.

[5] Tacite, *Ann.*, II, 67. Cf. W. Zumpt, *Das Geburtsjahr Christi*, p. 178-179.

[6] En voir la liste dans G. L. Marini, *Gli Atti e Monumenti de' fratelli Arvali*, 2 in-4°, Rome, 1795, t. II, p. 725-726.

[7] Josèphe, *Ant. jud.*, XVII, II, 4.

[8] Josèphe, *Ant. jud.*, XVI, XI. Cf. W. Zumpt, *Das Geburtsjahr Christi*, p. 179-180.

[9] W. Zumpt, *Das Geburtsjahr Christi*, p. 180-181.

Rome pouvait sans doute, dit-on encore, exercer cet acte d'autorité, mais elle n'usa pas de ce pouvoir. « Le gouvernement romain n'avait aucun intérêt à faire un recensement en Judée, » écrit M. Munk[1]. — C'est une allégation fausse. M. Wallon l'a observé avec beaucoup de justesse : « L'ordre de recensement... n'a rien qui ne convienne soit à l'esprit général, soit aux dispositions particulières de l'empire au temps où il est rapporté ; et l'empire ne faisait en cela que continuer l'œuvre de la République. De même que Rome s'était assimilé l'Italie, elle devait un jour s'unir les provinces ; en attendant, elle s'appliquait à les mieux connaître et à les rattacher plus intimement au centre, en y jetant les bases d'un même système de gouvernement et d'impôts[2]. » Auguste traitait les alliés comme « des membres et des parties de l'empire[3]. » La Judée avait été soumise au tribut par Pompée[4]; et elle n'en fut jamais affranchie complètement, même sous le gouvernement d'Hérode, quelle que fût la faveur dont jouît ce prince à Rome[5]. De plus, vers la fin du règne d'Hérode, Auguste fut mécontent de la conduite du roi des Juifs, parce qu'il avait attaqué Obodas, roi des Arabes, et l'empereur lui écrivit à cette occasion ces dures paroles : « Qu'il l'avait jadis traité en ami, mais que désormais il le traiterait en sujet[6]. » On dut alors, à Rome,

---

[1] Munk, *Palestine*, in-8º, Paris, 1845, p. 562.

[2] H. Wallon, *De la croyance due à l'Évangile*, 2º édit., p. 336.

[3] « Nec aliter universos quam membra partesque imperii curæ habuit. » Suétone, *August.*, 48; cf. Strabon, xvii, p. 839.

[4] Josèphe, *Antiq. jud.*, XIV, iv, 4. Cf. Appien, *Syr.*, 49, édit. Didot, p. 199.

[5] Josèphe, *De Bell. jud.*, II, xvi, 4 ; V, ix, 4; cf. Appien, *Bel. civ.*, v, 75, édit. Didot, p. 545.

[6] Josèphe, *Antiq. jud.*, XVI, ix, 3. Cf. N. Lardner, *Credibility of the Gospel*, dans ses *Works*, 10 in-8º, Londres, 1838, t. i, p. 290 ; H. Wallon, *De la croyance due à l'Évangile*, 2º édit., p. 362.

penser plus que jamais à réunir la Palestine à l'empire, et le projet était d'autant plus facile à exécuter que les principaux des Juifs, las de la tyrannie de leur souverain, désiraient l'union : à la mort d'Hérode, ils demandèrent expressément l'annulation de son testament et l'incorporation de la Judée à la province de Syrie[1]. Cette incorporation n'eut lieu que dix ans plus tard, mais les démarches des Juifs montrent que le dénombrement fait au moment de la naissance de Notre-Seigneur ne devait pas être trop mal accueilli par la population de la Judée, en même temps que les dispositions de l'empereur nous expliquent pourquoi il le faisait exécuter.

Le recensement dont parle saint Luc ne devait point, en outre, provoquer les mêmes susceptibilités que celui qui eut lieu après la déposition d'Archélaüs, parce que ce dernier avait pour motif l'établissement de l'impôt, qui est la marque de l'assujettissement, tandis que le premier recensement se borna sans doute à une simple déclaration des personnes et des biens, qui n'était suivie de l'imposition immédiate d'aucune taxe. Tout s'explique donc sans peine et de la façon la plus naturelle.

Cependant, objecte-t-on encore, il est bien étonnant que saint Luc ait parlé seul d'un événement aussi grave que celui du recensement de la Judée à la fin du règne d'Hérode; il serait surtout inexplicable que Josèphe, qui raconte avec tant de détails l'histoire de son pays à cette époque et décrit notamment les troubles qui se produisirent à l'occasion du recensement fait après l'union de la Judée à la province de Syrie, eût passé sous silence ce premier dénombrement, s'il avait existé. « Josèphe qui s'étend fort sur cette époque, écrit Strauss, ne dit pas un mot d'un pareil cens[2]. »

---

[1] Josèphe, *Antiq. jud.*, XVII, xi, 1. Cf. Lardner, *Credibility of the Gospel, Works*, t. i, p. 303.

[2] D. Strauss, *Nouvelle vie de Jésus*, trad. Nefftzer et Dollfus, t. ii, p. 24.

Les historiens romains n'ont rien dit non plus du second[1], malgré les troubles dont il fut la cause; on ne saurait donc être surpris qu'ils n'aient pas mentionné le premier. Quant à Josèphe, il a pu l'omettre, ou parce qu'il ne l'a pas rencontré dans l'écrivain à qui il a emprunté la plupart de ses renseignements sur cette époque, c'est-à-dire Nicolas de Damas, l'agent et l'historien d'Hérode, ou parce que, en raison de sa nature même, il l'a considéré comme étant sans importance. Il a passé d'ailleurs sous silence, dans certains de ses écrits, où ils auraient dû naturellement trouver place, des faits mémorables dont l'omission est bien moins explicable. C'est ainsi que, dans l'histoire de la *Guerre des Juifs*, il n'a pas dit un seul mot, quoiqu'elle ait eu une grande influence sur le sort et la ruine de sa patrie, d'une bataille livrée par ses concitoyens contre les Romains; nous ne la connaissons que par son autobiographie[2]. Une telle bataille n'aurait pas dû être oubliée dans le récit même de la guerre.

Il faut remarquer, du reste, que, d'après l'opinion vraisemblable de plusieurs savants[3], Josèphe, quoiqu'il ne présente pas cet événement sous le même jour que saint Luc, nous a conservé néanmoins le souvenir du recensement fait à la fin du règne d'Hérode, dans un épisode de ses *Antiquités judaïques*. « Il y a parmi les Juifs, dit-il, une secte qui fait profession de connaître exactement la loi et de l'observer avec zèle... On appelle ses membres Pharisiens. Ce sont

---

[1] Josèphe seul nous le fait connaître, *Ant. jud.*, XVIII, I, 1.

[2] Josèphe, *Vita*, 6; Lardner, *Credibility of the Gospel*, t. I, p. 341.

[3] J. Kepler, *Bericht vom Geburtsjahr Christi*, c. XI, dans les *Opera omnia*, édit. Frisch, 8 in-8°, t. IV, 1863, p. 249; Lardner, *Credibility of the Gospel*, *Works*, t. I, p. 292-296; Fréret, *Sur le temps précis de la mort d'Hérode*, dans les *Mémoires de l'Académie des Inscriptions*, t. XXI, 1754, p. 280; Sanclemente, *De vulgaris æræ emendatione*, in-f°, Rome, 1793, p. 438; H. Wallon, *De la croyance due à l'Évangile*, 2e édit., p. 365.

eux surtout qui osaient résister aux rois, ayant l'œil ouvert et étant toujours prêts à combattre et à nuire ouvertement. Lorsque toute la nation juive fut obligée de prêter serment de fidélité à César (Auguste) et aux intérêts du roi, ils refusèrent de jurer, au nombre de plus de six mille[1]. »

Ce serment dut être prêté vers la fin du règne d'Hérode; il fut imposé de force, par Auguste et par Hérode, à tout le peuple, et il dut être accompagné de l'enregistrement des personnes, puisqu'il fut constaté que six mille Pharisiens ne s'y étaient point soumis. Dans l'inscription du recensement de saint Luc, on jurait, d'après la loi, quoique l'Évangéliste ne mentionne pas le serment; lors du serment refusé par les Pharisiens, on s'était fait inscrire, quoique Josèphe ne parle pas expressément de cette inscription : c'est donc du même fait que parlent les deux écrivains, quoiqu'ils le présentent d'une manière différente.

Tout ce que nous dit l'Évangile se justifie ainsi pleinement. Les détails donnés par saint Luc sur la nature et les conditions du recensement fournissent néanmoins matière à une autre objection à laquelle nous ne devons pas négliger de répondre. Les Romains, dit-on, enregistraient les personnes, non au lieu de leur origine, mais au lieu où elles possédaient[2].

---

[1] Josèphe, *Antiq. Jud.*, XVII, II, 4, t. I, p. 658. Strauss n'a pu s'empêcher de sentir la force du passage de Josèphe et de celui des *Annales* de Tacite, IV, 41, en faveur du recensement de la Judée. Il dit : « On a torturé un passage de Josèphe (*Antiquités juives*, XVI, IX, 3; lire : XVII, II, 4), et un renseignement que fournit Tacite (*Ann.*, VI, 41) pour prétendre qu'avant la transformation de la Judée en province romaine, les Romains y avaient, par exception, entrepris un recensement. Soit. » *Nouvelle vie de Jésus*, trad. Nefftzer et Dollfus, t. II, p. 24. Ce « soit » est un aveu.

[2] « Is vero, qui agrum in alia civitate habet, in ea civitate profiteri debet, in qua ager est; agri enim tributum in eam civitatem debet levare,

A cela, nous serions en droit de répliquer que saint Joseph pouvait n'être pas propriétaire à Nazareth et avoir, au contraire, quelques biens-fonds à Bethléem, mais nous n'avons pas besoin de nous préoccuper de cette question. Le dénombrement dont parle saint Luc était surtout un dénombrement de personnes. Or, la loi romaine exigeait que les citoyens se rendissent des provinces en Italie pour se faire inscrire[1]. Cette inscription était accompagnée de la déclaration des biens. Quelquefois, on dispensa expressément les absents de revenir, mais Scipion traitait d'abus cette dispense[2]. Les sujets non italiens qui se trouvaient en Italie étaient tenus, par suite des mêmes prescriptions, de se rendre dans leur lieu d'origine pour y subir le cens[3]. Saint Joseph devait donc se rendre à Bethléem, son lieu d'origine ou celui de sa famille, pour satisfaire à l'obligation du cens.

in cujus territorio possidetur. » L. 4, § 2. *D. de censibus* (50, 15, 4), édit. Mommsen, 1870, p. 932. Voir E. Huschke, *Ueber den Census*, p. 117.

[1] « Ut cives romanos ad censendum ex provinciis in Italiam revocaverint. » Velleius, II, 15. Cf. Cicéron, *Verr.*, Act., I, 18. « Quæ municipia, coloniæ, præfecturæ civium romanorum in Italia sunt, erunt, dit la loi *Julia municipalis*, de l'an 709 de Rome, qui in iis municipiis, coloniis, præfecturis maximum magistratum maximamve potestatem ibi habebit tum, quum censor aliusve quis magistratus Romæ populi censum aget, is, diebus sexaginta proximis, quibus sciet Romæ censum populi agi, omnium municipum, colonorum suorum, quique ejus præfecturæ erunt qui cives romani erunt, censum agito, eorumque nomina, prænomina, patres aut patronos, tribus, cognomina, et quot annos quosque habet, et rationem pecuniæ ex formula census quæ Romæ ab eo, qui tum censum populi acturus erit, proposita erit, ab iis juratis accipito. » Voir Huschke, *Ueber den Census zur Zeit der Geburt Christi*, p. 118.

[2] Aulu-Gelle, v, 19.

[3] « L. Postumus consul pro concione edixerat, qui socium Latini nominis ex edicto C. Claudii consulis redire in suas civitates debuissent, ne quis eorum Romæ, sed omnes in cuis civitatibus censerentur. » Tite-Live, 42, 10. M. Huschke, *loc cit.*, p. 118, remarque que les mots de saint Luc, II, 3, sont les mêmes que ceux que nous lisons ici. On pourrait, en effet, traduire le grec de saint Luc : « Omnes in suis civitatibus censerentur. »

CHAP. 1. LE RECENSEMENT DE QUIRINIUS. 109

Marie devait être recensée avec Joseph, son époux[1], car les femmes étaient soumises à la capitation comme les hommes, ainsi que le prouvent les Pandectes qui citent spécialement l'exemple de la province de Syrie[2]. La capitation avait été déjà imposée aux Juifs sous la domination macédonienne[3]. Ils en furent affranchis pendant les soixante-dix ans qui précédèrent la prise de Jérusalem par Pompée[4], mais le général romain la rétablit[5]. S'ils n'avaient pas à la payer aux Romains sous Hérode, Auguste se proposait certainement de la rétablir, et son édit astreignait par conséquent tout le monde, hommes et femmes, à se faire inscrire[6]. Mais les femmes eussent-elles été dispensées de se présenter, saint Luc ne dit pas le contraire, et nous pouvons bien dire avec Strauss : « Si Marie a fait le voyage de Bethléem, c'est qu'elle l'a voulu ou que Joseph l'a voulu pour elle[7]. » Les raisons d'agir ainsi ne leur manquaient pas.

Il n'y a donc pas une seule circonstance du récit du recensement, considéré en lui-même, qui ne se justifie par l'histoire et les monuments de l'antiquité.

[1] Cf. Huschke, *Ueber den Census zur Zeit der Geburt Christi*, p. 124; W. Zumpt, *Das Geburtsjahr Christi*, p. 204.

[2] « Ætatem in censendo significare necesse est, quia quibusdam ætas tribuit, ne tributo onerentur, veluti in Syriis a quatuordecim annis masculi, a duodecim fœminæ usque ad sexagesimum [quintum] annum tributo capitis obligantur. » Ulpien, *Digest.*, *de censibus*, L, 15, 3, édit. Mommsen, in-4°, Berlin, 1872, p. 856. Cf. Denys d'Halicarnasse, IV. 15 ; Cicéron, *De legibus*, III, 3; *In Verr.*, II, 56; Lactance, *De morte persecut.*, 23, t. VII, col. 231.

[3] Josèphe, *Ant. jud.*, XII, III, 3. Cf. XI, VIII, 5; XIII, II, 3; VIII, 3; III Mach., x, 29; XI, 35; XIII, 36.

[4] Josèphe, *Ant. jud.*, XIII, VI, 7.

[5] Appien, *Syr.*, 49, et voir Huschke, *Ueber den Census*, p. 122-123.

[6] M. Lutteroth, *Le recensement de Quirinius en Judée*, in-8°, Paris, 1865, p. 38-43, suppose que ce fut de leur plein gré que Joseph et Marie se rendirent à Bethléem, mais cette explication ne paraît pas conforme au sens naturel du texte de saint Luc.

[7] D. Strauss, *Nouvelle vie de Jésus*, t. II, p. 26.

## ARTICLE III.

### RÔLE DE QUIRINIUS DANS LE PREMIER RECENSEMENT DE LA JUDÉE.

Reste la difficulté la plus grave, celle du rôle de Quirinius dans le recensement rapporté par saint Luc. « Le troisième évangéliste, dit Strauss, dont nous abrégeons et condensons l'objection, le troisième évangéliste a antidaté cet événement de dix ans, attendu que Quirinius n'est devenu gouverneur de Syrie que plusieurs années après la mort d'Hérode et qu'il ne l'avait jamais été auparavant[1]. » M. Reuss le répète à son tour : « Quirinius n'a pas été proconsul de la Syrie du temps d'Hérode[2]. »

Eh bien ! c'est là même où les adversaires de saint Luc se croyaient le plus sûrs de leur victoire, que la vérité triomphe avec le plus d'éclat. L'Évangéliste n'a commis ni erreur ni anachronisme. Quirinius avait été réellement deux fois légat de Syrie, comme, seul parmi les auteurs anciens, nous l'avait appris saint Luc. C'est ce qu'il n'est plus possible aujourd'hui de révoquer en doute et ce qu'admettent même les critiques qui ne veulent pas croire encore à la réalité du recensement opéré pendant cette première magistrature en Syrie[3].

---

[1] Cf. D. Strauss, *Nouvelle vie de Jésus*, trad. Nefftzer et Dollfus, 2 in-8°, Paris (1864), t. II, p. 20-26.

[2] Ed. Reuss, *Histoire évangélique*, p. 144. Remarquons en passant que Quirinius (non Quirinus) n'eut pas le titre de *proconsul*, mais celui de *légat* de Syrie.

[3] Ainsi Mommsen : « Quem (Quirinium) Lucas recte appellat legatum Syriæ... At inde minime sequitur bis censam esse Judæam a Quirinio... Sed

CHAP. I. LE RECENSEMENT DE QUIRINIUS. 111

Publius Sulpicius Quirinius est un des personnages de l'époque d'Auguste qui nous sont le mieux connus. En dehors du passage de saint Luc que nous venons de citer, il est mentionné par Tacite, Dion Cassius, Suétone, Strabon, Josèphe et dans quelques monuments épigraphiques. Des témoignages divers des auteurs classiques, il résulte qu'il était de basse extraction[1], originaire de Lanuvium, et n'ayant aucun lien de parenté avec l'ancienne *gens Sulpicia*. Malgré sa naissance obscure, ses talents militaires et son mérite le firent parvenir aux plus hautes dignités. Sous le règne d'Auguste, l'an 12 avant notre ère (742 de Rome), il fut consul avec M. Valerius Messalla. Quelque temps auparavant, il avait soumis, comme nous l'apprend Florus[2], les Marmarides et les Garamantes. Il leur fit la guerre, comme l'a établi M. Mommsen[3], en qualité de proconsul de la province sénatoriale de Crète et de Cyrénaïque. Après son consulat, à une époque indéterminée dans les auteurs anciens, il fut envoyé en Asie et il réduisit en Cilicie une peuplade belliqueuse, celle des Homonades, qui habitait les montagnes du Taurus[4]. Sa campagne eut tant de succès, qu'à son retour à Rome il reçut les honneurs du triomphe. En 759, an 6 de notre ère, il fut, de l'aveu de tous, légat d'Auguste propréteur en Syrie. Il mourut en 774, c'est-à-dire l'an 21 de notre ère. Parmi les auteurs anciens, Josèphe,

hoc sequitur Lucam in rerum memoria tradenda vera falsis miscuisse. » *Res gestæ divi Augusti*, 1<sup>re</sup> édit., p. 124-125; cf. 2<sup>e</sup> édit., p. 175-176. Ce que dit M. Mommsen contre saint Luc a été spécialement réfuté par le P. Patrizi, *Della descrizione universale mentovata da San Luca*, in-8º, Rome, 1876. Voir le résumé de cette réfutation dans la *Civiltà cattolica*, octobre 1876, p. 198-208.

[1] Tacite, *Ann.*, III, 48.
[2] Florus, II, 31.
[3] Th. Mommsen, *Res gestæ divi Augusti*, 2<sup>e</sup> édit., p. 170.
[4] Tacite, *Ann.*, III, 48; Strabon, XII, VI, 5, p. 487-488.

comme nous l'avons déjà remarqué [1], est le seul qui parle du recensement de Quirinius en l'an 6 de notre ère, et saint Luc est le seul qui parle du recensement sous Hérode. Il importe cependant de remarquer que l'Évangéliste connaissait le recensement opéré en Judée après la déposition d'Archélaüs, car il mentionne dans les Actes des Apôtres les troubles qui en furent la suite [2]. De plus, en qualifiant expressément de « premier [3], » comme il le fait, le dénombrement qui eut lieu avant la mort d'Hérode, il suppose par là même qu'il y en eut un second exécuté dans la suite. Son témoignage est par conséquent clair, formel et positif.

Sur quoi s'appuient donc les adversaires de saint Luc pour rejeter son récit? Sur l'autorité de Josèphe. Ils admettent d'abord que, cet écrivain ni aucun autre auteur ancien n'ayant mentionné la double légation de Quirinius en Syrie, Quirinius n'a été qu'une fois légat de cette province et à une époque postérieure à celle indiquée par l'Évangéliste. C'est à cette époque postérieure qu'il fit le recensement de la Judée, suivant les données très explicites de l'historien juif. En effet, comme nous l'apprend le récit circonstancié que nous lisons dans les *Antiquités judaïques* [4], le dénombrement n'eut lieu qu'après la déposition d'Archélaüs, par conséquent dix ans après la mort d'Hérode et dix ans au moins après la naissance de Jésus-Christ, l'an 759 de Rome, l'an 6 de notre ère.

Cette argumentation est si spécieuse que même la plupart des apologistes catholiques, tout en admettant que le dénombrement sous Hérode était un fait incontestable, avaient accordé cependant, jusqu'à nos jours, que Quirinius n'était

[1] Voir plus haut, p. 106.
[2] Act., v, 37.
[3] Luc, II, 2.
[4] *Ant. jud.*, XVIII, I, 1, édit. Didot, t. I, p. 692-693. Cf. XVII, XIII, 5; XVIII, II, 1.

devenu en effet pour la première fois légat de Syrie que plusieurs années après le recensement dont parle saint Luc.

Afin de concilier le langage du premier Évangile avec cette opinion généralement reçue, on avait imaginé deux explications principales. La première consistait à supposer que l'Évangéliste n'avait pas voulu désigner un gouverneur proprement dit de la province de Syrie, mais un simple envoyé extraordinaire chargé par l'empereur de faire le recensement de la Judée [1]. L'expression employée par saint Luc [2] ne doit pas se traduire, assure-t-on, dans un sens rigoureux, c'est-à-dire dans le sens de légat, mais dans le sens large d'officier de César, chargé de présider au cens [3].

---

[1] Cette explication a été donnée par le cardinal H. Noris, dans ses *Cenotaphia Pisana* : « Plures eruditi viri dicunt Quirinium cum imperio extraordinario in Syriam missum, ad censum peragendum. Nam cum eo anno pax toto romano imperio floreret, Augustus decrevit universorum, qui vel subditi vel socii essent populi romani, numerum ac facultates noscere. » *Cenotaphia Pisana Caii et Lucii Cæsarum*, diss. II, cap. XVI, § XII, in-f°, Venise, 1861, p. 320-321, et dans P. Burmann, *Thesaurus antiquitatum Italiæ*, édit. de Leyde, 1723, t. VIII, part. III, p. 295. H. Sanclemente a longuement défendu cette explication, *De vulgaris æræ emendatione*, l. IV, cap. III-VI, in-f°, Rome, 1793, p. 413-448. Elle a été adoptée par Ideler, dans son *Handbuch der Chronologie*, t. II, p. 395; E. Egger, *Examen critique des historiens d'Auguste*, in-8°, Paris, 1844, p. 51; P. Schegg, *Sechs Bücher des Lebens Jesu*, 2 in-8°, Fribourg-en-Brisgau, 1874, t. I, p. 49. Voir les textes en faveur de cette interprétation recueillis dans Th. Mémain, *La connaissance des temps évangéliques*, in-8°, Sens et Paris, 1886, p. 66-68. Huschke la combat, *Ueber den zur Zeit der Geburt Jesu Christi gehaltenen Census*, p. 64 et suiv., de même que K. Wieseler, *Chronologische Synopse der vier Evangelien*, in-8°, Hambourg, 1843, p. 113.

[2] Luc, II, 2 : ἡγεμονεύοντος; Vulgate : « præside. »

[3] L'expression de saint Luc peut très bien se justifier dans cette hypothèse, car il y avait en effet des fonctionnaires spécialement délégués pour le recensement, et ils portaient le titre de *legatus censuum accipiendorum* ou de *censitor*. Marquardt et Mommsen, *Handbuch der römischen Alterthümer*, t. V, 1876, p. 208.

Cette première manière de répondre à la difficulté suppose que Quirinius a joué un rôle effectif dans le dénombrement de la Judée; mais comme, en dehors des Évangiles, nous n'avons aucune preuve de cette hypothèse, d'autres savants ont recouru à une seconde interprétation du texte, d'après laquelle celui qui exécuta au nom de Rome le recensement de la Judée, en l'an 6 de notre ère, c'est-à-dire Quirinius, n'intervint en aucune façon dans le recensement fait à la naissance de Jésus-Christ.

Suivant ces critiques, saint Luc n'a point voulu dire dans son récit que le recensement de la fin du règne d'Hérode avait été fait par Quirinius; c'est là une traduction fautive; le sens de sa phrase est que le recensement eu lieu « *avant que* Quirinius fût légat de Syrie. » Telle est leur version. Cette solution, proposée d'abord par Herwart [1], a été adoptée depuis par Olshausen, Tholuck [2], Lange, Krabbe, Lichtenstein, Wieseler, Ewald, Wallon et bien d'autres [3].

Elle repose sur un idiotisme de la langue grecque. Le mot *prôtos, premier*, en grec, particulièrement dans le dialecte attique, peut avoir le sens du comparatif et s'employer pour *proteros, antérieur, avant que* [4]. C'est dans ce sens que

---

[1] J.-G. Herwart, *Novæ, veræ et ad calculum astronomicum revocatæ chronologiæ capita præcipua*, in-4°, Munich, 1612, cap. CCXLI, p. 188-201. Bibliothèque Nationale, G. 930.

[2] Tholuck, *Essai sur la crédibilité de l'histoire évangélique*, trad. H. de Valroger, in-8°, Paris, 1847, p. 194.

[3] (R. Garrucci), *Nuovi studii cronologici*, dans la *Civiltà cattolica*, janvier 1881, p. 222-223; *L'iscrizione di Q. Emilio Secondo*, ibid., mars 1881, p. 726.

[4] J. Ph. d'Orville, *Chariton, De Chærea et Callirhoe*, in-8°, édit. de Leipzig, 1783, p. 478, note 6 de la p. 114; Fr. Viger, *De præcipuis græcæ dictionis idiotismis*, édit. Hermann, 2ᵉ édit., in-8°, Leipzig, 1813, p. 67; J. Frd. Schleusner, *Thesaurus philologico-criticus veteris Testamenti*, Leipzig, 1820, t. IV, p. 518. Il y a plusieurs exemples incontestables de cet emploi de πρῶτος, dans le Nouveau Testament : Joa., I, 30 : ὅτι πρῶτός

l'a employé saint Luc; il a donc voulu dire que le dénombrement fait avant la mort d'Hérode avait eu lieu avant celui que fit plus tard Quirinius, et non qu'il avait été accompli sous la présidence de Quirinius. Comme celui qui fut exécuté après l'union de la Judée à l'empire était plus célèbre et plus connu, saint Luc a jugé à propos de fa're remarquer expressément qu'il ne fallait pas le confondre avec celui qui avait amené Joseph et Marie à Bethléem. Telle est la seconde explication.

Cette interprétation du texte de l'Évangile, quoi qu'il en soit de sa valeur philologique, paraît en tous cas forcée. Personne n'hésitera évidemment à prendre les paroles de saint Luc dans leur sens obvie et naturel, si l'on peut établir que Quirinius avait été réellement deux fois légat de Syrie. Or ce point capital peut être regardé aujourd'hui comme certain. Depuis Sanclemente, en 1793, divers savants avaient affirmé que Quirinius avait été à deux reprises à la tête de la province de Syrie, mais leur opinion paraissait fort contestable et ce n'est que dans ces dernières années qu'on l'a solidement prouvée.

Quelques anciens critiques citaient en faveur de leur opinion l'inscription suivante :

μου ἦν ; et xv, 18 : ὅτι ἐμὲ πρῶτον ὑμῶν μεμίσκησε; Heb., viii, 7 : ἐι γὰρ ἡ (λειτουργία) πρώτη ἐκείνη ἦν ἄμεμπτος. La Vulgate a traduit, Joa., i, 30 : *Quia prior me erat;* Joa., xvi, 18 : (*Si mundus vos odit*), *scitote quia me priorem vobis odio habuit;* Heb., viii, 7 : *Nam si illud* (*ministerium*) *prius culpa vacasset.*

Q · AEMILIVS · Q · F
PAL · SECVNDVS [in]
CASTRIS · DIVI · AVG[usti] [sub]
P · SVLPICIO · QVIRINIO · LEg. Aug.
CaESARIS · SYRIAE · HONORI
BVS · DECORATVS · PRaEFECT[us]
COHORT[is] · AVG[ustæ] · I · PRAEFECT[us]
COHORT[is] · II · CLASSICAE · IDEM
IVSSV · QVIRINI · CENSVM · EGI
APAMENAE · CIVITATIS · MIL
LIVM · HOMIN · CIVIVM · CXVII
IDEM · MISSV · QVIRINI · ADVERSVS
ITVRAEOS · IN LIBANO · MONTE
CASTELLVM · EORVM · CEPI · ET · ANTE
MILITIEM · PRAEFECT · FABRVM ·
DELATVS · A · DVOBVS · COS · AD · AE
RARIVM · ET · IN · COLONIA ·
QVAESTOR · AEDIL · II · DVVMVIR · II ·
PONTIFEXS
IBI · POSITI · SVNT · Q · AEMILIVS · Q · F · PAL
SECVNDVS · F · ET · AEMILIA · CHIA · LIB
H · M · AMPLIVS · H · N · S ·

On a beaucoup discuté sur cette inscription. L'original en avait été perdu, et elle était généralement considérée comme l'œuvre d'un faussaire[1]. Aujourd'hui son authenticité n'est plus douteuse[2], car la pierre elle-même a été retrouvée en 1880, à Venise, mais son contenu est néanmoins pour nous sans grande importance.

Quintus Æmilius Q. F. Palatinus Secundus fut, d'après cette inscription, un des officiers du légat P. Sulpicius Quirinius en Syrie. Ce monument est la pierre tumulaire de Palatinus et de sa femme Chia. Il vient de Béryte ou Beyrouth, et l'on ignore par quel hasard il a été transporté à Venise[3]. Palatinus, sous les ordres de Quirinius, fit le cens d'Apamée. Ce cens n'a pas de rapport direct avec celui de la Judée, mais il a, du moins, avec ce dernier un rapport indirect, parce qu'il fut fait dans la même province de Syrie, et sous le même légat. Cette inscription fournit une nouvelle preuve que Quirinius a été légat de Syrie et que le recensement de cette province a été exécuté pendant son gouvernement, mais comme ces faits étaient déjà connus en partie par Josèphe et qu'ils ne sont contestés par personne, l'inscription demeure pour nous sans utilité, dans la question

---

[1] Voir Henzen, *Inscriptionum latinarum collectio, collectionis Orellaniæ supplementa*, note sur le n° 623, t. III, p. 58.

[2] Voir (Garrucci), *L'iscrizione di Q. Emilio Secondo*, dans la *Civiltà cattolica*, 19 mars 1881, p. 715-716. Th. Mommsen, comme le P. Garrucci, admet aujourd'hui son authenticité : *Res gestæ divi Augusti*, 2° édit., p. 166; *Titulus Venetus revendicatus*, dans *Ephemeris epigraphica*, t. IV, 1880, p. 537-542. Nous avons reproduit l'inscription d'après l'*Ephemeris epigraphica*, p. 538. — Cette inscription a été publiée d'abord par Muratori, *Novus Thesaurus veterum inscriptionum*, t. II, in-f°, Milan, 1740, p. DCLXX, n° 1; elle a été longuement étudiée par Sanclemente, *De vulgaris æræ emendatione*, p. 426-434.

[3] D'après M. Mommsen, les derniers mots : Hoc Monumentum AMPLIVS Haeredem Non Sequitur, n'ont pas de sens dans cette inscription, mais ils reproduisent une formule ordinaire et ont été mis par habitude.

présente, parce qu'elle ne nous dit rien sur une double légation de Quirinius; or, c'est là la seule chose que nous devons chercher à établir.

Heureusement une autre pierre, dont l'authenticité ne peut non plus être révoquée en doute et dont le sens peut être regardé désormais comme assuré, nous apprend ce que nous avons si grand intérêt à savoir.

Elle a été trouvée en 1764 à Tivoli, l'antique Tibur, hors de la Porte romaine, entre la villa d'Hadrien et la via Tiburtina. Elle est conservée maintenant au Musée de Latran.

Le nom du personnage auquel était consacré ce monument lapidaire a disparu, par suite de la fracture de la partie supérieure qui n'a pas été retrouvée; de là vient que les épigraphistes ont rapporté d'abord l'inscription à divers légats de Syrie[1]; mais Sanclemente avait reconnu de prime abord, avec une grande perspicacité, qu'elle ne pouvait s'appliquer qu'à Publius Sulpicius Quirinius[2], et M. Th. Mommsen, avec autant d'érudition que d'habileté, a prouvé contre tous les adversaires de cette interprétation, qu'elle était la seule admissible[3]. Voici cette inscription avec les parties si ingénieusement suppléées par le savant allemand :

---

[1] Voir G. Henzen, *Inscriptionum latinarum collectio, supplementa*, t. III, in-8°, Zurich, 1856, p. 58-59 et 196.

[2] H. Sanclemente, *De vulgaris æræ emendatione*, p. 414-426. Il dit, p. 416 : « Beavit me ultimus versus ex quo mirifice confirmatur lectio textus Divi Lucæ de duplici descriptione ab eodem Quirino in Judæa peracta. »

[3] Th. Mommsen, *Res gestæ divi Augusti*, in-8°, Berlin, 1865, p. 111, 126; 2° édit., p. 161-178.

*P. Sulpicius P. f. Quirinius cos.*

. . . . . . . . . . . . . . . . . . . . . . . . . . . . . . . . . . . . . . . . . . . . . . . . . . . . . . . . . .

*pr. pro consul. Cretam et Cyrenas provinciam optinui*

. . . . . . . . . . . . . . . . . . . . . . . . . . . . . . . . . . . . . . . . . . . . . . . . . . . . . . . . . .

*legatus pr. pr. divi Augusti Syriam et Phoenicen optinens bellum gessit cum gente Homonadensium quae interfecerat Amyntam* rEGEM · QVA · REDACTA · IN · POT*estatem imp. caesaris* AVGVSTI · POPVLIQVE · ROMANI · SENATVS *dis immortalibus* SVPPLICATIONES · BINAS · OB · RES · PROSP*ere gestas et* IPSI · ORNAMENTA · TRIVMPH*alia decrevit* PRO · CONSVL · ASIAM · PROVINCIAM · OP*tinuit legatus pr. pr.* DIVI · AVGVSTI · ITERVM · SYRIAM · ET · PH*oenicen optinuit*[1].

---

[1] Les lettres capitales sont celles qui restent encore de l'inscription ; les lignes et les lettres en italiques sont suppléées d'après Th. Mommsen, *Res gestæ divi Augusti ex monumentis Ancyrano et Apollinensi*, in-8°, Berlin 1865, p. 126 ; 2ᵉ éd., p. 177 ; et d'après le *Corpus inscriptionum latinarum*, t. xiv, 1887, n° 3613, p. 597.

*P. Sulpicius Quirinius, fils de Publius, consul...*
(Ici étaient énumérées les magistratures inférieures exercées par Quirinius et qui sont inconnues.)
*préteur. Il obtint comme proconsul la province de Crète et de Cyrénaïque...*
(Ici étaient indiquées les fonctions prétoriennes.)
*légat propréteur du divin Auguste de la province de Syrie et de Phénicie ;*
*Il fit la guerre contre la nation des Homonades*
*qui avait tué Amyntas,*
son ROI. CETTE NATION AYANT ÉTÉ RÉDUITE SOUS LE POUVOIR *et la puissance du divin*
AUGUSTE ET DU PEUPLE ROMAIN, LE SÉNAT *décerna aux dieux immortels*
DEUX SUPPLICATIONS POUR LES SUCCÈS *qu'il avait obtenus, et lui décerna*
A LUI-MÊME LES HONNEURS DU TRIOMPHE. *Il obtint comme*
PROCONSUL LA PROVINCE D'ASIE *et comme légat propréteur*
DU DIVIN AUGUSTE, POUR LA SECONDE FOIS, LA PROVINCE DE SYRIE ET DE PH*énicie.*

## CHAP. I. LE RECENSEMENT DE QUIRINIUS.

Le point le plus important à noter dans ce monument épigraphique, c'est que le personnage auquel il avait été consacré avait été deux fois légat de Syrie *iterum*[1] *Syriam (obtinuit)*, sous le règne de l'empereur Auguste. Le nom du personnage manque, il est vrai, sur la pierre, mais ce qui est conservé de l'inscription suffit pour le reconnaître d'une manière certaine, et ce personnage n'est pas autre que Quirinius, comme nous allons essayer de le démontrer.

L'histoire et la chronologie des légats romains en Syrie sont encore imparfaitement connues, malgré toutes les recherches dont elles ont été l'objet[2]. On peut cependant dresser la liste suivante qui rendra plus facile l'intelligence de ce qui va suivre.

|  | An de Rome. | Avant J.-C. | Après J.-C. |
|---|---|---|---|
| 1. Marcus Tullius Cicéron, fils de l'orateur.............. | 724 ou 727 | 30 ou 27 | |
| 2. Varron................... | 729-731 | 25-23 | |
| 3. M. Titius................ | 746 | 8 | |
| 4. C. Sentius Saturninus [3]..... | 746-748 | 8 à 6 | |
| 5. P. Quinctilius Varus........ | 748-750 | 6 à 4 | |
| 6. ........................ | .......... | .......... | |
| 7. Caius César, *præpositus Orientis*................ | 753 ?-757 | 1 à | 4 |
| 8. L. Volusius Saturninus.... | 757-758 | | 4 à 5 |
| 9. P. Sulpicius Quirinius...... | 759-763 | | 6-10 |
| 10. R. Cæcilius Metellus Creticus Silanus [4]............ | 763-770 | | 10-17 |

---

[1] *Iterum* ne peut avoir d'autre sens ; il signifie toujours dans les inscriptions : « pour la seconde fois. »

[2] Tous les savants qui se sont occupés de la question sont en désaccord entre eux sur un grand nombre de points, quelques-uns assez graves. Bien mieux, M. Th. Mommsen, dans la seconde édition de ses *Res gestæ divi Augusti*, change en partie ce qu'il avait soutenu dans la première et est dans l'impossibilité de résoudre plusieurs questions importantes.

[3] On n'a aucune preuve directe que Saturninus ait succédé immédiatement à Titius.

[4] Pour la justification de cette liste, voir Th. Mommsen, *Res gestæ divi*

Les dates antérieures au gouvernement de Sentius Saturninus sont incertaines; heureusement elles sont sans importance dans la question qui nous occupe[1]. Sentius Saturninus fut légat de Syrie à partir de l'an 8 avant J.-C.[2]. Il eut pour successeur Quinctilius Varus[3], l'an 6 avant J.-C. Celui-ci gouvernait la Syrie à la mort d'Hérode et pendant les premiers mois qui suivirent, an 750 de Rome, 4 avant notre ère[4]. A partir de cette date, il n'est plus question de lui.

Depuis l'an 4 avant J.-C. jusqu'au commencement de notre ère, les renseignements nous font défaut[5] et il y a une la-

---

*Augusti*, 1re édit., p. 113-116; 2e édit., p. 163-166, H. Gerlach, *Die römischen Statthalter in Syrien und Judäa*, in-8º, Berlin, 1865, p. 91; W. Zumpt, *Das Geburtsjahr Christi*, p. 27-71; E. Schürer, *Lehrbuch der neutestamentlichen Zeitgeschichte*, in-8º, Leipzig, 1874, p. 157-165; Kellner, *Die römischen Statthalter von Syrien und Judäa zur Zeit Christi*, dans la *Zeitschrift für katholische Theologie*, Heft III, 1888, p. 468-480; W. Liebenam, *Forschungen zur Verwaltungsgeschichte der römischen Kaisserreichs*, in-8º, Leipzig, 1888, t. I, p. 359-369; R. Cagnat et G. Goyau, *Chronologie de l'empire romain*, in-16, Paris, 1891, p. 35-39.

[1] M. Agrippa, gendre d'Auguste, avait eu pouvoir sur tout l'Orient, de 731 à 741 (23-13 avant J.-C.), avant Titius, mais il était plus que légat, il était *præfectus Orientis*. Auguste lui-même séjourna en Orient, de 733 à 735 de Rome, 21 à 19 avant J.-C.

[2] Josèphe, *Ant. Jud.*, XVI, IX, 1; x, 8; XI, 3; XVII, I, 1; II, 1; III, 2; W. Zumpt, *Commentationes epigraphicæ*, t. II, p. 84.

[3] Parent de l'empereur par sa femme Claudia Pulchra, riche, paresseux, débauché (Velleius Paterculus, 2, 117 et suiv.; Dion Cassius, 56, 18 et suiv.), proconsul d'Afrique, 747-748; L. Müller, *Numismatique de l'ancienne Afrique*, Copenhague, 1860, II, 44 et suiv.

[4] Josèphe, *Ant. jud.*, XVII, v, 2. Sa légation est établie par les médailles de 748 à 750; pour les premiers mois qui suivirent la mort d'Hérode, par Josèphe, *Ant. jud.*, XVII, IX, 5; x, 1; Tacite, *Hist.*, v, 9.

[5] Nous ne possédons qu'une seule histoire du gouvernement d'Auguste, c'est celle de Dion Cassius. Mais de cette histoire, il ne s'est conservé que des fragments incomplets pour une période de dix ans, de l'an 6 avant J.-C. à l'an 4 après J.-C. M. Zumpt signale aussi une lacune analogue dans l'historien Josèphe. W. Zumpt, *Das Geburtsjahr Christi*, p. 25-27. Jo-

cune dans la liste des légats de Syrie[1]. Pendant quatre ans, nous ne savons rien de la manière dont Rome fit administrer cette province.

L'an 1 avant notre ère, Caius César, fils de M. Agrippa et petit-fils d'Auguste, qui l'avait adopté comme fils, fut envoyé en Asie à l'âge d'environ vingt ans pour gouverner ce pays, mais à cause de sa jeunesse, il eut pour conseillers, d'abord M. Lollius, et puis P. Sulpicius Quirinius[2]. En allant prendre possession de l'Arménie, le fils adoptif de l'empereur fut blessé devant Artagire et il mourut des suites de sa blessure, le 21 février, an 4 de notre ère, à Limyra, en Lycie.

Pendant que C. César gouvernait ainsi l'Asie, il y a tout lieu de penser que la Syrie n'avait pas de légat particulier[3]. L'année où mourut C. César, c'est-à-dire l'an 4, ou bien l'an 5, par suite sans doute de cette mort, L. Volusius Saturninus, parent de la famille impériale, était devenu légat de Syrie, comme nous l'apprennent les monnaies d'Antioche[4].

sèphe ne parle pas de Volusius Saturninus, dont la légation est constatée par les médailles. Eckhel, *Doctrina numorum veterum*, in-4°, t. III, Vienne, 1794, p. 275.

[1] M. Kellner, *Die römischen Statthalter von Syrien und Judäa zur Zeit Christi*, dans la *Zeitschrift für katholische Theologie*, Heft III, 1888, p. 473, nie à tort cette lacune et fait gouverner Varus de 748 à 753 de Rome (an 6 à 1 avant J.-C.). Il n'apporte du reste aucune preuve en faveur de son opinion. Varus dut cesser d'être légat de Syrie au retour d'Archélaüs en Judée, avant la fin de 750. Voir Zumpt, *Das Geburtsjahr Christi*, p. 28.

[2] De 755 à 757. H. Kellner, dans la *Zeitschrift für katholische Theologie*, 1888, p. 474.

[3] C'est l'opinion très vraisemblable de M. Mommsen, *Res gestæ divi Augusti*, 1re édit., p. 115; cf. 2e édit., p. 174; de M. Kellner, *loc. cit.*, p. 475. M. Zumpt est d'un autre avis, *Das Geburtsjahr Christi*, p. 32, 71. La solution de ce différend n'a d'ailleurs aucune importance réelle dans la question qui nous occupe.

[4] Les monnaies de Volusius Saturninus sont datées de l'an 35 de l'ère de cette ville. L'an 35 commença à l'automne de l'an 4 après J.-C. Voir Eckhel, *Doctrina numorum veterum*, t. III, p. 275.

Il garda probablement cette dignité jusqu'à l'an 6 ; il fut alors remplacé par P. Sulpicius Quirinius ; en l'an 10, Quirinius eut lui-même pour successeur Metellus Creticus Silanus.

Le légat de Syrie dont le nom était inscrit sur la pierre de Tibur doit être nécessairement un de ceux dont nous venons de donner la liste, puisqu'elle renferme, sauf la lacune de l'an 750 à l'an 753 de Rome, l'énumération de tous ceux qui ont obtenu cette dignité jusqu'après la mort d'Auguste, laquelle eut lieu en l'an 13 de notre ère. Aucun des noms contenus dans la liste n'étant répété deux fois, mais le sixième légat étant inconnu, il s'ensuit rigoureusement que le Romain à qui était dédiée l'inscription aujourd'hui mutilée, et qui avait été deux fois légat de Syrie, est l'un des neuf personnages dont le nom nous est connu. Est-il possible de le découvrir avec certitude? Oui, en voici la preuve. Nous allons procéder par élimination.

Le second, Varron ; le cinquième, Varus[1], et le septième, C. César, ne sont pas ce légat, car ils moururent avant Auguste. Or, le monument de Tivoli n'a été érigé qu'après la mort de cet empereur ; en effet, il y est appelé « le divin Auguste, » *Divi Augusti*, et ce titre de *Divus* ne se donnait à un empereur qu'après sa mort. De plus, Agrippa[2] ne fut jamais proconsul d'Asie. Par conséquent, ni Varron, ni Agrippa, ni Varus, ni C. César, ne furent deux fois légats de Syrie.

Le premier de la liste, M. Tullius Cicéron, fils de l'orateur romain, ne peut pas avoir été légat de Syrie de 750 à 753 de Rome, parce qu'il n'obtint jamais les honneurs du triomphe qui furent décernés au personnage du monument de

---

[1] Varus périt en Germanie en 762 de Rome, l'an 9 de notre ère, dans la célèbre défaite que subirent les Romains en ce pays. Une statue de Varus, qui lui avait été élevée par la ville de Pergame, est maintenant au Musée de Berlin. Th. Mommsen, *Römische Geschichte*, t. v, 1885, p. 40.

[2] Sur Agrippa, père de C. César, voir p. 94, note 3.

Tibur. Il ne fit aucune guerre et, de plus, il était trop vieux pour avoir survécu à Auguste.

Le troisième, M. Titius, fut consul en 723 de Rome (31 avant notre ère). Il avait donc alors au moins trente ans, et il en aurait eu environ soixante-dix à l'époque de la naissance de Notre-Seigneur. A cet âge, il ne pouvait plus exercer les fonctions de légat.

Quant au quatrième personnage de notre liste, Sentius Saturninus, il était mort avant Auguste; dans le cas contraire, on ne s'expliquerait pas que Tacite, dont les Annales commencent à l'avènement de Tibère, n'eût pas dit un seul mot d'un homme qui avait joué un si grand rôle.

Volusius Saturninus, qui occupe la huitième place dans le tableau chronologique, avait été proconsul de la province d'Afrique, tandis que le légat de Syrie de notre inscription avait été proconsul d'Asie. Volusius Saturninus n'est donc pas l'inconnu que nous cherchons.

Enfin, le dixième et dernier, Cæcilius Metellus, étant demeuré légat de Syrie après la mort d'Auguste, si le monument épigraphique de Tibur lui avait été destiné, nous y lirions : « légat propréteur du divin Auguste et de Tibère César Auguste. » Ce n'est donc pas à sa mémoire qu'avait été dédiée la pierre commémorative. Ainsi, par ce procédé d'élimination, nous arrivons à constater que le nom à inscrire sur le monument est celui de Quirinius, car c'est le seul qui reste sur le catalogue.

Tout lui convient, en effet, dans les débris qui sont parvenus jusqu'à nous. Tacite nous apprend qu'il obtint les « honneurs du triomphe » pour s'être emparé des forteresses des Homonades en Cilicie[1]. Strabon ajoute que ces derniers avaient tué leur « roi » Amyntas[2]. Il avait obtenu

---

[1] Tacite, *Ann.*, III, 48.
[2] Strabon, XII, 6, 5.

« deux supplications[1]; » il avait aussi été proconsul d'Asie[2]. Enfin, il mourut l'an 774 de Rome (21 de notre ère), par conséquent huit ans après Auguste. A lui, et à lui seul, conviennent donc tous les détails qui sont conservés dans le monument de Tibur, et il résulte de là que c'est Quirinius qui a été le sixième légat de Syrie, comme il en a été plus tard le neuvième ; en un mot, Quirinius a été deux fois légat de Syrie, ainsi que l'indique le texte de saint Luc.

Les faits que nous venons de rappeler sont si certains que la double légation de Quirinius en Syrie est admise aujourd'hui par MM. de Rossi[3], Bergmann, Henzen, Gerlach, Aberle, comme par MM. Mommsen, Dessau et Liebenam[4]. L'exactitude du texte de saint Luc, relativement à la double légation de Quirinius en Syrie, est donc désormais au-dessus de toute contestation.

Cette première mission du fonctionnaire romain en Syrie

---

[1] Th. Mommsen, *Res gestæ divi Augusti*, 2º édit., p. 169.
[2] Th. Mommsen, *Res gestæ divi Augusti*, 2º édit., p. 170-171.
[3] G.-B. de Rossi, *Bulletino di Archeologia cristiana*, 1877, p. 6-7.
[4] Dessau, *Corpus inscriptionum latinarum*, t. XIV, p. 397 ; W. Liebenam, *Forschungen zur Verwaltungsgeschichte*, p. 365, 367. Borghesi avait défendu l'opinion de Sanclemente dans ses lettres à M. Henzen, *Œuvres*, t. VIII, p. 126, 493. Voir Sanclemente, *De vulgaris æræ emendatione*, p. 414-416 ; Orelli-Henzen, *Inscriptiones selectæ*, t. III, nº 5366 ; Aberle, dans la *Theologische Quartalschrift*, 1865, p. 125-148 ; Cavedoni, dans les *Opuscoli* di Modena, novembre 1865, p. 353, 354 ; Fr. Sav. Patrizi, *Della descrizione universale mentovata da san Luca e dell' anno in che venne eseguita nella Giudea*, in-8º, Rome, 1876. — A. W. Zumpt, quoiqu'il attribue à Sentius Saturninus le monument de Tivoli, admet néanmoins une double légation de Quirinius en Syrie. Il pense qu'il fit sa campagne contre les Homonades en qualité de légat de Syrie, *De Syria Romanorum provincia*, dans ses *Commentationes epigraphicæ ad antiquitates romanas pertinentes*, 2 in-4º, Berlin, 1850-1854, t. II, p. 88-98 ; *Das Geburtsjahr Christi*, p. 44. — E. Schürer l'admet aussi, en se fondant sur des raisons diverses, *Handbuch der neutestamentlichen Zeitgeschichte*, in-8º, Leipzig, p. 161-163.

nous explique parfaitement pourquoi il fut choisi afin de remplir la seconde. Quand la Judée fut incorporée à l'empire romain, comme ses conquérants connaissaient le caractère remuant et peu souple de leurs nouveaux sujets, l'empereur, prévoyant la difficulté qu'il y aurait à établir les impôts, jugea avec raison que l'homme le plus capable de faire avec succès le second recensement et de ménager le mieux les esprits était celui-là même qui était déjà connu d'eux et qui avait présidé une première fois à une opération analogue. C'est pour le même motif que Quirinius avait été donné comme conseil à C. César, lorsque le fils adoptif d'Auguste avait été envoyé en Asie[1]. L'expérience de l'ancien légat devait suppléer à celle qui manquait encore au jeune *præpositus Orientis*.

Il reste cependant une dernière difficulté que nous devons résoudre avant de terminer cette étude critique. Malgré les innombrables travaux publiés jusqu'ici sur la date précise de la naissance de Notre-Seigneur, cette date, comme nous l'avons déjà remarqué plus haut[2], n'est pas encore fixée d'une manière absolument certaine. Les uns la font remonter jusqu'à l'an 7 avant notre ère[3]; d'autres, et c'est aujourd'hui le plus grand nombre, la placent à l'an 6 ou à l'an 5 avant J.-C.[4]. On ne peut guère la rapprocher davantage de nous, parce qu'il est démontré que Denys le Petit, en calculant l'ère vulgaire, a commis une erreur : il la fait commencer à la fin de l'an 754 de Rome, c'est-à-dire au moins quatre ans trop tard, puisque Hérode, sous le

---

[1] Voir plus haut, p. 123.
[2] Voir plus haut, p. 101.
[3] H. Wallon, *De la croyance due à l'Évangile*, 2º édit., p. 387; A. W. Zumpt, *Das Geburtsjahr Christi*, in-8º, Leipzig, 1869, p. 303.
[4] Voir J. Brockmann, *System der Chronologie*, in-8º, Stuttgart, 1883, p. 101-104; V. Many, *Quand a commencé l'ère chrétienne*, in-8º, Montréal, 1888, p. 565 (dans le *Canada français*).

règne duquel est né Notre-Seigneur Jésus-Christ, est mort dès le mois d'avril de l'an de Rome 750, an 4 avant notre ère[1].

On voit la difficulté que soulève ce calcul contre le récit de saint Luc. Le recensement qui a conduit saint Joseph à Bethléem a eu lieu avant la mort d'Hérode, par conséquent au plus tard l'an 750 de Rome. Quirinius n'est devenu légat de Syrie pour la première fois qu'en 751, ou au plus tôt à la fin de 750. Des médailles frappées à Antioche, au nom de Varus, son prédécesseur, sont de l'an 750 de Rome[2]. Josèphe nous apprend d'ailleurs formellement que la légation de Varus se continua après la mort d'Hérode[3]. Quirinius n'était donc pas encore légat de Syrie à l'époque de la naissance de Notre-Seigneur.

On a répondu à l'objection tirée des monnaies d'Antioche, que les habitants de cette ville avaient pu continuer à frapper des médailles au nom de Varus pendant quelque temps après son remplacement par Quirinius, et cette explication ne manque pas de vraisemblance, mais le témoignage de Josèphe est trop formel et trop circonstancié pour être contredit[4]. Ce qui est le plus probable, c'est que le

---

[1] L. Ideler, *Handbuch der Chronologie*, 1883, t. I, p. 390-393; J. Brockmann, *System der Chronologie*, p. 99-100; *Manuel biblique*, 9<sup>e</sup> édit., t. II, n. 583, p. 257.

[2] J. Eckhel, *Doctrina numorum veterum*, Vienne, 1794, t. III, p. 275. Voir à ce sujet Aberle, *Ueber den Statthalter Quirinius*, dans la *Theologische Quartalschrift* de Tubingue, 1865, p. 126; Borghesi, *Œuvres*, t. I, p. 310; H. Waddington, *Mélanges de numismatique*, 2 in-8°, Paris, 1861-1867, t. II, p. 153-155.

[3] Josèphe, *Ant. jud.*, XVII, v, 1; IX, 3; X, 1, 9; XI, 1.

[4] Le D<sup>r</sup> Aberle a cru trouver une preuve que Quirinius ne prit pas immédiatement possession de son gouvernement et que Varus continua à administrer la province de Syrie jusqu'à l'arrivée de son successeur, dans le fait que Sabinus tint tête à Varus, au lieu de se soumettre à lui, ce qu'il explique en considérant Sabinus comme procurateur de Quirinius.

recensement se fit avec une certaine lenteur et qu'après avoir été commencé par les prédécesseurs immédiats de Quirinius[1], il fut terminé seulement sous son gouvernement; c'est pour ce motif qu'il lui fut attribué et qu'il porta chez les Juifs le nom de « premier recensement » de Quirinius[2]. Nos connaissances actuelles ne permettent pas de trancher ce point de détail; mais, si nous ne pouvons pas élucider pleinement et d'une manière absolue ce dernier problème, les travaux épigraphiques les plus récents ont justifié trop complètement ce que suppose saint Luc sur la double légation de Quirinius en Syrie pour qu'on nous refuse le droit de considérer son récit comme parfaitement historique.

Quoi qu'il en soit, en somme, du moment précis où Varus cessa d'être officiellement légat de Syrie, il est certain que saint Luc, malgré tous les démentis des incrédules, ne s'est pas trompé en attribuant à Quirinius une double légation et

Aberle, dans la *Theologische Quartalschrift* de Tubingue, 1865, p. 132-135; cf. E. Desjardins, dans la *Revue des questions historiques* 1867, t. II, p. 45-48.

[1] Tertullien attribue formellement le cens à Sentius Saturninus : « Sed et census constat actos sub Augusto nunc in Judæa per Sentium Saturninum, apud quos genus ejus inquirere potuissent. » *Adv. Marcionem*, iv, 19, t. II, col. 405. Tertullien ne nous donne pas le prénom de Sentius Saturninus et il serait à la rigueur possible que celui dont il parle ne fut pas le légat de Syrie. Il ne lui donne pas ce titre. Nous savons que le légat de ce nom avait trois de ses fils en Syrie (Josèphe, *Ant. jud.*, XVI, xi, 3) et aussi un de ses frères (*ibid.*, XVIII, i, 1). Celui dont parle Tertullien pouvait être simplement employé au recensement. Kellner, *loc. cit.*, p. 472.

[2] Nous avons remarqué que le texte grec de saint Luc ne dit pas que le recensement avait été fait *par* Quirinius, mais *pendant* la légation de Quirinius, ἡγεμονεύοντος τῆς Συρίας Κυρηνίου, Luc, ii, 2, ce qui peut s'entendre de l'achèvement du recensement. V. W. Zumpt, *Das Geburtsjahr Christi*, p. 207-224; C. Fouard, *La vie de Jésus-Christ*, 2ᵉ édit., 1882, t. i, p. 56; P. Schanz, *Commentar über das Evangelium des heiligen Lucas*, in-8º, Tubingue, 1883, p. 121.

que l'histoire mieux connue le venge des accusations dont il a été trop longtemps l'objet. Quant au rôle précis que joua Quirinius dans le recensement de la Judée, à la part directe ou indirecte qu'il y prit lui-même, on ne saurait encore le déterminer rigoureusement, mais ce n'est là qu'un point accessoire, un problème d'interprétation qui n'atteint pas le fond du récit lui-même. L'injustice des incrédules envers saint Luc est désormais bien prouvée. « Si nous rencontrions dans Zonaras, dans Malalas ou dans quelque autre compilateur des Histoires byzantines un renseignement analogue à celui que nous fournit ici le troisième Évangile, dit avec raison le Dr Aberle, nous le regarderions comme une bonne fortune pour la science historique, comme un précieux complément des sources anciennes si souvent incomplètes. Pourquoi donc saint Luc serait-il moins bien traité[1]? » C'est un auteur contemporain, digne de toute créance, et la Providence nous met en main des preuves nouvelles de sa véracité, à mesure qu'augmentent les attaques contre la révélation.

---

[1] Aberle, *Ueber den Statthalter Quirinius*, dans la *Theologische Quartalschrift* de Tubingue, 1865, p. 147-148.

# CHAPITRE II.

### LYSANIAS, TÉTRARQUE D'ABILÈNE.

---

Saint Luc, pour dater la mission de saint Jean et le commencement de la vie publique de Notre-Seigneur, nous dit, entre autres choses, qu'à cette époque, « Lysanias était tétrarque d'Abilène[1]. » Strauss a osé écrire à ce sujet : « [Luc] fait régner, trente ans après la naissance du Christ, un Lysanias qui avait certainement été tué trente ans avant cette naissance : c'est une petite erreur de soixante ans[2]. »

Afin de prendre l'Évangéliste en défaut, Strauss confond grossièrement deux Lysanias, qui n'ont vécu ni dans le même temps ni dans le même lieu. Josèphe parle d'un Lysanias qui vivait, en effet, soixante ans avant l'époque

---

[1] Luc, III, 1. — Le tétrarque, τετράρχης (de τέτρα pour τέσσαρα, « quatre », et ἄρχω, « commander », était primitivement le gouverneur de la quatrième partie d'un pays, τετραρχία, Strabon, XII, v, 1, édit. Didot, p. 485; IX, v, 3, p. 369; mais plus tard on donna ce titre aux princes tributaires qui n'avaient pas un territoire assez considérable pour être appelés rois. C'est particulièrement dans la famille d'Hérode et en Syrie que l'on trouve des tétrarques.

[2] D. Strauss, *Nouvelle vie de Jésus*, trad. Nefftzer et Dollfus, t. II, p. 20-21.

où saint Jean-Baptiste prêchait sur les bords du Jourdain, mais il n'était pas « tétrarque d'Abilène, » il était « tyran de Chalcis, au pied du mont Liban[1]. » C'est néanmoins ce personnage que Strauss a voulu identifier avec celui dont parle saint Luc. Pour attaquer l'écrivain sacré, il en appelle à l'historien juif. Or, comme l'a remarqué très justement M. Wallon : « Josèphe a été allégué, à grand renfort d'érudition, contre les Évangiles ; et voici qu'en l'examinant de près on voit que lui-même n'a d'autre justification contre des contradictions apparentes que le texte attaqué de saint Luc[2]. » C'est ce que nous allons montrer en racontant brièvement l'histoire de la dynastie des Lysanias d'Abilène, telle qu'elle est connue maintenant par les médailles et les inscriptions, qui éclaircissent et complètent les renseignements épars à ce sujet dans les auteurs anciens. Ce simple exposé sera une justification éclatante de la véracité de l'Évangéliste.

Le premier roi connu de la dynastie des Lysanias, celui qui paraît en avoir été le fondateur, est un certain Ptolémée, fils de Mennée. Ptolémée était un scheikh d'Arabes nomades, des environs de Damas, vivant de pillage et de razzias. Nous le voyons apparaître pour la première fois l'an 85 environ avant notre ère[3]. Vers l'an 76, Alexandra, veuve d'Alexandre Jannée, roi des Juifs, envoya contre lui son fils Aristobule, afin de mettre Damas à l'abri de ses rapines, mais ce fut sans succès[4]. Lorsque Pompée entra en Syrie, en 63, Ptolémée était déjà maître de Chalcis[5], au-

---

[1] Josèphe, *Ant. jud.*, XIV, vii, 4.
[2] H. Wallon, *L'autorité de l'Évangile*, 3e édit., 1887, p. 415. M. Kneucker fait la même remarque, dans Schenkel's *Bibel-Lexicon*, t. I, 1869, p. 28.
[3] Josèphe, *Ant. jud.*, XIII, xv, 2; *Bell. jud.*, I, iv, 8.
[4] Josèphe, *Ant. jud.*, XIII, xvi, 3.
[5] Josèphe, *Ant. jud.*, XIV, vii, 4. Cf. Strabon, XVI, ii, 10.

## CHAP. II. LYSANIAS, TÉTRARQUE D'ABILÈNE.

jourd'hui Andjar, près de la route actuelle de Damas à Beyrouth, à un quart d'heure environ de la station de Masna ou des Citernes. Il reste encore de la ville antique une enceinte rectangulaire, avec quelques tours, des débris de colonnes et des monceaux de décombres [1].

Pompée ravagea les terres de Ptolémée, mais il le laissa en possession de son petit royaume, après lui avoir fait payer une forte somme [2]. Les dernières années du dynaste [3] de Chalcis furent souillées par toute sorte de crimes [4]. Il mourut vers l'an 39 ou 40 avant J.-C., et il eut pour successeur son fils Lysanias [5], celui que, selon Strauss, saint Luc aurait pris pour un contemporain de saint Jean-Baptiste. Josèphe appelle ce Lysanias « dynaste [6], » comme son père, et non « tétrarque; » l'historien juif n'emploie qu'après la mort du fils de Ptolémée l'expression : « tétrarchie de Lysanias, » comme désignation géographique [7].

Lysanias ne jouit pas longtemps du pouvoir. Cléopâtre, reine d'Égypte, qui aspirait à régner sur la Syrie, le fit mettre à mort par Antoine, l'an 34 avant notre ère, et elle obtint ainsi une partie de ses domaines [8], environ 60 ans avant le baptême de Notre-Seigneur.

---

[1] Ed. Robinson, *Later biblical Researches in Palestine*, in-8°, Londres, 1856, p. 495-498; K. Baedeker, *Palestine et Syrie*, 1882, p. 471; A. Chauvet et E. Isambert, *Syrie et Palestine*, 1882, p. 631. Cf. Marquardt, *Römische Staatsverwaltung*, t. I, 1873, p. 242-243.

[2] Josèphe, *Ant. jud.*, XIV, III, 2.

[3] C'est le titre que lui donne Josèphe, *Ant. jud.*, XIV, VII, 4.

[4] Josèphe, *Ant. jud.*, XIV, VII, 4; *Bell. jud.*, I, IX, 2.

[5] Josèphe, *Ant. jud.*, XIV, XIII, 3; *Bell. jud.*, I, XIII, 1.

[6] Josèphe, *Ant. jud.*, XV, IV, 1.

[7] L'an 37 de notre ère, par conséquent 71 ans après la mort de Lysanias Ier. Josèphe, *Ant. jud.*, XVIII, VI, 10. Josèphe, *ibid.*, XX, VII, 1, emploie Abila comme synonyme de tétrarchie de Lysanias, justifiant ainsi l'expression d'Abilène dont se sert saint Luc, III, 1.

[8] Josèphe, *Ant. jud.*, XV, IV, 1; Porphyre (qui parle certainement de

Lysanias avait eu sous sa dépendance, non seulement Chalcis, mais aussi Abila de l'Anti-Liban. Ptolémée, dans sa *Géographie*[1], appelle cette ville « Abila de Lysanias, » probablement du nom de ce dynaste, afin de la distinguer, selon toute vraisemblance, d'une autre ville de ce nom, qui n'en était pas fort éloignée, dans la Décapole. C'est aussi de cette ville que vient le nom d'Abilène employé par saint Luc [2].

Les ruines de cette petite capitale ont été retrouvées et identifiées de nos jours avec certitude, surtout à l'aide des monuments épigraphiques, sur la route de Balbek à Damas, dans l'un des plus beaux sites du Liban, au défilé où le Nahr Barada, quittant la vallée de Zebdani, s'enfonce dans une gorge étroite pour apporter à la grande cité arabe de Damas les eaux abondantes qui en font la richesse et la beauté.

L'antique Abila porte aujourd'hui le nom de Souq-ouadi-Barada, « foire de l'ouadi Barada. » Elle est à onze heures de marche environ de Balbek, à six heures de Damas. Le village actuel, entouré de vergers, est bâti en terrasses superposées au-dessus des profondeurs où mugit le Barada, dans une étroite vallée dominée par de hautes murailles de rochers qui ne laissent apercevoir aucune issue. Les principales ruines de la vieille Abila et de nombreuses grottes sé-

---

Lysanias, non de Lysimaque), dans les *Historicorum græcorum Fragmenta*, édit. Didot, t. III, p, 724 ; Dion Cassius, XLIX, 52.

[1] Ptolémée, v, 14. Josèphe lui donne aussi le même nom, *Ant. jud.*, XIX, v, 1, pour la distinguer des autres Abila. *Abila* signifie vallée et entrait assez fréquemment dans la composition des noms de lieu. Cf. Abel-Beth-Maacha, II Sam. (II Reg.), xx, 19, etc.; Abel-Misraim, Gen., L, 11; Abel-Sittim, Num., XXXIII, 49, etc.; Abel-Mehulah, I (III) Reg., IV, 12, etc.; Abel-Keramim, Jud., XI, 33. Abel est le même mot qu'Abila. — Dans la Vulgate, les noms propres que nous venons de citer ont été en partie traduits d'après leur signification hébraïque, comme des noms communs.

[2] Luc, III, 1 : Λυσανίου τῆς Ἀβιληνῆς τετραρχοῦντος.

pulcrales se trouvent sur la rive opposée[1], et elles ont conservé le souvenir de leur nom primitif, car elles s'appellent Nebi-Abel[2].

Outre Chalcis et Abila, Lysanias, fils de Ptolémée, avait possédé Balbek (Héliopolis), Panéas (Césarée de Philippe) et la plaine qui avoisine le lac Mérom (Bahr el-Houlé[3]). Il existe des monnaies portant le nom de Lysanias. On y voit, au droit, une tête diadémée; au revers, on lit :

ΛΥΣΑΝΙΟΥ ΤΕΤΡΑΡΧΟΥ ΚΑΙ ΑΡΧΙΕΡΕΩΣ

Pallas y est représentée debout[4]. Elles ne sont pas datées. D'après les uns, ces monnaies sont du Lysanias qui était

---

[1] Ed. Robinson, *Later Biblical Researches in Palestine*, in-8°, Londres, 1856, p. 478-484; A. Chauvet et E. Isambert, *Syrie, Palestine*, p. 627; K. Baedeker, *Palestine et Syrie,* p. 515; E. Renan, *Mémoire sur la dynastie des Lysanias d'Abilène*, dans *les Mémoires de l'Académie des Inscriptions,* 1870, t. xxvi, part. ii, p. 49; J. Marquardt, *Römische Staatsverwaltung,* t. i, p. 243-245; *Dictionnaire de la Bible,* t. i, col. 50-51. On a trouvé récemment sur les bords du Barada trois pierres milliaires romaines, dont l'une, portant le chiffre II, confirme l'identité d'Abila et de Souq-ouadi-Barada. Clermont-Ganneau, dans les *Comptes rendus de l'Académie des Inscriptions* (séance du 14 février), 1896, p. 66-67.

[2] Une fausse interprétation du mot Abel a fait supposer que c'était là le tombeau du « prophète Abel », fils d'Adam. Abel est ici Abila. Voir Ed. Robinson, *Later Biblical Researches,* p. 481-482.

[3] Cf. Josèphe, *Ant. jud.*, XV, x, 1; XVII, xi, 4; XVIII, vi, 10; XX, vii, 1; *Bell. jud.*, II, xi, 5; XII, 8.

[4] D. Sestini, *Lettere e dissert. numismatiche,* continuazione, t. vi, Florence, 1819, pl. ii, fig. 8, 9; Frd. Münter, *De rebus Iturœorum*, in-4°, Copenhague, 1824, p. 38; Eckhel, *Doctrina numorum veterum,* part. i, t. iii, Vienne, 1794, p. 263-264; T. E. Mionnet, *Description des médailles antiques, grecques et romaines. Supplément,* t. viii, 1837, p. 119-120; Ch. Lenormant, *Trésor de numismatique et de glyptique: numismatique des rois grecs,* in-f°, Paris, 1849, p. 116-117, et pl. lvi, n°s 15 et 16. J'ai reproduit une de ces monnaies dans le *Dictionnaire de la Bible,* t. i, fig. 5, col. 50.

tétrarque la quinzième année du règne de Tibère, et dont parle saint Luc[1]; d'après les autres, elles sont de Lysanias, fils de Ptolémée[2].

Cléopâtre, reine d'Égypte, ne jouit pas longtemps des dépouilles du prince qu'elle avait fait périr par les mains d'Antoine. Deux ans après la mort de Lysanias (32 avant J.-C.), son fils Zénodore entrait en possession de la Batanée, de la Trachonitide et du Hauran[3]. On connaît depuis longtemps plusieurs médailles de Zénodore. Ses monnaies lui donnent le titre de tétrarque et portent au droit la tête d'Auguste. Elles sont datées de l'an 280, 282 et 287 de l'ère des Séleucides, c'est-à-dire 32, 30 et 26 avant notre ère[4].

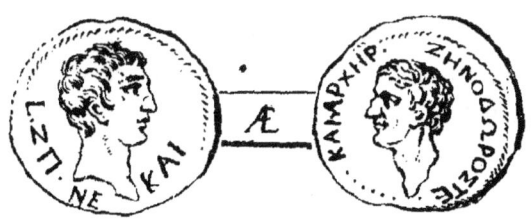

2. — Monnaie de Zénodore.

---

[1] J. L. Hug, *Gutachten über das Leben Jesu von Strauss*, in-8°, Fribourg-en-Brisgau, 1840, p. 121-123; Kneucker, dans Schenkel's *Bibel-Lexicon*, art. *Abilene*, t. i, p. 28; K. Wieseler, dans Herzog's *Real-Encyklopädie*, t. i, 1877, p. 89.

[2] E. Renan, dans les *Mémoires de l'Académie des Inscriptions*, t. xxvi, 1870, part. ii, p. 64. — Les anciens ne distinguaient pas comme nous par un nombre ordinal les princes de même nom. Cf. Tacite, *Ann.*, ii, 42 et vi, 42, où il parle de deux Archélaüs de Cappadoce différents sans les distinguer en aucune manière, comme le font les évangélistes pour les Hérode. Voir Tholuck, *Essai sur la crédibilité de l'histoire évangélique*, p. 218-219.

[3] Josèphe, *Ant. jud.*, XV, x, 1, 2; *Bell. jud.*, II, vi, 3.

[4] Eckhel, *Doctrina numorum veterum*, t. iii, p. 496-497; Münter, *De rebus Iturxorum*, p. 38-39; l'abbé Belley, *Observations sur les médailles du tétrarque Zénodore*, dans les *Mémoires de l'Académie des Inscriptions*, 1761, t. xxviii, p. 545-556; E. Renan, *ibid.*, 1870, t. xxvi, p. 63. — Voir, Figure 2, une monnaie en bronze de Zénodore. — NE KAI, avec la date L.ZII. (année 87, c'est-à-dire 287 de l'ère des Séleucides, le

## CHAP. II. LYSANIAS, TÉTRARQUE D'ABILÈNE.

En 23 avant notre ère, Zénodore perdit la Batanée, la Trachonitide et le Hauran, qui furent donnés à Hérode le Grand par l'empereur Auguste[1], mais il conserva probablement Chalcis, Abila et Balbek[2].

Zénodore mourut à Antioche l'an 19 avant J.-C.[3]. Auguste donna à Hérode la ville de Panéas et le pays du lac Mérom, mais il laissa aux descendants de Lysanias Ier et de Zénodore l'antique patrimoine de leurs pères, Chalcis, Abila et Balbek.

A partir de Zénodore, les auteurs anciens, sauf le synchronisme de saint Luc, ne nous apprennent plus rien sur la dynastie des Lysanias, mais l'épigraphie vient heureusement suppléer à cette lacune.

En 1737, le célèbre voyageur anglais Richard Pococke[4] découvrit, dans les ruines mêmes d'Abila, une inscription[5], maintenant disparue, qui faisait partie d'un petit temple dorique situé sur la hauteur et aujourd'hui presque complètement détruit. La voici, telle qu'elle est donnée dans le *Corpus inscriptionum græcarum*[6], avec les restitutions, qui sont certaines pour tous les points importants :

Ὑπὲρ [τ]ῆ[ς] τῶν κυρίων Σε[βαστῶν]
σωτερίας καὶ τοῦ σύμ[παντος]

chiffre des centaines étant omis). Tête d'Auguste. — ℞. ΖΗΝΟΔΩΡΟΣ ΤΕ-[ΤΡΑΡΧΗΣ] ΚΑΙ ΑΡΧΗΡ (pour ἀρχιερεύς). Tête de Zénodore.

[1] Josèphe, *Ant. jud.*, XV, x, 1, 2 ; *Bell. jud.*, I, xx, 4. Cf. Strabon, XVI, ii, 20 ; Dion Cassius, liv, 9.

[2] Josèphe, *Ant. jud.*, XV, x, 3 ; *Bell. jud.*, I, xx, 4.

[3] Josèphe, *Ant. jud.*, XV, x, 2, 3.

[4] R. Pococke, *Description of the East*, 3 in-f°, Londres, 1743-1745, t. ii, part. i, p. 115-116 ; pl. xxii, A, vis-à-vis de la p. 136.

[5] R. Pococke publia cette inscription dans ses *Inscriptiones antiquæ græcæ et latinæ*, in-f°, Londres, 1752, n° 2, p. 1.

[6] Böckh et Franz, *Corpus inscriptionum græcarum*, t. iii, Berlin, 1853, n° 4521, p. 240, et *Addenda*, p. 1774 ; Cf. E. Renan, dans les *Mémoires de l'Académie des Inscriptions*, 1870, part. ii, p. 67.

αὐτῶν οἴκου, Νυμφαῖος.....
Λυσανίου τετράρχου ἀπελε[ύθερος],
τὴν ὁδὸν κτίσας ἄστ[ρωτον οὖσαι καὶ]
τὸν ναὸν οἰκο[δομ]ή[σας, τὰς περὶ αὐτὸν]
φυτείας πάσας ἐφύ[τευσεν]
[ἐκ τ]ῶν ἰδίων ἀναλ[ωμάτων].
Κρόνῳ κυρίῳ κα[ὶ..... σὺν]
Εὐσεβίᾳ γυ[ναικί].

Cette inscription est décisive en faveur de saint Luc. Elle établit, comme nous allons le voir, qu'il a existé, sous le règne de Tibère, un Lysanias tétrarque d'Abilène. Ce monument épigraphique porte le nom de « Nymphée, affranchi de Lysanias, tétrarque. » Comme il s'est trouvé à Abila même, le tétrarque dont il s'agit est incontestablement un tétrarque d'Abilène. De plus, ce tétrarque est celui dont parle le troisième Évangile, non le fils de Ptolémée, mort soixante ans avant le baptême de Jésus-Christ par saint Jean-Baptiste. La preuve en est dans la première ligne de l'inscription, où nous lisons : « Pour le salut des seigneurs Augustes. » Ces « Augustes » sont Tibère et Livie. « Il est certain, avoue M. Renan, qu'on ne peut songer à descendre à l'époque de Marc-Aurèle et de Vérus, époque [où l'on pourrait retrouver la même formule, mais] où tout souvenir d'un tétrarque Lysanias avait disparu. D'un autre côté,... la formule τῶν κυρίων Σεβαστῶν, [des seigneurs Augustes], ne peut être antérieure au règne de Tibère; car, avant l'avènement de ce dernier, il n'y eut jamais deux personnes de la famille impériale portant le nom d'Auguste. Livie ne porta pas ce nom du vivant de son mari ; ce ne fut qu'après sa mort qu'elle prit à la fois le nom de Julia et le titre d'Augusta. L'inscription a donc été tracée de l'an 14, date de la mort d'Auguste, à l'an 29, date de la mort de Livie[1], » c'est-

---

[1] E. Renan, dans les *Mémoires de l'Académie des Inscriptions*, 1870, part. II, p. 68-69.

à-dire pendant la période à laquelle se rapporte le passage de saint Luc.

Il est donc certain, par ce précieux monument épigraphique, que la dynastie des Lysanias ne disparut pas avec Zénodore, mais qu'il y eut encore au moins un tétrarque du nom de Lysanias, celui dont parle saint Luc, vivant sous le règne de Tibère.

Ces conclusions sont confirmées par une autre inscription qui a été retrouvée par fragments à Balbek, à diverses époques, mais qui est malheureusement encore incomplète. Deux morceaux furent découverts par Pococke au milieu du siècle dernier. Brocchi, en 1823, retrouva un troisième morceau qu'il copia[1], mais sans se douter qu'il appartenait à la même inscription que les deux fragments de Pococke. Ces copies étaient d'ailleurs défectueuses. Elles furent reprises exactement pour la première fois par le P. Ryllo en 1837, et publiées par le P. Patrizi dans son Commentaire des Évangiles[2]. Ce ne fut cependant qu'en 1851 que F. de Saulcy, membre de l'Institut de France, reconnut le premier l'importance de cette inscription, que personne n'avait soupçonnée jusque-là. En étudiant l'inscription à Balbek même, il retrouva un quatrième fragment et il se convainquit qu'il y était question de Zénodore et de Lysanias[3]. Depuis M. de Saulcy, elle a été l'objet de nouveaux travaux de la part de M. John Hogg[4] et de M. Renan[5].

[1] Brocchi, *Giornale delle osservazioni fatte ne' viaggi in Egitto nella Siria e nella Nubia*, Bassano, 1842, t. III, p. 173.
[2] Fr. Patrizi, *De Evangeliis* (Dissert. XLII, *De tetrarchiis a Luca commemoratis*), 3 in-4°, Fribourg en Brisgau, 1853, t. III, p. 435.
[3] F. de Saulcy, *Voyage autour de la mer Morte*, 2 in-8°, Paris, 1853, t. II, p. 613-615, et *Atlas*, in-4°, 1853, pl. LIII.
[4] J. Hogg, *On the supposed Scriptural names of Baalbec, or the Syrian Heliopolis and on the chief Heliopolitan Inscriptions*, dans les *Transactions of the R. Society of Literature*, 2e série, 1863, t. VII, p. 274-278.
[5] E. Renan, dans les *Mémoires de l'Académie des Inscriptions*, 1870, part. II, p. 70-79.

L'inscription se composait de deux lignes. Voici ce qui en a été conservé, avec la restitution des parties qu'il est possible de suppléer avec vraisemblance :

..... θυγάτηρ Ζηνοδώρῳ Λυσ[ανίου τ]ετράρχου καὶ Λυσ[ανίᾳ.....
..... [καὶ τοῖ]ς υἱοῖς μ[νήμη]ς χάριν [εὐσεβῶς] ἀνέθηκεν.

..... fille, à Zénodore [fils de] Lys[anias, le t]étrarque et à Lys[anias.....
..... [et à ses] fils, a dédié [pieusement ce monument] comme mémorial.

Le sens de cette inscription est qu'une femme, dont le nom est perdu, laquelle était fille d'un personnage dont le nom manque, « élève un monument : 1° à Zénodore, fils de Lysanias, le tétrarque; 2° à un second personnage, dont le nom commençait par *Lys* et était très probablement Lysanias, et à ses enfants; 3° à un troisième personnage, qui pouvait aussi s'appeler Lysanias et à ses enfants[1]. » Le nom de Lysanias est par malheur toujours incomplet, mais la restitution de ce nom dans les deux premiers cas peut être considérée comme certaine. Il résulte donc de là qu'après Zénodore, il y eut encore des Lysanias d'Abilène, ce que nous savons d'une manière sûre par la première inscription que nous avons rapportée; celle-ci en est une confirmation. Elle était probablement placée sur le tombeau de famille des Lysanias et elle doit mentionner le Lysanias de saint Luc, puisque la tétrarchie à laquelle ce prince avait donné son nom n'existait déjà plus avant la fin du règne de Tibère[2], et que les Lysanias dont il est question viennent immédiatement après Zénodore.

[1] E. Renan, dans les *Mémoires de l'Académie des Inscriptions*, 1870, part. II, p. 78. L'inscription est défectueuse dans le *Corpus inscriptionum græcarum*. t. III, n° 4523, p. 240.

[2] L'an 37 après J.-C., Caligula, à son avènement au trône, donna la tétrarchie de Lysanias à Hérode Agrippa Ier. Josèphe, *Ant. jud.*, XVIII, VI, 10; cf. XIX, v, 1; *Bell. jud.*, II, XI, 5.

## CHAP. II. LYSANIAS, TÉTRARQUE D'ABILÈNE.

De tout cela, nous pouvons conclure avec M. Renan lui-même : « En admettant cette prolongation de la famille de Lysanias, fils de Ptolémée, on comprend mieux l'expression *tétrarchie* ou *royaume de Lysanias* dont se sert Josèphe. Lysanias, fils de Ptolémée, n'avait régné que cinq ou six ans. Il est singulier que, jusqu'à l'an 52, c'est-à-dire quatre-vingt-six ans après sa mort, son nom fût resté la dénomination d'un pays, si sa famille ne s'y fût pas continuée après lui. En outre, comme l'a fait remarquer M. Wallon[1], Abila n'était pas la partie essentielle du domaine de Lysanias, fils de Ptolémée. Pour qu'Abila soit devenue pour Josèphe synonyme de tétrarchie de Lysanias, il faut que cette ville ait été la partie principale et la capitale d'une tétrarchie d'un Lysanias[2]. Enfin, l'assertion de saint Luc sur l'existence d'un tétrarque Lysanias possédant Abila, mais non l'Iturée ni la Trachonitide, l'an 28 de notre ère, se trouve ainsi justifiée[3]. »

L'épigraphie résout donc définitivement le problème des deux Lysanias, de celui qui était fils de Ptolémée, dont parle Josèphe, et de celui qui était tétrarque d'Abilène du temps de Tibère et dont parle saint Luc. Jusqu'à ces derniers temps, les apologistes chrétiens eux-mêmes n'avaient pu résoudre cette difficulté historique qu'au moyen d'hypothèses plus ou moins vraisemblables. Désormais, grâce aux progrès de l'épigraphie, la difficulté n'existe plus.

---

[1] « *De la croyance due à l'Évangile,* p. 401 et suiv. »

[2] Voir Kneucker, dans Schenkel's *Bibel-Lexicon,* t. I, p. 28; K. Wieseler, dans Herzog's *Real-Encyklopädie,* 2e édit., t. I, 1877, p. 88.

[3] E. Renan, dans les *Mémoires de l'Académie des Inscriptions,* 1870, part. II, p. 80. — Saint Luc dit, III, 1, que l'Iturée et la Trachonitide étaient gouvernées par Philippe le tétrarque, frère d'Hérode, tétrarque de Galilée.

# CHAPITRE III.

### LES SYNAGOGUES AU TEMPS DE JÉSUS-CHRIST
### ET DES APÔTRES.

Les synagogues ont joué un rôle important dans l'établissement du Christianisme. La Providence semblait les avoir préparées pour servir de chaire aux Apôtres. Notre-Seigneur lui-même voulut bien y enseigner; c'est dans ces lieux de réunion que saint Paul inaugura[1] partout la prédication de la foi nouvelle; dans toutes les villes de l'Empire romain où il portait ses pas, il rencontrait ses coreligionnaires, que Dieu y avait envoyés à l'avance pour être les pionniers inconscients de l'Évangile; ils y avaient bâti des édifices qui étaient destinés, à leur insu, à entendre proclamer, par la bouche du pharisien converti, la divinité de Jésus-Christ; bien mieux, en se réunissant toutes les semaines d'une manière régulière dans la synagogue, ils fournissaient à l'Apôtre un auditoire tout préparé, qu'on n'avait pas besoin de convoquer, qu'il eût été, ailleurs, presque impossible de rassembler. Là était, par conséquent, la source de la vie chrétienne pour chaque cité; c'est là que

---

[1] Act., ix, 20, et passim.

se formaient les petits ruisseaux qui se répandaient ensuite dans toutes les directions, portant de proche en proche la grâce de Notre-Seigneur.

Puisque telle a été l'importance des synagogues dans l'établissement de la vraie religion, il est très utile de savoir ce qu'elles étaient et comment elles étaient organisées. Nous comprendrons mieux de la sorte un certain nombre de pages de nos Évangiles et des Actes des Apôtres, en même temps que nous admirerons davantage avec quel soin jaloux la Providence avait partout préparé les voies à l'avènement de son Fils et à la propagation de la bonne nouvelle.

## CHAPITRE III. LES SYNAGOGUES.

## ARTICLE Iᵉʳ.

#### ORIGINE DES SYNAGOGUES.

Pour assurer la conservation de la vraie doctrine parmi le peuple élu, Dieu avait imprimé à la religion mosaïque le caractère de la plus sévère unité : un seul Dieu, un seul lieu pour lui offrir des sacrifices, un seul tabernacle d'abord, puis un seul temple, une seule tribu sacerdotale. Hors de la ville où résidait l'arche, il n'y avait donc aucun endroit où l'on pût se rassembler pour prier et s'édifier en commun.

Du temps des rois, les Juifs commencèrent à éprouver le besoin de se réunir ensemble pour honorer Dieu, et de construire, par conséquent, des édifices qui pussent leur servir dans ce but[1]. Mais ce fut surtout pendant la captivité qu'on en sentit la nécessité. Violemment arrachés à leur patrie et transportés dans une terre étrangère, les enfants d'Israël n'en aimèrent que davantage la terre de leurs aïeux, et, sur les bords des fleuves de Babylone, ils faisaient entendre ces accents immortels :

> Si je t'oublie, ô Jérusalem !
> Que ma main droite s'oublie elle-même
> Que ma langue s'attache à mon palais,
> Si tu ne vis toujours dans mon souvenir;
> Si je ne fais pas de Jérusalem
> La source de toutes mes joies[2] !

---

[1] Cf. II (IV) Reg., iv, 23. — Josaphat envoya des hommes dans les villes de Judée pour instruire le peuple sur la loi du Seigneur, II Par., xvii, 7-9.

[2] Ps. cxxxvi (hébreu, cxxxvii), 5-6.

Asservis à des maîtres barbares, dans l'impossibilité de se rendre au temple de Jéhovah, ils furent réduits à organiser des réunions pour entretenir dans leur cœur et dans celui de leurs enfants l'amour de leur religion, et pour rendre à Dieu les hommages du culte public que la loi autorisait, en dehors du sanctuaire, c'est-à-dire la lecture de la loi et la prière en commun. Telle fut vraisemblablement l'origine des synagogues. Ce nom grec lui-même indique que c'était une « réunion » de personnes : l'édifice reçut le nom de l'assemblée qui se tenait dans ses murs. Un passage d'Ézéchiel[1] supposerait, d'après quelques interprètes, l'existence d'une synagogue, parmi les captifs de Babylone.

Le Pentateuque ne prescrit nulle part de se rassembler dans des lieux particuliers, pour prier, en dehors du sanctuaire; mais on avait trouvé tant d'avantages à le faire, qu'après la captivité, au retour en Palestine, selon la tradition juive, les synagogues se multiplièrent rapidement. Toute la population fut organisée en sections déterminées, avec des chefs reconnus, et l'on se rendit ensemble, à certains jours, en un lieu choisi dans ce but, pour y faire des prières publiques, y chanter des Psaumes, y lire et y expliquer la Sainte Écriture. C'est vers cette époque qu'apparaît le scribe. Il remplace le prophète, mais avec une autre mission. Le prophète s'adressait à la nation entière, pour la maintenir dans la foi à l'unité de Dieu; le scribe s'occupe surtout de l'individu et s'efforce de lui faire observer la loi qu'il lui explique.

---

[1] Ézéch., xi, 15-16. Quelques-uns traduisent le texte original de la fin du ỳ. 16 : « Je leur serai comme un petit sanctuaire dans les pays où ils sont allés. » Si c'est une allusion à une synagogue, elle est bien vague. L'Apôtre saint Jacques dit dans les Actes, xv, 21, mais sans préciser de date : « Moïse, depuis les temps anciens, a dans chaque cité des hommes qui le prêchent, [son livre] étant lu dans les synagogues tous les jours de sabbat. »

## CHAPITRE III. LES SYNAGOGUES.

On dit que ce fut Esdras qui généralisa cette institution et traça les lois par lesquelles elle fut régie. Les synagogues furent surtout nombreuses en Palestine; le Talmud prétend qu'il y en avait quatre cent quatre-vingts, au 1$^{er}$ siècle de notre ère, dans la seule ville de Jérusalem[1]. On en construisit aussi dans tous les lieux où il y avait des Juifs, c'est-à-dire dans toutes les parties de l'Empire romain.

[1] Grätz, *Geschichte der Juden,* t. III, p. 391; Neubauer, dans les *Studia biblica,* 1885, p. 63.

## ARTICLE II.

#### FORME DES SYNAGOGUES.

Les synagogues paraissent avoir été généralement bâties sur le même modèle, d'après une sorte de type consacré[1]. Elles avaient une forme rectangulaire; les dimensions en longueur et largeur variaient selon les lieux et les circonstances. Elles étaient ordinairement pavées de marbre ou de pierre. On y pénétrait par une des extrémités du rectangle. A l'extrémité opposée, à un certain intervalle du mur, était placé un coffre contenant le plus précieux trésor de la synagogue, c'est-à-dire un exemplaire de la loi, écrit avec soin sur le parchemin le plus pur.

Un riche tapis cachait le livre sacré aux regards de l'as-

---

[1] Voir, Figure 3, le plan d'une synagogue, par M. l'abbé Douillard. Voici la description qu'il en donne : « La synagogue antique n'était autre chose qu'une salle d'assemblée, contenant une place déterminée pour un lecteur. Le grand axe de cette construction était dirigé du sud au nord, c'est-à-dire que les portes regardaient le sud et le mur postérieur regardait le nord. La synagogue se composait d'une ou de plusieurs nefs; dans ce dernier cas, chaque nef avait sa porte sur la façade. Les nefs étaient déterminées par des rangées de colonnes, et éclairées par de rares fenêtres placées sur la façade et dans les deux murs latéraux. L'armoire sacrée, où était déposée la Sainte Écriture, était située au fond de la nef principale, entre deux piliers carrés sur lesquels venaient aboutir les colonnades. Les deux nefs latérales se joignaient par derrière par une nef transversale de même largeur. Le tout était couvert en terrasse avec des charpentes formant caissons. Comme on le voit, la synagogue présentait en tous points les dispositions d'une basilique sans narthex, dans laquelle la place de l'autel était occupée par le bureau du lecteur. »

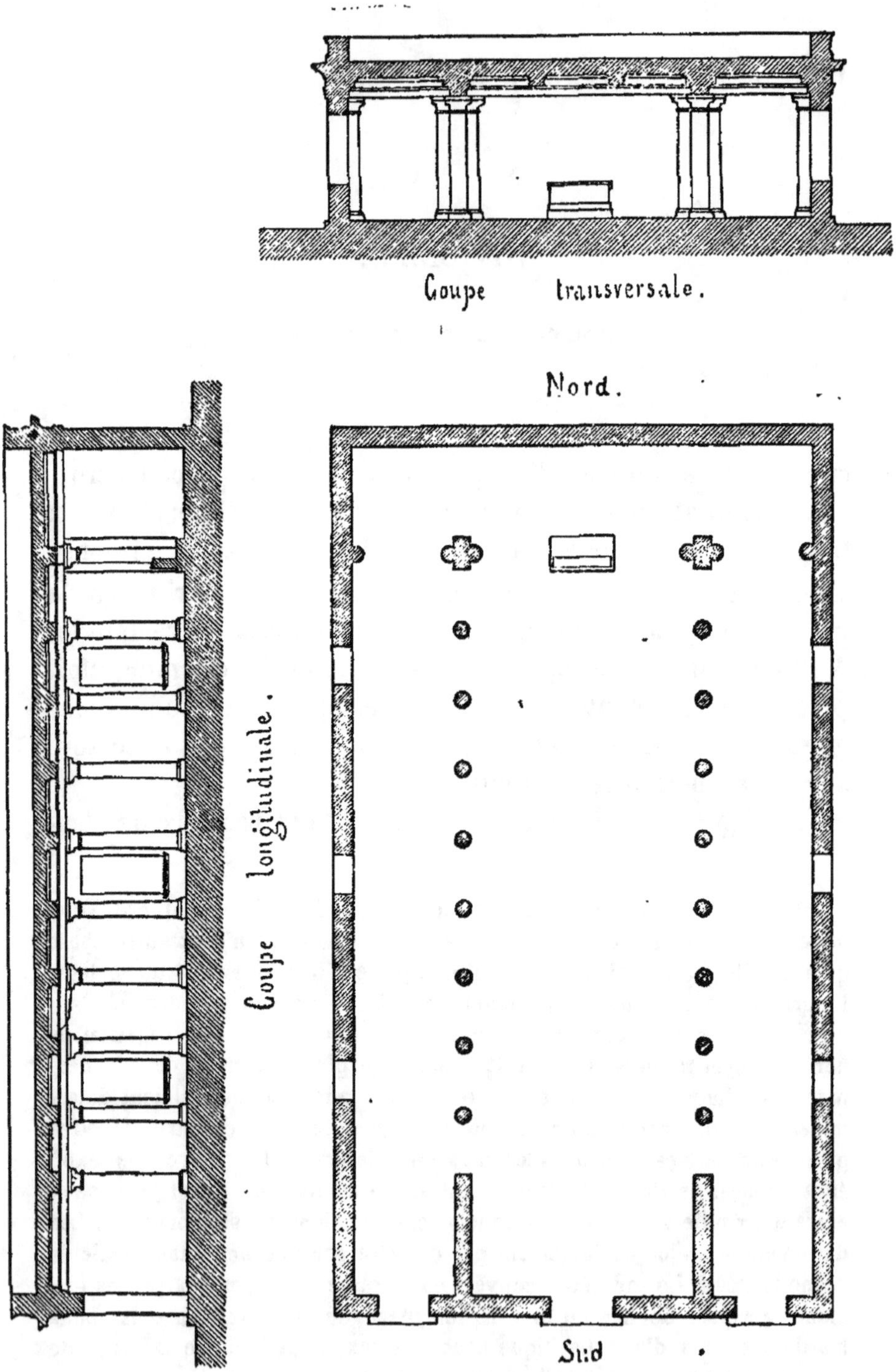

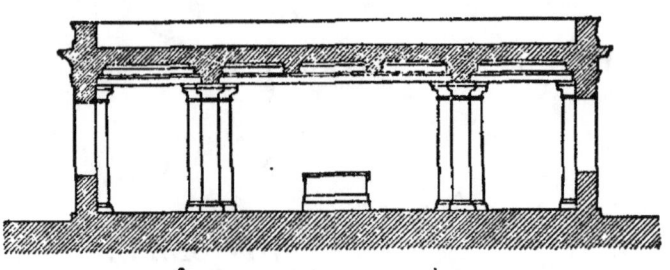

3. — Plan d'une synagogue.

sistance. Entre le coffre et le mur se tenaient les anciens, sur des sièges particuliers qui leur étaient réservés [1]; vis-à-vis d'eux, dans l'autre partie de la synagogue, se plaçaient les simples assistants. Ceux-ci étaient divisés en deux, selon leur sexe, par un mur ou un treillis qui partageait la salle et s'élevait à cinq ou six pieds : d'un côté les hommes, de l'autre les femmes.

Dans la partie destinée au commun des fidèles, vers le milieu de l'édifice, il y avait une estrade sur laquelle était placée une sorte de chaire; c'est là qu'on lisait et qu'on expliquait la loi et les prophètes [2].

L'expédition anglaise qui a exploré scientifiquement la Palestine pendant ces dernières années y a découvert, spécialement en Galilée, les ruines de plusieurs synagogues. Les plus remarquables sont celles de Kefr Birim et de Meiron. Quelques uns de ces édifices sont très anciens et contemporains de Notre-Seigneur. Nous reproduisons ici la synagogue antique de Kefr Birim [3].

---

[1] Matth., XXIII, 6. Cf. Jac., II, 3.

[2] II Esd. (Neh.), VIII, 4-8. Cf. Luc, IV, 20.

[3] On a retrouvé à Kefr Birim, en Galilée, les ruines de deux synagogues fort anciennes. De la plus petite, il ne reste guère debout que le portail méridional. De la plus grande, située dans l'intérieur du village et servant aujourd'hui d'habitation particulière, la façade méridionale subsiste encore presque complète. Nous la donnons ici, d'après une photographie, Figure 4. Ce sont les ruines les mieux conservées de toutes les synagogues antiques qu'on rencontre encore çà et là dans la Palestine du nord. La synagogue de Kefr Birim est certainement des premiers siècles de notre ère au plus tard et peut-être existait-elle déjà du temps de Notre-Seigneur. Voir *The Survey of western Palestine, Memoirs, Galilee*, t. I, in-4°, Londres, 1881, p. 230-231. Voir aussi *ibid.*, pour la synagogue d'el-Djisch, p. 224-226; pour celle de Kirbet en-Nebratein, p. 243; de Meiron, p. 251, 254; d'Irbid, p. 397-400; de Tell-Hum, p. 415-417. Cf. E. Renan, *Mission de Phénicie*, pour Kefr Birim, p. 770-772; Meiron, p. 780; *Journal asiatique*, août-septembre, 1876, p. 273 et suiv.; P. Schegg, *Biblische Archäologie*, 2 in-8°, Fribourg-en-Brisgau, t. II, 1888, p. 468.

Quoique la forme générale fût toujours la même, les détails de l'ornementation et même de la construction variaient selon les lieux. En Galilée, les synagogues avaient toutes des colonnes, formant des nefs, deux au moins, quatre au plus. Les colonnes étaient peu élevées et très rapprochées les unes des autres; leurs chapiteaux étaient d'ordinaire corinthiens ou ioniques; ils supportaient probablement des solives et des ais au-dessus desquels se trouvait un toit plat, fait avec de la terre.

L'édifice était éclairé par des fenêtres placées sur la façade et peut-être aussi sur les côtés. Les murs intérieurs paraissent avoir été enduits de plâtre, mais nous ignorons s'ils étaient couverts de peintures ou d'inscriptions. A l'extérieur, il y avait certainement des ornements divers : pilastres, moulures, fleurs, guirlandes pendant en festons, feuilles de vigne et grappes de raisins, représentations du chandelier à sept branches, dont on a retrouvé des débris. Le Musée judaïque du Louvre possède une représentation sculptée du chandelier à sept branches, qu'on croit provenir de la synagogue de Gadara [1]. On inscrivait ordinairement sur la porte d'entrée un texte tiré de la Sainte Écriture; quelques fragments de ces textes ont été recueillis au milieu des ruines.

Les synagogues les plus importantes, comme celles de Meiron, de Kefr Birim, étaient précédées d'un porche formé par une colonnade et donnant accès, par des marches, à l'édifice.

Les découvertes faites en quelques autres endroits de la Syrie semblent indiquer que toutes les synagogues du nord

---

[1] Cf. Marc, v, 1; Luc, vııı, 26, 37; H. de Villefosse, *Notice des monuments de la Palestine*, n° 78, p. 50. Nous l'avons reproduit dans la *Bible et les découvertes modernes*, 6ᵉ édit., 1896, t. ııı, Figure 47, n° 2, p. 325. Il a été trouvé à Tibériade.

4. — Ruines de la synagogue de Kefr Birim, en Galilée.

de la Palestine, du temps de Notre-Seigneur, étaient semblables.

« Sur les flancs du Carmel, dit M. Conder, nous découvrîmes aussi une ruine appelée Semmâka ou l'arbre de Sumach. Il y a là des restes de ce qui me semble avoir été indubitablement une synagogue. Les dimensions et l'ornementation des pierres des portes reproduisent exactement celles des synagogues de Galilée[1]. »

Nous connaissons, par les auteurs anciens, quelques-unes de celles qui étaient hors de la Judée. Celle d'Alexandrie, grande basilique où l'on avait prodigué les richesses, était appelée la gloire d'Israël. Les sièges des anciens y étaient au nombre de soixante-dix, et, s'il faut en croire le Talmud, tous d'or massif, émaillés de pierres précieuses et de perles de prix, valant chacun plusieurs millions.

Les synagogues, en plusieurs endroits, comprenaient deux appartements distincts, l'un qui était la synagogue, la maison de prière proprement dite, l'autre qui servait comme de salle d'école et de lieu de réunion pour les discussions des savants. Les Juifs appelaient la synagogue même *beṯ hak-kenneseṯ* ou « maison de réunion, » et l'école *beṯ ham-midraš* ou « maison d'étude[2]. » C'est probablement dans ces maisons d'étude que saint Étienne disputait avec les Grecs, à Jérusalem[3], et saint Paul à Éphèse[4].

---

[1] Conder, *Tentwork in Palestine*, 1878, t. i, p. 201-202.
[2] Conybeare and Howson, *Life and Epistles of St. Paul*, 1880, p. 50.
[3] Act., vi. 9.
[4] Act., xix, 9. — On ignore toutefois si l'école de Tyrannus, mentionnée ici par les Actes, était une école juive ou une école grecque. — Quelques commentateurs ont supposé, mais avec peu de vraisemblance, que *Tyrannus* était un nom commun, au lieu d'un nom propre. — Sur les synagogues, voir Fouard, *La vie de N.-S. Jésus-Christ*, 1880, t. i, p. 260-265; G. Rawlinson, *St. Paul in Damascus*, in-12, Londres, 1877, p. 148-160.

## ARTICLE III.

#### ORGANISATION ET SERVICE DES SYNAGOGUES.

A la tête de chaque synagogue était un chef : le *roʾš hakkenneset*, l'*archisynagogus*; c'est à lui qu'appartenait l'administration des affaires temporelles et spirituelles ; il présidait les assemblées et expliquait le texte sacré d'après le sens traditionnel. Au-dessous de lui était un conseil composé d'un nombre plus ou moins considérable de personnes, selon l'importance des congrégations ; c'étaient des anciens, vénérables par leur âge et par leurs vertus ; ils occupaient les sièges dont nous avons parlé plus haut[1] ; on les appelait quelquefois *archisynagogi*[2]; leur fonction principale consistait à aider le chef suprême de leurs conseils.

Ce n'étaient point là les seuls dignitaires de la synagogue. A un degré inférieur, on comptait le *šeliaḥ*, le *ḥazan*, les dix *batlanim*, le *targumiste* et les lecteurs.

Le *šeliaḥ* peut être regardé comme le ministre officiant[3] ; il récitait les prières au nom de l'assemblée et comme son représentant. Il avait pour auxiliaire le *ḥazan*[4], sorte de sacristain qui ouvrait les portes, préparait les manuscrits et assistait le *šeliaḥ* pendant la récitation des prières. On im-

---

[1] Voir plus haut, p. 151. Cf. Matth., XXIII, 6.

[2] Marc, V, 22 ; Act., XV, 15.

[3] Le *šeliaḥ*, de שלח, *šalaḥ*, « envoyer, » signifie *legatus*, celui qui a reçu une mission. Cf. Apoc., I, 20 ; II, 1.

[4] חזן, *ḥazan*, « serviteur. » Saint Luc, IV, 20, l'appelle ὑπηρέτης (Vulgate, *minister*), proprement « rameur, sous-rameur, » de ὑπό, « sous », et ἐρέτης, « rameur » (de ἐρέσσω, « ramer »), et, par extension, « serviteur, domestique. »

CHAPITRE III. LES SYNAGOGUES. 157

posait les mains à l'un et à l'autre, afin de leur conférer le pouvoir de remplir leurs fonctions.

Les dix *batlanim*[1] étaient dix hommes chargés d'assister à toutes les réunions, afin qu'on fût sûr qu'il y aurait toujours un nombre suffisant d'assistants pour constituer une assemblée.

Le *targumiste* est ainsi appelé d'un mot qui signifie « interprète[2], » et dont nous avons fait *truchement*. Sa fonction consistait à expliquer aux fidèles le passage hébraïque que l'on venait de lire, dans la langue du pays, c'est-à-dire, en syro-chaldaïque, si l'on était en Palestine; en grec, si l'on était à Alexandrie ou à Antioche, ou bien en Grèce.

Les lecteurs avaient pour office de lire le texte sacré, la *sidra* hebdomadaire[3]. Ils ne faisaient point partie du personnel ordinaire de la synagogue. Le chef désignait à son gré la

---

[1] בטלנים, *batlanim*, c'est-à-dire *oisifs*, qui n'ont pas de fonctions.

[2] « Cet interprète officiel s'appelait מתורגמן ou תורגמן, à peu près comme chez les Arabes, auxquels nous avons emprunté notre *truchement* et les Turcs leur *drogman*. » Wogue, *Histoire de la Bible*, in-8°, Paris, 1881, p. 165. L'interprète devait être versé dans les deux langues, l'hébreu et celle du pays, ainsi que dans la connaissance de la religion; il était institué officiellement pour remplir ses fonctions et recevait un traitement.

[3] Le Pentateuque est divisé : « 1° En six cent soixante-neuf alinéas ou paragraphes (פרשות ou פרשיות), les uns dits *ouverts* (פתוחות), les autres *fermés* (סתומות); ces derniers indiquent généralement des pauses moins considérables; 2° en cinquante-quatre (*alias* 53) sections dites proprement פרשות, סדרות ou סדרים, représentant chacune une lecture sabbatique dans le système du cycle *annuel*, consistant à terminer, dans le cours d'une année, la lecture hebdomadaire du Pentateuque, division variable selon que l'année est commune ou embolismique; 3° en cent cinquante-quatre sections dites סדרים, qui paraissent correspondre aux mêmes lectures sabbatiques, mais réparties sur trois années (cycle *triennal*), usité autrefois en Palestine et rétabli dans quelques communautés modernes. Enfin chacune des cinquante-quatre sections se décompose en un certain nombre de paragraphes, dits pareillement פרשיות, au minimum de sept, contenant chacun le nombre de versets, trois au minimum,

personne de l'assistance par qui il voulait faire remplir cet office[1].

Tels étaient les dignitaires des synagogues. Voici maintenant les exercices qu'on avait l'habitude d'y accomplir :

On se réunissait trois fois la semaine dans les synagogues, le second, le cinquième et le septième jour, c'est-à-dire le lundi, le jeudi et le jour du sabbat ou samedi. On commençait par réciter des prières : le šeliaḥ se rendait devant le coffre renfermant la Bible, et là, sur ce ton monotone que connaissent tous ceux qui ont visité l'Orient, il prononçait la formule des prières liturgiques, comprenant des remerciements et des louanges à Dieu, avec quelques Psaumes.

Quand elles étaient finies, le hazan tirait de l'armoire sacrée un des rouleaux ou volumes de la loi et le présentait à la personne de l'assemblée qui avait été désignée par l'archisynagogus pour remplir les fonctions de lecteur.

Le lecteur se rendait alors sur l'estrade, accompagné du šeliaḥ, chargé de surveiller la lecture et de s'assurer qu'elle était faite avec une entière exactitude. Elle était déterminée à l'avance pour chaque jour de réunion, et comprenait chaque fois sept sections. Le premier lecteur ne lisait que la première. Les six autres étaient lues par six lecteurs différents qui se succédaient à tour de rôle[2]. On s'arrêtait après avoir lu un verset ; le targumiste ou interprète l'expliquait aux assistants dans la langue du pays, et quand il avait fini

---

à lire par chacun des sept individus appelés le samedi à la Tôrah. » Wogue, *Histoire de la Bible*, p. 130-131.

[1] Luc, iv, 16-17. Les lecteurs étaient ordinairement au nombre de sept, שבעה קרואים.

[2] Les Juifs rapportent à une époque immémoriale, « mais qui, en tout cas, ne paraît pas antérieure à Esdras, » l'origine de cet usage. Wogue, *Histoire de la Bible*, p. 165.

## CHAPITRE III. LES SYNAGOGUES.

son interprétation, le lecteur lisait le verset suivant. Le lecteur se tenait debout[1].

Quand on avait terminé les sept sections, on remettait le rouleau à sa place. Si c'était le samedi, on sortait du coffre un volume des prophètes[2], et un huitième lecteur en lisait un passage de la manière susdite, le *targumiste* en expliquant le sens au peuple, verset par verset. Le *šeliāh* devait surveiller les explications du *targumiste*, comme l'exactitude du lecteur.

Quand la lecture était terminée, le chef de la synagogue invitait le lecteur ou un autre assistant, à son choix, à expliquer ce que l'on venait de lire ou à adresser une exhortation au peuple[3].

L'explication du texte sacré se faisait d'une double manière : en exposant le sens littéral ou bien le sens mystique[4]. Si l'interprétation littérale suffisait pour l'instruction

---

[1] Cf. Luc, IV, 20; le Sauveur ne s'assied qu'après avoir fini la lecture. Voir aussi Act., XIII, 16.

[2] « A une époque également incertaine,... l'usage s'établit de joindre à la lecture du Pentateuque celle des chapitres les plus remarquables des livres prophétiques. Chaque samedi et chaque fête, après l'office du matin dit *yôṣêr* et la lecture de la loi, un passage des prophètes était lu publiquement par un fidèle et expliqué par l'interprète dans l'idiome vulgaire. Dans le choix de cette lecture supplémentaire, nommée la *Haphtârah*, on s'attachait constamment, non seulement à ce que le passage choisi eût en lui-même une certaine importance historique ou doctrinale, mais à ce qu'il offrît, dans son ensemble ou dans certains détails, quelques analogies, au moins matérielles, avec la section correspondante ou avec la solennité du jour. » Wogue, *Histoire de la Bible*, p. 165-166. — L'office du *yôṣêr* est ainsi appelé à cause de la prière par laquelle on le commence : « Sois loué, Éternel notre Dieu, roi de l'univers, qui formes (וְיֹצֵר, *yôṣêr*) la lumière et crées les ténèbres, » etc. Cf. Is., XLV, 7.

[3] Act., XIII, 15.

[4] On donne à la première méthode le nom de פְּשָׁט, *pešāt*, et à la seconde le nom de דְּרָשׁ, *derāš*. « פְּשָׁט, littéralement le sens *dépouillé*, nu, c'est-à-dire simple ; דְּרָשׁ, littéralement le sens *recherché*, éloigné,

des auditeurs, on se bornait à paraphraser la lettre; si elle n'offrait aucune utilité pratique directe, on cherchait à édifier les fidèles par des avis et des applications morales qu'on rattachait, à l'aide du sens spirituel, aux passages qu'on venait d'entendre. De la synagogue, cet usage passa à l'Église. Dans les offices divins, on lut l'Ancien et le Nouveau Testament. Les Homélies des Pères ne sont que le commentaire de la partie de l'Écriture, lue préalablement par le lecteur, commentaire tantôt littéral, tantôt mystique, entremêlé d'observations instructives suggérées par le texte sacré et par les circonstances.

On voit, par tout ce que nous venons de dire, comment les Apôtres, ou Notre-Seigneur lui-même, avaient pu être

---

c'est-à-dire plus ou moins caché ou même artificiel. A ce dernier mot se rattachent le *Midrasch* et la *Deráchah* moderne ou le sermon. » Wogue, *Histoire de la Bible*, 1881, p. 134. Le *midrasch* est l'explication juridique et surtout morale du texte. Le commentaire littéral de la Bible (פֵּרוּשׁ, *pérouš*) n'a point de subdivision, mais le commentaire non littéral peut être juridique (הלכה, *halàkâh*), moral (הגדה, *haggâdàh*) ou mystique (סוד, *sôd*). Le mot *halàkâh* vient de הלך, *hâlak*, « marcher » et signifie « la *marche* qu'on doit suivre, » c'est-à-dire la fixation légale du droit et de la jurisprudence ou des pratiques religieuses. *Haggâdàh* est un mot hébreu talmudique, dérivé du verbe הגיד, *higgid* « exposer, raconter. » — « On distingue deux sortes de midrasch. S'il s'occupe des faits de jurisprudence ou de pratique religieuse, il est dit מדרש הלכה, l'exégèse *halakique* ou *légale;* s'il a pour objet les dogmes, les promesses, les consolations de la religion, les vérités morales ou pratiques de la vie, c'est la מדרש הגדה, l'exégèse *haggadique* ou *morale*. La première veut régler les formes et l'exercice extérieur de la religion, la seconde se propose de sanctifier et de perfectionner l'homme intérieur... Dans son acception usuelle, [le mot midrasch] se restreint [d'ailleurs] le plus souvent aux œuvres haggadiques, c'est-à-dire à l'interprétation de la partie morale, gnomique, dogmatique de l'Écriture... [Enfin] ce mot, après avoir désigné un certain système d'interprétation, s'est appliqué finalement et s'applique encore aujourd'hui aux ouvrages conçus selon ce système » et renfermant des commentaires haggadiques. Wogue, *ibid.*, p. 167-168, 188. Voir Deutsch, *Le Talmud*, in-8°, Londres et Paris, 1868, p. 21-23.

appelés à remplir les fonctions de lecteurs dans les synagogues ou invités à parler à l'assistance[1].

Quand un Juif étranger prenait part aux prières, surtout s'il était une personne de marque, les assistants désiraient l'entendre, comme on fait aujourd'hui pour un prédicateur étranger, et l'*archisynagogus* le priait de se rendre à leur désir. Saint Paul ne manquait jamais d'aller aux cérémonies des synagogues, quand il arrivait dans une ville, et de saisir cette occasion favorable de prêcher la doctrine de Jésus-Christ.

A la fin de l'instruction, on récitait de nouveau quelques prières, et la réunion se terminait par le *qaddiš* : « Sanctifié et glorifié soit son nom glorieux dans tout le monde, qu'il a créé selon son bon plaisir ; que son royaume s'étende sur tous les hommes ; que sa rédemption prospère ; que son Messie se hâte de sauver son peuple, dans les jours de notre vie et dans tous les jours d'Israël, promptement[2]. »

Telles étaient les cérémonies qui s'accomplissaient dans les synagogues. Elles étaient répétées, à très peu de changement près, deux fois le lundi et le jeudi, et trois fois le jour du sabbat.

On peut juger, par les détails que nous venons de donner, combien la connaissance de la Sainte Écriture devait être répandue parmi le peuple, lors de l'avènement de Notre-Seigneur. Quand Jésus leur parlait de la loi et des prophètes, ainsi que des Psaumes de David, il leur parlait de choses qui leur étaient tout à fait familières. Quand saint Matthieu, écrivant pour des Juifs son Évangile, faisait constamment allusion aux prophètes, il ne faisait que répé-

---

[1] C'est ainsi que Jésus-Christ lit, le jour du sabbat, dans la synagogue de Nazareth et explique le prophète Isaïe. Luc, iv, 16-21.
[2] Cf. A. B. B. Créhange, *Tephilbath adath Yeschouroun*, 9ᵉ édit., in-12, Paris, 1867, p. 43, 79, 81, 82 et note 12.

ter les explications qu'on donnait dans les synagogues, après la lecture des Livres Saints. Il y était sans cesse question du Messie; il n'est donc pas étonnant que le Nouveau Testament fasse de si nombreuses allusions à l'attente judaïque du Sauveur dont il annonce la venue.

Le service des synagogues nous fait très bien connaître quel devait être l'état d'esprit des contemporains de Notre-Seigneur, et c'est pour ce motif que cette étude nous semble pouvoir être considérée comme une page de commentaire des Évangiles.

# CHAPITRE IV.

### LE PARFUM DE MARIE-MADELEINE.

La pécheresse qui parfuma la tête et les pieds du Sauveur et les essuya avec ses cheveux se servit, pour accomplir cet acte de piété et d'amour, d'un nard de grand prix, renfermé dans un *alabastrum*[1]. Le nard est un parfum bien connu [2],

---

[1] Matth., xxvi, 6-7; Marc, xiv, 3; Luc, vii, 37-38; Joa., xi, 2; xii, 3. L'*alabastrum* était un vase à parfums, de forme cylindrique allongée, un peu renflée vers la base et à goulot étroit. Cf. p. 166, et voir *Dictionnaire de la Bible*, t. i, col. 331.

[2] M. E. Rimmel, dans son livre *Les Parfums*, in-8°, Paris, 1870, p. 76-78, résume de la manière suivante ce que nous apprennent les anciens sur le nard : « Ptolémée dit que le nard est une plante odoriférante qui croît principalement à Rangamati, sur les frontières du pays qu'on nomme maintenant le Bootan. Pline en reconnaît douze espèces. Il met en première ligne celui des Indes, puis le syriaque, le gaulois, celui de Crète. Il décrit ainsi le nard indien : « C'est un arbuste à racine épaisse et lourde, mais » courte, noire et cassante, quoique onctueuse en même temps. L'odeur » ressemble beaucoup à celle du cyperus; le goût est âcre, les feuilles » sont petites, et viennent en touffes. Les sommités du nard se développent » en épis barbus. De là vient que le nard est si fameux pour sa double » production, l'épi barbu et la feuille. » Le prix de ce nard était alors de cent deniers la livre (environ 85 francs). Les autres sortes qui n'étaient que des herbes, coûtaient beaucoup moins cher et pouvaient s'ob-

mais il en existait plusieurs espèces, de valeurs fort différentes, et l'espèce particulière qu'employa Marie-Madeleine est l'objet de beaucoup de discussions. Saint Marc et saint Jean le qualifient de *pistiké*[1], mot inusité dans les auteurs classiques et qui ne se trouve nulle autre part que dans ces deux Évangélistes. « Il semble impossible, dit Alford, d'assigner un sens certain ou même probable à cette expression... Les anciens commentateurs ne nous donnent que des conjectures. Euthymius et Théophylacte l'interprètent dans le sens de « vrai ; » saint Jérôme, dans le sens de « vrai, sans falsification, » *verum et absque dolo* ; saint Augustin suppose qu'il se rapporte à quelque lieu d'où provenait le nard[2]. »

Si saint Augustin n'est pas tombé tout à fait juste, il a du moins approché de la vérité. La linguistique a' donné de l'expression évangélique une explication fort vraisemblable qui mérite d'être rapportée.

Le nard dont Marie-Madeleine fit une profusion si pieuse est certainement le « spicanard, » préparation dont la racine d'une plante de l'Inde fournit l'élément principal et le plus coûteux. Le célèbre indianiste anglais William Jones a découvert quelle était cette plante de l'Inde : c'est celle que les botanistes modernes appellent *Nardostachys jatamansi*[3].

---

tenir pour quelques deniers. Galien et Dioscoride parlent du nard (en grec *nardostachys*, nard à épis) à peu près dans les mêmes termes. Ce dernier prétend toutefois que le nard connu sous le nom de syrien, venait en réalité des Indes et était apporté en Syrie, d'où on l'expédiait sur divers points... Le mot nard paraît être dérivé du mot tamoul *nar* qui désigne une foule de substances odorantes. » — Voir aussi Ch. Hatchett, *On the Spikenard of the ancients* (avec gravures), in-4°, Londres, 1836 ; P. de Lagarde, *Mittheilungen*, t. II, in-4°, Gœttingue, 1887, p. 25-27.

[1] Πιστικῆς, Marc, XIV, 3 ; Joa., XII, 3.
[2] H. Alford, *The Greek Testament*, édit. de 1894, t. I, p. 411.
[3] W. Jones, *On the spikenard of the ancients*, dans ses *Works*, 6 in-4°, Londres, 1799, t. II, p. 9-21 ; *Additional Remarks*, ibid., p. 23-32 ; W. Roxburgh, *Botanical observations on the Spikenard of the*

Royle, dans son grand ouvrage sur la *Botanique des montagnes de l'Himalaya*, a prouvé que la découverte de William Jones était certaine [1]. Le *Nardostachys jatamansi* est indigène du Nepaul et du Boutan. C'est une espèce de valériane, d'une odeur aromatique prononcée, employée comme ingrédient dans les onguents et les parfums, et comme stimulant en médecine.

Le nard à épis des anciens se nommait en arabe *Sunbul* [2] *ut-tib*, le « nard bon » ou « odorant. » Les Hindous l'appelaient *balchur* ou *jatâmânsî*. Ce dernier nom est l'équivalent sanscrit de *Sunbul hindî*, c'est-à-dire le « nard à épis indien. » Les divers noms de ce parfum, *nêrd* en hébreu, *nârdin* en arabe, *nard* en persan, *nardos* en grec, *nardus* en latin, sont tous des formes du sanscrit *nalada*, un des noms du nard à épis. Dans l'exportation du mot, le *l* a été changé en *r*. Le nom de *nalada*, de la racine *nal*, « sentir, » rappelle l'odeur de la plante.

En sanscrit, le *Nardostachys jatamansi* a plusieurs noms, dont quelques-uns d'ailleurs servent aussi à désigner d'autres plantes. Parmi ces noms, on remarque celui de *piçitâ*, ou *piçi*, qui sont l'un et l'autre synonymes de *jatâmânsî*. Ce dernier mot désigne une plante charnue avec une barbe épaisse et emmêlée, parce que la racine charnue du *jatâmânsî* est en effet barbue comme un épi. *Piçitâ* semble une allusion au caractère charnu de la racine. Le mot grec *pistikos*, πιστικός, doit être formé par une légère altération de *piçitâ*, ce nom sanscrit de la plante dont la racine fournissait l'ingrédient principal du parfum. Le nom est ainsi,

---

ancients, *Valeriana Jatamansi*, dans les *Asiatik Researches*, t. IV, p. 451-455 (avec gravure), et dans les *Works* de W. Jones, t. II, p. 33-36.

[1] J. F. Royle, *Illustrations of the Botany of the Himalayan Mountains*, 2 in-f°, Londres, 1839, t. I, p. 242-244.

[2] *Sumbul, sunbul.*

comme l'objet lui-même, d'importation étrangère, et le « nard pistique » signifie simplement « nard indien[1]. » Il y avait en effet plusieurs espèces de nard, comme nous l'avons remarqué, mais celui de l'Inde était le plus renommé et le plus précieux. Dioscoride en distingue de deux sortes. Il appelle celui qui provenait de l'Inde, *Gangitis*, du fleuve du Gange, près duquel il est produit[2]. On l'importait de l'Inde en Judée et en Perse. C'est encore aujourd'hui un article d'exportation pour l'Indoustan qui l'envoie dans tout l'Orient. Le nard est déjà mentionné dans le Cantique des cantiques[3].

Celui dont se servit Marie-Madeleine était enfermé dans un *alabastrum*[4]. Les découvertes faites à Sidon en 1887 peuvent nous donner une idée de la forme et de la nature de ce récipient, assez commun à cette époque et qu'on a d'ailleurs fréquemment trouvé dans les fouilles faites en Égypte, en Phénicie et dans d'autres contrées. Voici ce que nous lisons dans le récit des découvertes faites dans l'ancienne cité phénicienne :

« Les fouilles [de Saïda ou Sidon] ont... donné... plusieurs *alabastrum* ou vases d'albâtre destinés aux parfums. Ils sont tous d'albâtre égyptien, en forme de poire, hauts de $0^m25$, sans autre sculpture que des traits circulaires laissés en saillie par le tourneur; l'orifice est étroit ($0^m03$), le vase est fragile, il n'a guère qu'un centimètre d'épaisseur. Des alabastrum semblables ont été rapportés de Chypre par M. de

---

[1] Voir W. Houghton, *The pistic Nard of the Greek Testament*, dans les *Proceedings of the Society of Biblical Archæology*, t. x, janvier 1888, p. 144-146.
[2] Dioscoride, *De materia medica*, i, 6, édit. C. Sprengel, (dans les *Medicorum græcorum opera*), t. i, Leipzig, 1829, p. 14-16.
[3] Cant., i, 12; iv, 13, 14.
[4] Matth., xxvi, 7.

## CHAP. IV. LE PARFUM DE MARIE-MADELEINE.

Cesnola. C'est peut-être d'un vase de même forme que se servit Madeleine pour embaumer d'avance le corps du Sauveur, à l'un des derniers soupers de Béthanie, et qu'elle brisa à ses pieds. Il contenait, dit saint Jean, une livre d'huile de nard que Judas estima à la valeur de mille francs[1]. Les vases d'albâtre de Sidon peuvent en contenir davantage[2]. »

---

[1] Joa., xii, 5 : « trois cents deniers. » Cf. Marc, xiv, 5. Cette somme pouvait avoir alors la valeur qu'ont aujourd'hui mille francs, mais le denier équivalait à 0,78 centimes (Voir *Manuel biblique*, 9ᵉ édit., n° 186, t. i, p. 314).

[2] *Les tombeaux des anciens rois de Sidon d'après les récentes fouilles de Saïda* (Phénicie) [faites vers la fin de février 1887] dans le *Bechir*, journal arabe de Beyrouth, 9 juin 1887, par Eug. Nourrit, S. J., traduct. des *Précis historiques*, juillet 1887, p. 329.

# CHAPITRE V.

## LA PASSION AU POINT DE VUE ARCHÉOLOGIQUE.

La passion de Notre-Seigneur, son genre de mort et les instruments de son supplice ont été, dans ces dernières années surtout, le sujet de nombreuses études archéologiques dont les résultats, quoiqu'ils ne soient pas tous certains, intéressent particulièrement la légitime curiosité des fidèles [1].

Les souffrances de Notre-Seigneur commencèrent au Jardin des Oliviers [2].

Le Jardin des Oliviers ou Gethsémani est situé au nord-est de Jérusalem, au bas du mont des Oliviers, à côté du torrent

---

[1] O. Zöckler, *Das Kreuz Christi, religionshistoriche und kirchlich-archäologische Untersuchungen*, in-8°, Gütersloh, 1875. Voir *ibid*, p. XIII-XXIV, la bibliographie de la matière. Voir aussi J. H. Friedlieb, *Archäologie der Leidengeschichte*, in-8°, Bonn, 1843; C. Fouard, *La Vie de N.-S. Jésus-Christ*, 2° édit., 2 in-8°, Paris, 1882, t. II, p. 325 et suiv.; E. Le Camus, *La Vie de N.-S. Jésus-Christ*, nouvelle édit., 3 in-12, Paris (sans date), t. III, p. 149 et suiv.; Cl. Fillion, *Évangile selon saint Matthieu*, in-8°, Paris, 1878, etc.; G. Martin, *La Passion de N.-S. Jésus-Christ au point de vue historique et archéologique*, in-12, Lyon et Paris, 1886; H. Fulda, *Das Kreuz und die Kreuzigung, eine antiquarische Untersuchung*, in-8°, Breslau, 1878.

[2] Matth., XXVI, 36-56; Marc, XIV, 32-50; Luc, XXII, 39; Joa., XVIII, 1-12.

# CHAPITRE V.

## LA PASSION AU POINT DE VUE ARCHÉOLOGIQUE.

La passion de Notre-Seigneur, son genre de mort et les instruments de son supplice ont été, dans ces dernières années surtout, le sujet de nombreuses études archéologiques dont les résultats, quoiqu'ils ne soient pas tous certains, intéressent particulièrement la légitime curiosité des fidèles [1].

Les souffrances de Notre-Seigneur commencèrent au Jardin des Oliviers [2].

Le Jardin des Oliviers ou Gethsémani est situé au nord-est de Jérusalem, au bas du mont des Oliviers, à côté du torrent

---

[1] O. Zöckler, *Das Kreuz Christi, religionshistoriche und kirchlich-archäologische Untersuchungen,* in-8°, Gütersloh, 1875. Voir *ibid*, p. xiii-xxiv, la bibliographie de la matière. Voir aussi J. H. Friedlieb, *Archäologie der Leidengeschichte,* in-8°, Bonn, 1843; C. Fouard, *La Vie de N.-S. Jésus-Christ,* 2° édit., 2 in-8°, Paris, 1882, t. ii, p. 325 et suiv.; E. Le Camus, *La Vie de N.-S. Jésus-Christ,* nouvelle édit., 3 in-12, Paris (sans date), t. iii, p. 149 et suiv.; Cl. Fillion, *Évangile selon saint Matthieu,* in-8°, Paris, 1878, etc.; G. Martin, *La Passion de N.-S. Jésus-Christ au point de vue historique et archéologique,* in-12, Lyon et Paris, 1886; H. Fulda, *Das Kreuz und die Kreuzigung, eine antiquarische Untersuchung,* in-8°, Breslau, 1878.

[2] Matth., xxvi, 36-56; Marc, xiv, 32-50; Luc, xxii, 39; Joa., xviii, 1-12.

de Cédron, sur sa rive orientale. Gethsémani signifie pressoir à huile. Le jardin est aujourd'hui entouré d'un mur[1]. Il a environ 70 pas de tour. On y entre par une porte située au sud-est. Il est divisé en quatre carrés, séparés les uns des autres par une grille, destinée à protéger les antiques oliviers qu'ils renferment contre la pieuse rapacité des pèlerins. On peut circuler tout autour, dans une allée assez large entre le mur et le grillage. Le premier carré à gauche en entrant n'a point d'oliviers. Les deux carrés au nord en ont chacun trois. Le quatrième carré en abrite un septième. Ces arbres vénérables portent les marques de la plus haute vieillesse. Ils sont soutenus par une maçonnerie, et chacun d'eux a trois ou quatre troncs, séparés les uns des autres par un assez large intervalle, parce qu'ils ont repoussé dans la suite des siècles en s'écartant de plus en plus du tronc primitif. Leur écorce est toute rugueuse et crevassée, comme couverte de cicatrices ou des rides de la vieillesse[2]. Si ces oliviers ne sont pas les mêmes qui ont été témoins de l'agonie du Sauveur, ils en sont du moins les rejetons. « L'olivier est pour ainsi dire immortel, a dit Châteaubriand, parce qu'il renaît de sa souche[3]. » Ces troncs eux-mêmes sont certainement séculaires et leur aspect contraste singulièrement avec celui des jeunes pousses qu'ils produisent encore.

La grotte de l'Agonie, où Notre-Seigneur eut la sueur de sang, est à quelques pas au nord du Jardin. On y pénètre par une sorte de couloir à ciel ouvert et assez profond. Elle

---

[1] Nous décrivons le Jardin des Oliviers tel que nous l'avons vu en 1888 et en 1894.

[2] Voir, Figure 5, un olivier du jardin de Gethsémani, d'après une photographie du P. van Hamme, S. J.

[3] Chateaubriand, *Itinéraire de Paris à Jérusalem*, t. II, (*Œuvres complètes*, édition Ladvocat, t. IX), 1826, p. 220.

5. — Olivier du jardin de Gethsémani.

est grande[1], et de forme irrégulière. Elle est soutenue par plusieurs piliers. Vers le milieu, une ouverture y laisse pénétrer le jour. La caverne est naturelle ; le roc, presque partout à nu, est peint seulement en quelques endroits.

C'est de Gethsémani, où eut lieu la trahison de Judas, que le Sauveur fut conduit chez Anne[2] et chez Caïphe[3], dont la demeure, selon la croyance traditionnelle, était située au côté opposé, sur le mont Sion, au sud-ouest de Jérusalem, dans la ville haute. Sur l'emplacement de la maison d'Anne, beau-père de Caïphe, s'élève aujourd'hui l'église des religieuses arméniennes schismatiques (Deir Zeitoun). Elle se compose de deux oratoires séparés, mais communiquant ensemble. A gauche de l'église, on voit, soigneusement enfermés dans un enclos, les rejetons de l'olivier où l'on dit que Notre-Seigneur fut attaché la nuit de la trahison[4]. Ces rejetons ressemblent assez à ceux de Gethsémani.

Pour aller de la maison d'Anne à celle de Caïphe, située au couchant, il faut sortir de la ville par la porte de Sion et faire un assez long détour, mais quand on y est arrivé, on s'aperçoit que de fait les deux maisons étaient autrefois voisines, séparées seulement par un jardin ou une cour dans laquelle on a construit, depuis, les murs de la Jérusalem actuelle. La maison de Caïphe est transformée en chapelle et appartient aussi aux Arméniens. L'autel est formé par une grosse pierre blanchâtre, dont une partie est visible des deux côtés et par derrière, et qu'on dit être la pierre du Saint-Sépulcre. A droite, dans le chœur, il y a un petit réduit où l'on dit que Notre-Seigneur fut emprisonné. On remarque au milieu du couvent une petite cour. C'est là,

---

[1] Elle est longue d'environ 17 mètres, large de 9 et haute de 3 mètres 50.
[2] Joa., xviii, 13, 24.
[3] Matth., xxiv, 57; Marc, xiv, 53; Luc, xxii, 54; Joa., xviii, 24.
[4] Cf. Luc, xxii, 63-65.

croit-on, que se trouvait saint Pierre, pendant qu'on jugeait son maître, et qu'il le renia trois fois[1].

De la maison de Caïphe, on conduisit le Sauveur à Pilate, au Prétoire. Ce mot de Prétoire désigna d'abord la tente du général en chef dans le camp romain. Il fut aussi donné plus tard à la résidence d'un gouverneur de province, comme était Pilate, le cinquième procurateur de Rome dans la Judée, qu'il administra de l'an 26 à l'an 36 de notre ère. Ce faible représentant de Rome, qui condamna le Sauveur à la mort, par lâcheté, en reconnaissant son innocence, résidait ordinairement à Césarée, sur la mer Méditerranée ; mais il s'était rendu à Jérusalem à l'occasion de la grande fête de Pâques, et il logeait au Prétoire, où il rendait aussi la justice, près du palais d'Hérode et de la tour Antonia, au nord-ouest du Temple.

Le Prétoire[2], à ce qu'on croit, était situé en grande partie à l'endroit même où est aujourd'hui la cour actuelle de la caserne turque. On y voit encore de grosses pierres qu'on dit avoir appartenu à cet édifice. L'escalier qui conduisait de la cour supérieure, où était situé le Prétoire, à la cour inférieure, a été transporté à Rome, en 326, par l'impératrice Hélène, et il est vénéré près de saint Jean de Latran, sous le nom de Scala Santa. Il se compose de 28 marches de pierre, recouvertes de bois destiné à les protéger. On ne le monte qu'à genoux. Vers le milieu, il y a deux petits cercles, ouverts dans le bois protecteur, par lesquels on peut baiser la pierre même.

Le premier supplice qu'eut à subir le Rédempteur des hommes, livré à Pilate, fut celui de la flagellation[3]. Le Tal-

---

[1] Matth., xxvi, 58 ; 69-75 ; Marc, xiv, 66-72 ; Luc, xxii, 54-62 ; Joa., xviii, 16-18, 25-27.

[2] Matth., xxvii, 27 ; Marc, xv, 6 ; Joa., xviii, 28, 33 ; xix, 9.

[3] Matth., xxvii, 26 ; Marc, xv, 15 ; Joa., xix, 1.

mud la décrit en ces termes : « Les mains du condamné sont attachées à la colonne; alors l'exécuteur public lui ôte son vêtement, soit qu'il le déchire, soit qu'il l'en dépouille, de manière à découvrir la poitrine. Une pierre est placée derrière le patient. Sur cette pierre, le licteur est debout, tenant un fouet ou des lanières de cuir, pliées de manière à former deux courroies qui s'élèvent et s'abaissent sur le condamné. » Horace appelait avec raison ce supplice : *horribile flagellum*[1].

La colonne de la Flagellation est aujourd'hui conservée à Rome, dans l'église de Sainte-Praxède. Elle est de marbre noir avec des veines blanches, et a la forme d'une sorte de piédestal de 70 centimètres de hauteur et de 45 centimètres de diamètre à la base.

Quand Pilate eut consenti au crucifiement de Jésus[2], les soldats romains, avant de le conduire au Calvaire, rassemblèrent dans le Prétoire toute la cohorte, qui se composait régulièrement de 625 hommes, et là, « l'ayant dépouillé, ils le couvrirent d'un manteau de pourpre[3]. » Ce manteau est appelé par les Évangélistes « chlamyde[4], » espèce de manteau de laine, ouvert et retroussé sur l'épaule gauche, où il s'attachait avec une agrafe, afin de laisser le bras droit libre. La chlamyde est ici le nom grec du *paludamentum*, vêtement militaire du soldat romain. Il était de forme ovale, se portait par-dessus la cuirasse et retombait en arrière, à peu près jusqu'à mi-jambe. Les tribuns le portaient de cou-

---

[1] Horace, *Sat.*, I, 3, 119.
[2] Le cri des Juifs, qui décida le faible Pilate à consentir à la mort de Jésus : « Si tu délivres cet homme, tu n'es pas l'ami de César, » contient le mot de φιλοκαίσαρ. Ce mot a été retrouvé dans une inscription de Kertch, en Crimée : φιλοκαίσαρ καὶ φιλορώμαιος; « ami de César, et ami des Romains. » Bœckh, *Corpus inscript. græc.*, t. II, n° 2123, p. 160-161, et dans plusieurs autres inscriptions. Voir *ibid.*, t. IV, index, p. 165.
[3] Matth., XXVII, 28.
[4] Matth., XXVI, 25, 31.

leur blanche; les généraux et les empereurs, de couleur pourpre.

Après avoir revêtu le Sauveur de ce manteau dérisoire, les soldats, pour pousser jusqu'au bout leur cruelle moquerie, lui placèrent sur la tête une couronne d'épines[1] et dans la main droite un roseau en guise de sceptre[2]. La couronne était de joncs, entrelacés d'épines de *zizyphus*. La couronne proprement dite, donnée à saint Louis, roi de France, et longtemps conservée à la Sainte-Chapelle, qui fut construite pour la recevoir, est aujourd'hui à Notre-Dame de Paris. Pise possède, dans sa jolie église de la Spina, une branche de zizyphus, à laquelle elle doit son nom.

La couronne de joncs de Paris, « cette insigne relique, peut-être la plus remarquable de celles que possèdent les chrétiens, à cause de son intégrité relative,... se compose d'un anneau de petits joncs réunis en faisceaux. Le diamètre intérieur de l'anneau est de 210 millimètres, la section a 15 millimètres de diamètre. Les joncs sont reliés par quinze ou seize attaches de joncs semblables... Quelques-uns sont pliés et font voir que la plante est creuse; leur surface, examinée à la loupe, est sillonnée de petites côtes... Le Jardin des Plantes de Paris cultive un jonc appelé *juncus balticus*, originaire des pays chauds et qui paraît exactement semblable à la relique de Notre-Dame. Quant aux épines, nul doute... que ce ne soit du *rhamnus*, nom générique de trois plantes qui se rapprochent tout à fait de l'épine de Pise. » Ce rhamnus est le *zizyphus spina Christi* ou jujubier. Dans la couronne de Notre-Seigneur, ses « branches, brisées ou courbées vers le milieu pour prendre la forme d'un bonnet, *pileus*, étaient fixées par chacune de leurs extré-

---

[1] Matth., xxvii, 29; Marc, xv, 17; Joa., xix, 2, 5.
[2] Matth., xxvii, 29-30.

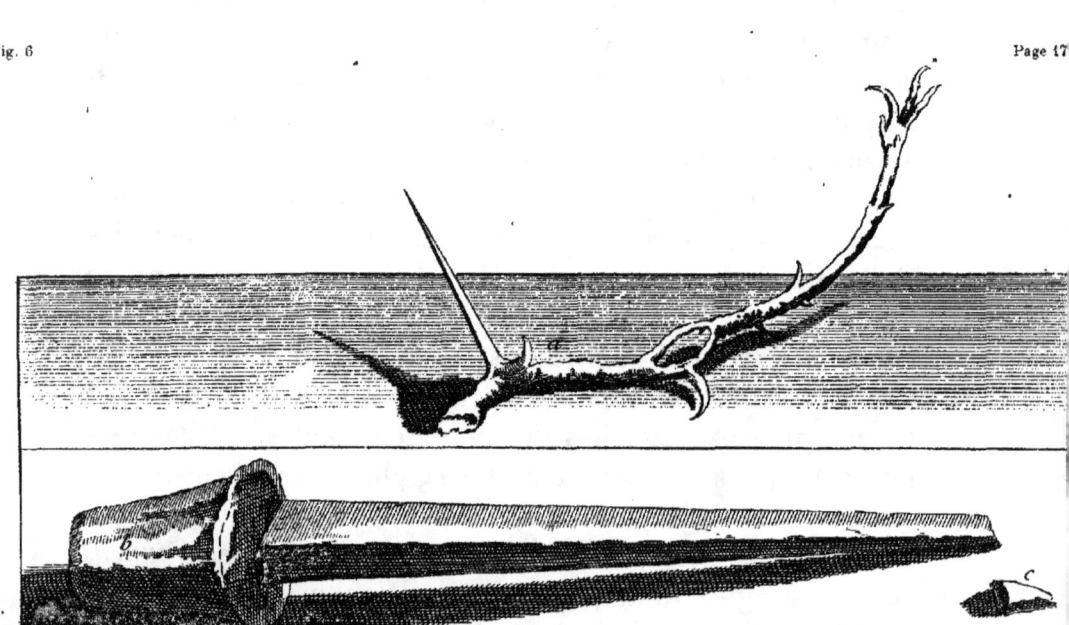

6. — *a*. Sainte Épine de Trèves. — *b*. Saint Clou de Trèves. — *c*. Pointe du Saint Clou de Trèves conservée à Toul.

mités, soit en dedans, soit en dehors du cercle de joncs... Il fallait que le cercle fût plus grand que le tour de la tête, afin de pouvoir l'y faire entrer, malgré le rétrécissement causé par l'introduction des branches, et l'on trouve en effet que la couronne de Notre-Dame, placée seule sur la tête, tomberait sur les épaules. On n'avait même pas besoin de nouveaux liens pour les fixer au cercle de joncs; et les rameaux passés alternativement dessus et dessous devaient suffire pour les maintenir. C'est cette opération que les [Évangélistes] ont pu appeler le tressage [1]. Les soldats sans doute évitèrent de toucher à ces horribles épines, dont chacune, plus tranchante que la griffe du lion, fait couler le sang en abondance [2]. »

La branche de zizyphus de Pise a 80 millimètres de hauteur. Elle portait autrefois six épines, dont trois seulement sont intactes. La principale a plus de 20 millimètres de longueur [3]. Celle de l'église de Saint-Sernin, à Toulouse, est de 41 millimètres. Les deux que possède le grand séminaire d'Autun ont, l'une 38 millimètres et l'autre, 34 millimètres, elles sont blanches dans leur plus grande partie et d'un brun noir à leur base. La cathédrale de Trèves a un rameau de zizyphus de 10 centimètres environ de longueur, avec une épine droite et plusieurs épines courtes. Nous le reproduisons ici d'après dom Calmet [4].

---

[1] Matth, xxvii, 29.

[2] Ch. Rohault de Fleury, *Mémoire sur les instruments de la Passion*, in-4º, Paris, 1870, p. 202-208. Cf. Gosselin, prêtre de Saint-Sulpice, *Notice historique sur la sainte couronne et les autres instruments de la Passion de Notre-Dame de Paris*, in-8º, Paris, 1828.

[3] Ch. Rohault de Fleury, *loc. cit.*, p. 213, 222, 215. Un grand nombre d'autres églises possèdent des reliques de la sainte Couronne d'épines. Voir *ibid.*, p. 202, 223.

[4] Voir, Figure 6, d'après Calmet, *Dictionnaire de la Bible*, t. III, in-fº, Paris, 1728, vis-à-vis de la p. 423. Grandeur nature.

Après avoir été déchiré par la flagellation et le couronnement d'épines, le Sauveur fut chargé de sa croix pour être conduit au Calvaire. Le supplice le plus commun chez les Juifs était la lapidation. La loi mosaïque parle aussi du supplice du fouet, du supplice du glaive, mais celui de la croix était inusité. Si l'on attachait quelquefois les criminels à la croix ou plutôt à la potence, ce n'était qu'après leur mort, afin de les montrer en exemple, non pour les y faire périr. Puisque le Rédempteur voulait mourir pour nous, il pouvait être lapidé comme saint Étienne, jeté dans les flammes comme les compagnons de Daniel ou décapité comme saint Paul, mais il ne voulut point accomplir de la sorte son sacrifice ; il choisit un genre de supplice usité chez les Romains, qui étaient alors maîtres de la Palestine, et le préféra à tous les autres, parce qu'il convenait mieux à ses desseins de miséricorde et d'amour [1]. Il avait annoncé lui-même qu'il porterait sa croix et qu'il mourrait sur la croix : c'est là qu'il devait expirer en Dieu.

Nous nous représenterions difficilement le Sauveur lapidé, périssant par le feu ou par le glaive. La croix devait être pour lui une chaire sanglante, d'où il adresserait aux hommes ses dernières paroles. C'est le genre de mort dans lequel le supplicié conserve le mieux ses facultés ; là, Jésus pourrait rendre pour ainsi dire le dernier soupir à son gré, au moment qu'il aurait marqué, quand tout serait consommé ; non sous le coup du bourreau, mais comme maître de la vie et de la mort, en poussant un grand cri [2].

La croix devait, d'ailleurs, lui fournir l'emblème le plus simple et le plus naturel de notre religion : elle parle à nos yeux et à notre cœur plus que tout autre supplice ; elle pouvait aussi devenir facilement, comme elle l'est devenue en

---

[1] « Proposito sibi gaudio, sustinuit crucem. » Heb., xii, 2.
[2] Matth., xxvii, 50 ; Marc, xv, 37 ; Luc, xxiii, 46-47.

effet, le symbole, la marque même du Christianisme. Nous pouvons la porter sur nous, et nous pouvons avoir partout sous nos yeux l'image du Crucifié [1]. Le bois de la croix était donc l'instrument prédestiné par la Providence pour la rédemption du monde.

Si le supplice de la croix était celui qui se prêtait le mieux aux vues du Sauveur pour ces raisons diverses, c'était également celui qui lui fournissait le moyen de satisfaire davantage son amour en souffrant pour nous, autant qu'il soit possible de souffrir. La croix est le genre de mort le plus long et le plus cruel. Elle ne fait pas de blessure mortelle ; on y meurt de faim et d'épuisement. Jésus n'y resta que trois heures, à cause de tous les tourments qu'il avait déjà endurés, mais on a vu des criminels y languir pendant trois jours. Aussi la croix était-elle réservée aux esclaves. Cicéron l'appelait : « servitutis extremum summumque supplicium [2]. » Jamais un homme libre, à plus forte raison un citoyen romain, n'était condamné à ce supplice ignominieux. Les tortures qu'on y endure en aggravent encore l'infamie. On se voit mourir comme à petit feu, et sans espoir, au milieu des plus cruelles angoisses physiques et morales, ce qui faisait qualifier ce supplice de : « crudelissimum teterrimumque supplicium [3]. »

La douleur la plus vive du crucifié, ce qui constituait, selon l'expression de Tertullien, « l'atrocité propre du supplice de la croix [4], » c'était le percement des mains et des pieds, qui déchirait les membres les plus sensibles et mettait le condamné dans l'impossibilité de faire le moindre

---

[1] Aucun autre genre de supplice n'aurait pu fournir aux chrétiens un emblème si expressif et si commode.

[2] Cicéron, *In Verr.*, v, 66, 169.

[3] Cicéron, *In Verr.*, v, 66, 165.

[4] « *Foderunt*, inquit, *manus meas et pedes*, quæ propria atrocitas crucis. » Tertullien, *Adv. Marc.*, III, 19, t. II, col. 348.

mouvement sans éprouver les douleurs les plus vives et les plus aiguës. Pour empêcher le crucifié d'avoir les mains complètement déchirées par le poids de son corps, on était obligé de placer sur la croix une sorte de siège, appelé *sedile*[1] ou *corne*[2], afin qu'il pût s'y maintenir et ne point tomber à terre. Tant de tourments amenaient une soif brûlante; de là était venu l'usage de donner au malheureux supplicié un breuvage propre à calmer un peu la soif ou à diminuer la sensibilité[3].

La croix du Sauveur devait avoir la forme[4] qu'on lui donne communément, c'est-à dire qu'elle se composait d'un montant, avec une traverse laissant dépasser la tête de la tige. D'après une tradition ancienne, la hauteur du montant était de 4 mètres 80, et la longueur de la traverse de 2 mètres 30 à 2 mètres 60.

Pendant longtemps, on a émis les opinions les plus diverses sur la nature du bois ou des bois dont elle était formée. De l'examen scientifique de diverses reliques, il résulte « que le bois de la croix provenait d'un conifère, et on ne peut douter que ce conifère ne soit du pin »[5].

---

[1] O. Zöckler, *Das Kreuz*, p. 437.

[2] Un des plus anciens Pères de l'Église, originaire de Palestine, saint Justin (103-168), décrit ainsi la croix : « C'est un bois droit, dont la partie supérieure est élevée en corne, quand un autre bois lui est adapté; de chaque côté, deux autres cornes, formant les extrémités, semblent jointes à la première. Au milieu est placée une saillie qui ressemble aussi à une corne, destinée à servir de siège aux crucifiés. » *Dial. cum Tryph.*, 91, t. vi, col. 692-693. — Sur les représentations de la croix, voir A. Forrer et G. A. O. Müller, *Kreuz und Kreuzigung Christi in ihrer Kunstentwicklung, mit 12 Tafeln, 83 Abbildungen*, in-4°, Strasbourg, 1894.

[3] Cf. Joa., xix, 28-30.

[4] Sur les diverses formes de la croix, voir, outre les ouvrages cités, p. 169, les articles *Kreuz* et *Kreuzigung*, dans Frz. X. Kraus, *Real-Encyklopädie der christlichen Alterthümer*, t. ii, p. 224-245.

[5] Ch. Rohault de Fleury, *Mémoire sur les instruments de la Passion*, p. 63.

Notre-Seigneur dut porter lui-même l'instrument de son supplice[1], en traversant toute la ville de Jérusalem depuis le Prétoire, à l'est, jusqu'au Calvaire, hors des murs de la ville, à l'ouest, et par conséquent pendant un trajet de 5 à 600 mètres. On a calculé que la croix devait avoir un poids total d'environ 100 kilogrammes. Comme elle traînait à terre, il en résultait une diminution de poids qu'on peut évaluer de 25 à 30 kilogrammes. Jésus avait donc encore à porter de 70 à 75 kilogrammes. Épuisé par les tourments qu'il avait déjà endurés, ce fardeau dépassait ses forces; on fut obligé de requérir un passant, Simon de Cyrène[2], pour aider le Sauveur des hommes. Nous ignorons si le Cyrénéen porta seul la croix ou bien s'il en porta seulement une partie, en même temps que Notre-Seigneur. La plupart des Pères ont pensé que Jésus avait été complètement déchargé de son fardeau.

Le crucifiement eut lieu sur le Calvaire ou Golgotha[3]. Ce lieu sacré est actuellement enclavé dans l'église du Saint-Sépulcre, près de l'entrée, dans la partie sud-est de la Basilique. Il s'élève à la hauteur de 4 mètres 70 au-dessus du sol. Des travaux successifs en ont défiguré la forme. Les pèlerins peuvent seulement toucher le rocher en enfonçant la main dans une sorte de cône ouvert dans sa partie supérieure et placé sous l'autel du crucifiement.

D'après les auteurs anciens, la croix était ordinairement dressée à l'avance et le condamné y était attaché d'abord avec des cordes, puis cloué. Plusieurs peintres, entre autres Rubens, ont représenté de cette manière le crucifiement de Notre-Seigneur. Plus communément, on suppose que la victime sainte fut attachée par terre à l'instrument de son

---

[1] Joa., xix, 17.
[2] Matth., xxvii, 32; Marc, xv, 21; Luc, xxiii, 26.
[3] Matth., xxviii, 33; Marc, xv, 22; Luc, xxiii, 33; Joa., xix, 17.

supplice, lequel ne fut élevé qu'ensuite avec son divin fardeau. La place des clous était préparée à l'avance dans le bois avec une broche.

On n'est pas d'accord sur le nombre des clous qu'on employait dans le crucifiement; il n'était que de trois, selon les uns, un seul servant à clouer les deux pieds; il était de quatre, plus vraisemblablement, selon les autres [1], un pour chaque main et un pour chaque pied. Toutes les peintures grecques représentent Jésus attaché à la croix avec quatre clous. En tout cas, que le nombre ait été de trois ou de quatre, ce qui est certain, c'est que le Sauveur avait été cloué à l'instrument de son supplice, comme le supposent expressément les paroles qu'il adressa à l'apôtre saint Thomas [2].

On conserve à Notre-Dame de Paris un clou de la passion qui a 90 millimètres de longueur; il n'a pas de tête; sa pointe méplate est intacte. Dans la basilique de Sainte-Croix-

---

[1] Plaute, *Mostellaria*, II, 1, 12, 13 (359-360), édit. Teubner, 1896, fasc. IV, p. 22, suppose formellement quatre clous :

> Ego dabo ei talentum, primus qui in crucem excucurrerit
> Sed ea lege, ut offigantur bis pedes, bis brachia.

Ceux qui prétendent qu'on n'employa que trois clous pour le crucifiement de Notre-Seigneur soutiennent que les vers de Plaute mentionnent un cas exceptionnel. Quoi qu'il en soit, il paraît bien difficile qu'on pût attacher les deux pieds avec un seul clou. — Saint Ambroise, *De Obitu Theodos.*, 47, t. XVI, col. 1401, ne parle que de deux clous, mais c'est parce qu'il n'a aucune raison de parler d'autres clous que de ceux que sainte Hélène a donnés à son fils Constantin. Rufin, *H. E.*, I, 8, t. XXI, col. 477, en suppose plus de deux, mais ne précise point le nombre. Voir tous les passages des auteurs anciens réunis dans A. Holder, *Inventio sanctæ Crucis*, in-12, Leipzig, 1889, p. 44-56, et surtout Frz. X. Kraus, *Beiträge zur Trierschen Archäologie. I. Der heilige Nagel in der Domkirche zu Trier, zugleich ein Beitrag zur Archäologie der Kreuzigung Christi*, in-8°, Trèves, 1868, p. 1-42.

[2] Joa., xx, 27.

de-Jérusalem, à Rome, on voit un autre clou, qui a 12 centimètres de long et 8 millimètres 1/2 de grosseur à sa plus grande dimension ; sa tête est couverte d'une espèce de chapeau creux, au fond duquel il est rivé, comme dans d'autres clous antiques, tels qu'en possède, par exemple la Bibliothèque du Vatican[1]. La cathédrale de Trèves conserve un clou de forme semblable, qu'on dit avoir été donné par sainte Hélène à l'évêque de cette ville[2]. La pointe, qui manque, en fut détachée et cédée à l'église de Toul[3]. La célèbre couronne de fer qui servait au couronnement des empereurs et qui subsiste toujours à Monza, près de Milan, tire son nom d'un clou de la Croix, qui a été façonné en lame de fer et est attaché à la couronne principale en or pur, ornée de pierres précieuses[4].

Quand on conduisait un condamné au supplice, on attachait à son cou un écriteau faisant connaître la cause de sa condamnation, ou bien on le faisait porter devant lui ; quelquefois un crieur public proclamait le nom du coupable, son crime et son châtiment. L'écriteau mentionnant le nom et la qualité du Sauveur avait été préparé avant qu'il sortît du Prétoire, pour le précéder sur le chemin qui le menait au Calvaire[5].

[1] Ch. Rohault de Fleury, *Mémoire sur les instruments de la Passion*, p. 177-179.

[2] Frz. H. Kraus, *Der heilige Nagel zu Trier*, p. 105-173.

[3] Voir, Figure 6, vis-à-vis de la p. 177, la reproduction du saint Clou de Trèves, *b*, et de sa pointe, *c*, conservée à Toul, d'après Calmet, *Dictionnaire de la Bible*, t. III, in-f°, Paris, 1728, vis-à-vis de la p. 423. Grandeur nature.

[4] J. Fontanini, *Dissertatio de corona ferrea Longobardorum*, in-4°, Rome, 1717.

[5] Sur les bourreaux de Notre-Seigneur, voir la discussion entre M. Edm. Le Blant, *Recherches sur les bourreaux du Christ*, dans son livre *Les Persécuteurs et les Martyrs*, in-8°, Paris, 1893, p. 321-342, — et M. Naudet, *Mémoire sur cette double question* : 1° *Thèse particulière :*

184  LIVRE II. LES ÉVANGILES.

Les trois premiers évangélistes n'ont pas rapporté mot à mot l'inscription ; ils n'en ont donné que le sens[1]. Saint Jean est le seul qui l'ait littéralement reproduite et qui nous ait appris qu'elle portait ces mots : « Jésus de Nazareth, roi des Juifs[2], » écrits en trois langues, en hébreu ou araméen, en grec et en latin[3]. L'église de Sainte-Croix-de-Jérusalem, à Rome, possède un fragment considérable du titre de la Croix[4]. C'est une petite planche, toute piquée de trous de ver, d'un bois dont la nature ne peut plus être exactement déterminée : chêne, ou peuplier, ou sycomore. Elle a 235 millimètres de largeur sur 130 millimètres de hauteur. On y voit distinctement deux restes d'inscription, l'un en grec, l'autre en latin, et, dans le haut, l'extrémité de quelques lignes courbes qui paraissent être le bas des lettres d'une inscription hébraïque. L'inscription du milieu porte **ΝΑΖΑΡΕΝΟΥΣ**, et celle du bas : **NAZARENUS RE**. Les caractères, peints en rouge sur fond blanc, sont légèrement creusés, comme s'ils avaient été tracés avec une petite gouge. Ils ont de 28 à 30 millimètres et devaient être très visibles à la hauteur où ils furent placés. Une particularité remarquable, c'est que les mots sont écrits au rebours à la manière orientale, en allant de droite à gauche, de

---

*Sont-ce des soldats qui ont crucifié Jésus-Christ?* etc., dans les *Mémoires de l'Académie des Inscriptions*, t. XXVI, part. II, 1870, p. 151-187 ; Id., *Lettre à M. Le Blant au sujet de sa brochure intitulée : Les bourreaux du Christ*, in-8°, Paris, 1874.

[1] Matth., XXVII, 37; Marc, XV, 26; Luc, XXIII, 38.
[2] Joa., XIX, 19-20.
[3] Une pierre milliaire romaine de la route de Samarie prouve que l'usage de la Palestine était de faire les inscriptions en plusieurs langues. Cette pierre, datant du temps de Marc-Aurèle, est en latin et en grec. L'inscription a été publiée par le P. Germer Durand, *Le milliaire romain de la route de Samarie*, dans le *Cosmos*, 10 septembre 1887, p. 144.
[4] Voir, Figure 7, d'après J. E. A. Gosselin, *Notice sur la Sainte Couronne d'Épines*, 1828, p. 44. Demie grandeur de l'original.

7. — Titre de la Croix de Notre-Seigneur.

sorte que les lettres paraissent renversées, comme si on les voyait dans un miroir. Le titre de la Croix, dans son intégrité, devait avoir approximativement 65 centimètres sur 20[1].

La croix servait comme de tombeau au supplicié. Les Grecs et les Romains considéraient la privation de sépulture comme une aggravation de la peine; le condamné était abandonné sur le gibet pour servir de pâture aux oiseaux de proie[2]. Mais du temps de l'empereur Auguste, on commença à permettre d'ensevelir les victimes de la justice[3]; les Juifs demandèrent à Pilate l'autorisation de faire enlever le corps de Jésus et des deux larrons de la croix, afin qu'ils ne demeurassent pas exposés le jour de la fête de Pâques, et le procurateur y consentit[4].

Le brisement des os était le complément ou la fin du supplice de la croix. Ce supplice étant très lent, c'était peut-être un adoucissement introduit par la coutume pour abréger un peu l'effroyable longueur de l'agonie et accélérer la mort. Les deux larrons eurent ainsi les jambes rompues, mais le Sauveur, épuisé par tous les mauvais traitements qu'il avait endurés, avait déjà rendu le dernier soupir, et de même que pour l'Agneau pascal, qui était sa figure, aucun de ses os ne fut brisé[5].

---

[1] Rohault de Fleury, *Mémoire sur les instruments de la Passion*, p. 183-198. — Pour l'histoire du titre de la croix, voir aussi Gosselin, *Notice sur la Sainte Couronne*, p. 40-55.

[2] Cf. Homère, *Il.*, v, 488; *Odys.*, iii, 271; v, 473. etc.; Sophocle, *Antig.*, 29, 205; *Ajax*, 817; Eschyle, *Sept.*, 1071; *Suppl.*, 781, etc. Cicéron, *Tusc.*, i, 43; Horace, *Ep.*, i, 16, 48 (non pascas in cruce corvos); Lucain, *Phars.*, vi, 543; Prudence, *Perist.*, xi, 65-66, t. lx, col. 539.

[3] « Cruces succiduntur, percussos sepeliri carnifex non vetat. » Quintilien, *Declam.*, vi, 9. Cf. Digeste, xlviii, 24, 1.

[4] Luc, xix, 31.

[5] Joa., xix, 31-37.

Les soldats qui l'avaient crucifié se partagèrent ses dépouilles[1], et, comme sa tunique était sans couture, ils ne la divisèrent point, mais la tirèrent au sort[2]. La tradition rapporte qu'elle fut donnée en présent par l'impératrice Irène à Charlemagne et apportée de Constantinople en France. L'empereur la déposa à Argenteuil, où on la conserve encore, à l'exception des parties qui ont été enlevées à l'époque de la Révolution. La tunique était le principal vêtement de dessous ; par son usage, elle se rapprochait donc de la chemise ; par sa forme, elle ressemblait beaucoup à la blouse moderne. Elle descendait jusqu'aux chevilles, avec deux manches couvrant seulement la moitié des bras. Celle d'Argenteuil[3] a un mètre 45 de hauteur et un mètre 15 de largeur. Elle est tissée, en commençant par le haut, dans toute son étendue et sans couture. Le tissu est assez lâche et ressemble à du canevas fin, dont les fils, d'origine animale, seraient très tors. Elle a été faite à l'aiguille sur un métier fort simple, tel qu'une tablette recevant sur ses deux faces la chaîne et la trame[4].

L'Église de Trèves possède aussi une Sainte Tunique. Pour la conserver, on l'a depuis longtemps placée entre deux enveloppes. Celle de dessus est une étoffe de soie damassée, qui paraît provenir de l'Orient et remonter à une époque comprise entre le vi[e] et le ixe siècle. L'enveloppe de dessous est une sorte de gaze ou crêpe de Chine. Entre les en-

---

[1] Matth., xxvii, 35 ; Marc, xv, 24 ; Luc, xxiii, 34 ; Joa., xix, 23.

[2] Joa., xix, 24.

[3] Rohault de Fleury, *Mémoire sur les instruments de la Passion*, p. 254-257 ; A. Jacquemot, *La Tunique sans couture de N.-S. Jésus-Christ conservée dans l'église d'Argenteuil, essai critique et historique*, in-12, Paris, 1893, p. 177-205.

[4] Sur les représentations antiques de la Sainte Tunique, voir A. de Waal, *Das Kleid des Herrn auf den frühchristlichen Denkmälern. Mit 2 Tafeln und 21 Textbildern*, in-8°, Fribourg-en-Brisgau, 1891.

veloppes se trouvent des parties d'étoffe, adhérentes malgré des lacunes, et qui ont indubitablement formé à l'origine le vêtement entier. Elles constituent la véritable relique. La couleur en est grisâtre, le tissu très fin, la matière paraît être de toile ou de coton [1].

On ne saurait déterminer laquelle des deux tuniques, celle d'Argenteuil ou celle de Trèves, fut tirée au sort au Calvaire entre les soldats romains. L'une des deux reliques peut être la tunique de dessus, l'autre celle de dessous [2].

Pour ensevelir le Sauveur, on employa environ cent livres de myrrhe et d'aloès [3]. Ces parfums ont la vertu de garantir le corps de la putréfaction. Quatre ou cinq livres auraient pu suffire, afin d'embaumer le corps de Jésus, mais il fut plongé dans les parfums et non pas seulement enduit.

Il fallut une grande quantité de linges et de bandelettes pour maintenir cette quantité considérable d'aromates autour du corps sacré du Sauveur. Certaines momies égyptiennes sont enveloppées de deux à trois cents mètres de toile de lin. De même qu'on avait prodigué les parfums, on ne dut pas ménager le linge pour l'ensevelissement du divin Maître.

Indépendamment de ces linges, dont parle saint Jean [4], Jésus avait été enveloppé d'un suaire par Joseph d'Arima-

---

[1] Et. Beissel, S. J., *Geschichte des heiligen Rockes*, 2ᵉ édit., in-8º, Trèves, 1889 (l'auteur donne, p. 295, 302, 313-318, la bibliographie des nombreuses publications faites sur la Sainte Robe); C. Willems, *Der heilige Rock zu Trier*, in-16, Trèves, 1891 (traduit en français par Furcy Raynaud, *La Sainte Robe de N.-S. Jésus-Christ à Trèves*, in-16, Trèves, 1891).

[2] C. Willems, *La Sainte Robe de Trèves et la Religion d'Argenteuil*, in-16, Paris, 1894, p. 6, 122; A. Jacquemot, *La Tunique sans couture*, p. 176-177.

[3] Joa., xix, 39.

[4] Joa., xix 40; xx, 5; 7.

thie [1], pour être porté du Calvaire au Saint-Sépulcre. On vénère un Saint Suaire à Turin en Piémont, celui qui enveloppait le corps, et un autre à Cadouin, dans la Dordogne, celui qui enveloppait la tête.

Le Saint Suaire de Turin « est une pièce d'étoffe de quatre mètres environ de longueur, en lin, un peu jauni par le temps et rayé comme du basin. De grandes taches, dont quelques-unes indiquent certainement la place de la tête [2], ne peuvent être attribuées qu'au sang divin dont ce saint suaire fut décoré. Le temps a fait dans le tissu des trous imperceptibles dont quelques-uns ont été réparés par les princesses [de Savoie] [3]. » Les statues des rois de Piémont, placées aux angles de la Chapelle, semblent monter la garde autour de la sainte Relique.

« La longueur du Saint Suaire [de Cadouin] est de 2 mètres 81 ; sa largeur de 1 mètre 13. La pièce d'étoffe est entière, ayant une lisière sur les deux côtés larges et une bordure coloriée sur les deux côtés longs... La couleur en est blanche, altérée par le temps ; mais la teinte qui en est résultée n'a aucun rapport avec la teinte écrue générale dans toutes les toiles qui ont servi à la sépulture dans l'ancienne Égypte [4]. » Tous les monuments donnent unanimement à la relique de Cadouin le nom de *Sudarium capitis Domini* ou Suaire du chef du Seigneur [5].

---

[1] Matth., xxvii, 59 ; Marc, xv, 46 ; Luc, xxiii, 53.

[2] Ces taches du sang ont pu provenir d'autres plaies. Si elles indiquent véritablement la place de la tête, il faut supposer que, outre le Suaire qui enveloppait tout le corps, on avait mis, de plus, par dessus, autour de la tête, un Suaire particulier. Voir plus bas la note 5.

[3] Mgr Jeancart, description communiquée à M. Ch. Rohault de Fleury, *Mémoire sur les instruments de la Passion*, p. 243.

[4] Vte de Gourgues, description communiquée à M. Charles Rohault de Fleury, *Mémoire sur les instruments de la Passion*, p. 238-239. Pour la description plus détaillée, voir Vicomte de Gourgues, *Le Saint Suaire*, in-8°, Périgueux, 1868, p. 60 et suiv.

[5] Voir *ibid.*, p. 43. Le Saint Suaire de Turin avait dû servir à enve-

Jésus fut enseveli dans le tombeau de Joseph d'Arimathie, où personne n'avait encore été déposé[1]. Ce tombeau était creusé dans le roc[2], selon une coutume commune dans le pays. On voit encore autour de Jérusalem et dans les environs une multitude de tombeaux de ce genre. Celui qui devait devenir si glorieux sous le nom de Saint-Sépulcre était composé, d'après la tradition, de deux chambres, dont la première formait le vestibule de la seconde. C'est dans cette dernière que fut placé le corps du divin crucifié.

Il est impossible de se rendre exactement compte aujourd'hui, par l'inspection des lieux, de la disposition primitive. Sainte Hélène, en préparant le terrain pour isoler le tombeau du Sauveur, placé actuellement au milieu de la rotonde de l'Église du Saint-Sépulcre, modifia la forme du monument et le rendit quadrangulaire. La première chambre du tombeau, nommée chapelle de l'Ange, parce qu'on croit que c'est là que l'ange annonça aux saintes femmes la résurrection du Sauveur[3], est une sorte de vestibule long de 3 mètres 45, sur 2 mètres 90 de large. On entre en se baissant, par une petite porte très basse, percée dans le mur ouest, dans la seconde chambre, appelée chapelle du Tombeau de Notre-Seigneur. Cette chapelle a 2 mètres 07 de long sur 1 mètre 93 de large. Des plaques de marbre blanc couvrent le roc naturel. Le tombeau proprement dit s'élève de 65 centimètres au-dessus du pavement; il est long de 1 mètre 89 et large de 93 centimètres, creusé en forme d'auge et adhérent aux parois nord-ouest et est.

lopper le corps du Seigneur, comme nous l'avons dit, p. 190, note 2, tandis que celui de Cadouin n'avait servi à envelopper que la tête. Saint Jean, xx, 7, mentionne expressément le « sudarium quod fuerat super caput ejus ». — On vénère des Saints Suaires ou linges sacrés en plusieurs autres églises.

[1] Matth., xxvii, 60; Marc, xv, 46; Luc, xxiii, 53; Joa., xix, 38, 41.
[2] Matth., xxvii, 60; Marc, xv, 46; Luc, xxiii, 53.
[3] Matth., xxviii, 1-6; Marc, xvi, 5-7; Luc, xxiv, 4-7.

On le fermait à l'aide d'une grande pierre, qu'on roulait devant la porte extérieure[1]. Une pierre de ce genre, qui ferme encore aujourd'hui le tombeau dit des Rois à l'ouest de Jérusalem, permet de se rendre parfaitement compte de ce que racontent les Évangiles. Cette pierre a la forme d'une meule[2]. On la fait mouvoir en la roulant. Si l'on veut fermer le tombeau, on la roule devant l'ouverture. Pour ouvrir le tombeau, on pousse la pierre dans une petite galerie, à ciel ouvert, creusée à gauche dans le roc vif et suffisamment longue pour dégager complètement l'accès du sépulcre. Quand cette pierre roulante est placée devant la porte, il est facile d'y mettre des sceaux et l'on ne peut plus pénétrer dans l'intérieur du monument sans les rompre. Jésus voulut que son tombeau fût scellé[3] et gardé par des soldats[4] afin que le miracle de sa résurrection fût plus glorieux et plus manifeste.

---

[1] Matth., xxvii, 60 ; xxviii, 2 ; Marc, xv, 46 ; xvi, 3-4 ; Luc, xxiv, 2.

[2] Le tombeau qui a été découvert par des moines grecs en 1892 et qu'on croit être le tombeau des Hérodes, à l'ouest de Jérusalem, à une petite distance de la porte de Jaffa, est aussi fermé par une magnifique porte ronde, grande et épaisse, et presque aussi bien conservée que si elle était neuve.

[3] Matth., xxvii, 66.

[4] Matth., xxvii, 63-66,

# LIVRE III

## LES ACTES DES APÔTRES

# CHAPITRE PREMIER.

EXACTITUDE ET VÉRACITÉ DES ACTES DES APÔTRES.

Aucun livre de l'antiquité n'a plus de points de contact que les *Actes des Apôtres* avec l'histoire, la politique et la géographie juives, grecques et romaines. Aucun ouvrage ancien ne nous fournit, par là même, plus de moyens de vérifier son exactitude jusque dans les plus menus détails.

Saint Luc touche à tout dans cet écrit. En racontant les voyages des premiers prédicateurs de l'Évangile et ce qu'ils entreprennent pour la conversion du monde, il nous fait connaître les usages, les mœurs, les coutumes de la Palestine, de l'Asie Mineure, de la Grèce, de l'Italie; la manière dont sont gouvernées et administrées les provinces de l'empire, les passions qui y règnent, le langage qu'on y parle, les traits par lesquels elles se ressemblent et ceux par lesquels elles diffèrent les unes des autres; il est ainsi amené, comme sans le vouloir et sans s'en douter, à nous tracer un tableau en raccourci de l'empire romain, à l'époque qui suivit la mort de Notre-Seigneur. Ce tableau est peint sur le vif. Les personnages s'y meuvent, sont pleins de vie et de vérité.

A l'aide des découvertes archéologiques et surtout épigraphiques de notre siècle, nous pouvons apprécier aujourd'hui, bien mieux qu'on ne pouvait le faire autrefois, la vérité de ce tableau ; nous pouvons contrôler, pour ainsi dire, page par page et ligne par ligne, les Actes des Apôtres. Le résultat de cet examen, est-il besoin de le dire, est tout à fait en leur faveur. Plus les sciences historiques progressent, plus elles rendent hommage à la véracité, à l'exactitude, à la science de saint Luc. Sans aucune affectation d'érudition, sans aucune préoccupation de critique, avec une simplicité exquise et un naturel parfait, avec une justesse d'expression que ne pourrait atteindre l'historien le plus savant de nos jours, il nous transporte dans le milieu où étaient les Apôtres, il nous raconte les faits dont ils ont été les acteurs, les héros ou les victimes, il nous fait vivre de leur vie. C'est un chef-d'œuvre historique, parce que c'est la vérité même qui parle par la plume de l'écrivain.

Nous ne nous proposons point de le prouver ici en détail, mais seulement au moyen de quelques exemples, empruntés principalement aux découvertes épigraphiques récentes. Nous suivrons saint Paul en Cypre, en Macédoine, à Athènes, à Éphèse, dans l'un de ses voyages à Jérusalem et dans sa traversée de Césarée de Palestine à Malte et à Pouzzoles. Les fouilles exécutées par le général di Cesnola dans l'île de Chypre nous mettront en état de justifier ce qui est dit du séjour de l'Apôtre dans cette île ; celles qui ont été faites à Éphèse par M. Wood nous expliqueront jusqu'aux mots qu'emploie saint Luc dans le récit de la sédition occasionnée par la prédication de l'Évangile dans cette ville[1] ; les recherches de M. Heuzey et de M. l'abbé Duchesne en Macédoine serviront de commentaire à ce que dit le récit sacré sur Philippes et sur Thessalonique ; l'étude des lieux nous

---

[1] Voir là-dessus Lightfoot, *Illustrations of the Acts from recent Discoveries*, dans la *Contemporary Review*, mai 1878.

permettra de suivre saint Paul à Athènes et sur le rocher de l'Aréopage; une inscription trouvée à Jérusalem par M. Clermont-Ganneau confirmera, par son témoignage, l'existence d'une défense judaïque, interdisant l'entrée du Temple aux païens, défense signalée par les Actes, à l'occasion de l'arrestation de saint Paul dans la capitale de la Judée; enfin, guidés par les travaux des marins et des hydrographes modernes, nous accompagnerons l'Apôtre prisonnier dans son voyage de Césarée en Italie.

# CHAPITRE II.

### SAINT PAUL DANS L'ÎLE DE CYPRE.

La description du gouvernement des provinces romaines, du temps de saint Paul, était un terrain glissant pour les écrivains de l'époque qui n'auraient pas été minutieusement instruits de la vérité. Lorsque Auguste se fut emparé du pouvoir suprême, il se partagea les provinces avec le Sénat. Il y eut ainsi, dès lors, deux espèces de provinces dans l'empire; les provinces impériales, dont le gouverneur était nommé par l'empereur, et les provinces sénatoriales, dont le gouverneur était nommé par le Sénat. Le gouverneur d'une province impériale portait le titre de légat ou de propréteur (πρεσβευτής ou ἀντιστράτηγος); celui d'une province sénatoriale recevait le nom de proconsul (ἀνθύπατος)[1]. L'usage et la valeur des noms de propréteur et de proconsul furent ainsi changés; car, tandis que, sous la République, ils indiquaient que les gouverneurs de province, à qui on les donnait, avaient été préalablement préteurs ou consuls à Rome, ils n'exprimèrent plus désormais que l'origine impériale ou sénatoriale de la dignité, sans tenir aucun

---

[1] H. Waddington, *Fastes des provinces asiatiques de l'empire romain*, 1re partie, 1872, p. 3-4, 17; Conybeare and Howson, *The Life and Epistles of St. Paul*, 1880, p. 116.

compte des fonctions qu'avait pu remplir autrefois le personnage qui en était maintenant revêtu.

Cette distinction des provinces impériales et sénatoriales est déjà une difficulté grave par elle-même dans la géographie administrative de l'empire romain ; mais ce qui l'accroît outre mesure, c'est que cette distinction fut soumise à des variations et à des changements perpétuels. S'il éclatait des troubles dans une province sénatoriale, et si, pour y rétablir l'ordre, il était nécessaire d'y établir le régime militaire, elle cessait d'être soumise au Sénat pour devenir impériale, et le Sénat recevait en échange une province impériale, qui par là même devenait sénatoriale. Dans cet état de choses, il est quelquefois impossible d'affirmer, à un moment donné, si telle province dépendait directement de l'empereur ou du Sénat, à moins d'être renseigné par un témoignage contemporain, direct et explicite. Ainsi, la province d'Achaïe, quelques années avant le voyage de saint Paul à Corinthe, avait à sa tête un propréteur; mais, à l'époque de ce voyage, elle dépendait du Sénat et était, par conséquent, gouvernée par un proconsul, comme le dit très exactement saint Luc[1].

L'île de Cypre nous fournit un exemple moins connu, mais non moins instructif de la véracité de l'historien des Actes. Les anciens critiques avaient reproché à saint Luc de s'être trompé en plaçant à Cypre un proconsul[2]. Comme Strabon, après avoir mentionné le partage des provinces de l'empire, dont nous avons parlé tout à l'heure, entre l'empereur et le Sénat, ajoute[3] que l'empereur garda pour lui

---

[1] Act., xviii, 12.

[2] Cf. L. de Wette, *Kurzgefasstes exegetisches Handbuch, Apostelgeschichte*, 1841, p. 97.

[3] Strabon, xiv, 6, édit. Didot, p. 584, après avoir dit que Marcus Caton avait pris possession de l'île de Cypre, ajoute : Ἐξ ἐκείνου δέ ἐγένετο ἐπαρχία ἡ νῆσος, καθάπερ καὶ νῦν ἐστι, στρατηγική.

CHAP. II. SAINT PAUL DANS L'ÎLE DE CYPRE. 201

l'île de Cypre, on en avait conclu que le gouverneur de Cypre devait porter, du temps de saint Paul, le titre de propréteur[1].

La conclusion n'était pas exacte, mais elle paraissait l'être. Comment donc justifier saint Luc d'avoir donné au gouverneur de Cypre, Sergius Paulus, le titre de proconsul?

Le cardinal Baronius, dans ses *Annales*[2], supposa que, quoique Cypre ne fût qu'une province prétorienne, elle était cependant administrée, par honneur, par le proconsul de Cilicie, et que Sergius Paulus était proconsul de Cilicie. Grotius[3] imagina que « proconsul » n'était pas le titre officiel de Sergius Paulus, mais un titre que lui attribuaient, par flatterie, ses créatures, au lieu de celui de propréteur, auquel il avait seul réellement droit.

Toutes ces hypothèses portent à faux, parce qu'une partie des renseignements nécessaires pour résoudre la question manquaient aux savants d'autrefois.

Le Sénat donnait ordinairement les deux grandes provin-

---

[1] Strabon, XVII, 25, édit. Didot, p. 713. Strabon nomme Cypre comme la neuvième province impériale. Ce qu'il dit est exact, mais pour une très courte période, de l'an 27 à l'an 22 avant Jésus-Christ. Becker et Marquahrdt, *Handbuch der römischen Alterthümer nach den Quellen bearbeitet*, Leipzig, 1851, t. III, Abth. I, p. 295, note. Nous verrons plus loin, p. 202, comment Auguste échangea Cypre et la Narbonnaise pour la Dalmatie. Saint Luc, a donc été très exact, là où les savants modernes se sont longtemps égarés.

[2] Baronius, *Annales ecclesiastici*, ad annum 46, édit. de 1738, t. I, p. 336.

[3] D'après Grotius, on ne pouvait justifier l'expression de saint Luc, qu'en l'expliquant par une catachrèse : « Τῷ ἀνθυπάτῳ, *proconsule*, dit-il, est κατάχρησις (*abusio*), proprie enim qui Cypro præerat vocabatur ἀντιστράτηγος, *proprætor*. Sed non mirum est Græcos ista permiscuisse, aut potius, ut egregii erant adulatores, nomen quam honorificentissimum dedisse provinciarum Rectoribus. Generale nomen est Præsidis, quo et hic latine uti licet. » Grotius, *Ad Acta Apostolorum*, XIII, 7, dans ses *Opera theologica*, 1679, t. II, vol. I, p. 612.

ces d'Asie et d'Afrique à deux anciens consuls des années précédentes[1], et il confiait le reste des provinces de sa dépendance à d'anciens préteurs ; mais tous les gouverneurs sénatoriaux, celui de l'île de Cypre, par conséquent, comme les autres, portaient le titre de proconsul, quelles que fussent les charges qu'ils eussent remplies autrefois. C'est là un fait désormais certain. Il est constaté par les récentes découvertes épigraphiques, comme par les informations que nous a laissées Dion Cassius.

Les Romains avaient pris possession de l'île de Cypre, peu de temps avant l'ère chrétienne, par les mains de Caton. Cicéron avait été proconsul de Cypre et de Cilicie en 52 avant J.-C. Antoine fit présent de l'île à Cléopâtre ; à la mort du triumvir, Auguste révoqua cette donation[2]. Quand les provinces romaines furent partagées pour la première fois entre l'empereur et le Sénat, l'an 27 avant J.-C., l'île de Cypre échut en partage à Auguste ; mais Dion Cassius nous apprend que l'empereur échangea plus tard, avec le Sénat, Cypre et la Gaule narbonnaise contre la Dalmatie[3]. Rappelant ce détail à l'année 22 avant J.-C., il ajoute : « Et c'est ainsi qu'on commença à envoyer des *proconsuls* dans ces contrées[4]. »

---

[1] Les deux plus anciens parmi les consuls des années précédentes tiraient au sort les deux proconsulats.

[2] General L. Palma di Cesnola, *Cyprus, its ancient cities, tombs and temples, a narrative of researches and excavations during ten years' residence as American Consul in that island*, in-8°, Londres, 1877, p. 29.

[3] Ὕστερον τὴν μὲν Κύπρον καὶ τὴν Γαλατίαν τὴν περὶ Νάρβωνα τῷ δήμῳ ἀπέδωκεν, αὐτὸς δὲ τὴν Δελματίαν ἀντέλαβε. Dion Cassius, LIII, 12, édit. Teubner, t. III, p. 89.

[4] Τότε δ' οὖν καὶ Κύπρον καὶ τὴν Γαλατίαν τὴν Ναρβωνησίαν ἀπέδωκε τῷ δήμῳ ὡς μηδὲν τῶν ὅπλων αὐτοῦ δεομένας· καὶ οὕτως ἀνθύπατοι καὶ ἐς ἐκεῖνα τὰ ἔθνη πέμπεσθαι ἤρξαντο. Dion Cassius, LIV, 4, t. III, p. 117. On

## CHAP. II. SAINT PAUL DANS L'ÎLE DE CYPRE. 203

De là il résulte que Strabon est exact, quand il donne la liste des provinces impériales et sénatoriales du temps d'Auguste ; Dion Cassius est d'accord avec lui sur ce point ; l'un et l'autre placent également l'île de Cypre parmi les provinces dépendant de l'empereur. Seulement Strabon omet de dire ce que nous apprend Dion Cassius, c'est que bientôt après le premier partage, il y eut un échange et que Cypre passa d'Auguste au Sénat et au peuple. Dion Cassius complète ainsi Strabon et sa propre exactitude est confirmée par les monuments épigraphiques et numismatiques, qui s'unissent tous pour rendre témoignage aux Actes des Apôtres.

Que Cypre ait été sous la juridiction des proconsuls depuis lors et du temps de saint Luc, nous en avons d'ailleurs des preuves décisives. Les documents contemporains attestent en effet la présence des proconsuls dans cette île avant, pendant et après le règne de l'empereur Claude, sous lequel saint Paul la visita. Les inscriptions nous font connaître le nom de deux des gouverneurs de cette île du temps de Claude, en l'an 51 et l'an 52. Ils s'appelaient Q. Julius Cordus et L. Annius Bassus[1], et portaient le titre de proconsuls.

Les médailles nous ont conservé le nom d'un troisième proconsul, Cominius Proclus, et peut-être même d'un quatrième, Quadratus, qui administrèrent aussi Cypre à l'époque de Claude[2].

La médaille de Cominius Proclus porte, sur la face, une tête laurée de l'empereur Claude, avec l'inscription latine :

---

voit que, dans ce passage, Dion Cassius emploie le même mot que saint Luc, ἀνθύπατος.

[1] Bœckh, *Corpus inscriptionum græcarum*, nos 2631, 2632, t. II, p. 442.

[2] J. Y. Akerman, *Numismatic Illustrations of the New Testament*, in-8º, Londres, 1846, p. 39-42.

(CL)AUDIUS CAESA(R AUG).

Sur le revers, on lit en lettres grecques :

ΕΠΙ ΚΟΜΙΝΙΟΥ (ΠΡΟΚΛ)ΟΥ ΑΝΘΥΠΑ(ΤΟΥ)
ΚΥΠΡΙΩΝ

C'est-à-dire : « (Monnaie) des Cypriotes, sous Cominius Proclus, proconsul. » Le nom de Proclus est en partie ef-

8. — Médaille de Cominius Proclus, proconsul de Cypre.

facé sur le spécimen que nous reproduisons ici, mais il est bien conservé dans d'autres exemplaires, inférieurs sous d'autres rapports.

Le titre d'*anthupatos* ou proconsul, que prend Cominius Proclus sur cette médaille, est précisément celui que saint Luc donne à Sergius Paulus.

Pendant quelque temps seulement, l'île de Cypre n'a pas été gouvernée par des proconsuls.

Une inscription, découverte à Éphèse par M. Wood, montre qu'il y avait, sous l'empereur Hadrien[1], un pro-préteur en Cypre, probablement à la suite de troubles amenés par l'insurrection des Juifs ; mais l'île ne tarda

---

[1] Mommsen, *Corpus inscript. lat.*, t. III, n° 6072, p. 679.

pas à être remise sous la dépendance du Sénat, car, quelque temps après, sous l'empereur Sévère, en 198, elle est de nouveau sous l'administration d'un proconsul[1].

L'exactitude minutieuse de saint Luc est donc au-dessus de toute contestation. Il ne manquait plus, pour lui donner la confirmation la plus éclatante, que de découvrir une inscription de Sergius Paulus lui-même, dans laquelle il prît le titre que lui décerne l'auteur des *Actes des Apôtres*. M. di Cesnola a eu le rare bonheur de découvrir cette inscription, à Soles, sur un piédestal de marbre blanc. C'est une dédicace d'un certain Apollonius à son père et à sa mère[2]. Elle est en partie mutilée, et le sens en est fort douteux; mais la phrase importante pour nous est très claire et sans ambiguïté possible. Elle donne la date du monument en ces termes :

ΕΠΙ ΠΑΥΛΟΥ (ΑΝΘ)ΥΠΑΤΟΥ.
« Sous Paulus, proconsul. »

Lorsque saint Paul et saint Barnabé visitèrent l'île de Cypre, Sergius Paulus résidait à Paphos, aujourd'hui Kuklia. On y voit encore les ruines du grand temple de Vénus. Il était situé sur une éminence; une partie de ses murs gigantesques sont restés debout. Vénus était la grande déesse de l'île, d'où le surnom de *Cypria* qu'elle avait reçu. Paphos se distingue par sa beauté. « Une mer bleue et brillante, une plaine verdoyante et dorée par le soleil, des collines tapissées de forêts de pins et veinées de blanc par des masses de neige[3]. »

[1] Mommsen, *Corpus inscript. lat.*, t. III, n° 218, p. 42.
[2] Di Cesnola, *Cyprus*, p. 425. Cf. p. 229. Le nom de Sergius ne se lit pas dans cette inscription, mais on ne peut guère douter que ce ne soit le proconsul de ce nom, car les exemples de la suppression de l'un des deux noms ne sont pas rares. Sur le proconsul P. Sergius, voir aussi A. Palma di Cesnola, *Salaminia*, in-8°, Londres, 1882, p. 109.
[3] Dixon, *British Cyprus*, in-8°, Londres, 1879, p. 315.

Du temps de saint Paul, la plupart des habitants de l'île de Cypre étaient grecs, mais il y avait aussi un grand nombre de Juifs, dont la plupart s'y étaient sans doute fixés quand Hérode le Grand avait obtenu le monopole des riches mines de cuivre de l'île, moyennant la redevance de la moitié des bénéfices qu'il s'était engagé à payer à l'empereur Auguste[1].

Le récit des Actes nous apprend que Sergius Paulus avait auprès de lui à Paphos[2], quand Barnabé et Saul arrivèrent dans cette ville, un devin ou magicien juif appelé Élymas (Barjésu). Comme ce « pseudo-prophète », ainsi que l'appelle le texte, s'efforçait de détourner le proconsul d'embrasser la foi chrétienne, Saul, qui pour la première fois est alors appelé Paul, le frappa de cécité[3].

La magie et la sorcellerie étaient en grand honneur dans l'île de Cypre, comme on peut le conclure de ce passage et comme l'atteste l'épigraphie. On a trouvé en effet à Curium, non loin de Paphos, d'assez nombreuses inscriptions[4] gravées sur des tablettes de plomb[5] et contenant des formules magiques, conjurations, imprécations contre certaines personnes[6]. Elles sont rédigées en grec et d'une manière analogue quant au fond. Voici la traduction de l'une d'entre elles :

---

[1] Josèphe, *Ant. jud.*, XVI, iv, 5 ; XIII, x, 4 ; XVII, xii, 2.

[2] Pour les monuments antiques de Paphos, voir Max Ohnefalsch Richter, *Kypros, die Bibel und Homer*, 2 in-4°, Berlin, 1893, *Tafel-Band*, pl. xviii ; *Text-Band*, p. 521.

[3] Act., xiii, 6-12.

[4] Elles sont au nombre de dix-sept. On les a trouvées toutes ensemble, en creusant un puits et elles sont conservées aujourd'hui au British Museum à Londres.

[5] Miss L. Macdonald les a publiées, *Inscriptions relating to Sorcery in Cyprus*, dans les *Proceedings of the Society of Biblical Archæology*, février 1891, t. xiii, p. 174-190.

[6] Cette espèce de charmes s'appelait en grec κατάδεσμος, κατάδεσις, en latin, *diræ*, *defixiones*, « lien, nœud magique. »

## CHAP. II. SAINT PAUL DANS L'ÎLE DE CYPRE. 207

1. Démons[1], qui habitez sous la terre et démons, qui que vous soyez,
2. pères des pères et mères semblables aux hommes,
3. vous qui habitez ici et vous qui habitez ici,
4. ôtant du cœur l'esprit[2] plein de soucis,
5. faites sortir d'Ariston,
6. l'esprit[2] qu'il a contre moi Sotérianos, appelé aussi Limbaros, et
7. sa colère, et retirez de lui son pouvoir et sa force et
8. rendez-le froid et aphone et sans souffle[3],
9. froid pour moi Sotérianos, appelé aussi Limbaros. Je vous adjure
10. par les grands dieux μασωμασιμαϐλα[ϐοιω [4]
11. μαμαξω ευμαζω ενδενεκοπτουραμελοφθημαρχ]ρχ
12. χ]ου ρασρωεεκαμαδωρμαχθουδουρασκιθωρασακηϐο
13. ζων]θθααθχαμοδοιραλααρ ακου ρχεντ ακου μαλας ακουεστε
14. αλαρ]ουεχεαρμαλαρκαραμεφθη σισοχωρ αδωνειχ χθω[ν
15. χο]υχμαθερφεσθερμωμασμαρασμαχουχιμανουφιλα[εσωσι
16. dieux du monde inférieur. Faites sortir d'Ariston et du fils
17. d'Ariston l'esprit[5] et la colère qu'il a contre moi,
18. Sotérianos appelé aussi Limbaros, et livrez-le au gardien de la porte
19. d'où viennent les malédictions, à celui qui est préposé à la porte de l'Hadès[6]

---

[1] Δεμονες.

[2] Θυμος.

[3] Απνευμοναν.

[4] Nous reproduisons tels quels les mots magiques qui n'ont pas de sens ou dont le sens est inconnu. Ces mots se retrouvent dans les autres incantations de Curium.

[5] Θυμος.

[6] On déposait les formules imprécatoires dans le cercueil d'un mort, afin qu'il les remît dans l'autre monde aux dieux de l'enfer, pour en assurer l'accomplissement. Voir G. Maspero, Nouvelle « Tabella Devotionis », découverte à Hadrumète, dans R. de la Blanchère, *Collections du Musée Alaoui*, in-f°, Paris, 1890, p. 101-108; G. A. Deissmann, *Ein epigraphisches Tafel des alexandrinischen Alten Testaments*, dans ses *Bibelstudien*, in-8°, Marbourg, 1895, p. 33.

20. et aux verroux du ciel στερξερξ ηρ
21. ηξα ρη]σιχθων αρδαμαχθουρ πριστου λαμπαδευ στενα[κτα
22. Ensevelissez celui dont le nom a été auparavant écrit sur cette puissante [1]
23. conjuration [2].
24. Je conjure contre vous le roi des démons muets.
25. Écoutez le grand nom, car il est votre maître, le
26. grand σ]ισχωρ, qui fait sortir des portes de l'Hadès.
27. Liez (par les conjurations magiques)[3] mon enmemi Ariston et endormez
28. sa langue, et son esprit[4] et la colère qu'il a contre moi,
29. Sotérianos, appelé aussi Limbaros, lui Ariston, afin qu'il ne lui soit pas possible
30. de s'opposer à moi en quoi que ce soit, je vous conjure, démons
31. polyandres, morts de mort violente, prématurée, qui n'avez pas passé par le tombeau, par celle
32. qui déchire la terre κατενενκασης μελιουχου ταμελη κε αυτον μελιουχον,
33. je vous conjure par αχαλεμορφωθ qui est seul sur la terre,
34. dieu, οισωρνοφρις [5] οισραπιω [6], exécutez les choses ici écrites.
35. O tombeau plein de larmes, dieux du monde inférieur, Hécate Cthonia et Hermès Cthonios
36. et Pluton et les Érynnies Hypochtoniennes et vous qui dormez ici,
37. prématurément morts et sans nom, enlevez sa voix à Ariston
38. qui est contre moi, Sotérianos, appelé aussi Limbaros. Je vous confie
39. cette conjuration pour réduire au silence Ariston;

---

[1] Φιμωτικος, « qui lie, réduit au silence. »

[2] Καταθεμα, même sens que καταδεμος

[3] Καταδησατε.

[4] Θυμος.

[5] Osiris.

[6] Sérapis (?)

40. donnez son nom aux dieux chtoniens αλλα αλκη
41. κε αλκε]ω κε λαλαβανατω τω τριωνυμω κουρα, que toujours pour moi ils
42. accomplissent (ce que je demande) et qu'ils réduisent au silence mon ennemi à moi Sotérianos,
43. appelé aussi Limbaros, (mon ennemi) Ariston. Réveille-toi pour moi, toi qui as
44. le palais souterrain des Érynnies. Je vous conjure
45. par les dieux de l'Hadès[1]...

Élymas faisait peut-être commerce en Cypre de tablettes magiques exécratoires analogues à celle que nous venons de rapporter.

---

[1] L'inscription a 58 lignes. Les lignes 46-53 sont inintelligibles, et renferment presque exclusivement des mots qui n'ont pas de sens. Les lignes 54-58 sont mutilées. Voir Miss L. Macdonald, dans les *Proceedings of the Society of Biblical Archæology*, février 1891, p. 166-167, 174-175.

# CHAPITRE III

SAINT PAUL A PHILIPPES.

C'est dans son premier voyage de missions que saint Paul avait visité l'île de Cypre ; c'est dans le second qu'il se rendit en Macédoine. Saint Luc l'accompagna dans ce pays et il nous a conservé plusieurs épisodes très intéressants du séjour de son maître dans deux des principales villes de l'ancien royaume d'Alexandre le Grand, c'est-à-dire Philippes et Thessalonique. Nous pouvons suivre à notre tour saint Paul au milieu des Macédoniens, et vérifier l'exactitude de son biographe, à l'aide des découvertes de quelques savants français contemporains.

M. Heuzey, accompagné d'un architecte, M. Daumet, a exploré, en 1861-1862, l'antique royaume de Macédoine qu'il avait déjà visité auparavant[1]. Il a passé près d'un mois à Philippes et il a étudié aussi avec un intérêt particulier Thessalonique[2]. Les résultats de ses recherches

---

[1] Avec M. Delacoulonche. Voir Delacoulonche, *Mémoire sur le berceau de la puissance macédonienne*, in-8°, Paris, 1859, p. 15, note.

[2] Voir son rapport dans le *Moniteur* du 13 avril 1862.

212   LIVRE III. LES ACTES DES APÔTRES.

sont consignés dans son *Exploration archéologique de Macédoine*[1].

En 1874, M. l'abbé Duchesne, aujourd'hui directeur de l'École française à Rome, a visité à son tour Thessalonique et y a fait une nouvelle moisson épigraphique qui a été publiée dans les *Archives des missions scientifiques*[2].

Nous allons voir comment leurs découvertes confirment la véracité des Actes des Apôtres.

Une vision détermina saint Paul à se rendre en Macédoine. Il était à Troade. Pendant la nuit, un Macédonien lui apparut et lui dit : « Venez en Macédoine, secourez-nous[3]. »

« Aussitôt après la vision, dit saint Luc en commençant à parler à la première personne, nous nous préparâmes à partir pour la Macédoine... Nous étant donc embarqués à Troade, nous allâmes directement à Samothrace, le lendemain à Néapolis[4] et de là à Philippes[5]. » C'est pour la première fois que saint Paul foule la terre d'Europe et lui apporte la bonne nouvelle.

La ville où s'il s'arrête d'abord, Philippes, est décrite dans les termes suivants : « Philippes, qui est la première ville de cette partie de la Macédoine [et a le titre de] colonie[6]. »

Philippes, en effet, était la première ville de Macédoine[7]

---

[1] La publication n'en a été achevée qu'en 1876 ; elle avait été commencée en 1864, Paris, in-folio, avec planches.

[2] *Archives des missions scientifiques et littéraires, choix de rapports et instructions publiés sous les auspices du ministère de l'Instruction publique*. Troisième série, t. III, 1876. *Mission au mont Athos*, p. 203 et suiv.

[3] Act., XVI, 9.

[4] Néapolis, aujourd'hui Cavala.

[5] Act., XVI, 10-11.

[6] Act., XVI, 12. Ἐκεῖθέν τε εἰς Φιλίππους, ἥτις ἐστὶ πρώτη τῆς μερίδος τῆς Μακεδονίας πόλις, κολώνια.

[7] Le mot πρώτη a été expliqué de diverses manières. D'après les uns, il signifie que Philippes était politiquement la première ville de Macédoine ;

CHAP. III. SAINT PAUL A PHILIPPES. 213

qu'on rencontrait sur la route suivie par saint Paul, et elle était *colonie* romaine. Aujourd'hui elle n'est plus qu'un repaire d'animaux sauvages, mais alors elle brillait encore de tout son éclat [1].

« La ville de Philippes, en latin *Philippi*, en grec Φίλιπποι, célèbre par le nom qu'elle tient de son fondateur, illustrée depuis par les événements historiques qui l'ont associée à la chute de la république romaine et aux premiers développements du Christianisme, était située dans cette partie de la Thrace qui s'étend entre le Strymon et le Nestos, et qui fut de bonne heure une province macédonienne [2]... Aux avantages d'une heureuse situation, [dans une plaine encadrée de montagnes [3]], cette terre privilégiée joignait, dans l'antiquité, des richesses exceptionnelles. Le produit qu'elle aurait pu tirer de ses champs fertiles et de ses vastes forêts n'était rien en comparaison du trésor de ses mines. La Thrace possédait sur plusieurs points des gisements aurifères : l'Hèbre roulait l'or en paillettes dans les sables

---

cette interprétation est fausse, car le chef-lieu de la province de Macédoine était Thessalonique. G. V. Lechler et K. Gerok, *Der Apostel Geschichten*, in-8°, Bielefeld, 1860, p. 231. D'autres traduisent : *urbs primaria*, « ville importante », cf. Chr. Th. Kuinoel, *Acta Apostolorum* (*in Act.*, XVI, 12), 2ᵉ édit., in-8°, Leipzig, 1827, p. 542, ce qui est admissible en soi mais ne nous paraît pas être le sens. Le mot πρώτη est employé simplement par rapport au voyage de saint Paul, pour marquer, ce qui est très exact, que Philippes était la première ville de Macédoine qu'on rencontrait en venant de Néapolis, cette dernière appartenant proprement à la Thrace. J. Ayre, *Treasury of Bible Knowledge*, in-12, Londres, 1879, p. 697.

[1] « La ville célèbre de Philippi ne renferme aujourd'hui que des animaux sauvages ; l'oiseau de Minerve s'y régénère au milieu des débris. » Cousinéry, *Voyage de Macédoine*, 2 in-4°, Paris, 1831, t. II, p. 17. — Sur les lieux, en 1894, on nous a dit que des brigands y cherchaient souvent un refuge.

[2] Philippes est située à environ trois heures de la mer, au nord-ouest de l'île de Thasos.

[3] Le mont Pangée et le mont Hæmus.

de son cours ; Thasos le tirait de ses montagnes, et les laboureurs de la Péonie, au rapport de Strabon, le trouvaient presque à fleur de sol sous la forme de grains ou pépites ; mais aucun district ne pouvait se comparer au mont Pangée et aux montagnes mêmes de Philippes, où de nombreux filons qui recélaient l'or et l'argent en abondance, suffirent à une exploitation de plusieurs siècles [1]. La recherche de l'or fut donc la grande affaire de cette contrée, pendant une longue suite d'années, et c'est tout le secret de son histoire [2]. »

Philippe de Macédoine donna son nom à la ville de Philippes [3] ; il y établit des mineurs et un atelier de monnayage, et il en fit une place forte pour contenir les Thraces. Des Macédoniens, elle passa aux Romains. Ceux-ci en étaient les maîtres, quand saint Paul y arriva.

Philippes avait été, l'an 42 avant J.-C., le théâtre de la victoire d'Antoine et d'Octave sur Brutus et Cassius [4].

---

[1] Strabon, vii, fragm. 34, édit. Didot, p. 280.

[2] L. Heuzey, *Mission archéologique de Macédoine*, in-fol., 1876, p. 1-2. — Sur Philippes, voir Rosenmüller, *Handbuch der biblischen Alterthumskunde*, t. iii, p. 393.

[3] Elle s'appelait auparavant Krénides, Datus ou Datum. Elle devait probablement son origine à une factorerie phénicienne, les Phéniciens ayant exploité les premiers les mines d'or du pays, comme celles de Thasos, dans le voisinage.

[4] « La plaine entre l'Hæmus et le Pangée est la plaine de Philippes, où les républicains de Rome perdirent leur dernière bataille. Toute cette région est remplie des souvenirs de ce combat. Dans les montagnes, à droite, était le difficile passage par lequel l'armée républicaine pénétra en Macédoine ; sur un point de la chaîne même où nous sommes était le camp de Brutus et de Cassius (*a*) ; devant nous, cette rivière est celle qui coulait devant eux, le Gangas ou Gangitès ; au-dessous de nous, à main gauche de cette plaine unie, est le marécage (*b*) que traversa An-

(*a*) « Les républicains étaient placés de manière à être en communication avec la mer. Les trirèmes étaient à Néapolis. »

(*b*) « La bataille fut livrée en automne, au moment où la plaine était probablement inondée. »

# CHAP. III. SAINT PAUL A PHILIPPES. 215

C'est à la suite de cette victoire qu'Auguste lui donna le titre de « colonie, » que mentionne saint Luc. Les médailles de cette ville attestent l'exactitude du récit de l'auteur des Actes et nous apprennent que le nom complet de la nouvelle colonie romaine était *Colonia Augusta Julia Philippensis*[1].

9. — Médaille de la ville de Philippes.

La monnaie de l'empereur Claude que l'on voit ici, Figure 9, avec cette légende, est contemporaine du voyage de saint Paul à Philippes.

---

toine, quand il approcha de l'ennemi; tout à fait en face est la colline de Philippes où mourut Cassius; derrière nous est le détroit exigu par lequel Brutus envoya son corps de troupes à l'île de Thasos, de peur que l'armée ne se décourageât avant la lutte décisive. La ville de Philippes était elle-même un monument de la fin de cette lutte,... un mémorial perpétuel de la victoire sur Brutus. Et maintenant un Apôtre juif arrive en ce lieu pour gagner une victoire plus grande que celle de Philippes et pour fonder un empire plus durable que celui d'Auguste. C'est un fait d'une signification profonde que la « première ville » où arriva saint Paul, en entrant en Europe, fut cette « colonie, » qui, plus qu'aucune autre de tout l'empire, méritait d'être considérée comme représentant la Rome impériale. » Conybeare and Howson, *Life and Epistles of St. Paul*, 1880, p. 222-223.

[1] La médaille que nous reproduisons, Figure 9, d'après Cousinéry, *Voyage dans la Macédoine*, 1831, t. II, pl. 2, n° 8, vis-à-vis de la p. 19

Un fragment d'inscription sur marbre blanc, découvert par M. Heuzey, confirme et complète ce que nous lisons sur les médailles :

| | |
|---|---|
| | ..... [*patronus*] |
| COLO | *Colo*[*niæ Augustæ Juli-*] |
| AEVICT | *æ Vict*[*ricis Philipp-*] |
| ENSIUM | *ensium,* [*omnibus*] |
| MUNER | *muner*[*ibus functus,*....] |
| IT · RUM | *iterum* [..... *fla-*] |
| MEN ·D | *men d*[*ivi Titi Augusti*] |
| VESPAS | *Vespas*[*iani*]..... |
| FILIUS ·C | *filius c*..... |
| NIAE | *niae*..... |

« ..... patron (?) de la colonie Auguste Julienne Victorieuse des Philippiens, ayant exercé toutes les magistratures, deux fois (investi de *telle* charge). flamine du divin Titus Auguste Vespasien[1]..... »

« Les trois premières lignes offrent surtout de l'intérêt, remarque M. Heuzey, si, comme je le pense, on y retrouve

(dans le texte, p. 43, elle est faussement placée au n° 11), représente l'empereur Claude, tête nue, à gauche. Sur le revers on lit :

COL. AUG. [IUL.] PHILIP.

C'est-à-dire *Colonia Augusta Julia Philippensis*. Auguste, vêtu de la toge et posé sur un socle, sur lequel on lit DIVUS AUG[*ustus*], paraît couronner Jules-César, qui est en habit militaire. De chaque côté du socle on voit deux petits autels. Cf. Mionnet, *Description*, t. I, n° 281, p. 487. — On trouve des monnaies d'Auguste tout à fait analogues. « Pendant le long séjour que j'ai fait dans la Macédoine, dit Cousinéry, *ibid.*, p. 41-42, j'ai pu reconnaître combien des médailles sont communes et combien elles varient par le style et par le poids. Il n'y a aucun exemple d'une aussi grande quantité de pièces autonomes pour une colonie. Cette reproduction si fréquente du même type ne pouvait avoir d'autre but que de rappeler constamment la bataille de Philippi. »

[1] Heuzey, *Mission archéologique de Macédoine*, p. 17-18. — Nous

dans son entier le titre officiel sous lequel fut fondée la colonie de Philippes : *Colonia Augusta Julia Victrix Philippensium.* L'inscription d'Antonius Rufus, citée plus haut, et les monnaies qui portent pour légende : *Col. Aug. Jul. Phil. jussu Aug.*, autour de la tête laurée d'Auguste, nous avaient appris déjà que Philippes était une colonie Julienne, c'est-à-dire établie par Auguste, sous les auspices de Jules-César, et comme en exécution de son testament[1]. » Ce fragment, qui contient de plus le mot de *victrix*, « victorieuse, » rappelle directement la victoire de Philippes, à laquelle la colonie dut son origine.

Les villes qui portaient le titre de colonies se distinguaient des autres sous plusieurs rapports importants. Elles étaient considérées, pour ainsi dire, comme une partie de Rome et jouissaient des mêmes privilèges que la capitale de l'empire.

Les sujets des Césars se divisaient en deux classes très distinctes, les citoyens et les étrangers, *cives* et *peregrini*. Les habitants de l'Italie étaient citoyens romains, ceux des provinces, au moins dans les premiers temps, jusqu'à Caracalla, étaient étrangers, à moins qu'ils n'appartinssent à une colonie ou à un *municipium* qui avait reçu le droit de cité. Le municipe était une ville étrangère que Rome avait adoptée ; la colonie était une ville où Rome avait envoyé une partie de ses enfants[2]. Ceux-ci n'étaient pas présents dans la

---

devons noter ici que les explications que donne M. Heuzey de cette inscription ne sont pas acceptées par Th. Mommsen, spécialement pour *Vict[ricis Philipp]ensium*, dans le *Corpus inscriptionum latinarum*, t. III, n° 660, p. 124.

[1] Heuzey, *Mission archéologique de Macédoine*, p. 18.

[2] « Coloni dicebantur cives Romani ad aliquam urbem habitandam missi, qui non propriis, sed populi Romani legibus vivebant. » Cornelius a Lapide, *Comment.*, in Act., XVI, 12, édit. Vivès, t. XVII, p. 309.

capitale, mais leurs noms étaient inscrits dans une des tribus de Rome ; aussi les habitants de la colonie de Philippes disent-ils avec assurance : « Nous sommes Romains[1]. » On parlait latin dans la colonie ; on y vivait sous les lois de Rome. Les monnaies de la colonie, même en Grèce, portaient des inscriptions latines[2].

On voit par ce qui précède que le mot colonie, à parler rigoureusement, n'avait pas chez les Romains le sens qu'on lui donne habituellement aujourd'hui. La colonie romaine offrait un caractère particulier, en rapport avec l'esprit militaire des Latins. Tandis que les colonies phéniciennes étaient des établissements commerciaux, destinés à favoriser le trafic de la mère-patrie ; tandis que les colonies grecques étaient des essaims qui avaient quitté une ruche trop pleine pour aller se fixer dans une autre contrée et y mener une vie indépendante ; tandis que les colonies européennes sont la simple possession d'un territoire dans une autre partie du monde ; ce que Rome appelait colonie, c'était une station militaire, placée sur les frontières de l'empire et destinée à les garder, à les protéger contre les incursions des peuples voisins, en même temps qu'à tenir en respect

---

[1] Cette parole qu'on lit dans le récit de saint Luc, Act., XVI, 21, comme nous le verrons bientôt, est tout à fait caractéristique et peint très exactement l'idée que les colons avaient de la colonie. Le mot *Romain* est, du reste, employé toujours dans un sens politique par l'auteur des Actes, XVI, 21, 37, 38 ; XXII, 25, 26, 27, 29 ; XXIII, 27 ; XXV, 16 ; XXVII, 17.

[2] La plupart des inscriptions découvertes à Philippes sont en latin, quoique ce fût une terre grecque. Plusieurs s'y trouvent encore en place et nous les y avons vues en mai 1893. Au bas de la colline de Philippes, près de la voie Egnatia, on remarque entre autres, de grandes et belles inscriptions latines en grande partie ensevelies aujourd'hui dans la terre. — Pour la légende latine des monnaies, voir celle qui est reproduite, Figure 9, p. 215. Non loin de Philippes, à Thessalonique, qui était une ville libre, non une colonie, comme nous le verrons bientôt, les monnaies portent au contraire une légende grecque.

les provinces déjà conquises[1]. « Comme les routes militaires, elle était un élément de ce grand système de fortifications conçu dans le but d'assurer la sécurité de l'empire[2]. » On y envoyait les vétérans qu'on voulait récompenser de leurs longs services, et d'autres Italiens. Ils étaient gouvernés par leurs propres magistrats, ils n'étaient pas soumis au gouverneur de la province.

Divers monuments établissent que la colonie de Philippes, en particulier, eut d'anciens soldats pour premiers habitants. L'arc de triomphe de Kiémer, qui s'élève au milieu de la plaine de Philippes, rappelle la bataille et la fondation de la colonie qui en fut la suite. La légende :

COHOR. PRÆ. PHIL.

qui est gravée sur les petites monnaies de cuivre de la ville, avec trois enseignes de cohorte[3], est aussi un indice que la *Colonia Julia Augusta Victrix Philippensium* fut primitivement colonisée par une division de vétérans de cette guerre, pris dans les cohortes prétoriennes des triumvirs[4].

La colonie formait ainsi une sorte de république, et elle

---

[1] « Majores, dit Cicéron, *De lege agraria,* Or. II, 27, colonias sic idoneis in locis contra suspicionem periculi collocarunt, ut esse non oppida Italiæ, sed propugnacula imperii viderentur. » Et *Pro Fonteio,* I, 3 : « Est in eadem provincia (Galliæ) Narbo Martius, colonia nostrorum civium, specula populi Romani, ac propugnaculum istis ipsis nationibus oppositum et objectum. » Édit. Teubner, part. II, t. II, p. 186 et 18.

[2] Conybeare et Howson, *The Life and Epistles of St. Paul,* 1880, p. 225.

[3] M. Heuzey a trouvé à Philippes, *Mission archéologique de Macédoine,* n° 56, p. 122, l'épitaphe d'un préfet de cohorte ; n° 58, p. 124, d'un soldat de la troisième cohorte prétorienne, bénéficiaire des préfets du prétoire.

[4] Heuzey, *Mission archéologique de Macédoine,* p. 119. « Cette hypothèse ne contredit en rien l'assertion de Dion Cassius, lorsqu'il rapporte qu'Octave, au lendemain d'Actium, établit à Philippes, à Dyrrachium et

en prenait quelquefois le nom, comme nous le voyons dans une inscription trouvée par M. Heuzey sur une plaque de sarcophage du cimetière de Béréketlu :

```
SECVNDILLASIVIETVLPIA · MATRONA
V·F·C·INEAM·ARCAM·ALIVMQVIPOSVE
T· R · P· P · ★MIL · ETDELATORI★CCN
```

1..... *Secundilla sivi* [pour *sibi*] *et Ulpia matrona*
2.... *v*[*iva*] *f*[*aciendum c*[*uravit*]. *In eam arcam alium qui posue*[*rit*]
3..... [*dabi*]*t r*[*ei*]*p*[*ublicæ*] *P*[*hilippensi*] [*denarios*] *mil*[*le*] *et delatori* [*denarios*] [*ducentos et...*]

La plaque étant brisée aux extrémités, l'inscription n'est pas complète. Le nom de famille de Secundilla manque au début. Voici la traduction de la formule funéraire :

« Quiconque placerait dans ce sarcophage un autre corps, payera au trésor de la république (colonie) de Philippes mille deniers, et au délateur deux cents [et tant][1]. »

Les magistrats de la colonie de Philippes prenaient en conséquence des titres romains : il y avait des édiles :

```
P    ·   HOSTILIUS    ·    PHILADELPHUS
OB ·  HONOR  · AEDILIT · TITULUM · POLIVIT
DESVOET· NOMINA· SODAL ·INSCRIPSIT ·EORUM
QVIMVNERA   POSVERVNT
```

dans quelques autres places, un nombre considérable de colons, recrutés parmi les populations italiennes qu'il avait dépouillées de leurs terres : Ἐκείνων δὲ δὴ τοῖς μὲν πλείοσι τότε Δυρράχιον καὶ τοὺς Φιλίππους ἄλλα τε ἐποικεῖν ἀντέδωκε. Dion Cassius, LI, 4. Sur les cohortes prétoriennes des triumvirs, voyez Appien, *Guerres civiles*, III, 66-69; IV, 7, 115; V, 3. » *Ibid*.

[1] Heuzey, *Mission archéologique de Macédoine*, n° 12, p. 38. Le même titre de « république des Philippiens » se lit aussi sur l'inscription n° 69, *ibid*., p. 139. Cf. n° 78, p. 148.

1. Publius Hostilius Philadelphe,
2. à cause de l'édilité [dont il a été honoré] a fait tailler cette inscription
3. à ses frais et y a gravé les noms [des membres] de la confrérie
4. qui ont offert des présents [au Dieu][1].

Les Actes donnent aux premiers magistrats de Philippes le nom de préteurs[2], στρατηγοί[3], et nous disent qu'ils avaient des licteurs, ῥαϐδοῦχοι[4].

Tous ces détails s'accordent parfaitement avec tout ce que l'on vient de lire[5]. Quand saint Luc, au début de son récit, nous a dit que Philippes était une colonie, cette explication est loin d'être inutile : elle nous donne comme la clef de la plupart des événements qui vont suivre. Nous voyons par là pourquoi les habitants peuvent se dire Romains ; comment les magistrats portent le titre romain de préteurs, agissent sans aucune forme de jugement contre saint Paul, le jettent en prison, comme ayant un pouvoir discrétionnaire et indépendant, et ne respectent en lui que le titre de citoyen romain[6].

---

[1] Heuzey, *Mission archéologique de Macédoine*, nº 33, p. 71, 74. Suit une liste de noms propres. — Voir aussi *ibid.*, nº 60, p. 127, le nom d'un questeur, que M. Heuzey suppose avoir été également édile. Cf. Orelli, *Inscriptionum latinarum selecta collectio,* nº 3873.

[2] « Préteur. C'est, dit Rich, le titre d'un des magistrats civils de Rome, qui, par ordre de dignité venait après les consuls... Le préteur portait la *toga præcexta*, avait la *sella curulis* et six licteurs. » *Dictionnaire des antiquités romaines et grecques*, p. 508.

[3] Act., xvi, 22, 35, 36, 38.

[4] Act., xvi, 35, 38.

[5] Les objections soulevées à ce sujet sont sans fondement. G. S. Davies, *Saint Paul in Greece,* p. 32-33. Les magistrats des colonies avaient le titre de *duumviri*, mais ils prenaient universellement le titre romain de *préteurs*, στρατηγοί. Cicéron en mentionne un exemple à propos de Capoue. Voir Horace, *Sat.*, I, vi ; Conybeare et Howson, *Life of St. Paul*, p. 225 et 232.

[6] Act., xvi, 22-39.

Saint Luc ne se contente pas de remarquer que la ville de Philippes était une colonie ; il ajoute aussi qu'elle était la première ville de cette partie (μερίδος) de la Macédoine[1]. Cette expression n'est pas encore parfaitement éclaircie. Tite Live nous apprend que cette province était partagée en quatre régions, *regiones* [2], et ce qu'il dit est confirmé par les médailles.

La première de celles que nous donnons ici (Figure 10)

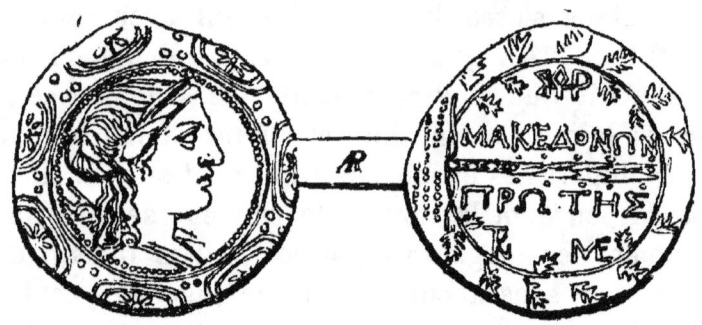

10. — Médaille macédonienne. Première division.

représente la tête de Diane sur le bouclier macédonien. Au revers on lit :

ΜΑΚΕΔΟΝΩΝ ΠΡΩΤΗΣ.

C'est-à-dire : « (Monnaie) des Macédoniens, de la première (division). » Entre ces deux mots grecs est figurée une massue[3]. Le tout est entouré d'une guirlande de feuilles de

---

[1] Voir plus haut, p. 212.

[2] Tite Live, XLV, 29, édit. Teubner, t. v, p. 281.

[3] Diane est sans doute représentée sur ces médailles à cause du culte qu'on lui rendait, comme Diane Tauropolos, à Amphipolis ; la massue est probablement un souvenir des traditions des Macédoniens, qui faisaient descendre leurs rois d'Hercule.

chêne. Sur le champ, on remarque divers monogrammes[1].

La seconde médaille[2] a une très grande ressemblance avec la première, mais on y lit :

ΜΑΚΕΔΟΝΩΝ ΔΕΥΤΕΡΑΣ.

« (Monnaie) des Macédoniens, de la seconde (division), » au lieu de « la première division. »

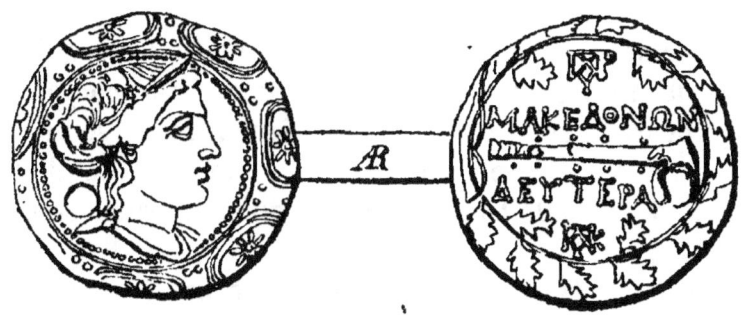

11. — Médaille macédonienne. Seconde division.

On ne connaît aucune monnaie de la troisième division de la Macédoine, mais on ne peut douter de son existence, puisque nous possédons une médaille de la quatrième division, représentant la tête de Jupiter, et au revers de laquelle on lit :

ΜΑΚΕΔΟΝΩΝ ΤΕΤΑΡΤΗΣ.

« (Monnaie) des Macédoniens, de la quatrième (division)[3]. »

---

[1] « These coins are exceedingly common, vast numbers being sometimes discovered in Transylvania and Walachia, as noticed by Eckhel, *Doct. num. vet.*, t. II, p. 69; and many rude imitations exist, the performance of the barbarous people on the confines of the province. » Akerman, *Numismatic Illustrations of the narrative portions of the New Testament*, p. 44.

[2] Voir Figure 11. Les spécimens en sont rares.

[3] Akerman, *Numismatic Illustrations of the narrative portions of*

Plusieurs ont cru que le mot μερίς des Actes indiquait une des quatre divisions de la Macédoine, mais comme ces divisions n'existaient plus du temps de saint Paul[1], on doit entendre ce mot dans le sens vague de *partie* : « Philippes était la première ville de cette partie de la Macédoine. »

C'est ainsi que la description de Philippes par l'auteur des *Actes* se trouve justifiée dans tous ses détails. Nous allons suivre maintenant l'Apôtre pendant le séjour qu'il fit dans cette ville.

A cause sans doute du caractère de place forte qu'avait la ville de Philippes, les Juifs n'y étaient pas nombreux; ils n'y possédaient point de synagogue, mais seulement une sorte d'oratoire ou de lieu de réunion, où il était convenu qu'on se rendait pour prier, ce qu'on appelait en grec, *proseuché*[2].

Cet oratoire était hors de la ville, probablement sur la voie Egnatia, qui servait de promenade aux habitants et

---

*the New Testament*, p. 44. La *Macedonia prima* était la partie de la Macédoine située à l'est du Strymon ; elle avait Amphipolis pour chef-lieu. La *Macedonia secunda*, dont la métropole était Thessalonique, était entre le Strymon et l'Axius ; la *Macedonia tertia* et la *Macedonia quarta* étaient placées au sud, du côté de la Thessalie, et bornées par les montagnes à l'ouest, avec Pella et Pélagonia pour chefs-lieux. La division de la Macédoine en quatre districts fut faite par Paul-Émile en 167 avant J.-C. Tite Live, XLV, 29, édit. Teubner, 1869, t. v, p. 281 : « In quattuor regiones divisit Macedoniam ».

[1] La division de la Macédoine en quatre districts ne dura que dix-huit ans. En 149 avant J.-C. la Macédoine fut reprise par Andriscus, qui se faisait appeler Philippe, fils de Persée. Tite Live, *Epit.*, XLIX.

[2] Προσευχή. Ce mot était passé en latin sous la forme *proseucha*. Juvénal dit dans sa Satire III, 296.

Ede ubi consistas : in qua te quœro proseucha?

Saint Épiphane parle de ces *proseuchæ*, *De hær.*, 80, 1, t XLI, col. 757, au sujet de l'hérésie des Massaliens. Josèphe les nomme aussi dans l'his-

les conduisait sur les bords du Gangitès, à quelques mètres de l'arc de triomphe de Kiémer. C'est là que demeurait Lydie, la marchande de pourpre [1], dont nous parle saint Luc.

« Le jour du sabbat, dit-il, nous sortîmes de la ville, [et nous allâmes] près de la rivière, à l'endroit où était le lieu de prière [des Juifs], et nous étant assis, nous parlâmes aux femmes qui y étaient venues. Et une femme, nommée Lydie, marchande de pourpre, de la ville de Thyatire, adorant Dieu, [nous] écouta, et le Seigneur lui ouvrit le cœur, pour

toire de sa vie. *Vit.*, 54. Voir de plus Philon, *Ad Caium*, 20, 43, 46, édit. Mangey, t. ii, p. 565, 596, 600; Tertullien, *Ad Nation.*, i, 13, t. i, col. 579 (*orationes littorales*); *De jejun.*, 16, t. ii, col. 976 (*omissis templis per omne littus quocumque in aperto aliquando jam precem ad cœlum mittunt*). La différence qui existait entre la synagogue et la *proseuché* est loin, du reste, d'être certaine. « This Greek word (προσευχή) is generally rendered *prayer* (Vulgate, *oratio*)... Sometimes, however, it has been supposed to mean a place of prayer, or oratory, Luke, vi, 12; Act., xvi, 13. It is certain that there were such places, most by outside the towns where the synagogues could not be built, and near water for the convenience of ablution. And occasionally the name seems to have been applied to large buildings, perhaps even to synagogues. But such an oratory cannot well be meant in the passage first cited above; and it is questionable whether there was any actual structure dedicated to devotional purposes at Philippi. The places to which Jews under such circumstances resorted appear to have been in the open air, in a grove, and (as before said) near water, by fountains or streams, or on the sea-shore. It was most probably to such an open place that Paul and his companions repaired on the sabbath, for the purpose of instructing those they might meet with there. It would seem, xvii, 1, that there was no synagogue at Philippi. » J. Ayre, *The Treasury of Bible Knowledge*, in-12, Londres, 1879, p. 732. La *proseuché* d'Actes, xvi, 16, ne peut guère s'expliquer que d'un lieu où l'on se réunissait pour prier, mais ce lieu pouvait être en plein air, et non un édifice fermé. Philon, *In Flaccum*, 6, édit. Mangey, t. ii, p. 523, nous apprend que les Juifs priaient « sur les rivages, » ce qui est d'accord avec ce que racontent ici les Actes et les passages cités plus haut de Tertullien. Cf. Josèphe, *Ant. Jud.*, XIV, x, 23; E. Schürer, *Geschichte des Jüdischen Volkes in Zeitalter Jesu Christi*, t. ii, Leipzig, 1866, p. 370.

[1] Heuzey, *Mission archéologique de Macédoine*, p. 120.

recevoir ce que disait Paul. Et quand elle eut été baptisée, elle et sa maison, elle nous pria, disant : « Si vous jugez » que je sois fidèle au Seigneur, entrez et restez dans ma » maison. » Et elle nous força [d'accepter][1]. »

M. Heuzey a découvert à Philippes une inscription latine très fruste, où l'on peut juste lire assez de lettres pour constater qu'on se livrait en effet dans cette ville au commerce de la pourpre, comme le raconte saint Luc :

<pre>
RPVRARI
VV......N
ET...ATE [2].
</pre>

Dans l'état actuel de l'inscription, il est impossible de savoir s'il s'agit d'un marchand ou d'une marchande de pourpre [3], *purpurarius* ou *purpuraria*, mais ce qui est bien certain, c'est qu'il est question de l'un ou de l'autre.

Lydie était de Thyatire. Des inscriptions découvertes dans cette dernière ville, nous apprennent qu'il y avait là une corporation de teinturiers [4], ce qui confirme indirectement le récit des Actes. C'est de sa patrie sans doute que Lydie faisait venir la pourpre qu'elle vendait à Philippes.

La maison de Lydie, où demeura saint Paul après la con-

---

[1] Act., xvi, 13-16.

[2] Heuzey, *Mission archéologique de Macédoine*, n° 9, p. 28.

[3] Ou bien d'un teinturier ou d'une teinturière en pourpre. Les teinturiers formaient une corporation, comme nous l'apprend une inscription de Salonique, *Journal officiel*, 17 juin 1884, p. 3127.

[4] Conybeare et Howson, *Life and Epistles of St. Paul*, 1880, p. 227. — Homère, *Iliade*, iv, 141, nous apprend que l'art de la teinturerie était très ancien dans le voisinage de Thyatire. Thyatire était en Lydie. « Lydos, dit Pline, *H. N.*, vii, 56, Sardibus primos rationem invenisse lanas purpuras inficiendi. » Les communications entre Thyatire et Philippes étaient faciles, soit directement du port de Pergame, soit par la route qui conduisait d'Adramyttium à Troade. Cf. Duchesne, *Archives des missions*, 1876, inscription 83.

version de la marchande de pourpre, était à quelque distance de la *proseuché*. « Or, il arriva, continue saint Luc [1], que, comme nous allions prier à la *proseuché*, une jeune fille, ayant un esprit de python, nous rencontra. Elle gagnait beaucoup d'argent à ses maîtres par la divination. Ayant suivi Paul et nous, elle s'écriait, disant : « Ces » hommes sont les serviteurs du Dieu Très-Haut; ils nous » annoncent la voie du salut. » Elle fit ainsi pendant plusieurs jours. Alors saint Paul, le supportant avec peine, dit à l'esprit : « Je te commande de sortir d'elle, au nom de » Jésus-Christ. » Et il sortit à la même heure. Et ses maîtres, voyant qu'ils avaient perdu l'espoir du gain qu'ils [tiraient d'elle], saisirent Paul et Silas et il les conduisirent à l'agora [ou forum], aux archontes. Et les ayant ainsi amenés aux stratèges[2], ils dirent : « Ces hommes, étant Juifs, trou-
» blent notre ville, et ils prêchent des usages[3] qu'il n'est » permis ni d'adopter ni de pratiquer, à nous qui sommes » Romains[4]. » Et la foule se souleva contre eux, et les stratèges, ayant fait déchirer leurs habits, ordonnèrent de les

---

[1] Act., xvi, 16-23.

[2] Sur le mot stratèges, στρατηγοί, voir plus haut, p. 221, note 5.

[3] Ἔθη, Vulgate, *morem*, signifie « pratiques, observances religieuses. » C'est le sens du mot ἔθη dans tous les passages analogues des Actes, vi, 14; xxvi, 3; xxviii, 17.

[4] « L'accusation était en partie vraie et en partie fausse. Il était tout à fait faux que Paul et Silas troublassent la colonie, car rien ne pouvait être plus tranquille et mieux réglé que l'exercice de leur culte et que leur prédication dans la maison de Lydie ou dans la *proseuché* sur le bord de l'eau. Quant à l'autre partie de l'accusation, elle contenait un certain fonds de vérité. La lettre de la loi romaine, même sous la République, s'opposait à l'introduction des religions étrangères, et quoiqu'on fît des exceptions, comme dans le cas des Juifs eux-mêmes, cependant l'esprit de la loi condamnait absolument les innovations religieuses qui auraient pu jeter le trouble dans l'esprit des citoyens ou produire quelque sédition, et le conseil donné à Auguste et fidèlement suivi par lui et par ses successeurs, consistait à couper court à tout changement dans le culte, le plus promptement possible, de peur qu'à la fin l'état ne fût ruiné. Ainsi Paul et

battre de verges. Et quand on les eut frappés de beaucoup de coups, ils les jetèrent en prison. »

L'épigraphie ne nous fournit aucun monument qui ait un rapport direct avec cet épisode de la vie de saint Paul, mais il est néanmoins curieux de rapprocher du récit qu'on vient de lire le fragment d'une inscription grecque retrouvée à Philippes par M. Heuzey.

```
... ια μιχια ος.....
. ειχαια,  κιθαρωδισ -
τρία, ναβλιστρία, τετρ[α-
χορδ. . . . . . . . .
```

« Ces lignes se lisent, en lettres grecques de grande dimension, sur une belle plaque de marbre blanc, qui paraît provenir d'un sarcophage. Les caractères, quoique d'une époque assez basse et toute romaine, sont gravés profondément et avec une [grande] affectation d'élégance. » On peut conjecturer par là que celle à qui était élevé le monument avait gagné beaucoup d'argent à ses maîtres, comme la jeune fille dont parlent les Actes des Apôtres[1].

Silas avaient indubitablement fait des choses qui, jusqu'à un certain point, les exposaient à des pénalités légales... La gravité d'une autre partie de l'accusation, qu'on introduisait adroitement, savoir que ces hommes *étaient des Juifs,* sera facile à apprécier, si nous nous rappelons que non seulement les Juifs étaient généralement haïs, suspectés et méprisés, — *suspiciosa ac maledica civitas,* comme les appelle Cicéron, *Flac.,* 28, — mais qu'ils venaient récemment d'être chassés de Rome, à la suite d'une sédition (Act., xviii, 2; cf. Suétone, *Claud.,* 25), et qu'il convenait à Philippes, en qualité de colonie, de suivre l'exemple et d'imiter l'indignation de la mère-patrie. » Conybeare and Howson, *Life and Epistles of St. Paul,* p. 233. Les ennemis de saint Paul n'exposent pas leur véritable grief, la guérison de la pythonisse, parce qu'ils sentent qu'ils ne peuvent le faire valoir. « L'esclave qui avait été jusque-là pour eux une source de gain était subitement devenue sans valeur, mais la loi n'avait aucun remède pour sauvegarder la propriété dépréciée par un exorcisme. La véritable cause [de l'accusation] fut donc dissimulée. » *Ibid.*, p. 232.

[1] Act., xvi, 16.

« Il s'agit d'une musicienne, probablement nommée Nicæa[1], qui chantait en s'accompagnant sur la cithare, jouait du tétrachorde et d'un instrument appelé νάϐλας, sorte de harpe d'origine asiatique, le *nébel* des Livres Saints. Strabon nous fournit à ce sujet un curieux rapprochement : dans la célèbre digression de son dixième livre, où il montre la musique passant d'Asie en Grèce, par l'intermédiaire de la Thrace, à la suite des cultes orgiaques de Cybèle et de Bacchus, il cite justement le *nablas* parmi les instruments dont le nom, de forme barbare, confirme sa théorie[2]. On peut donc supposer que l'habile musicienne pour laquelle fut gravée avec luxe l'inscription de Palæokhori, au lieu de gagner sa vie sur le théâtre ou dans les banquets, était attachée au culte que les habitants de ces montagnes, Romains, Grecs et Thraces grécisés, rendaient... au grand dieu du pays, au Bacchus fatidique du mont Pangée[3]. On ne doit pas hésiter, en effet, à regarder les cimes mêmes du Pilaftépé comme le siège du fameux oracle dont parle Hérodote[4]. »

L'épitaphe de Nicæa et ce que nous savons des pratiques religieuses des Philippiens confirment ainsi, d'une manière générale et indirecte, ce que saint Luc nous raconte de la pythonisse.

L'emprisonnement de saint Paul et sa délivrance, à la suite de la guérison de cette devineresse, n'appartient point au sujet que nous traitons ici. Nous allons le suivre maintenant à Thessalonique.

---

[1] Νείχαια pour Νίχαια.

[2] Strabon, x, 17, édit. Didot, p. 404.

[3] Fort différent du Dionysos grec. Les Thraces l'appelaient Sabazis.

[4] Hérodote, vii, 110-112. — Heuzey, *Mission archéologique de Macédoine*, p. 28-29. — Pilaf-tépé est le sommet le plus élevé du Pangée, *ibid.*, p. 27. Cf. Smith, *Dictionary of the Bible*, art. *Philippi*, t. ii, 1863, p. 837.

# CHAPITRE IV.

### SAINT PAUL A THESSALONIQUE.

Saint Paul se rendit de Philippes à Thessalonique en suivant la voie romaine connue sous le nom de voie Egnatia. C'était la route la plus célèbre et la plus longue de la région macédonienne[1]. Elle était « pavée dans tout son parcours, souvent fortifiée et ornée d'édifices de toutes sortes aux environs des villes. Elle traversait la Macédoine de l'ouest à l'est, dans le sens qui se présentait naturellement aux Romains et qui répondait le mieux aux intérêts de leur empire. Antérieure à Cicéron, qui l'appelle *via nostra militaris*, elle remonte sans doute aux guerres soutenues contre les Perses et les autres tribus thraces, depuis le tribunat de Caius Gracchus jusqu'à la mort de Sylla[2]. » Saint Luc mentionne les deux principales villes que l'Apôtre rencontra sur sa route, Amphipolis et Apollonia[3].

« Thessalonique, libre sous les Romains, était la prin-

---

[1] Elle n'avait pas moins de 417 milles de Dyrrachium à Topiris.

[2] Th. Desdevises-du-Dézert, *Géographie ancienne de la Macédoine*, in-8º, Paris, 1862, p. 209.

[3] De Philippes à Amphipolis, il y avait trente-trois milles romains ;

cipale ville de l'Amphaxatide[1] ; elle surpassait de beaucoup toutes les autres villes de cette côte par ses richesses et par son importance[2].

« [Sa] position est des plus heureuses, supérieure peut-être à celle d'Édesse[3] et de Pella. Bâtie en amphithéâtre sur le penchant d'une montagne, elle a en vue sur la côte opposée du golfe Thermaïque, à seize ou dix-sept lieues de distance, les sommets du Bermius qui avoisinent Bérée. Son territoire est fertile et produit de bon blé ; il possède aussi des pâturages, et elle est encore aujourd'hui, sous le nom de Saloniki, une des villes les plus florissantes de la Turquie. Riche en monuments de tous les âges, elle porte l'empreinte de toutes les dominations qui s'y sont succédé. Elle est coupée, de l'ouest à l'est par une longue rue, qui, comme à Pella, correspond à la voie Egnatia.

» Située au fond du golfe Thermaïque, en avant de l'Axius[4], elle fut d'abord appelée Halia, à cause du voisinage de la mer, et sous ce nom ce n'était qu'un village ; ensuite elle reçut le nom de Therma[5], parce qu'aux environs, à l'est et au sud, il y avait des eaux thermales. Elle

d'Amphipolis à Apollonia, trente ; d'Apollonia à Thessalonique, quarante-sept. *Ibid*, p. 209. Cf. la carte placée à la fin de l'ouvrage de M. Desdevises.

[1] Pline, *H. N.*, IV, 18. — Avant la fondation de Constantinople, Thessalonique était la ville la plus importante de la Grèce. Aujourd'hui elle est la seconde ville de l'empire turc. Voir Henry Holland, *Travels in the Ionian Isles*, 1815, p. 313. Elle a toujours été très commerçante. Cf. Fallmerayer, *Fünf Wochen in Thessalonika*, dans ses *Fragmente aus dem Orient*, in-8°, Stuttgart, 1877, p. 327-364 ; S. Gopcevic, *Makedonien und Alt-Serbien*, in-4°, Vienne, 1889, p. 361.

[2] Tite Live, XLV, 30.

[3] Édesse, aujourd'hui Vodina, ville de Macédoine, fut avant Pella la capitale du royaume.

[4] « Pomponius Méla, II, 3 ».

[5] « Tzetzès, *Chil.*, X, 36 ».

fut soumise de bonne heure par les rois Téménides de Macédoine, et Xerxès y séjourna pendant que sa flotte stationnait le long du rivage jusqu'à l'Haliacmon[1]. Les Athéniens la prirent au début de la guerre du Péloponèse et la rendirent à Perdiccas pour prix de son alliance[2]. Philippe, fils d'Amyntas, l'agrandit, lui donna le nom de Thessalonique en souvenir d'une victoire contre les Thessaliens, et en fit un de ses meilleurs ports[3]. Cassandre y transporta les habitants des bourgs voisins et lui conserva son nom en l'honneur de Thessalonice, sœur d'Alexandre et fille de Philippe qu'il avait épousée[4]. Parmi les bourgs voisins, il convient de remarquer Therma[5], située sans doute plus à l'est, au pied de la montagne, et dont le nom était resté attaché à l'emplacement des sources thermales, depuis que la ville s'était portée sur le rivage. Démétrius Poliorcète et Persée y eurent leurs vaisseaux, et dans la campagne de Paul-Émile la flotte romaine s'y rendit pour seconder ses opérations. Assiégée inutilement, elle ouvrit ses portes après la bataille de Pydna et devint, dans l'organisation de la conquête, la capitale de la seconde région[6]; son *conventus*[7] était de tous le plus célèbre... Le questeur romain y résidait, et y percevait les tributs de la province. Cicéron exilé y résida; dans la première guerre civile, Pompée et la plus grande partie des sénateurs s'y retirèrent, et les environs se couvrirent de maisons de campagne appartenant aux Romains les plus riches.

[1] Hérodote, vii, 127.
[2] Thucydide, i, 61.
[3] Étienne de Byzance, *sub voce*, édit. Dindorf, 4 in-8°, Leipzig, 1825, t. i, p. 205.
[4] Strabon, vii, Frag., 20, 21, p. 277.
[5] Strabon, *ibid.*; Pline, *H. N.*, iv, 7.
[6] Tite Live, xliv, 10, 23, 45; xlv, 30.
[7] Pour la signification de ce mot, voir plus loin, ch. vi, art. v, l'explication du mot ἀγόραιοι, p. 310.

Dévouée aux triumvirs, elle eût été livrée au pillage, si Brutus avait triomphé, et la défaite des républicains à Philippes assura son salut. [Du temps de] saint Paul, Thessalonique était la ville la plus illustre et la plus peuplée de la province[1]. »

C'était une cité libre, *urbs libera*, comme Tarse et Athènes. Elle devait ce titre et les privilèges qui y étaient attachés aux services qu'elle avait rendus à Octave avant la bataille de Philippes[2].

12. — Médaille de Thessalonique.

Une médaille portant une tête de femme et cette inscription :

ΘΕΣΣΑΛΟΝΙΚΕΩΝ ΕΛΕΥΘ[Ε]ΡΙΑΣ

« (Monnaie) des Thessaloniciens. De la liberté[3]. »

---

[1] Desdevises-du-Dézert, *Géographie ancienne de la Macédoine*, p. 354-356.

[2] « La Macédoine avait été du parti du vaincu dans la lutte entre César et Pompée... Dans la guerre qu'Octave et Antoine firent à Brutus et à Cassius, elle s'attacha au parti qui demeura vainqueur. Octave arriva par la *via Egnatia* derrière Antoine, qui l'avait précédé de quelques jours. Ægées, Berrhœa, Pella, Thessalonique, Amphipolis, toutes les villes qui se trouvèrent sur son passage, embrassèrent sa cause et fournirent des vivres à son armée. » Delacoulonche, *Mémoire sur le berceau de la puissance macédonienne* (dans les *Missions scientifiques et littéraires*), Paris, 1858, in-8º, p. 144.

[3] La monnaie de Thessalonique que nous donnons ici, Figure 12, est reproduite d'après un spécimen en bronze, du Cabinet des médailles de la Bibliothèque nationale. Dessin de M. l'abbé Douillard.

rappelle la liberté accordée par le vainqueur à Thessalonique en récompense de sa conduite [1].

La cité « libre » se gouvernait elle-même, en tout ce qui regardait ses affaires intérieures et municipales, sans que le gouverneur de la province pût intervenir, dans les circonstances ordinaires. Les magistrats locaux avaient droit de vie et de mort sur leurs administrés. Aucune garnison romaine ne campait sur le territoire de la ville; aucun insigne de Rome n'était déployé dans les rues. Par suite de ces dispositions, chaque ville libre s'administrait à sa guise et n'avait pas une organisation uniforme, mais différente selon les lieux [2]. Dans les villes grecques, qui jouissaient de la « liberté » par la bienveillance des empereurs, les habitants avaient généralement conservé ou rétabli l'ancienne forme administrative, antérieure à la conquête. A Thessalonique, il y avait une assemblée du peuple (δῆμος) [3] et des magistrats suprêmes, qui avaient un nom particulier, comme nous le verrons bientôt [4].

Quand saint Paul arriva dans cette ville, le souvenir des bienfaits d'Auguste était encore très vivant. Aussi professait-elle pour les empereurs à qui elle devait ses prérogatives une grande fidélité, et le plus grand crime que les calomniateurs de l'Apôtre crurent pouvoir lui imputer, ce fut celui de pousser à la révolte contre César : « Ils atta-

---

[1] « Pellerin, Eckhel et Cousinéry rapportent cette médaille [de Pella, analogue à celle de Thessalonique] à l'époque d'Antoine, au moment de la victoire remportée à Philippes par les deux alliés. Eckhel croit que la figure de femme est celle de la liberté. Cousinéry et Pellerin s'accordent à y reconnaître la figure d'Octavie, femme d'Antoine et sœur d'Octave. » Delacoulonche, *Mémoire sur le berceau de la puissance macédonienne*, dans les *Missions scientifiques*, 1858, p. 144.

[2] Conybeare et Howson, *Life and Epistles of St. Paul*, p. 257.

[3] Act., xvii, 5.

[4] Act., xvii, 8. Voir plus loin, p. 237.

quent les décrets de César, s'écrient-ils ; ils disent qu'il y a un autre roi, Jésus[1]. »

Le contraste entre le langage des Thessaloniciens et celui des Philippiens[2], est frappant. Deux villes aussi rapprochées, de la même province, pensent et parlent d'une manière toute différente. A Thessalonique, aucune mention des droits et des privilèges du citoyen romain[3], mais, comme à Jérusalem[4], la populace, mélange de Grecs et de Juifs fait du zèle pour se montrer amie de César[5]. Plus de licteurs, comme dans la colonie[6], mais une assemblée du peuple[7], comme dans une ville libre[8]. Il n'est pas question de la religion romaine[9], mais seulement de la fidélité à l'empereur[10]. Enfin les magistrats ne sont plus des στρατηγοί ou des duumvirs[11], mais des πολιτάρχαι, comme nous allons le voir.

Les détails historiques que nous venons de rappeler montrent combien les paroles : « Ils attaquent les décrets de César, » sont naturelles dans la bouche des habitants de la ville proclamée libre par Auguste.

Saint Luc était resté à Philippes avec Timothée et il n'alla point rejoindre saint Paul à Thessalonique[12]. Aussi l'histoire

---

[1] Act., xvii, 7.
[2] Act., xvi, 19-20.
[3] Act., xvi, 22.
[4] Joa., xix, 22.
[5] Act., xvii, 7.
[6] Act., xvi, 35-38.
[7] Δῆμος.
[8] Act., xvii, 5.
[9] Act., xvi, 21.
[10] Act., xvii, 7.
[11] Act., xvi, 20, 22, 35.
[12] Le récit, qui est à la première personne au ch. xvi, est à la troisième personne au ch. xvii. Saint Luc ne parle de nouveau à la première personne que ch. xx, 5.

du séjour de l'Apôtre dans cette ville n'est-elle point détaillée et circonstanciée comme celle de son séjour à Philippes. Mais elle contient un trait, ou plutôt un mot, qui est tout à fait caractéristique, et qui, par sa minutie même, nous fournit une preuve incontestable de la véracité de la narration.

Dans tous les temps, chaque ville a eu des expressions locales et particulières, usitées parmi ses habitants, inusitées et inconnues ailleurs. Saint Luc, en racontant ce qui arriva à l'Apôtre pendant qu'il était à Thessalonique, mentionne, en passant, un de ces termes propres aux Thessaloniciens, celui de *politarques*, qui désigne les premiers magistrats de la cité.

Les Juifs de Thessalonique[1], irrités par la prédication de saint Paul, se rendirent à la maison de Jason où il demeurait, afin de s'emparer de sa personne et de celle de ses compagnons. « Comme ils ne les trouvèrent point, dit le texte sacré, ils conduisirent Jason et quelques-uns des frères aux politarques (πολιτάρχας), en criant : « Ces hommes, qui trou-
» blent tout l'univers[2], sont venus jusqu'ici ; Jason les a
» reçus, et tous ils attaquent les décrets de César, disant
« qu'il y a un autre roi, Jésus. » Et ils excitèrent ainsi le peuple et les politarques[3].

*Politarque*, nous allons en donner les preuves, est un nom local, propre aux magistrats de Thessalonique[4]. Aucun

---

[1] Les Juifs sont encore aujourd'hui très nombreux et très influents à Salonique. Nulle part, dans aucune des villes que j'ai visitées en Orient, je n'ai vu les Israélites étaler un pareil luxe. Les Juives, en particulier, se distinguent à Salonique par la richesse de leur costume.

[2] Texte grec, Act., xvii, 6. La Vulgate porte *urbem*, l'*u* ayant sans doute été mis à la place de *o*, *urbem* pour *orbem*, οἰκουμένην.

[3] Act., xvii, 6-8.

[4] On a retrouvé le nom de *politarque* donné à d'autres magistrats, mais c'est seulement dans les environs de Thessalonique.

écrivain ancien ne nous l'avait conservé; on ne le lisait sur aucun monument de l'antiquité. Avant la découverte des inscriptions de Thessalonique, il ne nous était connu que par saint Luc. C'est donc là un de ces mots caractéristiques qui en disent plus que de longs arguments en faveur de la véracité d'un récit; il prouve que l'auteur des actes connaissait fort bien l'organisation administrative de Thessalonique.

Il y a peu d'années encore, ce mot de *politarques* déconcertait les hellénistes. On rencontre chez les auteurs classiques le titre de *poliarque*, mais non la forme *politarques*. Comme saint Luc l'a seul employée, les lexicographes grecs auraient admis volontiers une faute dans le texte des Actes; c'était du moins, d'après eux, une forme insolite; l'historien de saint Paul aurait dû écrire *poliarque* au lieu de *politarque*[1]. En réalité, l'auteur sacré, rapportant les paroles des Thessaloniciens, s'exprime comme ils s'exprimaient eux-mêmes et nomme leurs premiers magistrats *politarques*[2], parce que c'était effectivement le titre qu'on leur donnait dans cette ville : c'est un mot macédonien[3].

Si les monuments de l'antiquité classique nous font dé-

---

[1] Dindorf, dans la nouvelle édition du *Thesaurus græcæ linguæ* d'Henri Estienne, t. VI, col. 1349, dit, au sujet de Πολιτάρχης : « Manifestum est non minus aptam fore usitatam πολιάρχου appellationem. » Grimm dit aussi : « Usitatius Græcis erat πολίαρχος. » Wilke, *Clavis novi Testamenti philologica*, 3ᵉ édit. de Grimm, in-8°, Leipzig, 1888, p. 368.

[2] Notre Vulgate traduit πολιτάρχας par *principes civitatis*.

[3] On ne saurait trop insister sur l'importance des preuves de ce genre, quelque minutieuses qu'elles puissent paraître, parce que, aux yeux de la critique, elles sont décisives. Jamais aucun faussaire n'aurait pu deviner que les premiers magistrats de Thessalonique s'appelaient politarques, puisque les plus savants lexicographes, jusqu'à ces dernières années, ont eu peine à le croire. Cet argument acquiert encore beaucoup plus de force, si on le corrobore par tous les arguments de détail que nous avons donnés jusqu'ici et qui montrent tous la même exactitude et la même sûreté de renseignements.

ΠΟΛΕΙΤΑΡΧΟΥΝΤΩΝΣΩΣΙΠΑΤΡΟΥΤΟΥΚΛΕΟ

ΠΑΤΡΑΣΚΑΙΛΟΥΚΙΟΥΠΟΝΤΙΟΥΣΕΚΟΥΝΔΟΥ

ΤΟΥΑΥΛΟΥΦΑΟΥΙΟΥΣΑΒΕΙΝΟΥΔΗΜΗΤΡΙΟΥΤΟ

ΥΦΑΥΣΤΟΥΔΗΜΗΤΡΙΟΥΤΟΥΝΙΚΟΠΟΛΕΩΣΖΩ

ΙΛΟΥΤΟΥΠΑΡΜΕΝΙΟΝΟΣΤΟΥΚΑΙΜΕΝΙΣΚΟΥΓΑΙΟΥΑΓΙΛΛΗΙΟΥ

ΠΟΤΕΙΤΟΥΤΑΜΙΟΥΤΗΣΠΟΛΕΩΣΤΑΥΡΟΥΤΟΥΑΜΜΙΑΣ

ΤΟΥΚΑΙΡΗΓΛΟΥΓΥΜΝΑΣΙΑΡΧΟΥΝΤΟΣΤΑΥΡΟΥΤΟΥΑΥ

Ι ΤΟΥΚΑΙΡΗΓΛΟΥ

13. — Première inscription des politarques.

CHAP. IV, SAINT PAUL A THESSALONIQUE. 241

faut pour l'établir, l'épigraphie supplée maintenant à leur silence et démontre avec la dernière évidence l'exactitude rigoureuse du langage de saint Luc. Toute une série d'inscriptions, que nous allons faire connaître, nous apprend que ceux qui étaient à la tête de la cité recevaient le nom de politarques.

La première inscription connue où nous lisons ce mot, fut publiée à Milan, en 1740 par Muratori[1], d'après une copie de Bimard. Quelques années après, elle fut copiée de nouveau à Saloniki, l'ancienne Thessalonique, par le célèbre voyageur anglais, Richard Pococke[2]. En voici le texte :

1. Πολειταρχούντων Σωσιπάτρου τοῦ Κλεο-
2. πάτρας, καὶ Λουκίου Ποντίου Σεκούνδου,
3. [Π]ου[6λί]ου Φλαουίου Σαβείνου, Δημητρίου το-
4. ῦ Φαύστου, Δημητρίου τοῦ Νικοπόλεως, Ζω-
5. ίλου τοῦ Παρμενί[ω]νος, τοῦ καὶ Μενίσκου, Γαΐου Ἀγιλλήΐου
6. Ποτείτου, ταμίου τῆς πόλεως Ταύρου τοῦ Ἀμμίας,
7. τοῦ καὶ Ῥήγλου, γυμνασιαρχοῦντος Ταύρου τοῦ αὐ-
8.         τοῦ καὶ Ῥήγλου[3].

---

[1] *Novus thesaurus veterum Inscriptionum, in præcipuis earumdem collectionibus hactenus prætermissarum*, t. II, p. 595.

[2] Cette inscription a été publiée par Pococke dans son *Inscriptionum antiquarum græcarum et latinarum liber*, in-f°, Londres, 1752, c. v, sect. 2, n° 1, p. 48. Comme elle a été publiée depuis plus correctement, nous la donnons ici d'après le texte de Boeckh, *Corpus inscriptionum græcarum*, 1843, t. II, p. 53, n° 1967. On la trouve aussi dans Cousinéry, *Voyage dans la Macédoine*, 1831, t. I, p. 27. — Leake l'avait publiée, après Muratori et Pococke, dans ses *Travels in Northern Greece*, t. III, p. 236.

[3] M. l'abbé Duchesne, qui a publié aussi cette inscription dans les *Archives des Missions scientifiques*, 1876, p. 205, avec des variantes d'après Ph. Le Bas, *Inscriptions grecques et latines*, part. II, 1848, n° 1357, p. 318, et d'après les *Transactions of the Royal Society*, lit, ligne 3, υἱοῦ, Αὔλου Ἀουίου Σαβείνου ; l. 7, Ταύρου τοῦ Ταύρου.

1. Étant *politarques* : Sosipater, fils de Cléo-
2. pâtre, et Lucius Pontius Secundus,
3. Publius Flavius Sabinus, Démétrius,
4. fils de Faustus, Démétrius de Nicopolis, Zo-
5. ïle, fils de Parménion, dit aussi Méniscos, Gaius[1] Agilléius
6. Potitus; questeur[2] de la ville, Taurus, fils d'Ammia,
7. dit aussi Réglus; gymnasiarque, Taurus, fils de...
8. ..... dit aussi Réglus...

On voit que cette inscription est précisément une liste de politarques[3]. Elle se lisait sur la porte antique connue sous le nom de porte du Vardar. « C'est un bel arc de l'époque romaine, dont la construction élégante, par assises alternativement larges et étroites, offre de grandes analogies avec celle de l'arc de Kiémer, dans la plaine de Philippes[4]. » La frise est ornée de guirlandes. Sur la face extérieure des piédroits de la porte sont représentés deux cavaliers debout,

---

[1] C'est une singularité digne de remarque que trois amis de saint Paul portèrent les mêmes noms que trois des politarques ici nommés : Sopater de Bérée, Act., xx, 4; Secundus de Thessalonique, *ibid.*, et Gaius le Macédonien, Act., xix, 29.

[2] « Thessalonique avait, comme les autres grandes villes, son trésor particulier, ταμεῖον, dont la garde était confiée à un trésorier ou questeur, nommé ταμείας. » Belley, dans l'*Histoire de l'Académie des Inscriptions et Belles-Lettres*, 1777, t. xxxviii, p. 133.

[3] Boeckh croit que cette inscription n'était pas simplement une liste de politarques, mais M. Heuzey affirme qu'elle n'était pas autre chose. « Quant à l'inscription grecque gravée sur la face intérieure de l'un des piédroits [de la porte du Vardar], je me suis assuré qu'elle n'a jamais contenu autre chose que la liste des politarques, ce qui s'explique, si ce n'était qu'une inscription complémentaire, destinée à rappeler aux habitants l'année de la construction, par l'indication des magistrats en charge, dont l'un porte les noms de P. Flavius Sabinus, appartenant justement à la famille de Vespasien. » *Mission archéologique de Macédoine*, p. 272.

[4] Heuzey, *Mission archéologique de Macédoine*, p. 272. La porte est reproduite dans le même ouvrage, pl. 22 *bis*.

à la tête découverte et barbue (?), un manteau agrafé sur une ample tunique, un long bâton ou bien une lance à la main; derrière eux, la garde de leur cheval est confiée à un jeune esclave[1]. Malheureusement ni l'inscription ni le monument ne sont datés, mais il paraît postérieur au temps de saint Paul, quoique Cousinéry ait supposé qu'il avait été élevé en mémoire de l'entrée triomphale des triumvirs Antoine et Octave, à Thessalonique, après la victoire de Philippes[2].

Il a subsisté jusqu'en 1874, où on l'a démoli pour élever des constructions nouvelles à Salonique. L'inscription elle-même, à l'époque de la démolition, fut transportée dans la cour du consulat britannique[3].

La seconde inscription connue où l'on ait retrouvé le nom des politarques fut envoyée, en 1746, de Thessalonique à Paris, par M. Germain, consul de France. Sur un fragment de marbre, on lisait :

ΠΟΛΙΤΑΡΧΟΥ ΜΑΡΚΟΥ

« Étant Politarque Marc[4]. »

On ignore ce qu'est devenu l'original.

La *Mission archéologique de Macédoine* contient une troi-

---

[1] Leake décrit l'arc de triomphe de la manière suivante : « Just within the gate (of the Vardhari), the street is crossed by an ancient arch about 14 feet wide, supported by pilasters, which are buried apparently to half their original height. Below the capital of each pilaster, on the western side, a Roman togatus is represented in relief, standing before a horse. The frize above the arch is decorated with the caput bovis united by festoons. The whole construction consists of large masses of stone, but the monument could never have been very magnificent. » W. M. Leake, *Travels in Northern Greece*, ch. XXVI, Londres, 1835, t. III, p. 26.

[2] Cousinéry, *Voyage dans la Macédoine*, t. I, p. 236.

[3] L. Duchesne, *Archives des missions scientifiques*, 1876, p. 203, 205.

[4] Abbé Belley, *Observations sur l'histoire et sur les monuments de*

sième inscription grecque où on lit le nom des politarques :

« Une des plus importantes [des inscriptions datées de la Macédoine], dit M. Heuzey, est l'inscription des jeux d'Hérennia, encastrée dans une construction dépendante de la mosquée de Moharem-Pacha-Tabak. Elle a été déjà publiée[1], mais imparfaitement[2]. »

1. . . . . . . . . . . [ὑπὲρ σωτηρίας. . . . . . . . . . . . . . . . .
2. . . αυτοκρ]άτορος Καίσαρος Τίτ[ο]υ Αἰλί[ου] Ἀδρι-
3. [ανοῦ Ἀντων]είνου Σεβαστοῦ Εὐσεβοῦς Σωτῆρος καὶ
4. [αἰωνίου δια]μονῆς καὶ Μ. Αὐρηλίου Οὐήρου Καίσαρος
5. [καὶ τοῦ οἴκου] τῶν Σεβαστῶν καὶ ἱερᾶς συνκλήτου καὶ
6. [δήμου Ῥωμ]αίων, εἰδέναι ἐπιτελεσθησόμενα κυνήγια
7. [καὶ μονομ]αχίας ἡμέραις τρισὶν ἐκ διαθηκῶν Ἑρεννι-
8. [ας. . . . . . .] ας Ἰσπανῆς, κατὰ τὰ γενόμενα ὑπὸ τῆς κρατίσ-
9. [της βουλ]ῆς καὶ τοῦ δήμου ψηφίσματα, διὰ τῶν περὶ
10. [Τιβέριον] Κλαύδ[ι]ον Κρίσπον τὸν ἀρχιερέα, πολειταρχ-
11. [ούντων] Ἀπολλοδώρου, Μεμμίου, Κρατέρου, Ῥούφου,
12. . . . . . ου, Μάρχου τοῦ Διομήδους. Ἄρξεται δὲ τὰ κυνή-
13. [για καὶ] μονομαχίαι τῇ πρὸ ι̅ζ̅ καλανδῶν ἀπρειλίων, Ἕλλη-
14. [νες·ξ]ανδικοῦ δευτέρᾳ, τοῦ θ̅π̅ς̅ ἔτους. Εὐτυχεῖτε. —
15. [Ἐπὶ] τούτων πρώτως ἤχθη.

la ville de Thessalonique, dans l'*Histoire de l'Académie des Inscriptions et Belles-Lettres*, 1777, t. xxxviii, p. 125 et 133. — L'abbé Belley ne connaissait pas l'inscription de l'arc de triomphe de la porte de Vardar, quoiqu'elle eût été déjà publiée, de son temps, en Italie et en Angleterre, comme nous l'avons déjà vu.

[1] Le Bas, *Inscriptions grecques et latines*, II<sup>e</sup> part., 1848, n° 1359, p. 318.

[2] Heuzey, *Mission archéologique de Macédoine*, p. 272.

```
              ΟΙ       Ι        Ι ΔΙ     ΙΝ
...........ΑΤΟΡΟΣ   ·      ΚΑΙΣΑΡΟΣΤΙΤΥ ΑΙΔΙ    ΑΔΡΙ
...........ΕΙΝΟΥ ·  ΣΕΒΑΣΤΟΥ · ΕΥΣΕΒΟΥΣΣΩΤΗΡΟΣΚΑΙ
...........ΜΟΝΗΣ · ΚΑΙ · Μ · ΑΥΡΗΛΙΟΥ · ΟΥΗΡΟΥ · ΚΑΙΣΑΡΟΣ
...........ΤΩΝΣΕΒΑΣΤΩΝΚΑΙΙΕΡΑΣ  ·  ΣΥΝΚΛΗΤΟΥ  ·  ΚΑΙ
..........ΑΙΩΝ · ΕΙΔΕΝΑΙΕΠΙΤΕΛΕΣΘΗΣΟΜΕΝΑ · ΚΥΝΗΓΙΑ
.....ΑΧΙΑΣ · ΗΜΕΡΑΙΣ · ΤΡΙΣΙΝ · ΕΚΔΙΑΘΗΚΩΝ · ΕΡΕΝΝΙ
...ΑΣ · ΙΣΠΑΝΗΣ · ΚΑΤΑ · ΤΑ · ΓΕΝΟΜΕΝΑ · ΥΠ · ΤΗΣ · ΚΡΑΤΙΣ
....ΗΣ · ΚΑΙΤΟΥΔΗΜΟΥ · ΨΗΦΙΣΜΑΤΑ · ΔΙΑ · ΤΩΝΠΕΡΙ
....ΚΛΑΥΔ ΟΝ · ΚΡΙΣΠΟΝ · ΤΟΝΑΡΧΙΕΡΕΑ · ΠΟΛΕΙΤΑΡΧ
...ΑΠΟΛΛΟΔΩΡΟΥ · ΜΕΜΜΙΟΥ  ·  ΚΡΑΤΕΡΟΥ  ·  ΡΟΥΦΟΥ
...ΟΥ · ΜΑΡΚΟΥ · ΤΟΥΔΙΟΜΗΔΟΥΣ · ΑΡΞΕΤΑΙΔΕ · ΤΑΚΥΝΗ
...ΜΟΝΟΜΑΧΙΑΙ · ΤΗΠΡΟΙΖΚΑΛΑΝΔΩΝ · ΑΠΡΕΙΛΙΩΝ · ΕΛΛΙ
...ΑΝΔΙΚΟΥΔΕΥΤΕΡΑ  ·  ΤΟΥΘΠΣΕΤΟΥΣ  ·  ΕΥΤΥΧΕΙΤΕ ⌀
...Ι · ΤΟΥΤΩΝΠΡΩΤΩΣ · ΗΧΘΗ ·
```

14. — Troisième inscription des politarques.

1. ........ pour le salut
2. de l'empereur César Titus Ælius Adri-
3. anus Antoninus Auguste, pieux, sauveur, et
4. pour son règne éternel, comme aussi de M. Aurélius Vérus César,
5. et de la famille des Augustes et du sénat sacré et
6. du peuple romain, nous vous faisons savoir qu'il sera célébré des chasses
7. et des combats de gladiateurs, pendant trois jours, d'après le testament d'Hérenni-
8. a..., dame espagnole, conformément aux décrets rendus par le très puis-
9. sant conseil et par le peuple, par les soins de
10. Tiberius Claudius Crispus, grand prêtre ; étant politar-
11. ques : Appollodore, Memmius, Cratère, Rufus,
12. ..... Marcus, fils de Diomède. Commenceront les chasses
13. et les combats de gladiateurs le 17 avant les calendes d'avril, selon les Grecs,
14. le 2 du mois de Xandicos, de l'année 289. Soyez heureux.
15. Sous ces magistrats pour la première fois pareille fête a été célébrée [1].

Cette inscription mentionne six politarques ; la première que nous avons rapportée en énumère sept, d'où il paraît résulter que le nombre de ces magistrats n'a pas été le même à toutes les époques.

Une quatrième inscription, découverte à Saloniki et copiée par M. Vidal-Lablache, « sur une plaque de marbre

---

[1] « L'annonce des jeux jointe à l'autorisation d'employer les legs qui les constituent, est rédigée s forme de lettre, avec la formule εὐτυχεῖτε, qui termine souvent les rescrits impériaux et qui paraît indiquer ici l'intervention de l'administration romaine... Le 2 xandicos de l'année macédonienne 289, répond au 13 mars (style ancien) de l'année 143 après Jésus-Christ, sixième du règne de l'empe... r Antonin. » Heuzey, *Mission archéologique de Macédoine*, p. 275, 279.

déposée dans la maison Mpithos, dans le quartier grec¹, »
en 1869, contient les noms de deux politarques seulement,
Nicérate, fils de Théodas, et Héraclide, fils de Démétrius.
Elle est de l'an 46 et antérieure de six ans environ au passage de saint Paul à Thessalonique. La voici :

1. ἔτους· ϛοʹ Σεβαστοῦ. τοῦ καὶ βήρ

2. αὐτοκράτορι Τιβερίῳ Κλαυδίῳ

3. Καίσαρι Σεβαστῷ Γερμανικῷ

4. ἀρχιερῖ, δημαρχικῆς ἐξουσίας

5. τὸ τέταρτον, ὑπάτῳ ἀποδεδιγμένῳ

6. τὸ τέταρτον, αὐτοκράτορι τὸ ὄγδοον

7. πατρὶ πατρίδος ἡ πόλις πολιταρ-

8. χούντων

9. Νεικηράτου τοῦ Θεόδα,

10. Ἡρακλείδου τοῦ Δημητρίου,

11. ἐπιμελητοῦ Μενάνδρου τοῦ

12.    Πεληγείνου ².

---

¹ Extrait d'une lettre de M. Vidal-Lablache, dans la *Revue archéologique*, juillet 1869, p. 61-62.

² Vidal-Lablache, dans la *Revue archéologique*, 1869, p. 62 ; Duchesne, *Mémoire sur une mission au mont Athos*, p. 10.

ΕΤΟΥΣ ϚΟ ΣΕΒΑΣΤΟΥ · ΤοΥΚΑΙΒΡ

ΑΥΤΟΚΡΑΤΟΡΙΤΙΒΕΡΙΩΚΛΑΥΔΙΩ

ΚΑΙΣΑΡΙΣΕΒΑΣΤΩΓΕΡΜΑΝΙΚΩ

ΑΡΧΙΕΡΙΔΗΜΑΡΧΙΚΗΣΕΞΟΥΣΙΑΣ

ΤΟΤΕΤΑΡΤΟΝΥΠΑΤΩΑΠΟΔΕΔΙΓΜΕΝΩ

ΤΟΤΕΤΑΡΤΟΝΑΥΤΟΚΡΑΤΟΡΙΤΟΟΓΔΟΟΝ

ΠΑΤΡΙΠΑΤΡΙΔΟΣΗΠΟΛΙΣΠΟΛΙΤΑΡ

ΧΟΥΝΤΩΝ

ΝΕΙΚΗΡΑΤΟΥΤΟΥΘΕΟΔΑ

ΗΡΑΚΕΙΔΟΥΤΟΥΔΗΜΗΤΡΙΟΥΞΕ

ΕΠΙΜΕΛΗΤΟΥΜΕΝΑΝΔΡΟΥΤΟΥ

ΠΕΛΗΓΕΙΝΟΥ

15. — Quatrième inscription des politarques.

M. L'abbé Duchesne, membre de l'Institut, a découvert, en 1874, une cinquième inscription, à Thessalonique, dans les ruines de la porte Kalamari. Elle est gravée sur un fragment de stèle de soixante-dix centimètres sur vingt-cinq centimètres. Elle est malheureusement mutilée en plusieurs endroits. Le nombre des politarques qui y sont nommés est de cinq : Diogène, Cléon, Zopas, Eulandros et Protogène. Le texte se lit ainsi qu'il suit [1] :

1. ... 6οσα
2. ἀ[ν]θύπατος
3. λατομίας ἐπόησ[εν εἰς τὸν
4. Καίσαρος να[όν (?) [2]
5. ἐπὶ ἱερέως καὶ ἀγων[οθέτου αὐ-
6. τοκράτορος Καίσα[ρος Θεοῦ
7. υἱοῦ Σεβαστο[ῦ...
8. ὡς τοῦ Νεικοπόλ[εως· ἱερέως (?)
9. δὲ τῶν θεῶν δώ[δεκα...
10. που· Ῥώμης δὲ κ[αὶ Σεβαστοῦ
11. Εὐεργετῶν· Νεικ]οπόλεως τοῦ
12. Παραμόνου·

[1] Duchesne, *Mémoire sur une mission au mont Athos*, p. 11-12.

[2] « De quel travail s'agit-il? Les quatre premières lignes, si elles étaient entièrement conservées, nous édifieraient là-dessus. Mais, dans l'état fragmentaire où est le commencement de l'inscription, il est difficile de savoir à quoi étaient destinées les pierres que le proconsul fait extraire : λατομίας ἐπόησεν. J'ai suppléé, dans la traduction en caractères ordinaires : [εἰς τὸν] Καίσαρος να[όν]; mais je sens bien que cette conjecture ne saurait être très sérieuse. » Duchesne, *Mémoire sur une mission au mont Athos*, in-8º, Paris, 1877, p. 12.

13. Πολειτα[ρχούντων
14. Διογένους το[ῦ...
15. Κλέωνος τοῦ Π...
16. Ζώπα τοῦ Καλ...
17. Εὐλάνδρου τοῦ...
18. Πρωτογένους[τοῦ...
19. τοῦ καὶ προστάτ[ου...
20. τοῦ ἔργου· ταμ[ίου τῆς πόλεως
21. Σώσωνος τ[οῦ...
22.      Ἀρχιτέκ[τονος
23. Διονυσίο[υ τοῦ...

« Les politarques nommés ici sont au nombre de cinq : l'un d'eux est en même temps προστάτης τοῦ ἔργου. Puis vient le nom du trésorier de la ville et enfin celui de l'architecte. — Avant la liste des magistrats locaux, se présente une série de trois éponymes : 1° *Le prêtre et agonothète de l'empereur César-Auguste, fils du dieu César;* du nom de ce personnage il ne reste que la finale ως : peut-être faut-il lire [Νεικοπόλε]ως τοῦ Νεικοπόλ[εως]. 2° Un prêtre dont le sacerdoce n'est pas assez caractérisé par ce qui nous reste de l'inscription. Peut-être faut-il voir dans la syllabe δω (l. 9) le commencement du mot δώδεκα : il y aurait eu à Thessalonique un temple des douze dieux. 3° *Nicopolis, fils de Paramonos, prêtre de Rome et d'Auguste, bienfaiteurs* [1]. »

---

[1] L. Duchesne, *Mémoire sur une mission au mont Athos*, 1877, p. 12.

```
      ΒΟΣΑ
   Α·ΘΥΠΑΤΟΣ
ΛΑΤΟΜΙΑΣΕΠΟΠΣ
  ΚΑΙΣΑΡΟΣΝΑ
ΕΠΙΙΕΡΕΩΣΚΑΙΑΓΩΝ
ΤΟΚΡΑΤΟΡΟΣ.ΚΑΙΣΑ
ΥΙΟΥΣΕΒΑΣΤΟ
ΩΣΤΟΥΝΕΙΚΟΠΟΛ
ΔΕΤΩΝΘΕΩΝ.ΔΩ
ΠΟΥ.ΡΩΜΗΣΔΕΚ
ΕΥΕΡΓΕΤΩΝ.ΝΕΙΚ
ΠΑΡΑΜΟΝΟΥ.
    ΠΟΛΕΙΤΑ
ΔΙΟΓΕΝΟΥΣΤΟ
ΚΛΕΩΝΟΣΤΟΥΠ
ΖΩΠΑΤΟΥΚΑΛ
ΕΥΛΑΝΔΡΟΥΤΟΥ
ΠΡΩΤΟΓΕΝΟΥΣ
ΤΟΥΚΑΙΠΡΟΣΤΑΤ
ΤΟΥΕΡΓΟΥ·ΤΑΜ
ΣΩΣΩΝΟΣΤ
   ΑΡΧΙΤΕΚ
   ΔΙΟΝΥΣΙΟ
```

16. — Cinquième inscription des politarques.

## CHAP. IV. SAINT PAUL A THESSALONIQUE.

Enfin M. l'abbé Duchesne a découvert une sixième inscription qui est demeurée jusqu'à présent inédite et qu'il veut bien nous autoriser à publier ici :

```
. . . . . . . . . . . . . . . . . . . . . . . . . . . . .
. . . . . . . . . . . . ΠΟΛ::ΤΑΡΧΟΥΝΤΩΝ
ΑΡΙΣΤΑΡΧΟΥ ΤΟΥ ΑΡΙΣΤΑΡΧΟΥ ΝΙΚΙΟΥ ΤΟΥ
ΘΕΟΔΩΡΟΥ ΞΕΝΕΟΥ ΤΟΥ ΣΙΜΙΟΥ. . . . . . . .
ΘΕΟΔΩΡΟΥ ΤΟΥ ΕΥΤΥΧΟΥ ΔΗΜΗΤΡΙΟΥ. . .
ΤΟΥ ΑΝΤΙΓΟΝΟΥ ΤΑΜΙΟΥ ΤΗΣ ΠΟΛ. . . . . .
ΣΤΙΛΒΩΝΟΣ ΤΟΥ ΔΙΟΝΥΣΟΦΑΝΟΥ. . . . . . .
ΔΙΟΝΥΣΟΔΩΡΟΣ ΑΣΚΛΗΠΙΟΔΩΡΟΥ. . . . . .
ΤΟ ΓΡΑΜΜΑΤΟΦ::ΛΑΚ::ΟΝ ΤΗΣ ΠΟΛ. . . . .
```

17. — Sixième inscription des politarques.

1. . . . . . . . . πολιταρχούντων

2. Ἀριστάρχου τοῦ Ἀριστάρχου, Νικίου του

3. Θεοδώρου, Ξενέου τοῦ Σιμίου. . . . . . .

4. Θεοδώρου τοῦ Εὐτύχου, Δημητρίου. . . .

5. τοῦ Ἀντιγόνου, ταμίου τῆς πόλ[εως. . . .

6. Στίλβωνος τοῦ Διονυσοφάνου. . . . . . .

7. Διονυσόδωρος Ἀσκληπιοδώρου. . . . . .

8. τὸ γραμματοφ[υ]λαχ[εῖ]ον τῆς πόλ[εως.

Cette inscription nous donne encore le nom de cinq politarques de Thessalonique : Aristarque, fils d'Aristarque; Nicius, fils de Théodore; Xénéos, fils de Simius; Théodore, fils d'Eutychus; Démétrius, fils d'Antigone.

D'autres inscriptions, mentionnant des politarques, ont été indubitablement détruites dans les bouleversements et les démolitions qu'a subis l'ancienne Thessalonique. On en découvrira sans doute un jour de nouvelles, mais celles qui sont déjà connues sont amplement suffisantes pour justifier le langage de saint Luc et en certifier la parfaite exactitude[1].

---

[1] On trouve des politarques dans d'autres parties de la Macédoine, comme à Derriope : Τῶν ἐν Δερριόπῳ πολιτάρχων συναγαγόντων τὸ βουλευτήριον. Heuzey, *Mission archéologique de Macédoine*, p. 315.

# CHAPITRE V.

### SAINT PAUL A ATHÈNES.

Le voyage de saint Paul en l'an 52, à Athènes, la ville la plus célèbre de la Grèce, est un des épisodes les plus intéressants racontés dans les Actes des Apôtres. Le voyageur de nos jours ne peut s'empêcher de ressentir une vive émotion quand il débarque au Pirée et plus encore, quand bientôt après, en approchant de l'antique cité qui fut « l'œil de la Grèce; la mère des arts et de l'éloquence, la patrie de tant de grands hommes »,

> Athens, the eye of Greece, mother of arts
> And eloquence, native to famous wits[1],

il voit apparaître l'Acropole et les ruines qui la couronnent, dorées par le brillant soleil de l'Attique et se détachant sur ce ciel bleu, si pur et si éclatant. On devine sans peine l'impression profonde que dut éprouver le grand Apôtre, à la vue de tant de monuments et de tant de chefs-d'œuvre, qu'il ne pouvait refuser d'admirer, mais qu'il ne

---

[1] Milton, *Paradise regained*, IV, 240-241, dans *The Works of english Poets from Chaucer to Cooper*, t. VII, Londres, 1810, p. 450.

pouvait pas non plus ne pas condamner, car ils avaient été élevés par la superstition en l'honneur des faux dieux.

En se rendant alors du port à la ville, on voyait encore des restes considérables des fameux « longs murs, » qui avaient fait autrefois d'Athènes et du Pirée comme les deux parties d'une même ville, unies par une double ligne de fortifications. Ces superbes débris donnaient déjà au voyageur une haute idée de la magnificence de la capitale de l'Attique.

On entrait dans la cité même par la porte Piraïque[1], située entre le Pnyx et le Muséum[2]. Dès qu'on arrivait devant la porte, on était frappé du goût des Athéniens pour les œuvres d'art et l'on était surpris de la multitude d'objets destinés à entretenir leur dévotion superstitieuse[3]. Auprès de l'édifice où étaient déposés les vêtements qui servaient pour la procession annuelle de Minerve, patronne de la cité, était une statue équestre de Poseidon ou Neptune, armé de son trident. On passait devant le temple de Cérès, sur les murs duquel une inscription archaïque racontait que les statues renfermées dans ce sanctuaire étaient l'œuvre de Praxitèle.

Dès qu'on avait franchi la porte, le regard était attiré par les images d'Athêné, de Zeus et d'Apollon, d'Hermès (Mercure) et des Muses, près d'un sanctuaire de Dionysos ou Bacchus. A mesure qu'on avançait, les statues, les temples, les autels se multipliaient de tous côtés. Après avoir suivi une longue rue, ornée d'une colonnade, si l'on tournait à

---

[1] Pausanias peut nous servir de guide pour suivre saint Paul à Athènes. Il visita lui-même la ville, qu'il nous a décrite en détail, environ un siècle après l'Apôtre, et elle n'avait guère dû subir de changements dans cet intervalle, sauf les nouveaux édifices élevés par Adrien.

[2] Plusieurs points de détail sont contestables, mais le tableau reste vrai dans son ensemble. Voir Conybeare et Howson, *The Life and the Epistles of St. Paul*, in-12, 1881, p. 272 et suiv.

[3] Act., XVII, 23.

18. — Ruines de l'Acropole d'Athènes.

gauche, on était au centre même de la vie publique de l'Attique, à l'*agora*[1]; devant soi, au sud-est, on voyait se dresser l'Acropole avec tous ses monuments; au sud, le rocher de l'Aréopage; au sud ouest était le Pnyx.

L'agora, où la foule était toujours nombreuse, était tout entourée d'édifices superbes, parmi lesquels les plus importants étaient le portique de Zeus Éleuthéros et le portique du roi dont le toit était orné de statues de Thésée et du Jour. L'agora elle-même était couverte de statues. Entre les platanes qu'avait plantés Cimon se dressaient les statues des grands hommes d'Athènes, Solon, Démosthène, etc., mêlées à celles des héros mythologiques, des demi-dieux et des dieux, Hercule et Thésée, les Éponymes qui donnaient leur nom aux tribus athéniennes, les Hermès d'où les rues tiraient leur appellation, les Apollons, protecteurs de la cité, et enfin, au centre, les statues des douze dieux.

L'Acropole[2], qui s'élève devant le spectateur et domine la scène dont elle est le glorieux couronnement[3], n'est qu'une sorte de temple, un lieu sacré tout couvert de sanctuaires dédiés à Dionysos, à Esculape, à Aphrodite, à la Terre, à Cérès, à la Victoire Aptère, etc. Chacun des dieux de l'Olympe avait sa place à l'agora. Tous les lieux publics, tous les édifices civils eux-mêmes étaient consacrés à une divinité, et non seulement les dieux connus, mais même les

---

[1] On a fait, ces dernières années, à l'agora, des fouilles qui l'ont peu à peu déblayée. Ce déblaiement était fort avancé à notre troisième voyage à Athènes, en mai 1894.

[2] Voir, Figure 18, les ruines de l'Acropole. Dessin de M. l'abbé Douillard. « D'après une aquarelle faite d'après nature en 1852, par M. de Curzon. Le Parthénon est au milieu; l'Aréopage, à sa gauche. » L. Douillard.

[3] On ne peut imaginer, sans l'avoir vue de ses yeux, la beauté de l'Acropole d'Athènes même en ruines, se détachant dans ce ciel clair et pur de la Grèce. Une de nos plus grandes jouissances, dans les voyages que j'ai faits à Athènes, en 1888, en 1893, en 1894, c'était de contempler cette Acropole dont nous ne pouvions rassasier nos regards.

dieux inconnus avaient leur autel. La mythologie, le polythéisme étaient là tout entiers. Aussi ce spectacle frappa profondément le grand Apôtre. « Son esprit fut vivement excité en voyant cette ville livrée à l'idolâtrie[1]. » Il prêcha donc avec ardeur la bonne nouvelle, d'abord, comme à son ordinaire, aux Juifs ses frères, puis aux prosélytes et aux païens eux-mêmes.

Les Actes nous disent qu'il y avait à Athènes une synagogue[2]. La présence des Juifs dans cette ville est constatée par plusieurs inscriptions. Sur une porte, on lisait en grec le verset 20 du Psaume CXVII, d'après la traduction des Septante :

Αὕτη ἡ πύλη τοῦ [Κ]υ[ρί]ου, δ[ίκαιοι
[εἰ]σελεύσοντ(αι) ἐν αὐτῇ :

Ceci est la porte du Seigneur; les justes
entreront par elle[3].

Il est possible que saint Paul ait passé sous la pierre qui nous a conservé cette inscription, quoique cependant l'inscription puisse être d'origine chrétienne et non judaïque.

En tout cas, on a trouvé des tombeaux juifs en Attique, en particulier celui de Théodoula et de Moïse, dont les noms sont surmontés d'une représentation du chandelier à sept branches :

KYMHTH
PI o NΘЄ
OdOYAA
KAIMΩC[4].

Κυμητήριον Θεοδούλα[ς] καὶ Μωσ[έως]

---

[1] Act., XVII, 16.
[2] Act., XVII, 17.
[3] *Inscriptiones atticæ ætatis romanæ*, n° 404, t. III, part. I, p. 91.
[4] *Inscriptiones atticæ*, n° 3546, t. III, part. II, p. 353.

Parmi les païens avec qui discuta saint Paul, le texte sacré nomme expressément les philosophes[1], les Épicuriens et les Stoïciens. On pourrait s'étonner que dans la patrie de Platon et d'Aristote, les Académiciens et les Péripatéticiens soient passés sous silence. Mais le langage de saint Luc est très caractéristique de l'époque où se sont passés les événements qu'il raconte. Les sectes qu'il nomme étaient opposées entre elles et comprenaient ainsi toutes les variétés intermédiaires. Les Stoïciens fondaient leurs principes sur la religion ; au contraire, les Épicuriens, quoiqu'ils s'en défendissent, étaient athées dans la pratique et la réalité. La providence des dieux était devenue, par la force des choses, le point de litige entre les deux systèmes philosophiques. C'était là, on peut le dire, la question du jour. Les usages et le mode de gouvernement des Romains, établi sur les aruspices et les augures, comme on peut le voir dans les traités de Cicéron sur la *Divination*, la *Nature des dieux* et le *Destin*, avaient donné à cette question une plus grande importance. Plutarque, dans ses *Morales*, Quintilien, dans ses *Institutions*[2], ne nomment aussi que ces sectes extrêmes. Saint Luc parle comme eux, et en ne nommant que les Épicuriens et les Stoïciens, il adopte le langage des lettrés ses contemporains.

Les Athéniens étaient fort curieux de leur nature : « Ils passaient tout leur temps à dire ou à écouter quelque chose de nouveau[3]. » C'est là un trait de caractère qui a été noté par plusieurs auteurs de l'antiquité, comme par saint Luc.

---

[1] Act. XVII, 18. C'est le seul passage de l'Écriture où se lise le nom de « philosophes. ». Cf. plus haut, p. 47, note 1.

[2] Plutarque, *Mor.*, *De defectu oraculorum*, 19, édit. Didot., t. III, p. 511 ; Quintilien, *Inst. or.*, v, 7, 35 ; vi, 3, 78, édit. Teubner, p. 200, 275.

[3] Act., XVII, 21. Εἰς οὐδὲν ἕτερον εὐκαίρουν ἢ λέγειν τί καὶ ἀκούειν καινότερον. Ce dernier mot est celui qui est employé ordinairement par les auteurs

D'après un fragment de Ménandre[1], si l'on adressait la parole à un esclave athénien travaillant à la campagne, il cessait aussitôt de bêcher et était en état de vous rapporter mot pour mot les termes du dernier traité. Démosthène reprochait à ses compatriotes de perdre leur temps en allant à droite et à gauche, demandant : « Que dit-on de nouveau[2] ? » Plutarque rapporte la conversation des foules qui se pressaient dans les marchés et dans les ports. On entendait d'abord la question ordinaire : — « Qu'y a-t-il de nouveau ? » — A laquelle on répondait : — « Comment donc ! N'étiez-vous pas à l'agora ce matin ? Pensez-vous qu'on a fait une nouvelle constitution dans ces trois dernières heures[3] ? »

La doctrine nouvelle annoncée par saint Paul piqua la curiosité des Athéniens ; ils désirèrent en entendre l'exposition suivie. On se trouvait alors dans l'agora. On le conduisit au-dessus, sur le rocher de l'Aréopage, afin qu'il pût avoir un plus grand auditoire.

Il faut avoir été soi-même sur ce rocher nu, à l'endroit où parla le grand Apôtre, pour comprendre pleinement le récit des Actes et le discours que saint Paul adressa du haut d'une telle chaire à ces Athéniens légers mais intelligents, à ces philosophes si célèbres dans l'antiquité. Quand on suit les traces du grand Apôtre dans les lieux qu'il a évangélisés, on les retrouve à grand'peine ; le temps ailleurs, a tout détruit, mais ici il a respecté le roc ; l'on

---

grecs dans la même circonstance, par exemple dans Théophraste : Μὴ λέγεται τι καινότερον; *Charact.*, 8, édit. Didot, p. 6.

[1] Ménandre, *Fragm. Georg.*, 9, édit. Didot, p. 11.

[2] Démosthène, *In Philip.*, I, 10, édit. Didot, p. 23. Λέγεται τι καινόν; Voir aussi Id., *Ad Philippi Epist.*, 17, p. 83.

[3] Plutarque, *De curiosit.*, 8, édit. Didot, *Mor.*, t. I, p. 628, par exemple. Voir plusieurs autres passages rapportés textuellement dans J. J. Wetstein, *Novum Testamentum græcum*, 2 in-f°, Amsterdam, 1752, t. II, p. 567.

est sûr d'être à l'endroit même d'où Paul a harangué le peuple, et l'on peut aisément s'imaginer quelles pensées durent remplir son âme d'apôtre. De cette éminence, quel spectacle se présente au regard! On est à quelques pas et immédiatement au-dessous de la colline escarpée de l'Acropole, dont l'Aréopage, consacré à Arès ou Mars, ainsi que son nom l'indique, n'est que le prolongement : l'un et l'autre ne sont séparés que par une profonde déchirure, au fond de laquelle était le sanctuaire des Euménides. Le rocher est nu ; il n'a jamais porté ni édifices ni monuments. On y monte par seize degrés taillés dans la pierre même ; au haut de ces degrés on voit encore les sièges, également taillés dans le roc, sur lesquels siégeaient les trois juges de l'Aréopage. Au bas de l'escalier, sur la pente douce, peut se tenir une foule considérable. Le rocher est à pic du côté de l'Acropole et de la ville moderne. Derrière l'escalier et les sièges des juges, il ne reste qu'un espace assez étroit.

Là saint Paul avait donc sous les yeux, avec les plus beaux monuments de l'art grec, toutes les superstitions du peuple athénien, « le plus superstitieux de tous les peuples[1], » et les souvenirs de ces grands orateurs et de ces grands poètes. Au-dessus de lui, à l'est, sur l'Acropole, son regard rencontrait les Propylées, et il aurait pu y voir se dérouler, sur les longues et larges marches, les panégyries et les processions solennelles qui allaient rendre hommage à la déesse protectrice de la cité, Pallas-Athéné, et visiter le fameux Parthénon, le temple de la Victoire Aptère, et les autres sanctuaires et édicules sacrés qui couvraient la cime nivelée de la colline, tous ces monuments en marbre pentélique, jauni par le temps, qui faisaient la gloire et l'orgueil de la ville de Minerve.

L'Apôtre savait qu'au-dessous, sur les flancs de l'Acro-

---

[1] Act., XVII, 22.

pole, au sud, était l'immense théâtre de Dionysos, dont les sièges subsistent encore, et où trente mille spectateurs assistaient aux représentations des tragédies de Sophocle et d'Euripide. Au bas de l'Aréopage, au sud, s'étend l'agora, qui était, comme nous l'avons dit, un des rendez-vous favoris des anciens Athéniens. Au sud-ouest, à quelques pas seulement, se dresse la colline du Pnyx, sur laquelle on voit le *bêma* ou « tribune » taillée dans le roc. C'est là que Démosthène prononçait en plein air ses discours, devant la foule qui se déployait à ses pieds sur la pente de la colline, comme l'auditoire de saint Paul se déployait sans doute aussi sur la pente de l'Aréopage. Au nord-ouest, le temple de Thésée, encore debout, apparaît au-dessous du rocher de Mars, avec son architecture d'une simplicité admirable et ses lignes si pures et si harmonieuses, si bien faites pour le ciel radieux et la lumière brillante de l'Attique.

On jouit de tout ce panorama en un clin d'œil. De l'Aréopage, de ce lieu rendu célèbre par les jugements du plus fameux tribunal de l'antiquité, et où il allait faire entendre maintenant pour la première fois la parole de vie, saint Paul voyait ainsi tout le monde païen ramassé en quelque sorte sous ses yeux, avec toutes ses erreurs comme avec toutes ses gloires, avec toutes ses faiblesses comme avec toutes ses grandeurs, avec tout son éclat comme avec toute sa corruption. Un sentiment indéfinissable remplit l'âme du grand Apôtre à la vue de tant de merveilles de l'art et d'une si profonde aberration religieuse et morale. Aujourd'hui encore, quoiqu'il n'y ait plus que des ruines et que l'éclat de la brillante Athènes ait si grandement pâli, on est saisi de l'émotion la plus vive en contemplant ces débris, laissés par le peuple le plus artiste de l'univers. Aucune autre ville n'offre un spectacle comparable à celui d'Athènes avec son Acropole et son Aréopage. Rome seule, avec son Palatin, son Forum et son Capitole, groupés à côté les uns des autres, présente quelque chose d'analogue, mais à un degré inférieur. Qu'est-ce d'ailleurs, dans l'histoire des idées avant le Christianisme, qu'est-ce que Rome à côté d'Athènes, le génie latin à côté du génie grec?

Cependant, en admirant toutes les merveilles de l'art hellénique, ces temples, ces marbres, ces statues, Paul ne pouvait s'empêcher de prendre en pitié ces Athéniens tant vantés. Lui, ce Juif méprisé, avait la conscience de mieux connaître les vérités les plus essentielles à l'homme que les plus sages des païens, que Socrate et que Platon. Il avait aussi la conscience qu'il portait à tous les hommes le salut et la véritable vie. Aussi, avec quelle éloquence il prêche le vrai Dieu, dont il est l'envoyé, en face de tous les sanctuaires érigés aux faux dieux, et comme l'on comprend mieux son discours, quand on le lit sur le lieu même où il a été prononcé! Je n'ai pas trouvé à Athènes le lieu où s'élevait l'autel au Dieu inconnu qu'avait rencontré l'Apôtre, mais mes pieds ont foulé ce rocher où Paul avait prêché Jésus-Christ ressuscité, mon cœur a partagé l'émotion qu'il inspira aux âmes bien disposées qui l'écoutaient, et mes yeux ont pu constater que, de tous les discours qu'entendit la capitale de l'éloquence, aucun ne produisit des effets semblables à celui du Juif de Tarse. Cette parole a tout changé dans Athènes : Jupiter, Minerve, Mars et le brillant Apollon n'y ont plus d'autels; seul, le Dieu qu'y prêcha Paul est toujours adoré. Au pied du rocher de l'Aréopage, on voit les ruines d'une église dédiée à celui que convertit l'Apôtre en ce lieu même, à saint Denys l'Aréopagite, et plus loin, dans la ville nouvelle, on distingue la cathédrale catholique, consacrée aussi au premier évêque d'Athènes. Si le succès de Paul ne fut pas immédiat et complet pour tous, du moins il devait être durable.

Le discours de l'Apôtre fut d'ailleurs aussi habile qu'éloquent. Son langage suppose un grand talent d'observation et une connaissance du caractère athénien bien extraordinaire chez un étranger.

Dans son exorde, il dit aux Athéniens qu'ils sont les plus *deisidæmones*[1] des Grecs. Ce mot pouvait se prendre en bonne ou mauvaise part et signifier les plus pieux ou les plus superstitieux des Hellènes. Étymologiquement, il signifie : celui qui a la crainte des génies ou démons. Il s'emploie surtout pour désigner le superstitieux, et c'est le terme dont se sert Théophraste pour le peindre dans ses *Caractères*, ainsi que Plutarque dans son *Traité de la superstition*[2]. On pouvait l'appliquer aux Athéniens dans son double sens. Nous avons peine aujourd'hui à comprendre jusqu'à quel excès poussait la superstition le peuple qui passait pour le plus éclairé de la terre.

Théophraste a décrit le superstitieux dans les termes suivants, d'après la traduction de La Bruyère : « [Pour conjurer le malheur, il] se promène une grande partie du jour avec une feuille de laurier dans la bouche. S'il voit une belette, il s'arrête tout court, et il ne continue pas de marcher que quelqu'un n'ait passé avant lui par le même endroit que cet animal a traversé, ou qu'il n'ait jeté lui-même trois petites pierres dans le chemin comme pour éloigner de lui ce mauvais présage... Si un rat lui a rongé un sac de farine, il court au devin, qui ne manque pas de lui enjoindre d'y faire mettre une pièce ; mais, bien loin d'être satisfait de sa réponse, effrayé d'une aventure si extraordinaire, il n'ose plus se servir de son sac et s'en défait. Son faible encore est de purifier sans fin la maison qu'il habite, d'éviter de s'asseoir sur un tombeau, comme d'assister à des funérailles... S'il voit un homme frappé d'épilepsie, saisi d'horreur, il crache dans son

---

[1] Δεισιδαιμονεστέρους. Act., XVII, 22.
[2] Théophraste, *Charact.*, 16, édit. Didot, p. 10 ; Plutarque, *De superst.*, c. 1 et suiv., édit. Didot, *Mor.*, t. I, p. 195 et suiv. ; Diodore de Sicile, I, 62, 4 ; IV, 51, 3, édit. Didot, t. I, p. 50, 225.

propre sein, comme pour rejeter le malheur de cette rencontre[1]... »

Théophraste, qui avait été le chef du Lycée, après Aristote, vivait trois siècles avant saint Paul; mais depuis sa mort, la superstition n'avait pas diminué; au contraire. Plutarque nous en est garant dans ses écrits, quelques années après la mort de saint Paul.

L'Apôtre disant à ses auditeurs qu'ils sont les plus pieux ou les plus superstitieux des hommes, leur en donne comme preuve un autel qu'il a vu de ses yeux et qu'ils ont érigé en l'honneur du « dieu inconnu[2], » tant ils craignent d'oublier quelque divinité dans leurs hommages religieux. L'existence de ce culte est confirmée par d'autres témoignages. Philostrate, dans sa *Vie d'Apollonius de Tyane*, parle d'autels élevés en l'honneur « des divinités inconnues[3], » comme existant à Athènes. Pausanias mentionne des autels portant une inscription semblable à Phalère[4], qui était le port d'Athènes, et à Olympie[5].

Quant à la cause de la dédicace d'un autel aux dieux inconnus, elle n'est pas difficile à découvrir. Toutes les fois qu'il se produisait un événement extraordinaire, attribué à une intervention surnaturelle, on considérait comme nécessaire un acte d'expiation; c'est ainsi qu'on offrait, en Italie, une brebis en sacrifice à l'endroit où était tombée la foudre. Or, il est constant, d'après de nombreux passages de Tite Live, qu'une des principales fonctions des pontifes et des

---

[1] *Œuvres* de La Bruyère, édit. Ad. Regnier, t. I, 1865, p. 65-66.

[2] Ἀγνώστῳ θεῷ. Act., xvii, 23.

[3] Ἀγνώστων δαιμόνων βωμοί. Philostrate, *Vita Apollon.*, vi, 3, édit. Teubner, 1870, t. I, p. 207.

[4] Ἐπὶ Φαλήρῳ... βωμοὶ δὲ θεῶν τε ὀνομαζομένων ἀγνώστων. Pausanias, I, 4, édit. Didot, p. 2.

[5] Πρὸς αὐτῷ (l'autel de Jupiter Olympien à Olympie) δ'ἐστὶν ἀγνώστων θεῶν βωμός. Pausanias, V, xiv, 8, p. 249.

collèges sacerdotaux consistait à découvrir le nom de la divinité qui avait manifesté son pouvoir en de telles circonstances et à prescrire la manière efficace de la rendre propice. Quelquefois, comme dans le cas d'Aius Locutius[1], on désignait le dieu d'après l'acte qu'on lui attribuait. Mais lorsqu'ils étaient dans l'embarras, les prêtres se tiraient d'affaire en employant la formule : *sive deo sive dex*, « soit dieu soit déesse, » de même que les Grecs se servaient de la formule : *au dieu inconnu*, ou, selon l'avis d'Épiménide, *tô prosêkonti theô*[2], « au dieu à qui il appartient. »

C'est d'après ce principe qu'une femme, maudissant sa rivale et appelant sur sa tête toutes les malédictions d'une source thermale, s'écrie : « O vous, eaux bouillantes, ou vous, nymphes, ou de quelque autre nom qu'il vous plaise d'être appelées, faites-la périr[3] ! »

L'exorde de saint Paul était, on le ~~~, fort insinuant et très propre à captiver l'attention de ses auditeurs. Il traite ensuite dans son discours, en apôtre et de main de maître, les questions les plus discutées, les plus importantes et les plus vitales de la philosophie grecque et de l'esprit humain. En rappelant que Dieu a créé le monde et que l'homme est

---

[1] Nom donné à la divinité inconnue, dont la voix avait annoncé, en 389 avant J.-C., l'approche des Gaulois. Tite Live, v, 32, 50. Voir W. Smith, *Dictionary of Greek and Roman Biography*, t. i, 1853, p. 88.

[2] Τῷ προσήκοντι θεῷ. Diogène Laerte, i, 10, édit. Didot, p. 28-29. Épiménide fit immoler des brebis blanches et noires, lâchées de la colline de l'Aréopage, au lieu où elles s'arrêtèrent, « et un autel y fut consacré aux dieux inconnus. Six siècles plus tard, dit M. Duruy, saint Paul devait éloquemment rappeler ce souvenir et montrer aux Athéniens son Dieu dans le Dieu inconnu d'Épiménide. » V. Duruy, *Histoire de la Grèce*, t. i, 1886, p. 383.

[3] « Q. Letinium Lupum, ... aput vostrum numen demando devoveo desacrificio, uti vos, Aquæ ferventes, si[ve] v[os] nimfas (nymphæ), [si]ve quo alio nomine voltis adpelari, uti vos eum interimates interficiates intra annum... » *Corpus inscriptionum latinarum*, t. vi, part. i, *Inscriptiones urbis Romæ*, n° 141, p. 22.

sa créature¹, il fait allusion à la théorie platonicienne de l'origine des choses, qui avait été adoptée par plusieurs sectes philosophiques ; en affirmant que Dieu n'a besoin de rien, ni de personne², qu'il est près de chacun de nous³, qu'il y aura un jugement pour tous les hommes⁴, etc., saint Paul rappelle également à ses auditeurs les questions discutées avec le plus d'ardeur dans les écoles, et il les résout en peu de mots, grâce à la lumière de la révélation. Tout, dans son langage, porte ainsi comme la marque du lieu où il a parlé.

Parmi les monuments épigraphiques découverts à Athènes se trouve un discours qui, par quelques circonstances, fait penser à celui de saint Paul. Cinq fragments de marbre de l'Hymette nous en ont conservé les débris. L'inscription est longue, mais elle est malheureusement très mutilée; aucune phrase ne nous est parvenue entière ; cependant, malgré ces lacunes, il est certain que c'est un discours, et un discours adressé à un conseil, *boulê*, appelé un peu plus loin *toude tou synedriou*⁵, lequel ne peut être que l'Aréopage. L'éditeur de l'inscription, M. Dittenberger⁶, de Berlin, a très bien reconnu que ce discours est d'un caractère démonstratif et non une plaidoirie de barreau.

Saint Paul, dans son discours à l'Aréopage, cite un poète grec. Il est curieux d'observer que le discours contenu dans les fragments d'Athènes renferme aussi une citation d'un poète, c'est-à-dire deux vers d'Homère, dont le commencement seul a été retrouvé, mais dont il est facile de suppléer la fin :

---

¹ Act., xvii, 24-25.
² Act., xvii, 25.
³ Act., xvii, 27-28.
⁴ Act., xvii, 31.
⁵ Βουλή. Τοῦδε τοῦ συνεδρίου. Lignes 6 et 9, *Corpus inscriptionum atticarum*, t. iii, part. i, n. 53, p. 31.
⁶ G. Dittenberger, *Corpus inscriptionum atticarum*, t. iii, part. i, n° 53, p. 31.

Ἐχθρὸς γάρ μοι κεῖνος ὁμῶς Ἀείδαο πύλῃσι,
Ὅς χ' ἕτερον μὲν κεύθῃ ἐνὶ φρεσὶν, ἄλλο δὲ εἴπῃ.

Odieux est pour moi comme les portes de l'enfer
Celui qui cache une chose dans son cœur et en exprime une autre [1].

Le discours où nous lisons cette citation a été probablement prononcé par un éphèbe à la fin de sa minorité [2]. Il fut si content de son œuvre qu'il la fit graver sur le marbre, ce qui ne fut point fait pour le discours de saint Paul; mais celui de ce dernier eut mieux que cet honneur fragile, il nous a été conservé par saint Luc dans les Actes des Apôtres [3].

---

[1] *Inscriptiones atticæ*, t. III, part. I, n° 53, p. 31. Voir J. Marshall, *The Account of saint Paul at Athens illustrated by the Monuments and Literature*, dans les *Proceedings of the Society of Biblical Archæology*, t. X, mars 1888, p. 285-286.

[2] J. Marshall, dans les *Proceedings of the Society of Biblical Archæology*, t. X, p. 286.

[3] Le savant historien de la Grèce, E. Curtius († 13 juillet 1896), a écrit sur le récit de saint Luc les lignes suivantes : « Celui qui étudie sans préjugé la narration des Actes des Apôtres ne peut, d'après ma conviction, échapper à l'impression que c'est un témoin bien renseigné qui décrit exactement ce qui s'est passé. Il y a dans ces seize versets (Act. XVII, 16-31) une telle abondance de matière historique, tout y est si significatif et si personnel, si vivant et si caractéristique,... qu'on ne saurait rien trouver de pareil dans une fiction... Il faut même connaître parfaitement Athènes pour comprendre pleinement ce récit. » *Paulus in Athen*, dans les *Sitzungsberichte der pr. Akademie der Wissenschaften zu Berlin*, 9 novembre 1893, p. 925. Voir toute cette savante étude, p. 925-938.

# CHAPITRE VI.

### SAINT PAUL A ÉPHÈSE ET LA SÉDITION DES ORFÈVRES DANS CETTE VILLE.

Quelque temps après son départ de Thessalonique, à la fin de son second voyage de mission, en 52, saint Paul était passé à Éphèse, l'antique cité de l'Ionie, devenue à cette époque, sous les Romains, la métropole de l'Asie proconsulaire. L'Apôtre ne put alors séjourner dans cette ville, mais il promit à ses amis d'y revenir[1]. Dans son troisième voyage, en 55, il tint sa promesse et il y demeura trois ans[2].

Éphèse était située dans une plaine fertile, au sud de la rivière du Caystre, presque vis-à-vis de l'île de Samos, non loin de la mer et à peu près au milieu de la côte occidentale de l'Asie Mineure. Placée entre Smyrne[3] et Milet, elle était à 320 stades de la première et à une distance un peu moindre de la seconde. La plaine où elle était bâtie, fruit des alluvions, a une longueur de près de deux heures

---

[1] Act., XVII, 19-21.
[2] Act., XIX, 10 et XX, 31. Cf. I Cor., XVI, 8.
[3] Pline, *H. N.*, v, 31, 120, édit. Teubner, 1870, t. I, p. 208, dit que, de son temps, Éphèse et Smyrne étaient « les deux yeux » de l'Asie. *Verum Ephesum alterum* (il vient de parler de Smyrne) *lumen Asiæ*...

de marche, du levant au couchant, sur une largeur de plus d'une heure. Elle est bornée de trois côtés par des montagnes escarpées ; le mont Gallésius au nord, le mont Pactyas à l'est, le mont Coressus au sud ; à l'ouest, elle va se perdre dans la mer Égée. Éphèse s'élevait au sud de la plaine et ses édifices couvraient une partie des collines qui la bordent en cet endroit.

19. — Lettres éphésiennes.

Avantageusement placée pour le commerce, sa situation l'avait rendue l'entrepôt de tout le trafic de l'Asie Mineure, et les richesses de l'Orient affluaient dans son port de Panormus. Ses commencements avaient été obscurs : elle était peu importante sous Androclès l'Athénien, à qui la légende rapporta sa fondation[1], mais elle s'était accrue sous Lysimaque, l'un des généraux d'Alexandre le Grand, et avait atteint, sous la domination romaine, quand elle fut visitée par saint Paul, l'apogée de sa prospérité. Célèbre par son luxe et par sa magnificence, elle l'était plus encore par ses magiciens et par son temple de Diane.

Nous allons voir bientôt le rôle que jouaient ce temple et cette déesse à Éphèse. L'histoire de saint Paul rappelle aussi l'influence dont jouissait la magie dans cette cité[2]. Les

---

[1] Strabon, XIV, 1, 3, édit. Didot, p. 540. Elle était néanmoins plus ancienne. Cf. E. H. Plumptre, *Saint Paul in Asia Minor*, in-16, Londres (sans date), p. 89.

[2] Act., XIX, 19. Voir aussi saint Jérôme, *Præf. in Epist. ad Ephesios*, t. XXVI, col. 441. Cf. Philostrate, *Vita Apollonii Thyanei*, l. IV et v.

« lettres Éphésiennes, » Ἐφέσια γράμματα[1], étaient fameuses chez les anciens, et les auteurs classiques nous en ont conservé le souvenir[2]. C'étaient des symboles mystérieux[3], qui étaient gravés sur la couronne, la ceinture et les pieds de la statue de Diane[4]. Ils ressemblaient par la forme aux caractères runiques du Nord. Quand on les prononçait, ils avaient la vertu d'un charme; quand on les portait écrits sur soi, ils servaient d'amulettes[5]. Crésus, disait-on, avait répété sur le bûcher qui allait le dévorer et dont il fut délivré, ces syllabes toutes-puissantes; un athlète éphésien, tant qu'il avait eu sur sa personne le rouleau qui contenait ces mots magiques, avait triomphé de son antagoniste de Milet; il avait été vaincu, dès le jour où il avait perdu son talisman[6].

L'étude de ces lettres magiques avait donné naissance à des livres nombreux, que l'on vendait à un grand prix[7].

---

[1] Voir Suidas, *Lexicon*, à ce mot. Il les définit, édit. G. Bernhardy, t. I, col. 673, « des incantations obscures ».

[2] Cf. Plutarque, *Sympos.*, l. VII, q. 5.

[3] Voir, Figure 19, une plaque de terre cuite contenant les ἐφέσια γράμματα. Au milieu est la Diane d'Éphèse. L'inscription n'a pas de sens. On peut lire seulement à la première ligne du haut : ΑΡΤΕΜ ΦΑΟΣ ΙΕΡΟΝ. Cette plaque est conservée à Syracuse.

[4] Eustathe, de Thessalonique, *Commentarii ad Homeri Odysseum*, φ, 2 in-4°, Leipzig, 1825. Le texte d'Eustathe est cité dans Migne, *Patr. græca.*, t. IX, col. 72, note 20.

[5] D'après Clément d'Alexandrie, *Strom.*, v, 8, t. IX, col. 72-73, les mots magiques, étaient les suivants : Ἄσκιον, Κατάσκιον, Λίξ, Τετράξ, Δαμναμενεύς, Αἴσιον. Il ajoute que le philosophe pythagoricien Androcyde les expliquait comme signifiant : « Ténèbres, Lumière, la Terre, l'Année (avec ses *quatre* saisons), le Soleil (comme *domptant* toutes choses) et Vérité. » Dans un autre passage des mêmes *Stromates*, I, 15, t. VIII, col. 781, il attribue à une tribu phrygienne, les Idéodactyles, l'invention des « lettres éphésiennes. »

[6] Suidas, *Lexicon*, t. I, col. 673.

[7] Act. XIX, 19. Voir Conybeare et Howson, *Life and Epistles of saint Paul*, p. 371. — Sur le prix élevé des livres dans l'antiquité grec-

On venait de fort loin, à Éphèse, consulter ses magiciens renommés[1].

Les monuments qui ornaient la ville étaient dignes de son éclat et de sa splendeur. Outre le temple de Diane, l'une des sept merveilles du monde, dont nous parlerons plus loin, on y remarquait l'Augustéum, dédié à l'empereur Auguste, plusieurs autres temples, le grand Théâtre, le Stadium ou gymnase.

Cependant tous ces édifices superbes qui faisaient l'orgueil de la cité et que l'on devait croire éternels, ne devaient pas durer toujours. Une légende raconte que, sous la persécution de Dèce, en 250, sept jeunes chrétiens s'enfuirent dans une caverne du voisinage, pour échapper à la mort. Là, ils tombèrent dans un profond sommeil. Quand ils se réveillèrent, un siècle et demi s'était écoulé, l'empereur Théodose était assis sur le trône des Césars; ils se rendirent au milieu de la ville; au lieu du temple d'Artémis, ils ne virent plus que des églises chrétiennes; alors, rendant grâces à Dieu de ce que le Christ avait vaincu le paganisme, ils se couchèrent de nouveau et s'endormirent, cette fois pour toujours, du sommeil de la mort[2].

---

que et sur les livres de Protagoras brûlés à Athènes sous Périclès, voir V. Duruy, *Histoire des Grecs*, t. II, 1888, p. 625.

[1] Les magiciens d'Éphèse étaient, par suite, recherchés au loin. Balbilus, l'astrologue de Néron et de Vespasien, était né dans cette ville. Le plus fameux magicien du paganisme expirant, Maxime, qui initia l'empereur Julien aux mystères d'Éleusis, était aussi Éphésien. Voir W. Smith, *Dictionary of Greek and Roman Biography*, t. II, 1854, p. 991.

[2] Cette légende est racontée dans une homélie de Jacques de Sarug (721). Elle fut traduite en latin et saint Grégoire de Tours l'a insérée dans son *De gloria martyrum*, I, 95, t. LXXI, col. 787-789. Mahomet l'a racontée dans le Koran, sourate XVIII. Cf. Pagliarini, *Septem dormientium historia*, in-4°, Rome, 1741; Bidermann, *Fabulæ de septem dormientium historia*, in-4°, Fribourg, 1752; Th. G. von Karajan, *Von den siben Slafaeren, Gedicht des XIII. Jahrhunderts*, in-4°, Heidelberg, 1839.

Néron est probablement celui qui avait porté les premiers coups à Éphèse[1]. Trajan arracha au temple d'Artémis ses portes richement sculptées pour les offrir à un autre temple de Byzance. Les Goths, sous l'empereur Galien, en 263, achevèrent l'œuvre de destruction : ils prirent la ville et brûlèrent l'Artémision[2]. De nos jours, il ne reste pas même le nom de l'ancienne métropole de l'Ionie. Là où avait fleuri Éphèse, on ne voit plus qu'un misérable village turc, appelé par les indigènes Aïa-Soulouk[3]. Jusqu'à ces dernières années, on peut dire qu'il y avait à peine des ruines, et ce n'est qu'après de longs efforts qu'un patient explorateur anglais, M. Wood, a réussi à reconstituer la topographie de la cité. Ses fouilles sont précieuses pour le livre des Actes et elles nous fournissent des confirmations nouvelles de l'exactitude de saint Luc.

C'est en 1863 que M. Wood commença à rechercher les ruines du grand temple de Diane, dont il ne restait plus de traces depuis des siècles[4]. Il poursuivit ses explorations

---

[1] Tacite, *Ann.*, xv, 45.

[2] Tr. Pollion, *Vitæ Galien.*, dans l'*Historia Augusta*, édit. Panckoucke, 1844, t. 1, p. 316. Plumptre, *Saint Paul in Asia Minor*, p. 137.
    And Ephesus shall wail along her shore,
    And seek her temple — temple found no more.

[3] On explique généralement le nom d'Aïa-Soulouk comme étant une contraction ou une corruption des mots grecs : ὁ ἅγιος θεόλογος, « le saint théologien, » locution par laquelle on désigne l'apôtre saint Jean. Dans le Nouveau Testament grec, l'Apocalypse porte le titre de : Ἀποκάλυψις Ἰωάννου τοῦ θεολόγου.

[4] « Von allen grossen Tempeln des Alterthums war das Artemision der einzige, dessen Stätte spurlos verschwunden war, bis es dem Kunsteifer und der Energie Englands nach zwölfjährigem Durchwühlen der ganzen Ebene in Frühjahr 1871 endlich gelungen ist, aus 20 Fuss Tiefe die im Schlamm versunkenen Marmortrümmer wieder an das Licht zu ziehen. » E. Curtius, *Ephesos, ein Vortrag gehalten im wissenschaftlichen Verein zu Berlin, am 7. Februar 1874*, p. 35. — Sur le temple d'É-

sur le site de la grande ville de l'Asie Mineure pendant près de onze ans, jusqu'en avril 1874, et n'y dépensa pas moins de quatre cent mille francs. Tant de peines et d'argent n'ont pas été perdus : le savant anglais a non seulement retrouvé, grâce à son infatigable persévérance, les restes du temple de Diane, mais aussi ceux du grand Théâtre et de l'Odéon, des débris de sculpture et de nombreuses inscriptions grecques et latines [1] qui sont d'une valeur inappréciable pour la connaissance de l'antiquité, et en particulier des Actes, comme nous allons le voir.

phèse, voir V. Duruy, *Histoire des Grecs*, t. I, 1887, p. 615-616; cf. p. 658, 660-661. — J'ai visité une première fois, en 1888, les ruines d'Éphèse et celles du temple de Diane, le fameux Artémision. De cette merveille du monde, il ne reste qu'une sorte de creux, actuellement rempli d'eau où nous avons entendu coasser de nombreuses grenouilles. Nous en avons fait le tour à cheval, en passant, à l'extrémité ouest, dans l'eau et dans la boue. Au milieu du marais, beaucoup de débris en marbre, entre autres des fameuses colonnes cannelées. Tout le reste de ce qui a été retrouvé a été porté à Londres. — Quand nous avons visité une seconde fois Éphèse et l'Asie Mineure en 1893, l'habile explorateur de Pergame et de Magnésie du Méandre, M. Karl Humann, nous dit que les fouilles d'Éphèse étaient néanmoins à recommencer, malgré tout ce qu'avait fait M. Wood, parce que les chercheurs anglais ne s'étaient pas préoccupés de reconstituer scientifiquement la ville antique, mais principalement de retrouver de beaux morceaux de sculpture. M. Humann venait de reprendre ces fouilles importantes, lorsqu'une mort bien regrettable l'a arrêté au milieu de ses travaux. M. Humann était né à Steele, dans la Prusse rhénane, le 4 janvier 1839; il est mort à Smyrne en avril 1896. Voir *Beilage zur Allgemeinen Zeitung*, 15 avril 1896, p. 7.

[1] J. T. Wood, *Discoveries at Ephesus including the site and remains of the great temple of Diana, with numerous illustrations from original drawings and photographs*, Londres, 1877, Introduction, p. VII-VIII.

## ARTICLE I<sup>er</sup>.

#### LE RÉCIT DE LA SÉDITION PAR SAINT LUC.

Le trait caractéristique du récit des Actes, concernant le séjour de saint Paul à Éphèse[1], est le rôle prépondérant que joue, dans cette ville, le culte d'Artémis ou Diane, « la grande Diane des Éphésiens[2]. » « Il s'éleva en ce temps-là, dit saint Luc (pendant que saint Paul était à Éphèse), un grand trouble... Car un orfèvre, nommé Démétrius, qui faisait de petits temples d'argent d'Artémis et qui donnait beaucoup à gagner aux ouvriers, les assembla avec d'autres qui travaillaient à ces sortes d'ouvrages et leur dit : « Vous
» savez, ô hommes, que c'est de cette industrie que vient
» notre fortune, et vous voyez et entendez dire que ce Paul,
» ayant persuadé non seulement Éphèse, mais presque toute
» l'Asie, a changé les sentiments d'une multitude, en disant :
« *Ce ne sont pas des dieux, mais les ouvrages de la main des*
» *hommes.* » Or, non seulement nous courons risque que
» notre métier ne soit décrié, mais que le temple même de
» la grande déesse Artémis ne tombe dans le mépris, et que
» la majesté de celle que toute l'Asie et le monde entier ré-
» vèrent ne tombe dans l'oubli. »

» Ayant entendu ce discours, ils furent remplis de colère, et ils s'écrièrent : « Grande est l'Artémis des Éphésiens! » Et toute la ville fut remplie de confusion ; toute la foule courut au Théâtre et y entraîna Gaïus et Aristarque, compagnons de voyage de Paul. Or, Paul voulant pénétrer au

---

[1] Voir plus haut, p. 273, et *ibid.*, note 2.
[2] Act., xix, 34.

milieu du peuple, les disciples l'en empêchèrent. Quelques-uns aussi des Asiarques, qui étaient ses amis, envoyèrent vers lui pour le prier de ne pas se présenter au Théâtre.

» Cependant les uns criaient une chose et les autres une autre, parce que la réunion était pleine de confusion, et la plupart ne savaient même pas pourquoi l'on était rassemblé[1].

» Cependant, on dégagea Alexandre de la foule, à l'aide des Juifs qui le poussaient devant eux. Or, Alexandre demanda de la main qu'on fît silence, voulant se défendre devant le peuple. Mais, dès qu'il eut été reconnu pour Juif, tous, d'une seule voix, ne cessèrent de s'écrier, pendant environ deux heures : « Grande est l'Artémis des Éphé-
» siens ! »

» Le grammate ayant enfin calmé la foule, dit : « Éphé-
» siens, qui dans le monde ignore que la ville d'Éphèse est
» particulièrement vouée au culte (νεωκόρον) de la grande
» Artémis, tombée du ciel? Puisque donc on ne peut le
» contester, il faut que vous vous calmiez et que vous ne
» fassiez rien inconsidérément, car ceux que vous avez ame-
» nés ici ne sont ni sacrilèges (ἱεροσύλους) ni blasphémateurs
» de votre déesse. Que si Démétrius et les ouvriers qui sont
» avec lui ont à se plaindre de quelqu'un, il y a des jours
» d'audiences publiques et des proconsuls[2] (ἀγοραῖοι ἄγονται
» καὶ ἀνθύπατοί εἰσιν); qu'ils portent contre lui leurs accusa-
» tions. Si vous avez quelque autre affaire à régler, qu'elle
» soit traitée dans une assemblée légale (ἐν τῇ ἐννόμῳ ἐκκλη-
» σίᾳ), car nous courrions risque d'être accusés de sédition

---

[1] « Jamais peut-être le caractère d'une sédition populaire n'a été peint plus simplement ni plus justement que par ces seuls mots : *Et la plupart ne savaient même pas pourquoi l'on était rassemblé.* » Act., XIX, 32. Conybeare et Howson, *Life and Epistles of saint Paul*, p. 431.

[2] Pour les proconsuls d'Éphèse, voir B. V. Head, *On the chronological Sequence of the Coins of Ephesus*, in-8°, Londres, 1880, p. 72.

## CHAP. VI. SAINT PAUL A ÉPHÈSE. 281

» sur ce qui s'est passé aujourd'hui, personne ne donnant
» un motif qui puisse être allégué de cet attroupement. »
Et ayant parlé ainsi, il congédia l'assemblée[1]. »

Aucun auteur ancien ne nous a laissé de l'Éphèse impériale un tableau plus vivant, plus animé, plus exact que celui de saint Luc. Son récit est rempli de mots et de locutions particulières; mais les expressions, comme le fond de sa narration, sont parfaitement justifiées par l'épigraphie et par les fouilles de M. Wood. C'est ce que nous allons montrer, en reprenant d'abord une à une les principales circonstances de la narration et en examinant ensuite les expressions et les locutions grecques qui lui sont propres.

[1] Act., xix, 23-40.

## ARTICLE II.

### LE TEMPLE DE DIANE A ÉPHÈSE.

Le premier trait qui frappe dans le discours de l'orfèvre Démétrius, c'est l'importance qu'il attache au temple d'Artémis ou de Diane. Toute la vie d'Éphèse, en effet, était comme concentrée dans ce temple.

Il avait été bâti une première fois par l'architecte Chersiphron[1], avec le marbre du mont Prion. Les cités grecques d'Asie avaient toutes contribué aux frais de l'édifice; Crésus, le célèbre roi de Lydie, avait prêté son concours. Commencé avant les guerres persiques, il avait continué à s'élever lentement pendant la guerre du Péloponèse, et n'avait été achevé qu'au bout de cent vingt-cinq ans. Sa dédicace fut célébrée par un poète contemporain d'Euripide, Timothée. Mais, quelques années après, il devenait la proie des flammes, allumées par Érostrate, la nuit même où naissait Alexandre le Grand (356 avant J.-C.). Il fut rebâti avec plus de somptuosité et de magnificence : les Éphésiens donnèrent leur argent, leurs femmes offrirent leurs bijoux. Alexandre, après la victoire du Granique, célébra une fête solennelle en l'honneur de Diane, et proposa de payer tous les frais de reconstruction du temple, à la seule condition d'y inscrire son nom. La fierté éphésienne refusa de condescendre à ses désirs; le vainqueur de l'Orient dut se contenter de faire diriger le travail par l'architecte Dinocrate[2] qui

---

[1] Strabon, XIV, 1, 22, édit. Didot, p. 547; Pline, *H. N.*, xxxvi, 21, édit. Lemaire, t. ix, p. 497 et note; cf. t. vii, p. 141, note.

[2] Pline, *H. N.*, vii, 38, édit. Lemaire, t. vii, p. 143 et note. Cf. Strabon, XIV, 1, 23, édit. Didot, p. 547.

avait bâti Alexandrie, en Égypte, et de déposer, dans le sanctuaire, son portrait peint par Apelles[1]. La libéralité des adorateurs de Diane ne cessa d'enrichir et d'embellir son sanctuaire, auquel on ajoutait toujours de nouvelles décorations, de nouvelles œuvres d'art. Les inscriptions l'appellent « le temple de l'Asie; » les offrandes y affluaient de tous côtés; on y déposait, comme dans un trésor inviolable, les objets les plus précieux; une grande partie de la richesse de l'Asie occidentale s'y était, avec le temps, accumulée, et on a comparé ce temple, non sans raison, à la Banque d'Angleterre ou à la Banque de France. Les curieux et les dévots y accouraient de tous les points du monde ancien pour admirer cet édifice, le plus beau, disait-on, que le soleil éclairât dans sa course, et pour obtenir les faveurs de la déesse à qui l'on attribuait la plus grande puissance. Avant de quitter Éphèse, on emportait, comme souvenir, ainsi que le disent les Actes[2], une image d'argent de ce sanctuaire qu'on était venu contempler de si loin[3].

---

[1] La valeur de cette peinture était, dit-on, énorme : « For one picture, representing Alexander the Great grasping a thunderbolt, no less than twenty talents of gold had been paid, representing, in modern valuation, 1. 38.650 sterling (966.250 fr.). » Plumptre, *Saint Paul in Asia Minor*, p. 100.

[2] Act., xxi, 24.

[3] Les commentateurs ont hésité sur la nature des édicules fabriqués par Démétrius, mais il ne nous paraît pas douteux que ce ne fussent des représentations en petit du temple de la déesse, tel que nous le voyons sur les médailles. « *Faciens ædes argenteas*. Quænam hæc ? demande Cornélius à Lapide, in Act., xix, 24, édit. Vivès, t. xvii, p. 357. — Primo, aliqui censent fuisse vota et anathemata, quæ offerebant Dianæ ob depulsum periculum, vel acceptum beneficium. — Secundo, alii censent cum Chrysostomo, fuisse arcas sive thecas in quibus gestabantur amuleta, puta signa Dianæ, sive litteræ Ephesiæ, quas contra febres, morbos, pericula, aut pro felici sorte et fortuna, fallaces sacerdotes Dianæ dabant adventantibus. Aut potius, ut Baronius, hæ ædes erant ipsæ argenteæ statuæ Dianæ, cum suis ædiculis seu loculamentis. — Tertio et optime, hæ ædes

Les médailles qui représentent le temple dont Démétrius et ses ouvriers fabriquaient des images, abondent[1] ; elles nous fournissent le moyen, en nous aidant en outre des renseignements complémentaires dus aux fouilles de M. Wood, de nous faire une idée de ce qu'était ce célèbre édifice.

La plate-forme sur laquelle il était bâti avait 137 mètres 40 (418 pieds) de long sur 71 mètres 85 (239 pieds) de large. Le temple lui-même avait 104 mètres (342 pieds) sur 50 mètres (163 pieds)[2]. Les fouilles ont amené la découverte de trois pavements superposés. Au-dessous du plus bas, on a trouvé une couche de charbon, entre deux couches d'une matière

erant imagines sive simulacra templi Dianæ. Ita enim ejus templum venerabantur, ut illud in imaginibus effingerent, ejusque similitudinem in statuis, puta in ædiculis argenteis conflarent, quibus effigiem, sive statuam Dianæ imponebant ; eas deinde vel offerebant Dianæ in templo ; vel ad collum, aut in pileis et vestibus appensas gestabant, sicut nostri peregrini gestant imagines B. Virginis Lauretanæ ; aut ce te domi in larariis et oratoriis eas reponebant, præsertim si solidæ essent, non planæ et in lamina. Id ita esse patet ex eo quod eas Lucas græce vocet ναούς, id est *templa,* et Polybius ναίδια, id est *parva templa, templula,* puta delubra et ædiculas effigie templi in quibus reponebantur statuæ Dianæ. » — Voici ce que dit M. Wood au sujet de ces édicules : « The long Salutarian inscription, found on one of the walls of the southern passage into the Theatre, and which was inscribed in the time of Trajan, about A. D. 104, describes in detail a number of these shrines, probably similar to those made by Demetrius and his fellow-craftsmen. The shrines described in this inscription and numbering more than thirty, were of gold and silver, weighing from three to seven pounds each, and represented figures of Artemis with two stags, and a variety of emblematical figures ; these were voted to Artemis and were ordered to be placed in her temple. » J. T. Wood, *On the antiquities of Ephesus having relation to Christianity,* dans les *Transactions of the Society of Biblical Archæology,* t. vi, 1878, p. 328.

[1] La médaille (agrandie) que nous reproduisons, Figure 20, est donnée d'après Wood, *Discoveries at Ephesus,* p. 267. On trouve plusieurs autres vues du temple ou médailles dans le même ouvrage.

[2] Ce sont les mesures données par M. Wood. Pline, *H. N.*, t. v, p. 122, xxxvi, 14, dit : « Universo templo longitudo est ccccxv pedum, latitudo ccxxv. »

qui avait la consistance du mastic et qui paraît avoir été destinée à protéger les fondations contre l'instabilité du sol

20. — Médaille représentant le temple de Diane à Éphèse.

marécageux sur lequel elles étaient placées[1]. Ce sont là les fondations du plus ancien temple, au-dessus desquelles les deux autres qui le remplacèrent successivement furent bâtis depuis.

[1] « The excavations led to the discovery of three pavements, one below the other; the lowest 7 feet 6 inches beneath the highest, and each representing a stage in the history of the fabric. Below the lowest of these was found a layer of charcoal three inches thick betweeen two strata of a soft substance of the consistency of putty, giving a singular confirmation ot the statement of an ancient writer, that Chersiphron, the architect of

Le dernier avait huit colonnes de façade, comme on le voit sur la médaille que nous reproduisons ici, et comme l'a constaté M. Wood. Ce savant croit que le nombre total des colonnes était de cent, d'une hauteur de 55 pieds environ, la plupart sculptées en relief et offertes par des rois. Les inscriptions placées à la base montrent du moins qu'elles ont été données par des adorateurs de Diane[1].

L'aspect et le caractère de cet édifice religieux étaient tout différents, comme on peut le voir au premier coup d'œil, de nos églises et de nos cathédrales. Au lieu de ces formes élancées, qui s'élèvent vers le ciel, et de ces vastes nefs qui ouvrent leurs larges flancs pour recevoir une multitude de fidèles, les temples païens ne se composaient guère que d'entablements horizontaux, de hauteur médiocre, reposant

---

the Temple built by Crœsus, under the advice of Theodorus of Samos, ordered the foundations to be laid on fleeces of wool and charcoal, so as to guard against the risks likely to arise from the marshiness of the soil. It seems to follow from this that we have here the floor of the first Temple, that the pavement above it represents that which was built circ. A. D. 460, by Pæonius who was also the architect of the Temple of Apollo at Branchidæ, and was destroyed by Herostratus, and that the topmost pavement belongs to the greatest and last of the three temples which replaced it, and remained till its destruction by the Goths. » Plumptre, *Saint Paul in Asia Minor*, p. 98-99. — « Græcæ magnificentiæ vera admiratio exstat templum Dianæ Ephesiæ, ducentis (ailleurs : quadringentis) viginti annis factum a tota Asia, dit Pline. In solo id palustri fecere, ne terræ motus sentiret aut hiatus timeret, rursus, ne in lubrico atque instabili fundamenta tantæ molis locarentur, calcatis ea substravere carbonibus, dein velleribus lanæ. » *H. N.*, xxxvi, 14, édit. Teubner, t. v, p. 122. — Nous avons remarqué plus haut, p. 277-278, note 4, que sur l'emplacement du temple est aujourd'hui un marais.

[1] « Universo templo, dit Pline, columnæ cxxvii, a singulis regibus factæ, sexaginta pedum altitudine, ex iis xxxvi cælatæ... Cætera ejus operis ornamenta plurium librorum instar obtinent, nihil ad speciem naturæ pertinentia. » Pline, *H. N.*, xxxvi, 14, édit. Teubner, t. v, p. 122-123. Voir pour la description du temple, Conybeare et Howson, *Life and Epistles of saint Paul*, p. 423.

sur des colonnes verticales; ce n'étaient point des maisons de prière, couvertes d'un toit pour recevoir et abriter les adorateurs des dieux, c'étaient, en réalité, de simples colonnades, élevées, comme ornements, autour de la chapelle qui contenait l'idole, et, en grande partie, à ciel ouvert. Les colonnades du temple d'Artémis, à Éphèse, étaient particulièrement remarquables; elles constituaient une époque nouvelle dans l'histoire de l'art grec; elles étaient le plein épanouissement de ce gracieux style ionique dont la beauté féminine était plus appropriée au génie du Grec asiatique que le style dorique, plus mâle et plus ferme, que nous admirons dans le Parthénon et les Propylées d'Athènes[1].

Dans toute l'Asie Mineure, du temps de saint Paul, on ne voyait rien de comparable au temple de Diane : aucun édifice, dans le monde païen, n'excitait plus d'admiration, d'enthousiasme et aussi de superstition. Saint Luc nous peint donc, avec la plus parfaite exactitude, dans le discours de Démétrius qu'il nous a conservé, les sentiments des Éphésiens à l'égard de leur temple, « dont toute l'Asie et l'univers entier vénèrent la majesté[2]. »

---

[1] Conybeare et Howson, *Life and Epistles of saint Paul*, p. 423.
[2] Ἣν ὅλη ἡ Ἀσία καὶ ἡ οἰκουμένη σέβεται. Act., XIX, 27.

## ARTICLE III.

### LA GRANDE DIANE DES ÉPHÉSIENS.

Avec le temple de Diane, ce qui est le plus révéré à Éphèse, d'après le récit de saint Luc, c'est la statue de la déesse. Ce que Démétrius reproche à saint Paul, c'est d'enseigner que les idoles ne sont pas des dieux, mais les ouvrages de la main des hommes, et cette attaque de l'Apôtre contre Artémis remplit tous les Éphésiens de colère ; le « grammate » ne parvient à les calmer, qu'en proclamant hautement que le monde entier sait qu'Éphèse est la fidèle adoratrice de la statue d'Artémis, de cette statue tombée du ciel[1]. L'épigraphie confirme d'une manière remarquable tout ce que rapportent les Actes.

Nous ne possédons pas de texte qui attribue expressément, comme les Actes, une origine céleste au simulacre de Diane. Les monuments nous montrent du moins qu'elle ne venait pas de l'Hellade et confirment indirectement le texte sacré. Même après tous les embellissements de l'art grec, qui l'a transformée, la déesse des rives du Caystre garde les marques de sa grossièreté primitive.

La Diane qu'on adorait à Éphèse n'était point la poétique fille de Latone, la sœur du brillant Apollon. L'Artémis

---

[1] Act., xix, 35. Littéralement, « venant de Jupiter. » La Vulgate porte : « fille de Jupiter, » *Jovisque prolis*. « Græce : καὶ τοῦ διοπετοῦς, id est *a Jove demissi*, vel *delapsi*, scilicet ἀγάλματος, id est *simulacri Dianæ* : ita Syrus, Chrysostomus, etc... Noster legit τῆς διοπετοῦς, id est *a Jove profectæ*, vel *descendentis Dianæ*... Forte etiam legit διογενοῦς, id est *a Jove genitæ*. » Cornélius a Lapide, in Act., xix, 35, édit. Vivès, t. xvii, p. 360.

21. — Diane Lucifère.     22. — Diane d'Éphèse.     23. — Diane chasseresse.

grecque était un type de beauté, aux formes élégantes et gracieuses, la déesse chasseresse ou bien la personnification de la Lune, éclairant de sa pâle lumière argentée l'obscurité et le silence de la nuit. L'Artémis d'Éphèse, au contraire, n'avait rien d'idéal : c'était une informe statue de bois[1], noircie par les siècles, revêtue, dans toute la partie inférieure du corps, non d'une tunique aux plis souples et ondoyants, mais d'un maillot ou de bandelettes qui la serrent à la façon d'une momie égyptienne[2]. Elle ne porte pas au front le croissant qui donne à Phœbé je ne sais quel air céleste; elle a pour coiffure une couronne de tours ou une mesure à grains[3]; au lieu de tenir dans sa main l'arc de la chasseresse ou le flambeau de la déesse Lucifère, elle est parfois armée d'un trident; ni la biche ni le chien de chasse ne sont à ses côtés, mais des lions rampent le long de ses bras étendus, et sur les langes qui l'enveloppent on voit

---

[1] D'après M. Wood, *Discoveries at Ephesus*, p. 75, cette statue pouvait être un aérolithe, d'une grosseur extraordinaire, ayant une apparence humaine. — On croit généralement que la statue d'Artémis était en bois de vigne. Voici ce que dit Pline à ce sujet : « De simulacro ipso deæ ambigitur : cæteri ex hebeno esse tradunt. Mucianus ter consul ex his qui proxume viso eo scripsere vitigineum et nunquam mutatum septiens restituto templo... Adjicit multis foraminibus nardo rigari, ut medicatus humor alat teneatque juncturas. » *H. N.*, XVI, 79, édit. Teubner, t. III, p. 39. Cf. E. Curtius, *Ephesos*, p. 30 et 38.

[2] Voir les Figures 21, 22 et 23. La Diane d'Éphèse, placée au milieu, Figure 22, reproduit une statue du Musée du Vatican, à Rome. La Diane, à droite, Figure 23, est la Diane chasseresse du Musée de Dresde; celle de gauche, Figure 21, est la Diane Lucifère du Musée du Capitole, à Rome. Pour la Diane d'Éphèse, voir aussi celle qui est représentée plus haut, p. 285, dans l'intérieur du temple. Voir enfin les têtes de Dianes grecques sur les monnaies de Macédoine, p. 222, 223. — On trouve d'autres représentations de la Diane d'Éphèse dans Wood, *Discoveries at Ephesus*, p. 266, 269, 270. — Le Musée Guimet à Paris possède une belle statue de la Diane d'Éphèse.

[3] Le *modius*, « boisseau ». Le modius servait de coiffure symbolique pour plusieurs dieux. Voir *Dictionnaire de la Bible*, t. I, col. 1841.

des têtes de taureau, des griffons, des fleurs et des fruits. Ce n'est pas la vierge pudique des poètes de l'Hellade, c'est une divinité nourricière, *Artemis Polymammia* [1], *Diana nutrix* [2], d'origine asiatique et non hellénique. Elle rappelle les idoles de l'Inde, non l'œuvre de Praxitèle qui décorait l'Acropole d'Athènes. Son vrai nom était Upis [3].

Quand les Grecs s'étaient établis en Asie Mineure, ils y avaient trouvé son culte déjà en honneur. Ils conservèrent la déesse comme divinité tutélaire, mais ils lui enlevèrent son nom barbare et lui substituèrent, en leur langue, celui d'Artémis. Comme elle n'avait ni la forme ni les attributs de la Diane grecque, on l'appelait la Diane d'Éphèse, pour la distinguer de la sœur d'Apollon. Il suffit de jeter un coup d'œil sur l'image des deux Artémis, pour voir la différence qui sépare l'art grec de l'art encore informe des anciens habitants de l'Asie Mineure.

Les habitants d'Éphèse regardaient Diane-Upis comme « la fondatrice de leur cité [4] » et ils lui rendaient, à elle et à sa statue, un culte tel que les inscriptions seules peuvent nous en donner une idée. Dans l'une de ces inscriptions, nous lisons entre autres choses : « Non seulement dans notre ville, mais partout des temples sont dédiés à la déesse, des statues lui sont érigées et des autels consacrés, à cause de ses manifestations...

---

[1] « Scribebat [Paulus] ad Ephesios Dianam colentes, non hanc venatricem, quæ arcum tenet atque succinta est, sed illam multimammiam, quam Græci πολύμαστην vocant, » dit saint Jérôme, *Præf. in Epist. ad Ephesios*, t. xxvi, col. 411, « ut scilicet ex ipsa quoque effigie, mentirentur omnium eam bestiarum et viventium esse nutricem. »

[2] Curtius a montré que c'était, sous un autre nom, l'Astarté phénicienne. *Die griechische Götterlehre von geschichtlichen Standpunkt*, in-8°, 1875. Cf. G. Perrot, *Histoire de l'art*, t. III, p. 319.

[3] Plumptre, *Saint Paul in Asia Minor*, p. 89.

[4] Ἀρχηγέτιν. Wood, *Inscriptions from the great Theatre*, n° 1, col. 1, l. 17, p. 4.

» La plus grande preuve du respect qui lui est rendu, c'est qu'un mois a reçu son nom, étant appelé Artémision parmi nous, et Artémisius parmi les Macédoniens et les autres peuples de la Grèce. Pendant ce mois ont lieu des panégyries et des fêtes religieuses, surtout dans notre cité, qui est la nourrice de notre déesse éphésienne. En conséquence, le peuple d'Éphèse, considérant comme convenable que le mois tout entier qui porte le nom divin soit gardé comme saint et consacré à la déesse, a jugé à propos de régler son culte par ce décret. Il est donc décidé que tout le mois d'Artémision sera saint, que tous les jours de ce mois on célébrera des fêtes, la panégyrie des *Artémisies* [1] et les solennités saintes, pendant le mois consacré à la déesse. Ainsi le culte étant mis sur un meilleur pied, notre ville continuera à croître en gloire et sera prospère en tout temps [2]. »

Le dévouement des habitants d'Éphèse au culte de Diane est également constaté par les inscriptions découvertes par M. Wood. Ils aiment à prendre le titre de φιλάρτεμις, « ami d'Artémis, dévoué à Artémis [3]. » Ils lui font de nombreuses offrandes [4], comme ils célèbrent en son honneur de nombreuses fêtes, en particulier celle du jour de sa naissance [5].

Le récit des Actes qualifie toujours Artémis de « grande, »

---

[1] *Artémisies* est le nom des fêtes en l'honneur d'Artémis.

[2] Boeckh, *Corpus inscriptionum græcarum*, t. II, Berlin, 1843, n° 2954, p. 600. L'inscription est en partie mutilée, mais les lettres qui manquent ont été facilement suppléées dans la partie rapportée ici.

[3] Wood, *Inscriptions from the great Theatre*, n° 1, col. II, l. 24-25, p. 6; col. VI, l. 78-79, p. 36.

[4] Voir Wood, *Inscriptions from the site of the temple of Diana*, n° 17, p. 19, les inscriptions dédicatoires, et *passim*.

[5] Wood, *Inscriptions from the great Theatre*, col. VII, l. 14-15 et l. 29, p. 40.

μεγάλη [1] ; les inscriptions font de même ; l'une d'entre elles l'appelle même « la très grande ».

Τὴν μεγίστην θεὸν Ἄρτεμιν [3].
Τῇ μεγίστῃ θεᾷ Ἐφεσίᾳ Ἀρτέμιδι [5].

Elle a ses prêtresses, les curateurs de ses temples, ses devins ou théologiens, ses choristes ou hymnodes, ses porteurs de sceptres ou *skêptouchoi*, ses femmes de chambre et même ses acrobates [4].

Des Éphésiens, en mourant, lui lèguent leurs biens en héritage :

Πόπλιον Οὐήδιον Παπιανὸν Ἀντωνεῖνον τὸν κράτιστον κληρονόμῳ χρησάμενον τῇ ἁγιωτάτῃ θεῷ Ἐφεσίᾳ Ἀρτέμιδι ἡ πατρὶς ἀνενεώσατο.

« Publius Vedius Papianus Antoninus, le très bon, ayant fait la très sainte déesse d'Éphèse, Artémis, son héritière, sa patrie en conserve le souvenir [5]. »

---

[1] Act., xix, 27, 28, 34, 35.

[2] Le grammate, dans son discours, Act., xix, 35, s'exprime d'une manière tout à fait semblable : τῆς μεγάλης θεᾶς Ἀρτέμιδος.

[3] Wood, *Inscriptions from the great Theatre*, n° 1, col. i, l. 9-10, p. 2; col. vi, l. 80-81, p. 36; voir aussi col. iv, l. 48-49, p. 16; col. v, l. 85, p. 24; col. vi, l. 34. p. 30.

[4] Ἐσσῆναι, θεολόγοι, ὑμνῳδοί, σκηπτοῦχοι, κοσμητεῖραι. Voir Wood, *Inscriptions*, ii, p. 2; iv, n° 2, p. 4, etc., pour les Essènes; vi, l. 56-57, pour les théologiens et les hymnodes, p. 22; ibid., l. 61, pour les porteurs de sceptres, p. 22; ibid., καθαρσίοι, les purificateurs; ibid., l. 84-85, θεσμῳδοί, interprètes des oracles; ibid., l. 86, ἀκροβάταις τῆς θεοῦ, p. 36 ; ces acrobates sont aussi nommés, col. vii, l. 13, p. 40. Quant aux femmes chargées de prendre soin de la statue de la déesse, nous lisons dans une inscription : « Ce sanctuaire et cet espace consacré appartiennent à Pomponia Faustina, κοσμητείρης τῆς Ἀρτέμιδος, héréditaire, et à Ménandre son mari. » *Inscriptions from the city and suburbs*, n° 14, p. 36.

[5] Wood, *Inscriptions from the city and suburbs*, n° 9, p. 31.

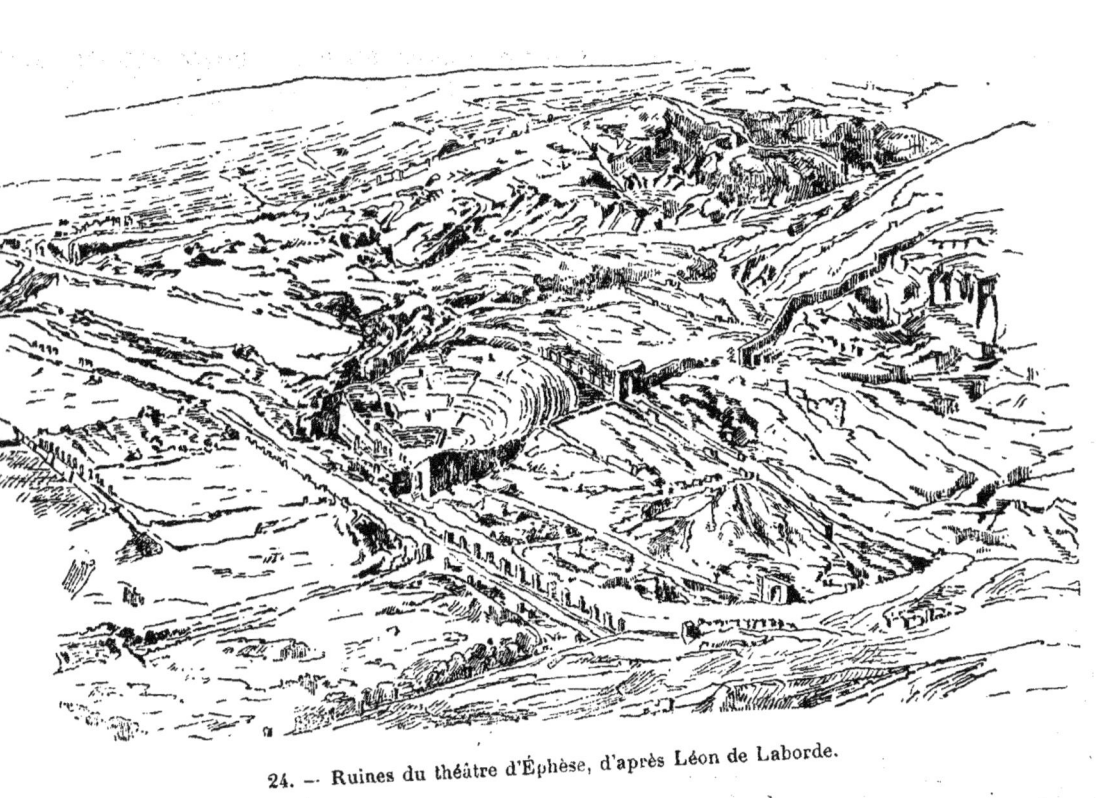

24. — Ruines du théâtre d'Éphèse, d'après Léon de Laborde.

Des redevances sont assignées pour lui acheter des parures; des fondations sont faites pour l'entretien et la garde de ses images; des décrets sont publiés pour l'exhibition publique de ses trésors. M. Wood a découvert plusieurs inscriptions par lesquelles un certain C. Vibius Salutaris [1] donna au temple d'Artémis de nombreuses statues, images et autres objets de prix. L'état de délabrement de ces inscriptions ne permet de lire qu'une partie des dons de Salutaris. On y remarque entre autres une Artémis d'or de trois livres avec deux cerfs d'argent; deux Artémis d'argent portant une torche, du poids de six livres [2]. Dans l'une d'elles, datée de l'an 104 de notre ère, il est ordonné que les trésors ainsi donnés seront portés, en procession solennelle, du temple au théâtre et du théâtre au temple, à chaque tenue des assemblées, aux jeux gymnastiques et à tout autre jour qui pourra être déterminé par l'assemblée et le peuple.

« Les susdites statues... et toutes les images de la déesse seront portées, du pronaos [du temple de Diane], tous les jours d'assemblée publique [3], au théâtre et aux jeux gymnastiques et aux autres jours que détermineront le sénat et le peuple, par deux gardiens du temple, les vainqueurs des jeux, un porte-sceptre et des gardes; elles seront ensuite rapportées au temple et elles y seront déposées, les jeunes gens aidant aussi à les porter depuis la porte Magnésienne, et, après les assemblées, les accompagnant jusqu'à la porte Corésienne [4]. »

[1] Wood, *Inscriptions from the great Theatre*, n° 1, p. 2 et suiv.
[2] Wood, *Inscriptions from the great Theatre*, col. III, l. 15; col. IV, l. 39, p. 10-14. Cf. *ibid.*, p. 44.
[3] Κατὰ πᾶσαν ἐκκλησίαν.
[4] Wood, *Inscriptions from the great Theatre*, col. VII, l. 30-42, p. 42. Cf. aussi col. II, l. 20-30, p. 6-8. — Col. VI, l. 46, p. 32 et suiv., on lit ce décret : « Qu'il soit permis aux porteurs d'or (χρυσοφοροῦσιν) de porter, dans les assemblées publiques (ἐκκλησίας) et les jeux (ἀγῶνας), les

Nous voyons par ce dernier fait la place que tenait le théâtre dans la vie du peuple d'Éphèse : autre point d'accord entre l'épigraphie et le récit des Actes. Diane est presque autant chez elle au théâtre que dans son temple. Elle y préside en quelque sorte par son image, qu'on y apporte solennellement en procession. Ce théâtre revient souvent dans les inscriptions découvertes par M. Wood. C'est le lieu ordinaire des assemblées publiques, conformément à ce que disent les Actes[1]. On y proclame les édits, on y conserve les décrets, on y couronne les bienfaiteurs publics[2]. Ses pierres étaient couvertes d'inscriptions qui attestaient le culte qu'Éphèse rendait à Artémis[3].

images et les statues qui ont été dédiées par Gaius Vibius Salutaris, hors du pronaos du temple d'Artémis, les gardiens (τῶν νεωκορῶν) du temple en prenant la charge et les jeunes gens (ἐφήβων) se joignant à eux pour les porter depuis la porte Magnésienne, et les accompagnant en procession jusqu'à la porte Corésienne. » Cf. pour le théâtre, un autre décret, *ibid.*, l. 64-67, p. 34.

[1] Act., xix, 29. Voir p. 297, notes 3 et 4. D'après M. Wood, le grand théâtre pouvait contenir 24,500 personnes, *Discoveries at Ephesus*, p. 68.

[2] « Résolution du sénat et du peuple. Métras fait cette proposition : Attendu qu'Archestratos, fils de Nicon de Macédoine, étant en bons termes avec le roi et commandant les troupes à Clazomène, s'est montré fidèle aux intérêts du roi et a sauvé les navires chargés de grains de cette ville, le sénat et le peuple d'Éphèse lui décernent une couronne d'or et *le proclameront à la fête de Dionysos au théâtre*, etc. » Wood, *Inscriptions from the temple of Diana*, n° 25, p. 38-39. Vingt-six des inscriptions publiées par M. Wood, et appartenant au temple de Diane, ont été trouvées, non dans le temple, mais dans le grand théâtre, *ibid.*, p. 1. — L'inscription n° 7, *ibid.*, p. 10-13, est tout à fait analogue à celle du n° 25 que nous venons de rapporter, mais plus détaillée; de même n° 11, p. 20-21, etc.

[3] Voir, Figure 24, les ruines du théâtre d'Éphèse, tel qu'il était il y a une soixantaine d'années (d'après Léon de Laborde, *Voyage de l'Asie Mineure*, grand in-f°, Paris, 1838, pl. XLIV; cf. p. 90), et Figure 25, les mêmes ruines, d'après une photographie prise par M. Henri Cambournac, lors de notre second voyage à Éphèse en 1893. — On voit encore au milieu des ruines de nombreux fragments d'inscriptions.

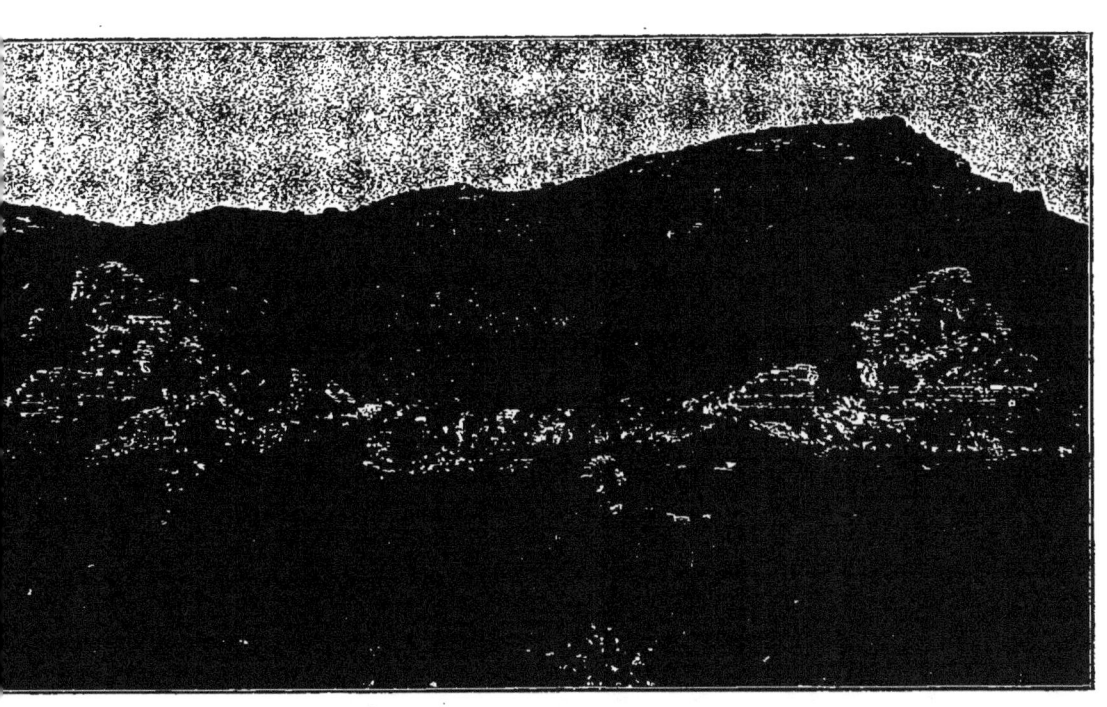

25. — Ruines du théâtre d'Éphèse, d'après une photographie de M. Henri Cambournac.

## ARTICLE IV.

CONSTITUTION POLITIQUE ET MUNICIPALE D'ÉPHÈSE.

Les Actes, en racontant la sédition d'Éphèse, nous font connaître incidemment la constitution politique de cette ville. C'était une cité libre ou autonome, comme Thessalonique[1]. Elle avait par conséquent le privilège de s'administrer intérieurement à sa guise et d'avoir des magistrats particuliers[2], portant des titres locaux et jouissant d'attributions propres.

Éphèse, comme les vieilles cités ioniennes, avait une organisation démocratique qui persista sous les Romains. Les inscriptions[3] parlent souvent du sénat, βουλή, et des assemblées du peuple, δῆμος et ἐκκλησία. Le sénat se réunissait probablement près de l'agora, au-dessous du théâtre; le peuple, dans le théâtre même.

Le récit de saint Luc parle de trois espèces de magistrats à Éphèse : du proconsul, du grammate et des Asiarques.

« Il y a des proconsuls, ἀνθύπατοι[4] », dit saint Luc, — phrase dans laquelle le pluriel, par une figure de rhétorique, est probablement employé pour le singulier[5].

---

[1] Voir plus haut, p. 234.
[2] Voir ce que nous avons dit plus haut, sur les villes libres, p. 235.
[3] Voir, par exemple, l'inscription citée plus loin, p. 305.
[4] Act., xix, 38.
[5] C'est ainsi que dans Euripide (*Iph. Taur.*, 1339), Oreste et Pylade sont accusés de voler « les statues et les prêtresses, » κλέπτοντας ἐκ γῆς ξόανα καὶ θυηπολούς, quoiqu'il n'y ait qu'une seule statue et une seule prêtresse. Lightfoot, *Illustrations of the Acts*, dans la *Contemporary Review*, mai 1878, p. 295. Quelques critiques pensent à tort qu'il y avait alors réellement deux proconsuls à Éphèse. « D'ordinaire, il n'y avait qu'un

Le proconsul était le gouverneur de la province et l'administrateur suprême de la loi; le grammate ou scribe était le premier magistrat de la ville elle-même; les Asiarques étaient les présidents des jeux et des autres cérémonies religieuses.

Le proconsul représentait le pouvoir central. Une médaille de Néron prouve que, du temps de cet empereur, comme du reste à toutes les époques, Rome envoyait à Éphèse des officiers revêtus de cette dignité [1].

26. — Monnaie d'Éphèse portant le nom d'un proconsul.

Les grammates étaient à la tête des affaires municipales de la ville [2]. Les inscriptions nous apprennent que, au moins

proconsul, mais peu après l'avènement de Néron, Junius Silanus, qui remplissait cette charge, fut empoisonné, à l'instigation d'Agrippine, par ses deux procurateurs, Céler et Ælius, et ils exerçaient maintenant leurs fonctions, avec l'autorité proconsulaire, en attendant la désignation d'un nouveau proconsul. » Plumptre, *Saint Paul in Asia Minor*, p. 123; Lewin, *Saint Paul*, t. I, p. 338; Tacite, *Ann.*, XIII, 1, édit. Teubner, t. I, p. 225. Tacite, sur lequel s'appuie M. Plumptre, ne dit pas que Céler et Ælius aient gouverné la province avec le titre de proconsuls; la coexistence de deux proconsuls dans une même province est un fait inouï. Du reste, l'événement raconté par les Actes est de l'an 57 et l'empoisonnement de Silanus est de la fin de l'an 54.

[1] Voir Figure 26. — ΚΑΙΣΑΡ ΝΕΡΩΝ. Tête diadémée de Néron. — ℞. ΕΦ. ΝΕΩΚΟΡΟΝ ΑΙΧΜΟΧΛΗ ΑΟΥΙΟΥΛΑ ΑΝΘΥΠΑΤΩ. « (Monnaie) des Éphésiens, Néocores, Æchmoclès Aviola, proconsul. » — Temple de Diane. — Cf. Akerman, *Numismatic Illustrations of the New Testament*, p. 55.

[2] Comme le mot γραμματεύς désigne une magistrature spéciale à Éphèse, les anciens commentateurs n'en ont pas compris la véritable signification,

à une certaine époque, ils étaient au nombre de deux, l'un pour le sénat et l'autre pour le peuple. Ils étaient élus annuellement et paraissent avoir donné leur nom à l'année, comme les consuls à Rome et les archontes à Athènes. Ils pouvaient remplir plusieurs fois la même dignité [1].

27. — Médaille du grammate Cousinios.

Les Asiarques, grands prêtres du culte de Rome et d'Auguste pour la province d'Asie, avaient à ce titre le privilège de présider aux jeux et aux fêtes, mais ils avaient la charge d'en supporter les dépenses, comme les édiles à Rome;

« Scriba hic, dit Cornélius à Lapide, in Act., xix, 35, édit. Vivès, p. 360, fuit secretarius civitatis, vel consiliarus magistratus ejusque quasi os et sensus, quales in Belgio sunt et vocantur Pensionarii. Unde græce vocatur γραμματεύς, id est *legis doctor*, qui jura civitatis callet et tuetur, ac in iis Magistratum informat et dirigit. Syrus vertit, *princeps civitatis*, quasi fuerit cancellarius. » — « Un simple greffier eut le talent de se faire écouter » lit-on dans l'*Histoire générale de l'Église, rectifiée et continuée* par le baron Henrion, Paris, 1843, t. i, p. 58. — C'est par suite de cette ignorance que quelques-uns, comme Baronius, ont pensé que le scribe d'Éphèse était le juif Alexandre. Il est clair que ce n'est pas un Juif qui était à la tête du gouvernement éphésien. Le juif Alexandre ne peut parvenir à calmer la foule. Le grammate qui, étant païen, fait l'éloge de Diane, réussit à l'apaiser. Sur le grammate, voir J. Menadier, *Qua condicione Ephesii usi sint inde ab Asia in formam provinciæ redacta*, in-8°, Berlin, 1880, p. 78.

[1] Une médaille de Drusus porte, sur le revers, le nom de Cousinios, grammate des Éphésiens pour la quatrième fois. Voir Figure 27. — Bustes de Drusus et d'Antonia. — ℞. ΕΦΕ. ΚΟΥΣΙΝΙΟΣ Το Δ « (Monnaie) des Éphésiens, Cousinios, grammate pour la quatrième fois. » Cf. Akerman, *Numismatic Illustrations of the New Testament*, p. 53. On possède aussi des jetons de grammate. En voir un dans V. Duruy, *Histoire de la Grèce*, t. i, 1886, p. 396.

aussi, dit Strabon¹, les choisissait-on généralement parmi les Tralliens, les plus riches des Asiatiques². Ils devaient avoir rempli toutes les magistratures de leur ville natale. Leur costume était brillant, ils portaient sur la tête une couronne d'or. Une médaille d'Hypæpa, en Lydie, représente un Asiarque, versant une libation sur un autel où est allumé le feu sacré, pendant que la Victoire, debout derrière ce magistrat, lui dépose une guirlande sur le front³.

28. — Médaille de l'Asiarque Ménandre.

Tous ces magistrats, proconsuls, grammates, Asiarques sont fréquemment nommés, dans les inscriptions récemment découvertes. Quelquefois, deux des trois sont mentionnés sur la même pierre ; d'autres fois le même personnage réunit les deux dignités de grammate et d'Asiarque, soit simultanément, soit successivement. La mention du grammate, qui joue un rôle si important dans le récit des Actes, est la plus fréquente dans l'épigraphie d'Éphèse ; son nom est employé pour signer tous les décrets et pour fixer toutes les dates.

Nous trouvons les trois titres dans la seule inscription suivante :

¹ Strabon, XIV, 42, édit. Didot, p. 544.
² Sur les Asiarques, voir Lightfoot, *Apostolic Fathers*, 3 in-8°, t. II, part. II, p. 987-998 ; Marquardt, *Römische Alterthümer*, t. IV, p. 374. — P. Guiraud, *Les assemblées provinciales dans l'empire romain*, in-8°, Paris, 1887, donne la liste complète des Asiarques dont les noms ont été retrouvés par les savants modernes.
³ Voir Figure 28. Revers d'une monnaie d'Hypæpa, en Lydie. ΕΠΙ [Μ]Ε-ΝΑΝΔΡΟΥ Β ΑΣΙ[ΑΡΚΟΥ] ΣΤΡ(ατηγου) ΥΠΑΙΠΗΝΩΝ « (Monnaie) des Hypæpéniens, sous Ménandre, pour la seconde fois Asiarque et préteur. » — Cf. Akerman, *Numismatic Illustrations of the New Testament*, p. 51.

Αὐτοκράτορα Καίσαρα Θεοῦ Νερούα υἱὸν Νερούαν
Τραιανὸν Σεβαστὸν Γερμανικὸν Δακικὸν ἡ φιλοσέ-
βαστος Ἐφεσίων βουλὴ καὶ ὁ νεωκόρος δῆμος κα-
θιέρωσαν ἐπὶ ἀνθυπάτου Βιττίου Πρόκλου
ψηφισταμένου Τ. Φλα. Ἀριστοβούλου Ἀσιά[ρχου].
γραμματέως τοῦ... υἱοῦ Πυθίωνος αρ...

A l'empereur, César, fils de Divus Nerva, Nerva Trajan Auguste Germanicus Dacicus; l'ami d'Auguste, le sénat d'Éphèse, et le peuple néocore ont dédié, sous le proconsul Vettius Proculus [1], d'après un décret de T. Flavius Aristobule, Asiarque [2], grammate... fils de Pythion... [3].

Il serait facile de multiplier les citations de ce genre [4], mais celle que nous venons de faire suffit pour justifier amplement tout ce que dit saint Luc sur l'organisation politique et municipale de la ville libre d'Éphèse [5].

---

[1] Vettius Proculus était proconsul vers l'an 112 de l'ère chrétienne. Cf. Waddington, *Fastes des provinces asiatiques*, p. 716.

[2] Publius Vedius Antoninus est aussi qualifié *Asiarque*, Wood, *Inscriptions from the great Theatre*, n° 3, l. 12, p. 46.

[3] Wood, *Inscriptions from the site of the temple of Diana*, n° 13, p. 14-15. — Le grammate est nommé plusieurs fois, *Inscriptions from the great Theatre*, col. v, l. 58-59 : τῷ γραμματεῖ τοῦ δήμου, et l. 52, 54, où il paraît être question d'un grammate du sénat, p. 22; col. vi, l. 45, Julien, fils d'Alexandre, est dit grammate du peuple pour la seconde fois, p. 32. Voir aussi *ibid.*, n° 4, p. 48. Sur l'office de grammate à Éphèse, voir Boeckh, *Corpus Inscriptionum græcarum*, n° 2953, t. ii, p. 598; cf. p. 599; Wood, *Inscriptions from the great Theatre*, p. 49.

[4] Voir d'autres inscriptions sur les Asiarques publiées par le Μουσεῖον καὶ βιβλιοθήκη τῆς εὐαγγελικῆς σχολῆς, 3ᵉ période, Smyrne, 1880, p. 177-179.

[5] Sur quelques autres termes spéciaux des Actes, voir E. L. Hicks, *On some political terms employed in the New Testament*, dans *The Classical Review*, 1887, t. i, p. 4-8, 42-46.

## ARTICLE V.

### LOCUTIONS ÉPHÉSIENNES DANS LE RÉCIT DE SAINT LUC.

Le dernier point que nous avons à relever dans le récit des Actes, ce sont les expressions et les locutions « éphésiennes » qu'il renferme. Non seulement le ton général du morceau a une couleur locale fortement accusée, non seulement les idées qui forment comme le fond du tableau sont celles qui régnaient dans la capitale de la province d'Asie, mais elles sont exprimées dans les propres termes dont on se servait sur les rives du Caystre. Nous avons déjà vu [1] comment l'auteur des Actes, racontant ce qui s'était passé à Philippes ou à Thessalonique, écrit comme le faisaient les Philippiens ou les Thessaloniciens dans leurs inscriptions ; mais, nulle part, nous ne rencontrons une telle abondance de phrases ou de mots insolites, parce que nous avons ici un récit d'une plus grande longueur, contenant deux discours de deux habitants d'Éphèse, celui du juif Alexandre et celui du grammate, qui parlent la langue de leur cité. A cause de ce caractère particulier du langage, les commentateurs ont été embarrassés, jusqu'à ces derniers temps, soit pour expliquer d'une manière précise, soit pour justifier ce que nous pourrions appeler des idiotismes ou des provincialismes.

Les nombreuses inscriptions découvertes par M. Wood viennent aujourd'hui à notre aide ; elles suppléent au silence des auteurs de l'antiquité et aux lacunes des dictionnaires

---

[1] Voir plus haut, p. 215, 221 et 239.

grecs, et elles éclairent la narration de saint Luc, en même temps qu'elles en confirment de la manière la plus frappante la véracité.

Nous avons déjà constaté[1] comment les textes épigraphiques qualifient de « grande » la déesse d'Éphèse, d'accord avec les Actes, plaçant dans la bouche des séditieux le cri, poussé pendant plusieurs heures : « Grande est la Diane des Éphésiens[2] ; » nous avons montré aussi comment tous les titres de magistrats et d'officiers, cités par saint Luc[3], se lisent également dans les monuments d'Éphèse; nous allons voir maintenant comment les fouilles de M. Wood ont mis à jour les expressions particulières contenues dans le discours du grammate[4].

Les inscriptions qu'il a découvertes contiennent en effet les mots grecs employés dans le récit des Actes. D'après un texte trouvé dans le grand théâtre, certains délits, tels que la mutilation des images et statues, doivent être regardés comme un sacrilège et une impiété.

..........ου ἣ τὰς εἰκόνας πρός τό
.....τινι τρόπῳ κακουργηθῆναι ἐπὶ
....ἔστω ἱεροσυλία καὶ ἀσέβεια[5].

---

[1] Voir plus haut, p. 294. Les passages que nous avons rapportés en cet endroit appellent aussi Diane la déesse des Éphésiens, comme le fait le grammate, Act., xix, 37, τὴν Θεὰν ὑμῶν.

[2] Act., xix, 28, 34 ; plus haut, p. 279.

[3] Voir plus haut, p. 301-305.

[4] Nous avons rapporté plus haut ses expressions en grec, p. 281-282 : ἱεροσύλους, νεωκόρον, ἀγοραῖοι ἄγονται, ἐν τῇ ἐννόμῳ ἐκκλησίᾳ. Act., xix, 37, 35, 38, 39. Il est digne de remarque que toutes ces expressions éphésiennes se lisent dans le discours du *grammate* du peuple d'Éphèse, rapporté par saint Luc : preuve de la fidélité avec laquelle est reproduit ce discours.

[5] Wood, *Inscriptions from the great Theatre*, I, col. IV, lig. 39-41, p. 14.

Ἱεροσυλία, « impiété, » est le même mot que ἱεροσύλους, « impies, » des Actes[1]. Le grammate justifie les accusés juifs de ce crime.

Le terme νεωκόρος, *néocore*, dont se sert le grammate dans saint Luc, pour qualifier le culte qu'Éphèse rend à Diane, et qui signifie proprement « celui ou celle qui balaye le temple, » a été également retrouvé dans les inscriptions : « Qui ne sait, dit-il, que la ville d'Éphèse est la néocore d'Artémis[2] ? » Aucun Grec ne l'ignorait du temps de saint Paul, mais avant les fouilles de ces dernières années, il n'en était plus ainsi. On savait bien que ce mot était d'un usage courant à Éphèse, comme en général dans les autres villes asiatiques, pour marquer le culte rendu aux empereurs romains, mais non pour le culte de la divinité locale; on l'avait même suppléé comme vraisemblable dans la lacune d'une inscription mutilée, où il s'agissait d'Éphèse et de Diane[3], mais on n'a-

---

[1] Act., xix, 37.

[2] Act., xix, 35.

[3] Boeckh, *Corp. Inscript. græc.*, t. ii, n° 2972, p. 609. Voir aussi Eckhel, *Doctr. Num.*, t. ii, p. 520; Mionnet, *Description des médailles antiques*, t. iii, p. 153; Suppl., t. vi, p. 245, 247, 250, 253; Xénophon, *Anab.*, v, 3, 6, édit. Didot, p. 267; J. Sabatier, dans la *Revue numismatique*, 1859, Pl. xii, n° 4, où est représenté « un médaillon de bronze, au revers de Caracalla, frappé à Éphèse, que je crois inédit, » dit M. Sabatier.

ΑΥ . Μ . ΑΥΡ . ΑΝΤΩΝΕΙΝΟΣ

« Buste lauré et cuirassé de Caracalla, à droite, dans un cercle de grénetis.

Revers : ΕΦΕΣΙΩΝ . ΔΙΣ . ΝΕΩΚΟΡΟΝ

et à l'exergue, en deux lignes,

ΚΑΙ ΤΗΣ ΑΡΤΕΜΙΔΟΣ

Statue de Diane d'Éphèse, entre les deux Dioscures à cheval; le tout dans un cercle de grénetis. » *Ibid.*, p. 305. Cf. Lightfoot, dans la *Contemporary Review*, mai 1878, p. 295. Voir plus haut, Figure 20, p. 285, où on lit le mot ΝΕΩΚΟΡΩΝ.

CHAP. VI. SAINT PAUL A ÉPHÈSE.   309

vait aucun exemple direct où Éphèse fût appelée certainement « néocore d'Artémis¹. » L'inscription de M. Wood dont nous parlions tout à l'heure dit expressément que la « cité des Éphésiens est deux fois néocore des Augustes, selon les décrets du sénat, et néocore d'Artémis. »

>...καὶ δὶς νεωκόρος τῶν Σε-
>[βαστ]ῶν κατὰ τὰ δόγματα τῆς
>[συν]κλήτου καὶ νεωκόρος
>Ἀρτέμιδος καὶ φιλοσέβασ-
>τος Ἐφεσίων πόλις τὸν πέτα-
>σον τοῦ θεάτρου διαφορηθέν-
>τα ὅλον ἐπεσκεύασεν καί ἀπήρ-
>τισεν ἔκ τε ἄλλων πόρων καὶ ὅν...
>............ἀνθύπατος
>        Τινέϊος Σακέρδως.
>        Εὐτυχεῖτε.

... et deux fois *néocore* des Augustes, selon les décrets du sénat, et *néocore* d'Artémis, et ami d'Augus-

---

¹ « Νεωκόρος, de ναός, *temple,* et κορεῖν, *nettoyer.* — Néocore. 1° Terme d'antiquité. Officier chargé de garder les temples et d'y entretenir la propreté. « Le néocore chargé de veiller à la décoration et à la propreté des » lieux saints [Suidas in Νεωκ.] et de jeter de l'eau lustrale sur ceux qui » entrent dans le temple [*Mém. de l'Acad. des Belles-Lettres,* t. I, p. » 61]. » Barthélemy, *Anacharsis,* ch. XXI [édit. de 1788, t. II, p. 398]. — 2° Nom que prirent les villes qui avaient fait bâtir des temples en l'honneur des empereurs. Smyrne était néocore d'Auguste. » Littré, *Dictionnaire de la langue française,* 1877, t. III, p. 712. Le *Dictionnaire de l'Académie,* 1878, t. II, p. 263, au mot *néocore,* s'exprime de même. Cf. Rich, *Dictionnaire des antiquités romaines et grecques,* trad. Chéruel, 1859, p. 426.

> te, la ville des Éphésiens, le voi-
> le (?)[1] du théâtre [qui avait été] mis en
> pièces, complètement a réparé et ar-
> rangé avec d'autres ressources et...
> ............ le proconsul
> Tinéius Sacerdos.
> Portez-vous bien [2].

Le grammate termine son discours dans saint Luc en faisant appel aux formes reconnues de la loi. Ἀγόραιοι (sous-entendu ἡμέραι) ἄγονται, dit-il, c'est-à-dire, « il y a des jours où le proconsul rend la justice[3]. » Mais s'il ne s'agit pas de discussions judiciaires ordinaires, continue le grammate, que l'affaire soit portée devant l'assemblée légale, ἔννομος ἐκκλησία. Il entend par là une assemblée qui se tenait à un jour fixe et déterminé par la loi. Une inscription trouvée dans ce même théâtre, où le grammate avait prononcé les

---

[1] Le *pétasos* désigne une sorte d'ombrelle, probablement ici le *velum* qui sert à garantir les spectateurs, dans le théâtre, contre le soleil. Cf. Lucrèce, IV, 75. D'après d'autres, ce mot désigne le toit. Wood, *Inscriptions from the great Theatre*, p. 53.

[2] Wood, *Inscriptions from the great Theatre*, n° 6, p. 50-52. Cf. *Inscriptions from the site of the temple of Diana*, n° 12, p. 14; n° 15, p. 16; *Inscriptions from the great Theatre*, n° 1, col. I, p. 2. — Q. Tinéius Sacerdos fut consul en 219 de notre ère.

[3] Cette phrase a été jusqu'ici mal comprise par la plupart des traducteurs et des interprètes, faute de renseignements suffisants. Voir Cornélius a Lapide, in Act., XIX, 38, édit. Vivès, t. XVII, p. 360. — « Dans les provinces, les citoyens romains étaient, pour toutes les matières légales, sous la juridiction du proconsul. Pour faciliter l'administration de la justice, tout le pays était divisé en districts dont chacun avait une ville chef-lieu où se tenaient les assises, *forum* ou *conventus*. Le proconsul, à des époques fixes, parcourait ces districts, accompagné par son interprète, parce que toutes les affaires légales de l'empire se traitaient en latin, et tous ceux qui avaient des procès ou des affaires importantes qui requé-

paroles que nous venons de rapporter, nous parle de cette
« assemblée légale. » Il y est dit qu'une certaine statue
d'argent d'Athéné ou Minerve sera apportée « à chaque
assemblée légale, κατὰ πᾶσαν νόμιμον ἐκκλησίαν, au-dessus du
banc où les enfants sont assis[1]. »

C'est ainsi que tous les traits les plus particuliers et les
plus singuliers du récit de saint Luc sont confirmés, illustrés
et expliqués par les découvertes récentes. On voit par tout
ce qui précède que non seulement l'auteur des Actes raconte des faits qui sont en parfaite harmonie avec les mœurs
et les habitudes des Éphésiens, mais qu'il parle le langage
qu'on parlait dans leur ville, et qu'il met dans leur bouche
les expressions et les locutions qui leur étaient propres et
dont quelques-unes ne se retrouvent pas ailleurs. On reconnaît là le témoin contemporain, qui a été mêlé aux événements qu'il raconte ou les a appris de la bouche même
des acteurs.

---

raient l'emploi des formes légales, comparaissaient devant lui ou devant
les juges qu'il pouvait établir. Ainsi, Pline, tout imbu de l'esprit romain,
a grand soin, dans sa description géographique de l'empire, de mentionner les villes où se tenaient les assises, et l'étendue du district qui en
dépendait. Dans la province d'Asie, il nomme expressément Sardes, Smyrne
et *Éphèse*, et les villes particulières qui ressortissaient à leur tribunal.
La visite officielle du proconsul à Éphèse était nécessairement très importante... La phrase : ἀγοραίους [ἡμέρας] ἄγειν équivaut a celle de César :
*conventus agere*, et à celle de Cicéron : *forum agere*. Nous trouvons la
même phrase grecque dans Strabon. » Conybeare et Howson, *Life and
Epistles of saint Paul*, p. 427.

[1] Wood, *Inscriptions from the great Theatre*, col. vi, l. 95-96, p.
38. — La Vulgate traduit ἔννομος ἐκκλησία, Act., xix, 39, par : « in legi-
tima ecclesia. » Baronius, d'après saint Épiphane, *Hær*. 30, a pensé,
ainsi que d'autres commentateurs, que le mot *ecclesia* désignait la synagogue juive. Cf. Cornélius a Lapide, in Act., xix, 39, édit. Vivès, t. xvii,
p. 361. L'épigraphie éphésienne fixe encore ici le véritable sens.

# CHAPITRE VII.

### SAINT PAUL, A JÉRUSALEM, ACCUSÉ D'AVOIR FAIT VIOLER PAR LES GENTILS L'ENCEINTE DU TEMPLE.

Saint Paul, après avoir quitté Éphèse à la suite de la sédition dont nous venons de parler, évangélisa encore diverses contrées de la Grèce et se rendit enfin à Jérusalem. C'est là qu'il fut emprisonné dans les circonstances que nous fait connaître le livre des Actes.

A son arrivée dans cette ville, on lui apprit qu'il était accusé d'enseigner que les Juifs, vivant au milieu des Gentils, n'étaient pas tenus d'observer les prescriptions de la loi de Moïse. Pour calmer les habitants de Jérusalem, il se rendit au Temple, *hiéron* (ἱερόν), avec quatre hommes, liés par un vœu. Sept jours après, les Juifs d'Asie l'ayant vu dans le Temple, ameutèrent tout le peuple et se saisirent de sa personne en criant : « Israélites, au secours ! Voici l'homme qui prêche partout contre le peuple, contre la loi et contre ce lieu (le Temple). Il a même introduit des Gentils dans l'enceinte réservée, ἱερόν [1], et profané ce saint

---

[1] Le texte original du Nouveau Testament distingue soigneusement la maison de Dieu ou l'édifice comprenant le Saint et le Saint des Saints,

lieu¹. » Ils l'accusaient à tort d'avoir introduit dans la partie interdite aux païens un Gentil, Trophime d'Éphèse, celui dont la tradition fait le premier évêque d'Arles. « Ils cherchèrent donc à le tuer², » comme ayant fait violer le Temple par Trophime, et saint Paul ne dut son salut qu'à l'intervention d'un tribun romain qui l'arracha, non sans peine, à la brutalité de la foule furieuse.

Le Temple de Jérusalem se composait de plusieurs parties. Du temps de Notre-Seigneur et de saint Paul, son ensemble formait une vaste surface rectangulaire bordée, de chaque côté, de magnifiques portiques soutenus par des colonnes monolithes de vingt-cinq coudées de hauteur³. Ces galeries extérieures étaient ouvertes à tout le monde, Juifs et Gentils⁴. Mais les Juifs seuls pouvaient pénétrer au delà, sur une sorte d'esplanade, d'un niveau plus élevé que les galeries dont nous venons de parler. Une barrière ou balustrade entourait cette seconde enceinte⁵. Trois passages de Josèphe⁶ nous apprennent qu'il était défendu aux païens, sous peine de mort, de la franchir, et que cette défense leur était signifiée par des stèles placées de distance en distance. Des inscriptions y étaient gravées en grec et en latin, pour que ceux qui commettraient le sacrilège ne pussent alléguer leur ignorance.

qu'il appelle ναός, et l'ensemble du monument sacré, renfermant, outre le ναός, les cours et les portiques qu'il appelle ἱερόν. Voir la Figure 29.

¹ Act., XXI, 28.
² Act., XXI, 31.
³ Voir, Figure 29, le Temple de Jérusalem, du temps de Notre-Seigneur, d'après la restauration de M. de Vogüé. — Pour la description du Temple, on peut voir *La Bible et les découvertes modernes*, 6ᵉ édit., t. III, p. 313 et suiv.
⁴ Comme les Gentils pouvaient pénétrer dans cette cour du Temple, on l'appelait Parvis des Gentils.
⁵ Cette barrière est marquée dans la Figure 29.
⁶ Josèphe, *De bell. jud.*, V, v, 2; VI, II, 4; *Antiq. jud.*, XV, XI, 7; cf. Philon, *Ad Caium*, II, édit. Mangey, p. 577 et 591.

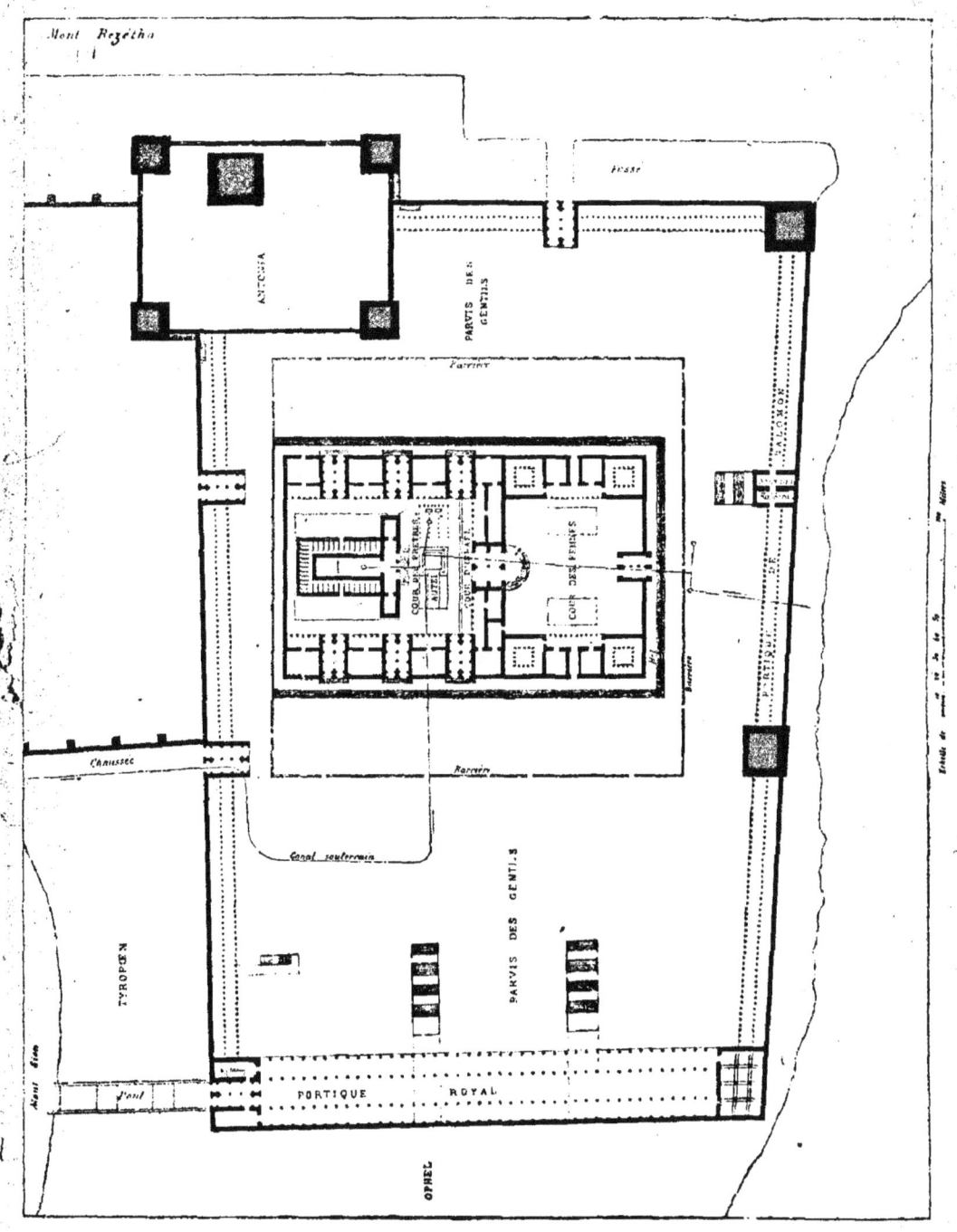

29. — Plan du Temple de Jérusalem.

Le sens de ces passages de Josèphe, les seuls que l'on pût alléguer pour expliquer et défendre le récit de saint Luc, était contesté. Il ne pourra plus l'être désormais. L'épigraphie l'explique et le confirme, en même temps qu'elle rend témoignage à l'exactitude des Actes.

M. Clermont-Ganneau, alors drogman du consulat de France à Jérusalem, a découvert dans l'ancienne capitale de la Judée, le 26 mai 1871, une des stèles dont parle l'historien juif.

L'original de cette stèle, conservé actuellement au Musée de Constantinople, était encastré dans le mur d'une *médrécé* ou école de Jérusalem, voisine de la porte Bab-el-Atm, près de l'emplacement de l'ancien temple d'Hérode[1]. C'est un calcaire dur, ayant la forme d'un parallélipipède rectangle et mesurant $39 \times 90 \times 60$ centimètres. Le Louvre en possède un surmoulé en plâtre, exécuté d'après un estampage donné par M. Clermont-Ganneau[2].

---

[1] Une vue de l'entrée de la Médrécé arabe où a été trouvée la stèle a été donnée par le *Monde illustré*, le 11 janvier 1871, p. 28.

[2] Il est placé dans le *Musée judaïque*, sous le n° 8. Voir Clermont-Ganneau, *Fraudes archéologiques*, p. 42; *Journal officiel*, 23 février 1885, p. 1006.

Voici l'inscription qu'on y lit. Elle est en grec[1] et comprend sept lignes :

```
ΜΗΘΕΝΑΑΛΛΟΓΕΝΗΕΙΣΠΟ
ΡΕΥΕΣΘΑΙΕΝΤΟΣΤΟΥΠΕ
ΡΙΤΟΙΕΡΟΝΤΡΥΦΑΚΤΟΥΚΑΙ
ΠΕΡΙΒΟΛΟΥΟΣΔΑΝΛΗ
ΦΘΗΕΑΥΤΩΑΙΤΙΟΣΕΣ
ΤΑΙΔΙΑΤΟΕΞΑΚΟΛΟΥ
ΘΕΙΝΘΑΝΑΤΟΝ
```

30. — Inscription d'une stèle du Temple de Jérusalem.

1. Μηθένα ἀλλογενῆ εἰςπο-
2. ρεύεσθαι ἐντὸς τοῦ πε-
3. ρὶ τὸ ἱερὸν τρυφάκτου καὶ
4. περιβόλου· ὅς δ' ἂν λη-
5. φθῇ ἑαυτῷ αἴτιος ἔσ-
6. ται διὰ τὸ ἐξακολου-
7. θεῖν θάνατον.

Voici la traduction :

1. Qu'aucun étranger ne pé-
2. nètre au delà de la

---

[1] C'est la plus ancienne inscription grecque découverte jusqu'ici à Jérusalem. Héron de Villefosse, *Notice des monuments provenant de la Palestine conservés au musée du Louvre*, 1876, p. 17.

3. balustrade[1] qui entoure le lieu saint[2] et
4. [n'entre] dans l'enceinte. Celui qui serait
5. pris ne devra accuser que lui-même
6. du [châtiment] qui sui-
7. vra : la mort.

M. Clermont-Ganneau croit qu'on peut rapporter la stèle, avec certitude, au règne d'Hérode le Grand[3]. Elle a pu, par conséquent, être vue par Jésus-Christ et par saint Paul.

Il résulte de l'inscription qu'elle contient, que tout étranger qui franchissait l'enceinte sacrée du Temple de Jérusalem était puni de mort. Elle nous explique donc les circonstances qui amenèrent l'arrestation et la première captivité de saint Paul, circonstances qui avaient été souvent considérées jusqu'ici comme obscures. Les Juifs d'Asie, témoins de la prédication de l'Apôtre à Éphèse et ailleurs, n'avaient pu, loin de la Palestine, lui faire expier ce qu'ils considéraient comme son apostasie ; ils veulent maintenant lui infliger le supplice auquel sont condamnés les violateurs du Temple, parce qu'il a fourni, à ce qu'ils prétendent, à Trophime d'Éphèse, le moyen de profaner le lieu saint, en y pénétrant, quoique Gentil. La stèle grecque nous explique très bien sur quoi ils s'appuient pour fonder leurs accusations et attenter à sa vie.

C'est ainsi que l'épigraphie éclaire d'un jour nouveau l'événement important qui amena la captivité de saint Paul et son voyage à Rome, le dernier que nous racontent les Actes. Les pages qui précèdent nous ont fait voir comment d'autres textes épigraphiques confirmaient d'autres parties

---

[1] Τρυφάκτου. Josèphe l'appelle δρυφάκτος.

[2] Τὸ ἱερόν. C'est le mot des Actes, XXI, 28 : Ἕλληνας εἰσήγαγεν εἰς τὸ ἱερόν.

[3] Clermont-Ganneau, *Une stèle du Temple de Jérusalem*, dans la *Revue archéologique*, avril 1872, p. 221-222.

de l'écrit de saint Luc. L'auteur des Actes insère, accidentellement et sans aucun artifice, dans le tissu des faits, des détails minutieux qu'un faussaire aurait évités avec soin et que la tradition orale n'aurait pas exactement conservés. Il nous renseigne sur tout avec une justesse et une précision qu'on ne peut jamais prendre en défaut. L'île de Cypre est une province « proconsulaire » au moment où saint Paul la traverse. La ville de Philippes est une « colonie » romaine. Les premiers magistrats de Thessalonique s'appellent « politarques, » titre inusité en dehors de la Macédoine, non mentionné par les anciens, mais attesté aujourd'hui par les inscriptions locales des premiers siècles. Éphèse vit, pour ainsi dire, du temple de Diane, et de la statue de la déesse dont elle est la « néocore; » les « Asiarques » président à ses jeux et à ses fêtes; les « proconsuls » y représentent le pouvoir romain et y tiennent des « assises judiciaires; » le peuple y a des « assemblées régulières; » le « grammate » est à la tête de son administration intérieure. Une stèle grecque défend aux païens, à Jérusalem, sous peine de mort, de pénétrer dans l'enceinte du Temple réservée aux enfants d'Israël. Voilà ce que nous disent les Actes et ce que nous disent aussi les monuments épigraphiques qui semblent ne reparaître, après de longs siècles, à la lumière du jour, que pour rendre témoignage à la véracité de nos Livres Saints.

Il ne nous reste plus maintenant qu'à parler du dernier fait raconté par saint Luc, la traversée de Césarée de Palestine à Rome.

# CHAPITRE VIII.

LE VOYAGE DE SAINT PAUL DE CÉSARÉE A ROME.

Les Actes des Apôtres se terminent par le récit du voyage de saint Paul de Césarée à Rome. Ce récit est d'une exactitude si minutieuse, qu'il ravit d'admiration les hommes de nos jours les plus versés dans l'art nautique. « Un Anglais, M. Smith, a fait un livre sur ce [voyage][1], et l'on peut dire que ce seul livre pourrait, à la rigueur, dispenser de tout autre, en ce qui touche l'authenticité des Actes[2]. » C'est donc une dernière preuve que nous pouvons ajouter à toutes celles que nous avons déjà rapportées en faveur de l'œuvre de saint Luc[3].

---

[1] James Smith, *The Voyage and Shipwreck of saint Paul*, in-8°, Londres, 1848.

[2] H. Wallon, *De l'autorité de l'Évangile*, p. 120.

[3] Le voyage de saint Paul, raconté par saint Luc, a été aussi étudié par A. Breusing, *Die Nautik der Alten*, in-8°, Brème, 1886, p. 142-205; J. Vars, *L'art nautique dans l'antiquité, d'après A. Breusing*, in-12, Paris, 1887, p. 172-259; A. Trève, *Une traversée de Césarée de Palestine à Putéoles au temps de saint Paul* (Extrait de la *Controverse*), in-8°, Lyon, 1887. Nous tirons de ces ouvrages la plupart des détails contenus dans ce chapitre.

Il y avait deux ans que saint Paul était retenu prisonnier à Césarée, la capitale romaine de la Palestine (59-61 de notre ère). Le procurateur romain, Festus, ne pouvait s'empêcher de reconnaître son innocence, mais, sans doute dans l'espoir que son captif se rachèterait au moyen d'une forte rançon, il le retenait toujours dans les fers. L'Apôtre, à qui cette longue inaction devait peser lourdement, voulut y mettre un terme en faisant appel à César. Festus ne pouvait s'opposer à cet appel. Il fut donc décidé que Paul serait embarqué pour l'Italie avec d'autres prisonniers, sous la conduite d'un centurion nommé Jules, de la cohorte impériale. A Césarée, il y avait cinq cohortes. Le gouverneur profita du départ de celle des cohortes qui était sous le commandement de Julius pour expédier ses captifs à Rome. Le centurion Julius portait ce nom, parce qu'il appartenait à la garde du corps de l'empereur.

On se rendait rarement de Palestine en Italie par la voie directe. On allait d'abord, d'ordinaire, à Alexandrie en Égypte. C'est ce que fit Titus quand il retourna à Rome, après avoir soumis la Judée[1]. Là, il était facile de trouver un navire pour continuer le voyage en Italie, parce que les relations commerciales entre le grand port égyptien et la capitale de l'Empire étaient aussi fréquentes qu'importantes. Seulement Festus n'avait pas sous la main, à Césarée, un bâtiment d'assez fort tonnage qui transportât les prisonniers en Égypte, mais il y avait alors dans le port juif un vaisseau qui se préparait à partir pour Adrumette : c'est là que fut embarqué l'Apôtre avec saint Luc, son compagnon, qui nous a raconté le voyage.

Adramyttion ou Adrumette, aujourd'hui Édremid, était une ville de Mysie, située au fond d'un golfe en arrière de l'île de Lesbos. On croyait autrefois qu'Adrumette était la

---

[1] Suétone, *Titus*, 5.

ville d'Adryméton, sur la côte de Libye. Un passage formel du *Stadiasmos* ne permet pas de douter qu'il ne s'agisse de la ville mysienne, car l'auteur anonyme grec dit qu'il n'y avait point de port dans la cité punique d'Adryméton[1].

Le centurion romain n'avait point l'intention de se rendre avec ses prisonniers à Adrumette de Mysie ; il comptait que le vaisseau qui allait l'emporter rencontrerait, dans quelqu'un des ports de l'Asie Mineure où il ferait escale, un autre navire qui se chargerait de les conduire jusqu'en Italie, comme il arriva en effet. Les transactions commerciales entre Césarée et la ville où se rendait finalement le vaisseau n'étaient pas assez importantes pour qu'il pût faire un chargement complet destiné uniquement à Adrumette. Il devait trafiquer avec les diverses villes où il pouvait facilement aborder le long de sa route, c'est-à-dire sur la côte d'Asie[2]. C'est ce qui nous explique les arrêts mentionnés par les Actes. Le navire s'arrêtait aux ports principaux pour déposer ou charger des marchandises, et le centurion s'enquérait s'il n'y avait pas un vaisseau faisant voile pour l'Italie, afin d'y transborder ses prisonniers.

On dut mettre à la voile vers le 15 août. A chaque passager était alloué l'espace étroit de trois coudées de long sur une de large ou 1 mètre 36 centimètres sur 46 centimètres. Il devait pourvoir lui-même à sa nourriture ; on ne lui fournissait que l'eau ; il lui était interdit de faire frire du poisson et de fendre du bois. Paul étant prisonnier, le centurion eut peut-être à pourvoir à sa nourriture, mais les compagnons volontaires de l'Apôtre, saint Luc et Aristarque de Thes-

---

[1] *Stadiasmus maris magni*, 116, dans les *Geographi græci minores*, édit. Didot, t. I, p. 470.

[2] La meilleure leçon du texte est μέλλοντι πλεῖν, « qui devait côtoyer, » se rapportant au navire, au lieu de μέλλοντες πλεῖν que porte le *textus receptus*, et qui se rapporte à ceux qui étaient sur le navire, Act., XXVII, 2.

salonique, durent s'approvisionner à leurs frais[1]. Les vents du nord-ouest soufflent ordinairement pendant cette saison de l'année[2]. Ils étaient favorables au trajet nord-nord-est de Césarée à Sidon.

Le lendemain de l'embarquement, on arriva en effet à Sidon, ville de Phénicie, à vingt-huit lieues marines de Césarée, après avoir fait environ trois nœuds et demi à l'heure. Paul fut autorisé à visiter ses amis dans la ville, enchaîné sans doute avec un soldat, selon l'usage du temps[3].

De Sidon, le vaisseau devait se rendre à Myrrha, en Lycie. La route directe est à peu près au nord-ouest et laisse l'île de Chypre à droite. Mais comme les vents du nord-ouest qui soufflèrent alors « étaient contraires » et auraient obligé le navire de louvoyer, ce que les bâtiments de charge des anciens ne pouvaient faire, le capitaine préféra contourner par l'est l'île de Chypre, pour s'engager ensuite dans le large canal formé par le côté septentrional de l'île et la Caramanie[4]. « La route si bien relevée par saint Luc se retrouve en remarquable coïncidence avec le régime des

---

[1] A. Trève, *Une traversée de Césarée de Palestine à Putéoles*, p. 8-9.

[2] « The most prevailing winds are the N. E. or Etesian winds, which blow fresh and almost constantly for several months in autumn. » J. Stewart, dans Findlay, *Mediterranean Directory*, p. 3.

[3] « Eadem catena et custodiam et militem copulat, » dit Sénèque, *Epist.*, v.

[4] Saint Luc emploie l'expression technique exacte : ὑπεπλεύσαμεν τὴν Κύπρον. Act., xxvii, 4. « Le navire de saint Paul, en quittant Sidon pour le nord, ne pouvait passer qu'à l'est de Chypre. Comme les marins nomment le côté tourné vers le vent *le dessus du vent*, et la région opposée *le côté sous le vent*, l'expression ὑποπλεῖν τὴν Κύπρον, dont le contraire serait ὑπερπλεῖν τὴν Κύπρον, est le terme nautique. Par un vent d'ouest, on mettait le cap sur l'est de Chypre, par conséquent *sous le vent* de Chypre. » A. Breusing, *Die Nautik der Alten*, p. 155. « Saint Luc, dit J. Smith, par l'emploi exact des termes nautiques, donne à son langage une grande précision et exprime en un seul mot ce qui autrement aurait demandé une périphrase. » *Voyage and Shipwreck of saint Paul*, p. 20-21.

CHAP. VIII. VOYAGE MARITIME DE SAINT PAUL. 325

vents et des courants signalés aux navigateurs par les instructions nautiques publiées par le ministère de la marine. « Il paraît bien établi, disent-elles, que les courants, après » avoir prolongé en remontant au nord les côtes de Syrie, » portent à l'ouest sur la côte de Caramanie et au nord de » Chypre[1]. »

Quoique naviguant sous le vent de Chypre, le navire ne longeait point pour cela la côte de l'île. La route vers le nord le porta sur les côtes de Cilicie[2], et là il put utiliser les vents qui viennent de terre[3], en suivant le littoral, si les vents du large étaient défavorables, ou bien continuer sa marche en pleine mer, s'il ne rencontrait aucun obstacle. Il dut surtout mettre à profit le courant qui se dirige vers l'ouest et dont la force augmente lorsque le vent d'ouest le refoule sur la Syrie, comme c'était le cas en cette saison. Ce courant ne trouve alors d'issue qu'entre Chypre et le continent. Il porta rapidement saint Paul à Myrrha[4].

Myrrha, aujourd'hui Myra, était la capitale romaine de la Syrie[5]. Bâtie sur une colline, à près de quatre kilomètres de

---

[1] A. Trève, *Une traversée*, p. 10. Voir aussi sur ce courant, Findlay, *Mediterranean Directory*, p. 7.

[2] Act., XXVII, 5.

[3] Dans l'antiquité, comme de nos jours, on tirait notamment parti du vent qui souffle de terre pendant la nuit. Héliodore, *Æthiop.*, IV, 16.

[4] Un célèbre hydrographe anglais, Sir Francis Beaufort (dans W. H. Smyth, *The Mediterranean*, Londres 1854, p. 168), raconte ce qui suit, qui est comme le commentaire de ce passage des Actes : « Depuis la Syrie jusqu'à l'Archipel, règne un courant constant vers l'ouest, faible en pleine mer, mais très sensible près de la côte, le long de laquelle il court avec une vitesse considérable, quoique irrégulière... La grande masse d'eau qui se meut vers l'ouest est interceptée par la côte occidentale du golfe d'Adalia [Adalia, aujourd'hui Sataliéh en Caramanie, est l'ancienne Attalia ou Olbia fondée par Attale II en Pamphylie]. Alors, resserrée et accumulée, elle se précipite avec une plus grande violence vers le cap Khélidonia, d'où elle se déverse en pleine mer et s'étale de nouveau. »

[5] La Vulgate et le *Codex Sinaiticus* portent Lystre, mais c'est certai-

la mer, son port est à quelque distance dans les terres, à l'embouchure d'une petite rivière nommée aujourd'hui Andraki. Sa rade a toujours offert un bon mouillage. Elle avait

31. — Navire antique, d'après un tombeau de Pompéi.

de fréquentes relations avec l'Égypte. Nous en avons la preuve au IVᵉ siècle dans la vie de saint Nicolas, le célèbre évêque de cette ville. C'est sur un navire d'Alexandrie que,

nement Myrrha qui est la véritable leçon. Le *Stadiasmus maris magni* l'appelle Ἁλμυρά, *Geographi græci minores*, édit. Didot, t. I, p. 492. Ptolémée l'appelle Λίμυρα. C'est de cette dernière orthographe qu'est venue probablement la leçon Λύστρα, de la Vulgate et du *Codex Sinaiticus*.

dans sa jeunesse, Nicolas se rendit de sa patrie en Égypte. Plus tard, quand il était déjà évêque de sa ville natale, il obtint pendant une famine que des vaisseaux d'Alexandrie, chargés de blé pour Constantinople et qui avaient relâché dans le port, cédassent à Myrrha une partie de leur chargement. De nos jours encore, l'Égypte continue à tirer des bois de Myrrha et de la Caramanie[1].

Le centurion Julius trouva dans le port un navire d'Alexandrie en partance pour l'Italie. Les vaisseaux d'Alexandrie transportaient à Rome les blés de l'Égypte, véritable grenier d'abondance, qui approvisionnait la capitale de l'empire. Ils déchargeaient leur cargaison à Pouzzoles (Puteoli), où elle était accueillie avec grande joie[2]. Quelques-uns de ces navires avaient de très grandes dimensions. L'*Isis*, que Lucien[3] décrit comme étant d'une dimension extraordinaire, avait une capacité de plus de deux mille six cents tonneaux[4], si les mesures qu'il donne ne sont pas fort exagérées[5]. Les marins d'Alexandrie passaient pour les meilleurs de cette époque. « Ils conduisent leur navire, disait l'empereur Caligula à Agrippa, petit-fils d'Hérode, avec l'habileté et la sûreté du cocher qui guide ses chevaux dans un champ de course[6]. »

C'était donc une bonne fortune pour le centurion, chargé d'amener saint Paul à Rome, de rencontrer à Myrrha un

---

[1] A. Trève, *Une traversée*, p. 11.

[2] Voir Sénèque, *Epist.* LXXVII : « Gratus illarum (navium) Campaniæ adspectus est. »

[3] Lucien, *Nav.*, 1.

[4] Le tonneau est de 1,000 kilogrammes.

[5] A. Breusing, *Nautik*, p. 157. M. Trève, *Une traversée*, p. 17, ne compte pour l'*Isis* que 14 à 1,500 tonneaux. — Voir, Figure 31, un vaisseau antique, avec ses voiles et ses cordages, tel qu'il est représenté sur un tombeau de Pompéi, d'après Mazois, *Ruines de Pompéi*, Paris, 1824.

[6] Philon, *Adv. Flacc.*, p. 968.

navire d'Alexandrie. Le vent d'ouest qui avait forcé le bâtiment d'Adrumette à se diriger au nord avait obligé celui d'Alexandrie à suivre la même route[1]. Il se rendait vraisemblablement à Pouzzoles, et devait ainsi amener les prisonniers juifs jusqu'en Italie. De Myrrha à Pouzzoles, il y a trois cents lieues marines. Cette traversée pouvait s'effectuer en dix jours, si toutes les conditions étaient favorables. En tenant compte des calmes, des vents contraires et des relâches pour faire de l'eau, on pouvait calculer qu'on avait encore un mois avant les mauvais temps pour arriver, avec une vitesse moyenne, au terme du voyage.

Le navire alexandrin dut partir de Myrrha vers le commencement de septembre. En quittant ce port, pour suivre sa route vers l'ouest, il n'avait plus le bénéfice du courant parallèle à la côte, car, parvenu à la hauteur du cap Khélidonia, le courant tourne vers le sud. On ne put donc avancer qu'avec peine en longeant la côte et en utilisant les vents de terre qui soufflaient pendant la nuit, ce qui causait des pertes de temps considérables. Il fallut attendre longtemps avant de parvenir à la pointe sud-ouest de l'Asie Mineure, dans le voisinage de Cnide. « Nous allâmes fort lentement pendant plusieurs jours, dit saint Luc, et nous arrivâmes avec grande difficulté vis-à-vis de Cnide[2].

Si le vent avait été favorable, le vaisseau se serait dirigé vers l'ouest, aurait traversé la mer Égée, doublé le cap Maléa et continué directement sa route vers la Sicile. Mais au lieu du vent du nord dont il aurait eu besoin, le vent d'ouest-nord-ouest, qui l'avait tant gêné pour arriver à la hauteur de Cnide, soufflait toujours et s'opposait à la marche en avant. Force fut de se résigner à prendre la route du sud-sud-ouest, vers le cap Sulmone, pour passer sous l'île

---

[1] Voir J. Smith, *Voyage and Shipwreck of saint Paul*, p. 32.
[2] Act., XXVII, 7.

de Crète¹. Arrivé là, on peut utiliser les vents de terre, en longeant la côte méridionale de l'île. C'est ce qu'on fit, mais non sans « beaucoup de peine². » La navigation est fort difficile à l'est et au sud de la Crète; tantôt des rafales qui tombent des montagnes, tantôt des calmes sont les obstacles à vaincre, lorsque l'on se tient près de terre³. « Les retards éprouvés par les marins qui se dirigent vers l'ouest, dans cette partie de la Méditerranée, durant les mois d'automne, sont si inévitables, que j'ai rencontré à peine un cas, dit James Smith, dans lequel on ne les ait pas éprouvés⁴. » Un pèlerin de Terre Sainte, au XVIᵉ siècle, Rauwolf, raconte qu'après avoir passé le cap Sulmone, en venant de l'est, le navire qui le portait rencontra un bâtiment qui était parti de Tripoli depuis sept semaines, et à qui l'on fut obligé de donner du biscuit, parce qu'il avait épuisé ses provisions⁵.

Le navire qui portait saint Paul atteignit enfin l'endroit appelé Bonsports⁶, dans le voisinage d'Alassa. « Kalo-Limniones ou, plus correctement, 'stus Kalùs-Limiônes, dit Findlay, est une petite baie, ouverte à l'est, mais protégée en partie par deux îlots, situés au sud-est et au sud⁷. Voilà pourquoi elle n'est pas recommandée comme ancrage bon pour hiverner⁸. » Alassa ne peut être que la ville d'Alaï,

---

¹ Act., xxvii, 7.
² Act., xxvii, 8.
³ Voir Spratt, *Instructions sur l'île de Crète*, trad. A. Le Gras, in-8º, Paris, 1861.
⁴ J. Smith, *Voyage and Shipwreck*, p. 37.
⁵ L. Rauwolf, *Aigentliche Beschreibung der Rais inn die Morgenländer*, in-8º, Laugingen, 1583, p. 17-18. Rauwolf, dit que ce navire était de Marseille et il en donne le nom : *Santa Maria de la cura bursa*. Cf. J. Smith, *Voyage and Shipwreck*, p. 37-42.
⁶ Καλοὶ λιμένες.
⁷ Ces deux îlots s'appellent aujourd'hui Mégalo-Nisi et Saint-Paul.
⁸ Findlay, *Mediterranean Directory*, p. 66. Voir aussi T.-A.-B. Spratt, *Instructions sur l'île de Crète*, p. 39, et de plus longs détails dans ses

mentionnée par le *Stadiasmos*, entre Lébena et Matala[1]. Kalo-Limniones est à trois milles marins à l'est du cap Matala ou Lithinos, qui forme la pointe la plus méridionale de l'île de Candie. Saint Luc remarque, comme le *Directoire de la Méditerranée*, que Kalo-Limniones n'était pas propice pour hiverner[2]. Ce fut là ce qui détermina le capitaine du navire à continuer sa route, malgré l'avis de saint Paul, et quoique la saison où l'on avait coutume de suspendre la navigation chez les anciens fût arrivée.

Saint Grégoire de Nazianze, parti en novembre d'Alexandrie pour la Grèce sur un navire d'Égine, raconte dans ses poèmes que c'est un temps que les matelots redoutent; le plus grand nombre n'oserait se mettre en mer[3]. « Je demeurai, dit-il, vingt jours et vingt nuits couché sur la poupe, implorant la pitié du Seigneur[4]. »

A l'époque où nous sommes arrivés du voyage de saint Paul, on n'était encore qu'à la fin de septembre[5], mais déjà, comme le dit saint Luc, « la navigation n'était plus sûre[6]. » Les vaisseaux des anciens n'étaient pas faits pour braver les intempéries de l'hiver, outre que l'habitation en était fort peu commode pendant les jours courts et froids; surtout, ils ne pouvaient se diriger quand le temps était couvert[7]. Ce

---

*Travels and Researches in Crète*, 2 in-8°, Londres, 1865, t. II, p. 1-7, avec une vue de Bonsports, frontispice, dans les *Geographi græci minores*, édit. Didot, t. I, p. 506.

[1] Ἀλαί, *Stadiasmus*, § 322 et 323, sect. II.

[2] Act., XXVII, 12.

[3] Saint Grégoire de Nazianze, Orat. XVIII, *in patrem*, 31, t. XXXV, col. 1024; *Poemata histor.*, I, *De rebus suis*, 307; X, *De vita sua*, 124, t. XXXVII, col. 993, 1038.

[4] Saint Grégoire de Nazianze, *Poemata*, t. XXXVII, col. 993.

[5] Saint Luc dit qu'on venait de faire le jeûne du *yom kippour* ou du grand pardon, qui a lieu à l'équinoxe d'automne. Act., XXVII, 9.

[6] Act., XXVII, 9.

[7] « Nam tum lux minima noxque prolixa, nubium densitas, aeris obscu-

n'est que sous l'empereur Justinien qu'il fut défendu sous des peines légales de naviguer en hiver, mais l'usage général était de rester au mouillage de novembre à mars, et, selon le droit rhodien, conservé par le Digeste[1], le capitaine qui risquait son navire n'avait aucun recours sur les marchandises, s'il était forcé de jeter à la mer ses agrès et son armement[2].

Chez les anciens, l'armateur, celui que saint Luc appelle « le maître du vaisseau, » accompagnait d'ordinaire son propre bâtiment pour régler la question de fret ou s'occuper de son commerce. Il s'adjoignait un capitaine. Quand saint Paul signala le danger qu'on allait courir, si l'on continuait le voyage, l'armateur et le capitaine ne l'écoutèrent point, dans l'espoir peut-être d'arriver à destination avant le mois de novembre, qui clôturait généralement la navigation, et ils gagnèrent le centurion à leur avis. « Comme le port n'était pas propice pour hiverner, la plupart furent d'avis de se remettre en mer pour tâcher de gagner Phénice[3]. » On se proposait cependant d'hiverner en ce dernier endroit[4].

Phénice est le port actuel de Latro, à treize lieues seulement à l'ouest de Kalo-Limniones, c'est-à-dire à une journée de navigation. « C'est la seule baie de la côte sud dans

---

ritas, ventorum imbri vel nivibus geminata sævitia classes e pelago deturbat. » Végèce, *De re mil.*, v, 9.

[1] Digeste, l. xiv, c. ii, édit. Mommsen, in-4°, Berlin, 1872, p. 187.

[2] J. M. Pardessus, *Collection de lois maritimes antérieures au xviiie siècle*, 6 in-4°, Paris, 1828-1834, t. i, p. 65, 104 et suiv.

[3] Act., xxvii, 12.

[4] Il est possible toutefois qu'on n'eût proposé l'hivernage à Phénice que pour décider tout le monde à continuer le voyage et avec l'arrière-pensée d'aller droit en Italie. Du cap Matala au détroit de Messine, il y a 480 milles marins, et même avec une vitesse de quatre nœuds par un faible vent du nord, on pouvait arriver en Italie en cinq jours. Breusing, *Nautik*, p. 164.

laquelle un bâtiment pourra mouiller en toute sécurité dans l'hiver, parce que les vents du sud, repoussés par les hautes montagnes qui la dominent, ne viennent jamais à terre, et parce que, la mer qu'ils soulèvent arrive presque morte à la côte, de sorte que les bâtiments roulent, mais les amarres ne fatiguent pas[1]. » C'est ce que dit saint Luc en d'autres termes : « Phénice est un port de Crète qui est abrité du Libonotus (vent du sud-ouest) et du Corus (vent du nord-ouest)[2]. »

Le port de Kalo-Limniones n'étant pas sûr, et celui de Phénice offrant, au contraire, toute sorte d'avantages, il semblait qu'on agît selon les règles de la prudence en essayant de s'y abriter, mais l'événement prouva que saint Paul était éclairé d'une lumière supérieure à l'expérience humaine.

« Le vent du midi commençant à souffler doucement, on mit à la voile, mais il se leva un peu après un vent impétueux nommé *Eurakylon*[3]. » Du sud, le vent sauta donc brusquement au nord-est[4]. « Les rafales qui tombent du mont Ida, lorsqu'il fait un coup de vent du nord, soufflent dans la baie [de Messara, à l'ouest de Kalo-Limniones], avec une grande violence, et ces vents sont très fréquents entre les mois de juin et d'octobre[5]. » Le navire d'Alexandrie était donc à peine arrivé à la hauteur du cap Matala, sans avoir pu embarquer le canot, qu'un violent ouragan éclata ; « il emporta le vaisseau, » sans qu'on pût le gouverner, et

---

[1] Spratt, *Instructions sur l'île de Crète*, p. 44. Cf. Findlay, *Mediterranean Directory*, p. 67. Voir aussi *Stadiasmus*, § 328.

[2] Act., XXVII, 12.

[3] Act., XXVII, 13-14.

[4] C'est là la signification d'Eurakylon, comme l'a très bien établi R. Bentley, *Remarks on a late discourse on freethinking*, in-8°, Londres, 1713, p. 97. — Sur cet ouvrage et son auteur, voir *Les Livres Saints et la critique rationaliste*, 4ᵉ édit., t. II, p. 75.

[5] Spratt, *Instructions sur l'île de Crète*, p. 40.

CHAP. VIII. VOYAGE MARITIME DE SAINT PAUL. 333

l'on fut réduit à le laisser aller « au gré de la tempête[1]. » Il aurait fallu virer de bord, mais c'était impossible. L'ouragan était survenu si rapidement qu'on avait à peine eu le temps d'amener la voile, que le vent aurait emportée sans cette précaution. « Si la tempête trouble violemment la mer, dit Euripide, les matelots, se livrant à la Fortune, doivent se confier au cours des flots[2]. »

Saint Paul et ses compagnons furent portés au-dessous d'une petite île nommée Cauda, ou, d'après beaucoup de manuscrits Clauda[3]. Ptolémée[4] mentionne cette île sous le nom de Claudos, Pomponius Mela sous celui de Gaudus, un fragment palimpseste de Strabon[5] récemment découvert sous celui de Caudos :

. . . . . . . . . . . . . . . ΚΕΙ
ΤΑΙ ΔΕ ΚΑΤΑ ΚΑΥΔ::Ν
ΤΗΣ ΚΡΗΤΗΣ ΕΝ

κεῖται δὲ κατὰ Καῦδον τῆς Κρήτης ἐν κτλ.[6].

---

[1] Act., xxvii, 15.
[2] Euripide, *Troad.*, 686-688, édit. Didot, p. 379.
[3] Act., xxvii, 16.
[4] Ptolémée, iii, 17, § 1.
[5] Le P. Cozza m'a montré en 1888 à Rome, à la Bibliothèque du Vatican, les fragments palimpsestes de Strabon qu'il a déchiffrés avec tant de sagacité et dans lesquels il a découvert le nom de Caudos. Voir sur cette découverte O. Marucchi, *Bulletino di Archeologia cristiana*, 4ᵉ série, t. iii, p. 136. Cf. G. Cozza-Luzi, *Della Geografia di Strabone, frammenti scoperti in membrane palimseste*, part. ii, in-8º, Rome, 1888, p. xvi.
[6] Voici la justification de la lecture du P. Cozza, qui est si importante pour le récit des Actes : « Ce texte appartient à Strabon, xvii, 22 (édit. Didot, p. 711, ligne 28), paragraphe consacré à la Cyrénaïque. L'auteur énumère les villes de Cyrène, d'Apollonia, de Naustathmus, de Zephyrium, de Chersonesus, de Catabrathmus, etc., et à propos de Chersonesus (identifié avec le Ras et-Tin d'aujourd'hui), il donne la distance qui sépare ce port de la station de X. Ici est le point important. Le texte reçu, en effet, est ainsi conçu : [Χερρόνησος] κεῖται δὲ κατὰ Κύκλον τῆς Κρήτης

Le *Stadiasmos* l'appelle Klaudia ; les Grecs lui donnent le nom de Clauda-nesa ou Gaudonesi, que les Italiens ont corrompu en Gozo. Cette île, d'aille rs sans importance, est à l'ouest du cap Matala, au sud de la Crète et de Phénice, à vingt milles de distance de Sphakia[1].

On parvint enfin, non sans peine, à tirer sur le navire le canot qui devait être la dernière ressource en cas de naufrage. Le vaisseau craquait de toutes parts. « Ceux qui ont navigué par des temps forcés connaissent ces grincements sinistres et alarmants des boiseries, qui se font entendre dans toutes les parties du navire, répondant à chaque coup de roulis et de tangage[2]. » Les matelots, pour résister à la tempête, « employèrent toutes sortes de moyens, ils lièrent le vaisseau par-dessous, et craignant d'être jetés sur la

---

ἐν διάρματι χιλίων καὶ πεντακοσίων σταδίων νότω. *Chersonèse est à quinze cents stades de distance de* Κύκλος *de Crète.* Ce texte est doublement fautif : 1° parce que la Crète est en réalité à deux mille cinq cents stades ; 2° parce que Κύκλος n'a aucun sens. Aussi les divers éditeurs ont-il proposé de corriger le passage. Coray corrige Κύκλον en Κώρυκον ; malheureusement Corycus est sur le rivage nord de la Crète et ne saurait être dit en face de la Cyrénaïque. Ch. Müller, dans l'édition Didot, corrige Κύκλον en Μάταλον, sous prétexte que Matalum est une ville du rivage sud de la Crète, qui peut être dite faire face à Chersonesus ; mais cette correction est des plus aventureuses. Quant à χιλίων, les éditeurs tombent d'accord que c'est une faute de copiste et qu'il faut lire δισχιλίων, mais c'est une correction très arbitraire.

» Voici maintenant la leçon lue par le P. Cozza dans notre palimpseste : Κεῖται δὲ κατὰ Καῦδον τῆς Κρήτης ἐν κτλ. Rien de plus légitime que cette leçon, car le marin qui, de l'île de Chersonesus se dirige sur l'île de Crète, rencontrera, comme première et unique station, la petite île de Καῦδος, à trois cents stades du rivage crétois, une petite île qui a une ville et un port : ἔχει πόλιν καὶ λιμένα, comme dit le *Stadiasmus maris magni*, à l'article *Crète*. Ajoutez que Καῦδος est dit τῆς Κρήτης pour le distinguer du Καῦδος τῆς Σικελίας de Strabon, vi, 3 (édit. Didot, p. 230, lig. 32). C'est donc bien là la bonne leçon. » Note communiquée par M. l'abbé Batiffol.

[1] Spratt, *Instruction sur l'île de Crète*, p. 46.
[2] Trève, *Une traversée*, p. 27.

Syrte, ils mouillèrent l'ancre flottante et se laissèrent ainsi aller[1]. »

Les anciens redoutaient beaucoup « les Syrtes périlleuses » comme les nommait Pline. La politique de Carthage avait exagéré les difficultés de la navigation sur les côtes des deux Syrtes; mais la grande, comprise entre les deux caps Mezrata et Monktar, sur une étendue de 357 kilomètres, méritait sa mauvaise réputation. « Largement ouverte aux vents du nord, imparfaitement protégée contre ceux du sud par les basses terres qui la bordent, la grande Syrte est alternativement balayée par deux courants atmosphériques d'une extrême violence, qui déterminent tour à tour d'énormes accumulations d'eau vers le centre ou d'effroyables ras de marée à la circonférence. Ce double phénomène, que les anciens expliquaient à tort par le flux et reflux, constituait le seul véritable péril de la grande Syrte, mais ce péril était sérieux, et il l'est encore pour nos voiliers. C'était à ces courants irrésistibles que les Syrtes devaient leur nom : *Syrtes ab tractu nominatæ*, disait Salluste[2]. »

« Lorsqu'un navire, détourné de sa route par le vent ou par les courants, s'engage, écrit Procope, dans le demi-cercle que décrit le golfe, il lui est impossible de reprendre sa direction primitive ; il semble entraîné par une force invisible et croissante, et c'est pour cela, j'imagine, que les anciens ont donné aux Syrtes le nom qu'elles portent. Les navires ne peuvent même pas arriver jusqu'au rivage : la plage presque toute entière est semée de roches sous-marines qui ne permettent pas d'y aborder et causent la perte des

---

[1] Act., xxvii, 17. Pour le commentaire technique de ce verset, voir Breusing, *Nautik*, p. 170-184.

[2] Salluste, *Jugurtha*, LXXVIII. — Charles Tissot, *Exploration scientifique des côtes de la Tunisie, géographie comparée de la province romaine d'Afrique*, 2 in-4°, Paris, 1884-1888, t. I. p. 225-226. Sur la petite Syrte, voir *ibid.*, p. 183.

bâtiments. Ce n'est qu'en abandonnant le navire et en se jetant dans les embarcations que l'équipage peut espérer un salut toujours incertain[1]. » D'autant plus incertain, que le barbare Nasamon, qui habitait la côte, traitait le naufragé comme une proie que lui livrait la mer :

> ... Æquoreus Nasamon, invadere fluctu
> Audax naufragia et prædas avellere ponto[2].

Le vent, dont la direction était nord-est, poussait le vaisseau d'Alexandrie vers ces redoutables écueils. La grande Syrte n'est qu'à cent quarante lieues de la Crète. Pour éviter d'y être porté, et afin de diminuer le tirant d'eau et de casser la vitesse du navire, on jeta d'abord la plus grande partie de la cargaison à la mer, et puis les agrès du vaisseau, vergues, gaffes, avirons, cordages, etc. On allait ainsi à l'aventure, ignorant même où l'on se trouvait, car, pour comble de malheur, « le soleil et les étoiles ne paraissaient plus depuis plusieurs jours[3]; » or, les marins de l'antiquité, quand ils perdaient les côtes de vue, se réglaient sur le soleil et sur les étoiles, les Grecs sur la grande Ourse, les Sidoniens sur la petite[4]. Tout paraissait perdu;

---

[1] Procope, *De Ædif.*, VI, III, 3, édit. de Bonn, t. III, p. 334-335 ; Tissot, *Exploration scientifique de la Tunisie*, t. I, p. 226.

[2] Silius Italicus, *Punica*, III, 320, édit. Teubner, 1890, t. I, p. 58.

[3] Act., XXVII, 20.

[4] Ovide, *Epist.* XVIII, 149, édit. Lemaire, t. I, p. 339. — La boussole, connue anciennement en Chine, ne l'a été en Occident qu'au XII° siècle. Quant à la découverte de l'étoile polaire, sans laquelle on ne pouvait guère naviguer auparavant qu'en longeant les côtes, « cette découverte appartient, dit-on, aux Phéniciens : elle leur donna, pendant plus de deux cents ans, le monopole du commerce maritime. A partir de cette époque, l'essentiel pour le navigateur n'est pas tant d'avoir le vent en poupe que de pouvoir discerner l'étoile polaire. *De quels*

on ne prenait même plus de nourriture. C'est alors que saint Paul releva le courage de tous en leur assurant qu'il ne périrait personne, quoiqu'ils dussent être jetés contre une île, comme Dieu le lui avait révélé[1].

« Je vous engage à prendre courage, leur dit l'Apôtre, car personne d'entre vous ne périra, excepté le vaisseau. Un ange du Dieu à qui je suis et que je sers m'est apparu cette nuit et il m'a dit : *Paul, ne crains pas; il faut que tu comparaisses devant César et Dieu t'a accordé la vie de tous ceux qui naviguent avec toi.* C'est pourquoi ayez courage, amis, car je suis certain qu'il sera fait selon la parole de Dieu, comme il m'a été dit[2]. »

Les compagnons de saint Paul n'étaient pas habitués à entendre un tel langage et il dut faire sur eux une impression profonde. Les littérateurs l'ont admiré à bon droit. « Il y a, dit Saint-Marc Girardin, dans les luttes que l'homme soutient contre la nature, un genre de courage qui ne combat pas le danger mais qui le dédaigne : c'est le courage du

*nuages Jupiter a couvert la mer immense!* tel est le premier cri du pilote antique à l'approche de la tempête. Le pilote du moyen âge ne se montre pas moins effrayé, dès qu'il est exposé *à perdre la tramontane...* Le vaisseau que montait saint Paul et qui voulut tenter un tardif passage de Gnide à Rome, portait 276 personnes; rien ne fait présumer qu'il fût moins propre que les grandes jonques chinoises à prêter le flanc à l'orage. Nous le voyons pendant quatorze jours lutter avec succès contre le vent du nord. Emporté par des grains impétueux au large de la Crète, il ne se laisse pas affaler dans le golfe de la Syrte; il s'allège d'une partie de sa cargaison, se débarrasse d'une portion de ses drosses et tient obstinément à travers. Tout irait bien, en somme, si le soleil et les étoiles consentaient seulement à se montrer; mais, par malheur, le soleil reste obstinément voilé. On s'imagine courir vers l'Adriatique, on tombe à l'improviste sur la côte de Malte. La hourque d'Alexandrie avait eu raison de la tempête; son capitaine la conduit au naufrage par une erreur de route. » Vice-amiral Jurien de la Gravière, *La navigation hauturière*, dans la *Revue des deux mondes*, 1er septembre 1874, p. 100-101.

[1] Act., xxvii, 21-26.
[2] Act., xxvii, 22-25.

chrétien... Le récit de la tempête de saint Paul, dans les Actes des Apôtres, est le meilleur exemple de l'intérêt qu'excite ce genre de courage... A Dieu ne plaise que je mette les fictions d'Homère en parallèle avec la vérité du récit sacré ! Je veux seulement comparer les sentiments que Dieu donne à son Apôtre avec ceux que représente le héros d'Homère. Dans la tempête des Actes des Apôtres, comme dans celle d'Ulysse, l'homme est toujours en scène. Mais, entre Ulysse et saint Paul, quelle différence ! L'un, qui ne désespère jamais, quoiqu'il ne se résigne jamais non plus, et qui n'est soutenu, dans sa lutte contre le danger, que par l'amour de la vie, sentiment qui donne plus de patience que de dignité ; l'autre qui, dans un vaisseau battu par les flots, n'a pas l'air de s'occuper de l'orage, sinon pour consoler ses compagnons, et qui leur dit d'un ton assuré qu'ils ne perdront pas un cheveu de leur tête[1] : l'ange de Dieu le lui a dit, et son Dieu ne trompe pas. Homère montre Ulysse qui hésite, quand Leucothée lui conseille de quitter son vaisseau et de se jeter dans les flots : peut-être est-ce une ruse d'un dieu ennemi[2] ? Mais le Dieu que sert saint Paul n'a point de ruses, et ses paroles n'inspirent pas l'hésitation ; elles affermissent le cœur de l'homme, elles lui donnent l'oubli de l'orage et de ses fureurs. Saint Paul n'est plus un naufragé qui se débat avec courage contre la mort ; c'est un prophète et un apôtre. La tempête cesse presque d'être un danger ; elle n'est plus qu'une occasion de faire éclater la grandeur du Dieu qu'il sert, du Dieu *auquel il est* : car il est à Dieu et non pas à ces vagues courroucées qui le croient leur proie, non pas à ce vaisseau à demi brisé et destiné à périr ; il est à Dieu, lui et tous ses compagnons, dont Dieu lui a accordé la vie[3]. »

---

[1] Act., xxvii, 34.
[2] « Homère, *Odyss.*, v ».
[3] Saint-Marc Girardin, *Cours de littérature dramatique*, 7º édit.. t. i, 1861, p. 71-74.

Les promesses qu'avait faites saint Paul, au nom du Seigneur, ne tardèrent pas à se réaliser. Le quatorzième jour après le départ de Kalo-Limniones, sur la mer Adriatique, « les matelots, vers le milieu de la nuit, crurent qu'ils approchaient de quelque terre. Ayant jeté la sonde, ils trouvèrent vingt brasses et un peu plus loin quinze [1]. Alors, craignant de donner contre quelque écueil, ils jetèrent de la poupe quatre ancres et ils attendirent avec impatience que le jour se fît [2]. »

« Saint Luc a encore ici parfaitement observé : mouiller au moyen des ancres de l'avant, c'eût été forcer le navire à venir présenter l'avant au vent, et ce mouvement tournant qu'on appelle en marine *évitage*, n'eût pas été sans danger, car, dans son évolution, le navire fût resté un temps plus ou moins long de travers à la lame. Tant que l'art de forger n'a pu fournir aux navigateurs des ancres d'un grand poids, on y a suppléé par le nombre. Cet état de choses a duré fort longtemps : deux nefs construites pour saint Louis à Gênes, aux dimensions de 21 mètres de quille et de 8 mètres de largeur devaient, suivant les conditions de marche, être pourvues chacune de vingt-six ancres [3]. »

On a fait le calcul suivant sur le chemin parcouru par le navire durant la tempête : « Depuis qu'on avait quitté l'île de Cauda, il s'était écoulé treize jours et demi ou 324 heures. Nous comptons maintenant qu'un navire allant à mât et à cordes pendant une tempête, fait par heure de un à deux milles marins ou en moyenne un mille et demi. Nous pouvons admettre cette évaluation pour le vaisseau de saint Paul.

---

[1] La brasse d'aujourd'hui est de 1 m. 624; celle des anciens était à peu près la même. C'était primitivement la longueur des deux bras d'un homme de moyenne taille. A. Jal, *Glossaire nautique*, in-4°, Paris, 1848, p. 337.

[2] Act., XXVII, 27-29.

[3] Trève, *Une traversée*, p. 36-37.

La longueur du chemin qu'il parcourut est donc de 466 milles. Or, comme le naufrage le montra plus tard, on était arrivé dans le voisinage de Malte... et la distance de Cauda à Malte en droite ligne est de 474 milles. La concordance est d'autant plus étonnante que le vaisseau avait dû suivre une route un peu plus longue, parce qu'il avait été emporté par un vent du nord-est, passant lentement au sud, et ne soufflant pas par conséquent dans la direction exacte de Cauda à Malte [1]. »

Le navire était enfin arrivé près de terre, et il n'y avait plus qu'à attendre le jour afin de pourvoir à la sûreté de tous. Mais les matelots craignirent que le vaisseau ne sombrât dans la nuit et ils mirent la chaloupe à la mer, sous prétexte d'aller jeter des ancres, du côté de la proue, en réalité pour s'enfuir et abandonner les passagers à leur malheureux sort. Saint Paul déjoua leur lâche tentative; le centurion et les soldats prévenus par lui coupèrent les câbles du canot et le laissèrent aller à la dérive. L'Apôtre rassura d'ailleurs tout le monde en leur promettant que personne ne perdrait un seul cheveu, et il engagea chacun à manger pour reprendre des forces. On avait conservé du blé qui servait de lest au navire. Saint Paul donna l'exemple, et tous mangèrent comme lui. On ne faisait pas de cuisine sur les bâtiments des anciens, excepté dans des cas rares et pour des voyageurs d'un rang élevé. On ne cuisait les aliments qu'à terre, ce qu'on pouvait faire d'ailleurs assez fréquemment, parce qu'on longeait souvent les côtes. Si la navigation en pleine mer devait être de longue durée, on emportait des mets préparés d'avance [2]. Le fonds de l'alimentation était

---

[1] Breusing, *Nautik*, p. 188-189.

[2] « Cum triginta dierum coctis cibariis naves conscenderunt. » Tite Live, xxiv, 11. Id., xxix, 25 : « Commeatus imponendi M. Pomponio prætori cura data : quinque et quadraginta dierum cibaria, e quibus quindecim dierum cocta imposita. »

le *panis nauticus*, le biscuit [1], fait de farine d'orge, apprêtée avec de l'eau, du lait, du vin ou de l'huile, la viande fumée ou salée et le poisson salé, auquel on ajoutait du fromage, des oignons et des poireaux. On avait à bord des moulins à bras pour moudre le blé, en cas que la provision de farine fût insuffisante. C'est ainsi que, dans Tite Live, les Arétins promettent autant de meules qu'il en faut pour quarante grands navires [2]. Il n'y avait sur le bâtiment ni table servie ni domestique pour servir : chacun devait aller chercher sa nourriture [3].

Quand l'Apôtre et ceux qui étaient avec lui eurent tous mangé, on jeta le blé qui restait dans la mer, parce qu'il fallait diminuer le tirant d'eau du navire en l'allégeant, afin qu'il pût approcher de la côte le plus possible, puisqu'on n'avait plus de canot pour débarquer. Le jour étant venu, les matelots aperçurent une côte bordée de rochers, sur lesquels la mer brisait avec fureur, à l'entrée d'une baie où le capitaine résolut d'échouer, mais que l'équipage ne reconnut point. « On s'est étonné sans raison que des marins n'eussent pas reconnu les côtes de Malte, dit M. Breusing. Comme la route d'Alexandrie à Pouzzoles passait par le détroit de Messine, ils pouvaient avoir fait une douzaine de fois et plus la traversée sans avoir même vu cette île, et s'ils l'avaient aperçue de loin, ils auraient pu reconnaître seulement à distance et non de près cette côte rocheuse que rien ne distingue de tant d'autres [4]. »

Quoiqu'on ne reconnût point les lieux, on ne pouvait pas

---

[1] « Vetus aut nauticus panis tusus atque iterum coctus sistit alveum. » Pline, *Hist. nat.*, XXXII, 25 (68). Ἄρτους ὀκτὼ ναυτικοὺς ἐν γυργάθῳ ξηρούς. Lucien, *Dial. meret.*, 14, édit. Didot, p. 686.

[2] « Molas, quantum in quadraginta longas naves opus esset. » Tite Live, XXVIII, 45, édit. Lemaire, t. v, p. 438.

[3] Breusing, *Nautik*, p. 196.

[4] Breusing, *Nautik*, p. 190-191.

hésiter à quitter le navire. Ayant rencontré un banc qui avait la mer des deux côtés, on y fit échouer le vaisseau ; la proue s'y étant appuyée demeurait immobile, mais la poupe se rompait par la violence des eaux. Le moment était critique. L'avant s'était relevé en échouant ; par suite, l'arrière s'enfonça dans l'eau et fut envahi par les vagues. Il ne restait plus qu'à se sauver à la nage ou sur les débris du navire. Les soldats romains, craignant que leurs prisonniers ne parviennent à leur échapper, sont d'avis de les faire mourir. Le centurion, qui veut sauver Paul, les empêche d'exécuter leur dessein. Il commande à ceux qui savent nager de se jeter les premiers à la mer ; les autres se réfugient sur des planches ou autres pièces du bâtiment. Le flot les poussa tous vers la terre. Comme l'avait prédit l'Apôtre, tout le monde sans exception fut sauvé. Quand on eut atteint le rivage, on reconnut qu'on était dans l'île de Malte.

Divers commentateurs de nos jours ont prétendu que la Mélita où avait échoué saint Paul n'était point l'île de Malte, mais l'île Mélita, appelée aujourd'hui Méléda, sur les côtes de Dalmatie [1]. Il suffit d'une seule observation pour réfuter ce sentiment. L'île de Méléda ne réalise point les conditions dont parlent les Actes. Saint Luc nous dit que les matelots ayant jeté la sonde dans le voisinage de Mélita trouvèrent vingt brasses et un peu plus loin quinze brasses [2]. Or ce sondage convient parfaitement à l'île de Malte, mais non à celle de Méléda. Le littoral de cette dernière, sur la côte

---

[1] On allègue que cette île est dans l'Adriatique et que saint Luc dit qu'on naviguait sur l'Adriatique, Act., xxvii, 27. Mais la mer Adriatique d'alors, Ἀδρίας, Ptolémée, Geogr., III, iv, 1 ; III, xv, 1 ; Ἀδριατικὸν πέλαγος : Procope, De bell. Vand., I, 14, s'étendait depuis l'île de Crète jusqu'à la Sicile. Ptolémée appelle la mer Adriatique actuelle : ὁ Ἀδρίας κόλπος, Geogr., VII, v, 3, 10. La mer Ionienne et l'Ἀδρίας étaient quelquefois confondus. Apollonius de Rhodes, iv, 308, scolie : ποτὲ μὲν τὸν Ἀδρίαν Ἰόνιον, ποτὲ δὲ τὸν Ἰόνιον Ἀδρίαν καλοῦσιν.

[2] Act., xxvii, 28.

sud, la seule dont il puisse être question, a une pente si rapide dans la mer, qu'au moment où la sonde mesure vingt brasses, on n'a plus le temps d'en retrouver quinze, et de mettre l'ancre[1]. Cette côte n'a pas un seul mouillage.

La baie de l'île de Malte, où prirent terre les naufragés, est celle qui porte aujourd'hui le nom de Saint-Paul, Cala di San Paolo, au nord-est de l'île. La statue du grand Apôtre s'élève sur l'îlot de Gzeir qui ferme la baie au nord, et un bas-fond de roches dans le nord-est, à un demi-mille au sud de l'îlot, porte le nom de Banc de Saint-Paul. « L'emplacement répond exactement à la description de saint Luc. La baie présente à son extrémité, au sud-ouest, la plage sur laquelle on voulait échouer. Au milieu de la passe se trouve le... Banc de Saint-Paul, sur lequel échoua le navire. Ce banc est formé de terre glaise. On s'explique facilement que les courants provoqués par les vents d'est, violents dans ces parages, aient produit sur le banc une érosion qui ne peut que s'accroître. De nos jours, il est à sept brasses de profondeur. Au temps de Paul on devait y mesurer de deux à trois brasses. C'est un peu à l'est du banc que nous devons chercher l'endroit où l'on mouille par quinze brasses de fond. Le point situé exactement à l'ouest de ce banc est, d'après les habitants, le lieu où les naufragés se sauvèrent à la nage. Cette supposition est absolument conforme aux faits. Le vent d'est, qu'il soit est-nord-est ou nord-est, fait monter les eaux dans la baie. Cette eau ne peut s'échapper que par le canal situé entre l'île de Gzeir et la terre. Un courant orienté vers le nord suit donc la côte et dut porter les naufragés, cramponnés à leurs planches, non à l'extrémité de la baie, mais à l'ouest du banc[2]. »

---

[1] Voir la carte du service hydrographique de la marine autrichienne, *Küslenkarte*, Blatt 22, Meleda, édit. de 1879, par F. H. Schimpf, à Trieste; Breusing, *Nautik*, p. 190.

[2] J. Vars, *L'art nautique*, p. 258-259. — Sur l'exactitude des dé-

L'île de Malte était alors, depuis deux siècles, sous la domination des Romains, qui l'avaient enlevée à Carthage; elle dépendait du préteur de Sicile. Saint Luc appelle les habitants des Barbares[1], dans le sens grec de ce mot qui désignait proprement l'étranger ignorant de la langue grecque, parce qu'ils parlaient, comme aujourd'hui encore, une sorte de patois, formé à cette époque comme actuellement des débris des langues parlées par les peuples divers qui ont été tour à tour les maîtres de cette importante station maritime.

Les Maltais reçurent les naufragés avec humanité. Ils allumèrent un grand feu, à cause de la pluie qui tombait et du froid, et ils ranimèrent de la sorte ceux que la fureur des flots venait de confier à leur hospitalité.

Pendant que l'on se réchauffait ainsi, saint Paul, prenant des sarments pour alimenter le feu, fut mordu à la main par une vipère, qui y resta suspendue. « Les Barbares se dirent l'un à l'autre, racontent les Actes : Cet homme est sans doute coupable de meurtre, puisque, après avoir échappé à la mer, la vengeance divine ne lui permet pas de vivre. Mais Paul, ayant secoué la vipère dans le feu, n'en souffrit aucun mal. Or, les Barbares croyaient qu'il allait enfler, tomber subitement et mourir. Mais, après avoir longtemps attendu, voyant qu'il ne lui arrivait aucun mal, ils changèrent de sentiment et dirent que c'était un dieu[2]. »

La vipère n'existe plus à Malte, ce que les habitants attribuent à la protection de saint Paul. Les incrédules ont cherché à tirer de là une difficulté contre le récit de saint Luc. « Mais, dit M. Breusing, l'objection qu'on fait parce qu'on ne trouve point de serpents à Malte, se résout sans peine si

---

nominations du Banc de Saint-Paul, etc., voir aussi A. Trève, *Une traversée*, p. 40.

[1] Act., XXVIII, 2, 4.
[2] Act., XXVIII, 3-6.

l'on considère que l'île était autrefois très boisée, de sorte que saint Paul put y ramasser facilement des fagots ; les reptiles pouvaient par conséquent s'y abriter à l'aise. Aujourd'hui, par suite des défrichements successifs, on n'y rencontre plus que quelques arbres[1]. » On sait que la flore d'un pays influe considérablement sur sa faune. Tournefort, qui voyageait en Orient au commencement du xviii<sup>e</sup> siècle, raconte que la vipère, qui, du temps de Pline[2], infestait les îles Cimoles, aujourd'hui l'Argentière et Tinos, a complètement disparu de ces îles[3].

Celui qui était alors à la tête de l'île s'appelait Publius. La Vulgate lui donne le titre de « prince, » *principis insulæ*, mais le texte grec lui donne un titre caractéristique et qui montre jusqu'à quel point l'auteur des Actes poussait l'exactitude ; il l'appelle : « le Premier de l'île[4]. » Or, les monuments épigraphiques donnent en effet ce titre de « Premier » au gouverneur de l'île.

Voici ce qu'on lit dans une inscription grecque :

Λ. Κλ. υἱὸς · Κυρ. Προυδης · ἱππεὺς·
Ῥωμαίων · πρῶτος · Μελιταίων [5].

« L(ucius), fils de Cl(aude), de la tribu Qui(rina), Prudens, chevalier romain, Premier des Maltais, etc. »

Une inscription latine porte :

MEL. PRIMUS[6].

[1] Breusing, *Nautik*, p. 191.
[2] Pline, *Hist. nat.*, iv, 12.
[3] P. de Tournefort, *Relation d'un voyage du Levant*, 2 in-4°, Paris, 1717, t. i, lettres iv et viii, p. 142, 357-358.
[4] Τῷ πρώτῳ τῆς νήσου. Act., xxviii, 7.
[5] Boeckh, *Corpus inscript.*, t. iii, n° 5754. p. 682.
[6] J. Smith, *Voyage and Shipwreck of ... at Paul*, p. 113-114. Cf. Schæffer, *Dissertatio de Publio Πρώτῳ Melitensium*, in-4°, Iéna, 1755.

Saint Paul séjourna à Malte pendant trois mois, guérissant tous ceux de l'île qui étaient malades et venaient à lui [1]. L'Apôtre quitta alors Malte sur un autre vaisseau d'Alexandrie, le *Castor et Pollux*, qui avait hiverné dans le port de l'île. Ce port, qu'on appelle aujourd'hui La Valette, est excellent [2], et à toutes les époques les navires y ont cherché un refuge contre les mauvais temps. Lorsque soufflent les grands vents d'ouest et du nord-ouest, fréquents pendant l'hiver, le port de La Valette est encombré et quelquefois rendu inaccessible par le grand nombre de navires qui attendent un bon vent ou qui réparent leurs avaries.

Le *Castor et Pollux* dut quitter Malte vers le milieu de février. L'époque n'était pas encore très favorable à la navigation, mais en choisissant un moment propice, on pouvait faire la traversée dans de bonnes conditions. Elle ne dut pas demander plus de vingt-quatre heures de Malte à Syracuse, où l'on se rendit directement. Syracuse, capitale de la province sénatoriale de Sicile, était alors une des villes les plus commerçantes de la Méditerranée. Cicéron l'appelait « la plus grande des villes grecques et la plus belle des cités [3]. » Un temple magnifique de Jupiter Olympien signalait au large ses deux ports aux navires qui lui apportaient leurs marchandises [4].

---

[1] Act., xxviii, 9.
[2] J. S. Bayot, *Mer Méditerranée, côte de Tunis, îles Maltaises* in-8°, Paris, 1876, p. 49.
[3] Cicéron, *Verr.*, iv, 52.
[4] Une petite église, dédiée à saint Paul, que nous avons visitée en 1892, perpétue à Syracuse le souvenir du passage du grand Apôtre et des trois jours qu'il s'y arrêta, comme le marque une inscription placée sur la façade. Elle n'a d'ailleurs rien de remarquable en dehors de ce souvenir, aussi ni Bædeker, ni Gsell Fels n'en parlent dans leurs descriptions de Syracuse. Le guide qui nous accompagnait nous détournait même d'y entrer, en nous disant qu'elle ne méritait pas d'être vue. Mais c'était surtout ce souvenir que nous étions allés chercher dans la ville sicilienne.

Après un arrêt de trois jours à Syracuse, le bâtiment alexandrin reprit la mer. Il fit voile pour Rhégium, aujourd'hui Reggio, de l'autre côté du détroit de Messine. Saint Luc observe qu'on côtoya les terres[1]. Il y a dans le détroit des contre-courants qui obligent souvent de longer la côte. Les courants sur les deux bords opposés du détroit, portent au nord, lorsque le courant principal, qui suit le milieu du canal, porte au sud, ou bien l'inverse a lieu, parce que le courant principal se renverse comme les marées. C'est ce qui obligea le *Castor et Pollux* à se tenir près des terres.

Il ne s'arrêta probablement à Rhégium que pour prendre un pilote[2], afin de franchir sans crainte le passage que rendaient redoutables les écueils fameux de Charybde et de Scylla. Le navire marchand d'Alexandrie, qui ramena Titus à Pouzzoles après sa campagne de Judée, toucha aussi à Rhégium et sans doute pour le même motif[3].

Profitant d'un vent du sud, le vaisseau qui portait l'Apôtre se dirigea vers Pouzzoles, dans la baie de Naples, dans ce pays enchanteur où la nature semble avoir rassemblé toutes ses beautés et toutes ses séductions. C'était alors le rendez-vous des vaisseaux qui apportaient à Rome les blés de l'Égypte, et on appelait Puteoli, à cause de l'importance de son commerce, la petite Délos, parce que Délos, dans la mer Égée, avait été un des plus grands marchés de l'univers.

Là finit la navigation de saint Paul. Parti de Césarée vers le milieu d'août de l'an 60, il arrivait à Pouzzoles dans les

---

[1] Act., xxviii, 13.

[2] En enlevant récemment, à Reggio, les décombres d'une maison détruite par le dernier tremblement de terre, on a découvert au-dessous les ruines d'un temple antique. On suppose que c'est le temple de Diane, dans l'atrium duquel saint Paul aurait prêché d'après la tradition en l'an 61, lors de son passage dans cette ville. *Allgemeine Zeitung, Beilage*, 8 février 1895.

[3] Suétone, *Titus*, v.

derniers jours de février 61 [1]. Quelques jours après, il était à Rome et il prêchait la foi dans ses liens. C'est à l'arrivée de l'Apôtre à Rome que s'arrêtent les Actes des Apôtres.

[1] Entre Pouzzoles et Rome, les Actes des Apôtres ne mentionnent plus que le Forum d'Appius et les Trois Tavernes, où les fidèles de Rome étaient allés au devant du grand Apôtre, Act. xxviii, 15. En avril 1892, j'ai fait, avec M. l'abbé Le Camus, un pèlerinage en Italie aux lieux où était passé saint Paul captif. Ce n'est pas sans peine que nous avons pu nous rendre compte de l'emplacement des *Tres Tabernæ*. A Rome, avant notre départ, on n'avait pu nous donner aucune indication précise. A Velletri, où nous avions quitté le chemin de fer pour prendre une voiture et suivre la voie Appia, celle qu'avait suivie saint Paul, les savants de cette localité nous avaient affirmé que l'emplacement des Trois Tavernes était à Cisterna. On était d'ailleurs fort surpris d'apprendre quel était le but de notre voyage. Le loueur de voitures ne connaissait qu'un ministre anglican qui eut eu, comme nous, la pieuse curiosité de visiter les Trois Tavernes et le Forum d'Appius.

A Cisterna, ville située dans un bas-fonds, au milieu d'une végétation luxuriante, mais où tout le monde est atteint de la fièvre, le curé nous montra dans son église une chapelle dédiée à saint Paul, et dans la sacristie une inscription latine rappelant que les descendants de ceux qui avaient reçu l'Apôtre à son arrivée en Italie ont reçu Pie IX à Cisterna. Le curé ajouta, avec raison, que les Trois Tavernes n'étaient pas à Cisterna, ville qui ne date que d'environ 500 ans, mais à trois milles plus loin, près de Torre d'Annibale. Là s'.èvent aujourd'hui trois ou quatre constructions modernes, à une petite distance de la route, à un endroit qui correspond en effet à l'indication donnée par l'*Itinéraire* d'Antonin, au mille xxxiii (Antonini Augusti *Itinerarium,* dans de Fortia d'Urban, *Recueil des itinéraires anciens*, in-4°, Paris, 1845, p. 31-32). Les pierres milliaires, indiquant les distances en chiffres romains, se dressent tout le long de la route sur la Via Appia (On a retrouvé quelques milliaires antiques. *Corpus inscript. latin.*, t. x, part. i, p. 683). Les Trois Tavernes avaient du temps de saint Paul une certaine importance; c'était une halte pour les voyageurs, parce que là était l'embranchement où la route d'Antium (aujourd'hui Porto Anzio) rejoignait la voie Appienne. Cicéron, *Ad Attic.*, ii, 12. Cf. W. Smith, *Dictionary of Greek and Roman geography*, t. ii, 1857, p. 1226, 1291; E. Desjardins, *La Table de Peutinger*, in-f°, Paris, 1869, p. 199, 216.

A dix milles des Trois Tavernes, à quarante-trois milles de Rome, se

On voit, par tous les détails dans lesquels nous sommes entrés, combien le récit de saint Luc est précis, exact, en un mot parfaitement historique. Tous les travaux modernes rendent hommage à la véracité des Actes. Les études des marins de nos jours confirment de tous points ce que ra-

trouve Foro Appio, l'ancien *Forum Appii* (*Corpus inscriptionum latinorum*, t. x, p. 59). Des Trois Tavernes, la route conduit d'abord à Torre Tre Ponti, où relaie la diligence de Velletri à Terracine. On traverse d'immenses prairies, où de grands troupeaux de bœufs, de buffles et de chevaux disparaissent presque au milieu des hautes herbes. On a le même spectacle sous les yeux pendant plusieurs kilomètres. Le chemin, ombragé de beaux arbres, va droit comme un i à perte de vue, au milieu des marais Pontins. Tous les voyageurs que nous rencontrons sont armés comme si l'on était en guerre et avait à redouter quelque surprise.

Nous arrivons enfin à Foro Appio. Il y a là trois ou quatre maisons ou fabriques. Le propriétaire des terrains est le gendre du célèbre archéologue, J.-B. de Rossi. Je m'étais souvent demandé pourquoi on avait établi ainsi un forum ou marché en cet endroit, au milieu des marécages. Aucun livre ne m'en avait fourni l'explication. Mais dès l'arrivée sur les lieux, l'explication m'apparut avec évidence. C'est juste là qu'une rivière abondante, aux eaux limpides et que j'ai trouvé fort bonnes, vient des monts Lepini se jeter dans le canal *delle Botte* creusé d'abord par Auguste. Ce cours d'eau a motivé sans nul doute le choix de l'emplacement du Forum d'Appius. Les voyageurs qui arrivaient ou partaient de là en barque, comme Horace, *Satir.*, I, 5, 1-4, ou bien continuaient leur chemin par terre, s'arrêtaient auprès de cette rivière, Horace, *Satir.*, I, 5, 7, se plaint de la mauvaise eau, *aqua teterrima*, qu'on lui avait fait boire; elle devait être mélangée avec celle des marais. Le pont sous lequel passe en cet endroit la voie Appia, à l'embouchure de la rivière dans le canal, est très ancien. Deux inscriptions antiques, l'une au delà de la rivière, dressée sur un piédestal, et portant, avec le nom de Trajan, celui de Forum Appii (elle est reproduite dans le *Corpus inscriptionum latinorum*, t. x, n. 6824, p. 685); l'autre en deçà, encastrée dans un pan de mur en ruines, sont les deux seuls souvenirs antiques que nous retrouvons. Du côté opposé à celui d'où vient la rivière, de l'autre côté du canal, il y a une petite chapelle misérable, où l'on vient quelquefois dire la messe, mais à notre grand étonnement, rien n'y rappelle saint Paul. Une vieille enseigne de *locanda*, sur une maison qui sert aujourd'hui d'habitation à des douaniers porte le nom de Foro Appio.

conte le compagnon de saint Paul sur la traversée de Palestine en Italie, de même que les relations des voyageurs et les découvertes épigraphiques contemporaines attestent, comme nous l'avons vu, que l'historien des Apôtres était très sûrement renseigné sur les lieux qu'il a décrits, sur tous les faits dont il nous a conservé la mémoire. Il est impossible d'établir l'authenticité d'un écrit d'une manière plus irréfragable. A chaque page, on reconnaît un auteur contemporain, consciencieux, instruit et digne de foi. Saint Luc ne serait-il pas inspiré, son témoignage serait encore au-dessus de tout soupçon et à l'abri de toute contestation.

# LIVRE IV.

LE NOUVEAU TESTAMENT DANS LES CATACOMBES

ET SUR LES MONUMENTS FIGURÉS

DES PREMIERS SIÈCLES DE NOTRE ÈRE.

# CHAPITRE PREMIER.

LES LIVRES SAINTS ET LES CATACOMBES.

Nous avons étudié ce que nous apprennent directement sur les Évangiles et les Actes des Apôtres les découvertes modernes; il nous reste à rechercher ce que nous apprend l'archéologie chrétienne sur l'interprétation du Nouveau Testament aux premiers siècles de notre ère. Parmi les découvertes et les travaux de notre siècle, ceux qui se rapportent aux catacombes et aux monuments figurés du Christianisme primitif occupent une place d'honneur; ils nous fournissent de plus des renseignements utiles et précieux; à tous ces titres, nous devons nous en occuper ici.

Les commentateurs et les interprètes des Livres Saints, depuis le moyen âge jusqu'à nos jours, ont mis à profit, pour expliquer la parole de Dieu, les œuvres des premiers docteurs de l'Église, qui ont été leurs devanciers et leurs guides, mais ils n'ont pu puiser dans les trésors d'exégèse sacrée, enfouis dans les catacombes, et dont ils ignoraient l'importance ou même l'existence. Or ces trésors sont du plus grand prix. En effet, les anciens n'ont pas interprété la Sainte Écriture seulement de vive voix et par écrit, ils l'ont interprétée également par les monuments figurés.

Ceux-ci nous disent à leur manière comment nos pères dans la foi ont compris la parole sainte, et si le langage des arts du dessin n'est pas toujours aussi clair ni aussi précis que celui des homélies ou des commentaires, en revanche, sur plus d'un point, il complète et explique l'enseignement des premiers écrivains chrétiens : les hypogées de Rome renferment un vrai commentaire pictural des Saintes Écritures, et nous pouvons aujourd'hui le lire avec certitude. Les Bosio, les Bottari avaient commencé à révéler les merveilles cachées dans les catacombes chrétiennes; mais on peut bien dire que ce n'est que depuis les magnifiques travaux de J. B. de Rossi qu'elles nous sont pleinement connues et qu'elles nous ont livré tous leurs secrets [1]. Non seulement il a augmenté notablement les trouvailles de ses précurseurs, mais il a encore mieux compris et expliqué les monuments, de sorte que l'on peut ranger parmi les découvertes archéologiques modernes même la plupart de celles qui ont été faites autrefois dans les catacombes.

Nous n'avons à considérer ici les peintures des catacombes que par rapport à nos Livres Saints et en particulier par rapport au Nouveau Testament.

Nous rechercherons d'abord qu'elle est la place qu'occupe le Nouveau Testament dans l'art chrétien primitif; nous examinerons ensuite d'après quelle méthode l'Écriture a été interprétée par les artistes chrétiens ; cela fait, nous recueillerons les renseignements que nous fournissent les monuments figurés sur le canon des Livres Saints; nous étudierons enfin divers passages ou divers épisodes sur lesquels l'archéologie chrétienne primitive nous donne quelque lumière particulière.

---

[1] Voir F. X. Kraus, *Real-Encyklopädie der christlichen Alterthümer*, 2 in-4°, Fribourg-en-Brisgau, 1880-1883, t. II, p. 98-100.

# CHAPITRE II.

### DE LA PLACE QU'OCCUPE LE NOUVEAU TESTAMENT DANS LES CATACOMBES ET LES MONUMENTS PRIMITIFS DE L'ART CHRÉTIEN.

L'antiquité chrétienne nous a légué un certain nombre de monuments figurés : les fresques des catacombes, les lampes, les verres à fond d'or et les sarcophages.

« Les catacombes sont des souterrains creusés par les premiers chrétiens pour y déposer leurs morts, pour y exercer leur culte et y chercher un asile dans les temps de persécution [1]. » Elles se composent d'étroites galeries, le long desquelles étaient placés les *loculi* ou tombeaux des fidèles; de *cubicula*, ou chambres sépulcrales, sortes de caveaux de famille au fond desquels reposent ordinairement les reliques d'un martyr; et de cryptes ou églises, où l'on célébrait les saints mystères. Les parois et les voûtes des cryptes, ainsi que celles d'un grand nombre de *cubicula*, étaient souvent revêtues de stuc et ornées de peintures. Quelques-unes de ces peintures remontent à la fin du pre-

---

[1] Martigny, *Dictionnaire des antiquités chrétiennes*, au mot *Catacombes*, 2e édit., in-4°, Paris, 1877, p. 120.

mier siècle. On lit sur les tombeaux de simples inscriptions, généralement très courtes.

Les catacombes étaient presque exclusivement éclairées par des lampes, ordinairement en terre cuite; elles portent quelquefois des emblèmes chrétiens; mais la plupart sont insignifiantes au point de vue de la science et de l'archéologie sacrée. Il n'en est pas de même des verres à fond d'or, qui sont ornés d'images; quelques-uns sont très précieux au point de vue archéologique, à cause des sujets qu'ils représentent, et à cause de leur antiquité; plusieurs datent en effet du temps des persécutions, car on en a trouvé dans des cimetières fermés, appartenant par conséquent à la plus ancienne époque.

Les sarcophages chrétiens à bas-reliefs, qui forment une autre classe de monuments figurés, sont moins antiques et par là même moins importants pour nous. Il y en a cependant qui remontent au troisième siècle.

Ce sont principalement les fresques des catacombes que nous allons étudier, parce que ce sont en général les monuments les plus anciens [1]. Nous ne nous occuperons des autres monuments figurés que lorsqu'ils pourront nous servir à expliquer, à éclaircir ou confirmer ce que nous aurons à dire des sujets représentés dans les cimetières chrétiens.

La première chose qui frappe quand on étudie les peintures des catacombes, c'est la place qu'y tient la Bible. Le livre sacré en a inspiré le plus grand nombre; l'Ancien et surtout le Nouveau Testament y règnent en maîtres : elles seraient inintelligibles pour qui ne connaîtrait pas l'histoire sainte.

En dehors des motifs de pure décoration, on peut parta-

---

[1] Sur la chronologie des peintures des catacombes, voir L. Lefort, *Chronologie des peintures des catacombes romaines*, in-8°, Paris, 1881; O. Pohl, *Die altchristliche Fresko- und Mosaik-Malerei*, in-12, Leipzig, 1888, p. 18 et suiv., etc.

ger en deux grandes classes les peintures des cimetières chrétiens, selon qu'elles représentent des sujets empruntés à l'histoire ou des sujets emblématiques. Dans les uns comme dans les autres, l'influence de la Sainte Écriture est manifeste. Elle a fourni à peu près exclusivement les sujets historiques, si l'on en excepte les *orantes* ou personnages en prières, quelques sujets de circonstance et les images des saints; elle nous donne la clef de la plupart des sujets symboliques; les traces de son action se remarquent jusque dans les motifs décoratifs qui ornent les murs et les chapelles, et encadrent les scènes représentées.

## ARTICLE Ier.

### SUJETS HISTORIQUES REPRÉSENTÉS DANS LES CATACOMBES.

Les emprunts historiques à la Bible sont un fait évident. Nous voyons reparaître sans cesse les personnages principaux de l'Ancien et du Nouveau Testament.

Nos premiers parents autour de l'arbre fatal, Noé dans l'arche, Abraham immolant son fils Isaac, Moïse frappant le rocher ou s'approchant du buisson ardent, Isaïe, Jonas dans les divers épisodes de son histoire, les trois enfants dans la fournaise, Daniel dans la fosse aux lions, Tobie et le poisson, Notre-Seigneur adoré par les mages et ressuscitant Lazare, la Sainte Vierge, les Apôtres : en un mot, on trouve dans les catacombes ce qu'on pourrait appeler une Bible en images [1].

Les chrétiens, en peignant ainsi des sujets religieux, n'ont fait d'ailleurs que suivre, en la sanctifiant, la coutume des

---

[1] Un grand nombre de ces sujets sont souvent groupés ensemble. Voir, Figure 32, la reproduction d'une fresque d'un cubiculum d'après Bosio, *Roma sotterranea*, t. II, p. 153, pl. CXVIII. « Tabula unica Cubiculi undecimi Cœmeterii sanctorum Marcellini et Petri inter duas lauros ad sanctam Helenam via Labicana. » — Au centre, est le Bon Pasteur. Tout autour sont représentés, à l'angle supérieur, à gauche, Noé dans l'arche et la colombe apportant le rameau d'olivier ; puis successivement, en descendant, Moïse faisant jaillir l'eau du rocher ; Jonas rejeté par le monstre qui l'avait englouti ; Jonas jeté à la mer et dévoré par le poisson ; Daniel dans la fosse aux lions. Les autres scènes, à droite, en remontant, sont empruntées au Nouveau Testament : Notre-Seigneur ressuscitant Lazare ; la multiplication des cinq pains, et enfin, en haut, le paralytique emportant son grabat.

CHAP. II. LE NOUV. TEST. DANS LES CATACOMBES. 359

païens. Sur 1,966 peintures classées et décrites par M. W. Helbig, dans ses *Peintures murales des villes de Campanie*

32. — Le Bon Pasteur et scènes diverses de l'Ancien et du Nouveau Testament, fréquemment représentées dans les catacombes.

*ensevelies par le Vésuve*[1], il y en a à peu près 1,400, c'est-à-dire près des trois quarts, qui sont inspirées par la mythologie païenne.

Il est vrai que ce sont les mêmes scènes qui sont presque

[1] W. Helbig, *Wandgemälde der vom Vesuv verschütteten Städte Campaniens*, in-8°, Leipzig. 1868, p. 1-331.

toujours répétées [1] et qu'un grand nombre de faits bibliques n'apparaissent jamais sur les monuments chrétiens des premiers siècles ; mais, quelque restreint que soit le cercle dans lequel se meut l'artiste, il n'en est pas moins certain qu'il puise à peu près exclusivement ses inspirations aux sources sacrées. La simple énumération que nous venons de faire en est la preuve palpable.

[1] « Il est curieux d'observer combien fréquente est la reproduction des mêmes sujets sur les sarcophages sculptés de Rome. Le catalogue qui suit est tiré des *Letters from Rome*, de Burgon, lettre xx. Burgon énumère 55 sarcophages étudiés par lui au Musée de Latran, et nous ajoutons à la liste le résultat de l'étude faite par Bosio sur 48 autres, dont 30 ont été retrouvés dans les cryptes du Vatican. Voici la liste des sujets représentés et l'énumération du nombre de fois qu'ils se rencontrent :

|  | Latran. | Bosio. |
|---|---|---|
| Histoire de Jonas | 25 | 11 |
| Moïse frappant le rocher | 21 | 16 |
| Résurrection de Lazare | 16 | 14 |
| Daniel dans la fosse aux lions | 14 | 7 |
| Sacrifice d'Isaac | 11 | 9 |
| Adoration des mages | 11 | 8 |
| Chute d'Adam et d'Ève | 14 | 10 |
| Noé dans l'arche | 5 | 6 |
| Les trois enfants dans la fournaise | 4 | 3, etc. » |

(Allard, *Rome souterraine*, p. 449-450.)

Il en était de même dans les catacombes que sur les sarcophages. Voir les planches du t. II de *L'arte cristiana*, du P. Garrucci. — Un médaillon de bronze, mis pour ce motif par Buonarruoti en tête de sa collection, contient à lui seul, comme la peinture de la Figure 32, p. 359, la plupart des sujets que nous venons d'énumérer : Adam et Ève, Noé dans l'arche, Jonas, Daniel dans la fosse aux lions, le sacrifice d'Isaac, Samson emportant les portes de Gaza, Moïse faisant jaillir l'eau du rocher et au milieu en dimensions beaucoup plus grandes le Bon Pasteur. Buonarruoti, *Osservazioni supra alcuni frammenti di vasi antichi di vetro*, 1716, pl. 1, n° 1 et p. 1-8. — La succession de la plupart des sujets bibliques des catacombes est reproduite dans dom Guéranger, *Sainte Cécile et la société romaine*, 1874, p. 255 et suiv.

Ce qu'il nous importe du reste le plus de noter ici, c'est que les artistes chrétiens, dans toutes leurs œuvres, pensent toujours et avant tout au Nouveau Testament. Il est tout à fait digne de remarque qu'aucun personnage de l'Ancien Testament ne figure dans l'art chrétien primitif pour lui-même, si l'on peut ainsi dire, mais uniquement comme type du Nouveau Testament, de sorte que les monuments des catacombes appartiennent réellement aux Évangiles, sous l'inspiration desquels ils ont été produits. Il en est de même des symboles. Ils se rapportent tous à Jésus-Christ ou à ses disciples et sont la plupart empruntés au Nouveau Testament, comme nous allons le voir.

## ARTICLE II.

SUJETS SYMBOLIQUES REPRÉSENTÉS DANS L'ART CHRÉTIEN PRIMITIF.

L'un des symboles les plus communs des catacombes, c'est celui du Bon Pasteur, qui y figure sous les formes et sous les aspects les plus divers[1]. Le Bon Pasteur rapportant au bercail la brebis égarée, est tiré directement de l'Évangile[2]. Les artistes chrétiens ont développé, agrandi, fécondé ce premier thème à l'infini, en le combinant avec un second qui en est le complément et qu'indique le texte sacré lui-même, savoir : que les Apôtres et les fidèles sont les « brebis » que garde le divin Berger : « Je suis le Bon Pasteur... Je connais mes brebis... Pais mes agneaux, pais mes brebis. » *Cognosco oves meas... Pasce agnos meos; pasce oves meas*[3]. Enfin, un troisième symbole, celui de

---

[1] Voir, Figure 32, p. 359, au centre, le Bon Pasteur, portant sur ses épaules la brebis égarée. Il tient la houlette de la main droite. Deux autres brebis sont à ses côtés, au pied de deux arbres. A gauche, la bergerie. Voir aussi, Figure 33, p. 367. Il existe également des statues représentant le même sujet. M. de Rossi a publié dans le *Bulletino comunale*, avril 1889, une étude sur les statues du Bon Pasteur. — Les chrétiens reproduisaient aussi dans leurs maisons l'image du Bon Pasteur, comme les autres sujets des catacombes. C'est ce que viennent de prouver les fouilles dirigées par le P. Germano dans l'antique maison de saint Jean et de saint Paul. Voir *Bulletin critique*, 15 mai 1889, p. 198. — Sur le Bon Pasteur dans les catacombes et sur les sarcophages, voir R. Grousset, *Études sur l'histoire des sarcophages chrétiens* (Fascicule XLII de la *Bibliothèque des écoles françaises d'Athènes et de Rome*), in-8°, Paris, 1885, p. 13 et suiv.

[2] Matth., XVIII, 12; Luc, XV, 4-6; Joa., X, 1-16.

[3] Joa., X, 11, 14; XXI, 16, 17.

« l'agneau, » vient encore multiplier ces combinaisons.

Le Bon Pasteur est l'image ordinaire du Sauveur dans les catacombes ; mais quelquefois Jésus-Christ est aussi représenté sous la forme d'un agneau [1]. Il donnait aux fidèles, comme nous venons de le voir, le nom de brebis ; il est appelé lui-même par saint Jean-Baptiste l'Agneau de Dieu : *Ecce agnus Dei*, et l'Apocalypse nous montre également dans le ciel : « l'Agneau se tenant debout comme tué[2]. » De là la représentation du divin Maître et aussi de divers personnages de l'Ancien et du Nouveau Testament sous cet emblème.

Une série de sculptures du IVe siècle, qu'on voit sur le tombeau en marbre blanc de Junius Bassus, et qui sont publiées par Didron dans l'*Histoire de Dieu*[3] nous montrent quelle large application on faisait de l'Agneau symbolique. « Un agneau, tenant dans sa patte une baguette, frappe un rocher, d'où sort un torrent : c'est Moïse frappant l'eau du rocher. Un agneau tend sa patte et lève la tête en regardant une main qui sort des nuages tenant une tablette : c'est Moïse recevant les tables de la loi. Un petit agneau est plongé dans l'eau, et un agneau beaucoup plus gros lui verse de l'eau sur la tête, où tombent en même temps des rayons qui partent d'une colombe placée dans le ciel : c'est le baptême de Jésus par saint Jean-Baptiste. On voit un agneau qui multiplie les pains, un agneau ressuscitant Lazare, qui cette fois est un homme enveloppé de ses bandelettes[4]. »

Le Bon Pasteur est souvent entouré de brebis et leur

---

[1] Voir, Figure 33, p. 367, Notre-Seigneur représenté sous la forme d'un agneau, au pied de la croix, figurée par le *tau* symbolique.

[2] Joa., I, 29, 36 ; Apoc., V, 6.

[3] Didron, *Iconographie chrétienne, histoire de Dieu*, dans la *Collection de documents inédits sur l'histoire de France*, in-4°, Paris, 1843, fig. 87, p. 337.

[4] R. Ménard, *Histoire des Beaux-Arts, Art au moyen âge*, 2e édit., p. 25-26.

nombre est toujours significatif; s'il y en a douze, ce sont les douze Apôtres. L'Agneau divin se distingue de tous les autres parce qu'il porte une croix sur la tête. Les plus anciens monuments le représentent debout sur un monticule d'où coulent les quatre fleuves du paradis terrestre, images des quatre Évangiles qui ont fécondé le monde de leurs eaux salutaires[1]. On peut remarquer que tous ces symboles sont empruntés au Nouveau Testament et se rapportent à Jésus-Christ et à son Église.

Il en est de même du plus célèbre de tous, celui du poisson.

Aucun symbole ne fut d'un usage plus vulgaire ni plus universel. « Il est employé comme métaphore dans le discours par les saints Pères et les autres écrivains ecclésiastiques, figuré comme formule arcane sur les monuments de toute nature, soit par l'inscription de son nom grec, ΙΧΘΥΣ, *ichthus*, soit par son image peinte, gravée ou sculptée, soit enfin par la réunion du nom et de l'image, comme sur ce curieux anneau trouvé près de Rome[2] et où le poisson lui-même tient lieu de l'initiale I du mot ΙΧΘΥΣ[3]. »

---

[1] Voir plus loin, Figure 39, p. 409. — Nous avons aussi reproduit deux de ces sujets, d'après un sarcophage du Vatican, dans *Les Livres Saints et la critique rationaliste*, 4e édit., Figure 8, t. I, p. 234, et d'après un verre à fond d'or, Figure 9, p. 237.

[2] De Rossi, *Bulletino di Archeologia cristiana*, 1873, pl. IV, V.

[3] Martigny, *Dictionnaire des antiquités chrétiennes*, 2e édit., 1877, p. 653-654. Dans cet excellent *Dictionnaire*, le savant auteur remarque aussi, à l'article *Pêcheur*, que Jésus-Christ est représenté quelquefois prenant l'homme à l'hameçon. Il ajoute, en terminant, p. 623, les lignes suivantes, dont il nous semble à propos de relever l'inexactitude, à cause de l'importance de son ouvrage : « Costadoni, dit-il, donne à la fin de sa dissertation sur le poisson une gemme d'une bizarrerie extrême : elle représente un homme tout nu, à l'exception d'une peau de poisson qui lui sert de manteau et de coiffure. D'une main il semble donner des ordres, et de l'autre il porte la sporta du pêcheur. D'après Polidori, à qui nous empruntons cette interprétation sans la garantir, ce personnage serait le

CHAP. II. LE NOUV. TEST. DANS LES CATACOMBES.   365

Les premiers chrétiens aimèrent ce symbole par-dessus tous les autres, parce qu'il était comme le résumé de leur foi, de leur amour et de leur espérance. Les cinq lettres du nom grec du poisson étaient les cinq initiales des mots :

Ἰησοῦς Χριστὸς, Θεοῦ Υἱὸς, Σωτήρ.

*Jesus Christus, Dei Filius, Salvator.*

Jésus-Christ, Fils de Dieu, Sauveur [1].

Les fidèles se considéraient volontiers eux-mêmes comme de petits poissons pris à l'hameçon du Christ.

Une cornaline très ancienne, de la collection Vallarsi, représente Jésus-Christ désigné par son nom mystique de « Poisson, » écrit dans le champ ; il tient d'une main un

Christ, de qui on peut dire qu'il fut poisson par l'adoption de notre humanité, qu'il fut pêcheur par la vertu de sa parole et qu'il donna à d'autres cette mission de pêcheurs, ce que semble indiquer le geste de la main élevée en signe de commandement, geste tout semblable à celui qu'il fait sur une foule d'autres monuments où il est représenté conférant la mission des Apôtres. » — Cette représentation est parfaitement connue de tous les assyriologues. Elle est très fréquente sur les bas-reliefs et sur les cylindres assyriens, et elle n'a absolument rien de chrétien. C'est Oannès, le dieu-poisson. Nous avons donné une de ces représentations du dieu-poisson, d'après un bas-relief de Nimroud, dans *La Bible et les découvertes modernes*, 6ᵉ édit., 1896, t. I, Figure 12, p. 211.

[1] « Horum græcorum quinque verborum, si primas litteras jungas, dit saint Augustin, erit Ἰχθύς, id est *piscis*, in quo nomine mystice intelligitur Christus, eo quod in hujus mortalitatis abysso velut in aquarum profunditate vivus, hoc est sine peccato esse potuerit. » *De Civ. Dei*, XVIII, 23, 1, t. XLI, col. 579. — « Piscis nomen, secundum appellationem græcam, in uno nomine, per singulas litteras, turbam sanctorum nominum continet, ΙΧΘΥΣ quod est latinum : Jesus Christus, Dei Filius Salvator, » dit saint Optat de Milève, *De schism. Donat.*, III, 2, t. XI, col. 991. Cf. l'acrostiche des Livres sybillins, VIII, 217 et suiv. Il est rapporté par saint Augustin, traduit en latin, et conservant l'acrostiche, *De Civ. Dei*, XVIII, 23, 1, t. XLI, col. 579.

panier renfermant les amorces, et de l'autre une ligne au bout de laquelle est pris un poisson¹. « Jésus te prend à l'hameçon, ô homme, dit Clément d'Alexandrie, non pour te faire mourir, mais pour que, étant mort, tu renaisses à la vie². » « Jésus, dit saint Grégoire de Nazianze, voulut se faire pêcheur, afin de tirer de l'abîme le poisson, c'est-à-dire l'homme qui nage dans les eaux inconstantes et amères de cette vie³. »

L'origine de toutes ces expressions et de toutes ces figures symboliques est dans les Évangiles. La profession de foi que les fidèles tirèrent du mot Ἰχθύς contribua assurément à rendre le symbole du poisson très populaire ; mais si l'on compara le Christ et ses disciples au poisson, c'est parce que le Nouveau Testament suggéra la première idée de cette assimilation. Le langage des Pères nous en fournit la preuve. Ils nous montrent le Sauveur figuré dans le poisson pris par saint Pierre pour payer le didrachme de l'impôt⁴ ; ils nous le montrent surtout, comme les peintures chrétiennes, dans le poisson grillé qu'il sert à ses Apôtres⁵ sur les

---

¹ Costadoni, *Del pesce, simbolo di Gesu Cristo*. Dans Calogera, *Raccolta d'opuscoli scientifici e filologici*, Venise, 1738-1787, t. XLI, tav. XXX.

² Clément d'Alexandrie, *Hymnus Christi*, vers 24-29, t. VIII, col. 681. Cf. *Paedag.*, III, 1, t. VIII, col. 634, où parlant des anneaux, il dit : « Sint autem nobis signacula columba, vel piscis,... et si sit aliquis qui piscetur meminerit Apostoli et puerorum qui ex aqua extrahuntur. » Voir aussi Origène : « In mari erat ille nummus, et in ore marini piscis, quem et ipsum beneficio affectum fuisse existimo, cum ascendit comprehensus hamo Petri, qui fuerat hominum piscator, in quo is quoque erat qui tropice piscis appelatur. » *In Matth.*, tom. XIII, 10, t. XIII, col. 1119-1122.

³ Saint Grégoire de Nazianze, *Orat.* XXXVII, 1, t. XXXVI, col. 284.

⁴ Matth., XVII, 24. Voir Origène, cité note 2. D'après saint Jérôme, ce poisson était le Christ, le second Adam, parce que c'est aux dépens de son sang que le premier Adam et Pierre, c'est-à-dire tous les pécheurs ont été rachetés. *In Matth.*, XVII, 26, t. XXVI, col. 127.

⁵ Joa., XXI, 9.

CHAP. II. LE NOUV. TEST. DANS LES CATACOMBES.   367

bords du lac de Tibériade[1]; ils appellent aussi le poisson l'aliment eucharistique[2]; ils nous le représentent enfin naissant dans les eaux, parce qu'il est l'auteur du baptême[3].

Ces dernières paroles nous expliquent aussi pourquoi les fidèles sont également symbolisés par le poisson : c'est parce qu'ils reçoivent une vie nouvelle dans les eaux régénératrices du baptême et qu'ils ont été pris dans les filets des Apôtres, que le divin Maître avait établis pêcheurs d'hommes[4].

L'Évangile est donc la source première de ce symbole. Il en est de même de la plupart des autres.

33. — Cornaline représentant les symboles chrétiens des catacombes.

Une cornaline du second siècle, publiée en 1857 par le P. Garrucci, dans la

---

[1] « Piscis assus, Christus est passus. » Saint Augustin, *Tract.* cxxiii, in Joa., 2, t. xxxv, col. 1966. Voir Kraus, *Real-Encyklopädie*, t. i, p. 520-525.

[2] « Salvatoris sanctorum dulcem sume cibum, edc et bibe,... piscem in manibus tenens. » *De Inscriptione Augustodunensi*, dans Pitra, *Spicilegium Solesmense*, t. i, p. 557. Voir aussi de Rossi, *De christianis monumentis*, Ἰχθύν *exhibentibus*, dans le t. iii du *Spicilegium Solesmense*, p. 534, *Titulus saint Abercii*. Saint Augustin dit dans ses *Confessions*, xiii, 23, 34, t. xxxii, col. 860 : « [Solemnitas] in qua ille piscis exhibetur quem levatum de profundo terra pia comedit. »

[3] « Piscis natus aquis auctor baptimatis ipse est, etc. » Orientius, *Explanatio nominum Domini*, vers 162, Migne, t. lxi, col. 1004.

[4] « Nos pisciculi secundum ἰχθύν nostrum Jesum Christum in aqua nascimur, nec aliter quam in aqua permanendo salvi sumus, » dit Tertullien, *De Bapt.*, 1. t. i, col. 1197-1198.

*Civiltà cattolica*[1], nous présente, sur une surface d'un centimètre, outre le poisson sacré, qu'on voit répété trois fois dans le champ, six autres symboles des plus usités dans les cimetières chrétiens : à droite, le Bon Pasteur portant sur ses épaules la brebis égarée ; au centre, la croix, en forme de *tau*, surmontée de la colombe tenant à son bec le rameau d'olivier, et ayant au pied l'agneau, figure de la divine Victime et aussi du fidèle du Christ ; entre la croix symbolique et le Bon Pasteur, l'arche de Noé, image de l'Église, avec la croix, en forme de *tau*, au milieu ; à gauche, l'ancre, emblème de l'espérance[2]. Tout autour de la pierre est écrit, en grec, le nom mystique du Sauveur, ΙΧΘΥC, « le poisson[3] ». On voit que tous ces symboles sont empruntés à la Bible. La colombe, qui paraît si souvent sur les tombes chrétiennes[4], porte d'ordinaire à son bec le rameau d'olivier qu'on remarque ici, comme pour rappeler son origine biblique. Tout prend ainsi une couleur chrétienne et tout rappelle aux fidèles les Saintes Écritures.

Outre les emblèmes ordinaires et fréquemment répétés dont nous venons de parler, l'art des catacombes emprunte aussi au livre sacré quelques autres symboles, d'un usage

---

[1] Voir Figure 33 la reproduction de cette cornaline. — Cf. R. Garrucci, *Deux monuments des premiers siècles de l'Église*, trad. O. van den Berghe, in-8º, Rome, 1862 (*Le symbolisme chrétien sur une cornaline gravée du IIe siècle*), p. 19-31.

[2] « Spem, quam sicut anchoram habemus animæ tutam ac firmam, » dit saint Paul. Heb., vi, 19.

[3] L'Ι, couché, est placé au-dessus de l'ancre ; le Χ, devant les pieds de l'agneau ; le Θ et l'Υ, derrière le Bon Pasteur, le C renversé ou Σ, au-dessus du *tau* qui surmonte l'arche de Noé.

[4] La colombe est le symbole de l'âme humaine Cf. Matth., x, 16. Une épitaphe du IIIe siècle porte les mots suivants : DASVMMIA QVIRIACA BONE FEMIN PALUMBA SENE FEL. Voir Roller, *Les Catacombes de Rome*, t. I, p. 46 et pl. XI.

CHAP. II. LE NOUV. TEST. DANS LES CATACOMBES. 369

moins commun, mais qui sont parfois des innovations hardies brisant avec toutes les traditions de l'art païen et dignes d'être notées. En voici un exemple :

La divinité n'est jamais représentée sous forme humaine dans les catacombes[1]. Quand le polythéisme eut été définitivement vaincu, les artistes chrétiens ne se firent plus scrupule de figurer le Père Éternel sous une forme humaine, d'après les visions d'Isaïe, de Daniel et de saint Jean[2]. Mais pendant les premiers siècles, l'image du vrai Dieu sous une forme humaine aurait été dangereuse, parce qu'elle aurait pu donner lieu aux plus fausses interprétations[3].

Quand les peintres des catacombes eurent besoin de montrer aux yeux la Divinité, ils recoururent à la Bible, et ils lui empruntèrent une des images dont elle fait le plus volontiers usage pour exprimer la puissance de Dieu. Elle dit qu'il opère ses œuvres avec une « main forte[4], une main robuste[5], une main élevée[6]. » C'est cette « main » toute-puissante qui est le symbole du Seigneur dans les catacombes.

Une fresque peinte au-dessus d'un *arcosolium* dans le cimetière de Saint-Callixte et datant du IIIe siècle représente, entre autres sujets, Moïse se déchaussant pour approcher du buisson mystérieux qui brûle sans se consumer. La main divine plane au-dessus, sortant des nuages[7]. Ce sujet

---

[1] Notre-Seigneur en croix n'y est jamais non plus représenté.

[2] Is., vii; Dan., vii; Apoc., i, 13-14; iv.

[3] « Tale simulacrum Deo nefas est christiano in templo collocare, » dit saint Augustin, *De fide et symbolo*, vii, 14, t. xl, col. 188. « Extremæ dementiæ atque impietatis fuerit Deum figurare, » écrivait encore au viiie siècle saint Jean Damascène, *De fide orthodoxa*, iv, 16, t. xciv, col. 1121. Il admet d'ailleurs, *ibid.*, le culte des images.

[4] Exod., vi, 1; xiii, 3, 9; xiv, 16, etc.

[5] Exod., vi, 1; xxxii, 11, etc.

[6] Ps. x (hébreu), 12; lxxxviii, 14, etc.

[7] Rossi, *Roma sotterranea*, t. ii, Tavola d'aggiunta, B; Bottari, *Sculture sagre*, pl. xx, etc.

revient fréquemment sous le pinceau des artistes chrétiens et dans les bas-reliefs des anciens sarcophages[1].

34. — Moïse recevant les tables de la loi de la main de Dieu.

Il y a, d'ailleurs, une chose peut-être plus remarquable encore dans les monuments de l'art chrétien primitif et qui

---

[1] Nous reproduisons ici, Figure 34, Moïse recevant ainsi les tables de la loi de la main de Dieu, d'après Bosio. *Roma sotterranea*, t. II, p. 174.

montre, mieux que tout le reste, combien les peintres des catacombes étaient pénétrés de l'esprit de nos Livres Saints. On sait que, parmi les sujets représentés dans les fresques des cimetières souterrains, il y en a d'apparence profane et mythologique. Eh bien! même ceux des sujets symboliques qui semblent, au premier coup d'œil, avoir une origine purement profane, ne figurent sur les tombeaux des fidèles du Christ que parce qu'ils ont reçu un sens nouveau et une signification sacrée, dont nous trouvons l'explication dans la Sainte Écriture. Les quatre saisons, par exemple, sont fréquemment figurées sur les tombeaux et sur les parois des chambres sépulcrales, mais ces emblèmes, qu'on rencontre aussi sur les monuments païens, ont ici un symbolisme bien différent. Ce sont, pour ainsi dire, les mêmes lettres, mais elles expriment des idées tout autres. Les saisons personnifiées sont ordinairement accompagnées de l'image évangélique du Bon Pasteur [1], et sa présence au milieu de ces scènes champêtres nous en explique le langage caché : il garde ses fidèles, en tout temps et en tous lieux, malgré les vicissitudes des hommes et des choses, et il réserve les siens pour la résurrection future [2].

Les emprunts faits à la mythologie par les peintres des catacombes s'expliquent d'une manière semblable; ils reçoivent un sens nouveau et une interprétation évangélique. C'est la raison pour laquelle Orphée nous apparaît dans les catacombes domptant les bêtes féroces par la douceur et l'harmonie de ses chants; il n'y figure que parce que sa

« Monumentum arcuatum secundum Cœmeterii sanctorum Marcellini et Petri inter duas Lauros ad sanctam Helenam via Labicana. »

[1] Voir *Tabula secunda cœmeterii Sancti Callisti*, dans Bosio, *Roma sotterranea*, p. 223; Bottari, *Sculture e pitture sagre*, t. I, pl. 48, etc.

[2] « Totus igitur hic ordo revolubilis rerum testatio est resurrectionis mortuorum. » Tertullien, *De resurr. carnis*, 12. t. II, col. 810-811. Cf. de Rossi, *Roma sotterranea*, t. I, p. 357.

légende est susceptible d'un sens biblique et que la puissance merveilleuse qu'il exerce est l'image de celle de Jésus-Christ changeant les âmes par la suavité de ses paroles et de son enseignement. Orphée tient là la place du Bon Pasteur.

Ainsi, c'est le Nouveau Testament qui nous fournit l'explication de la plupart des images symboliques et emblématiques des catacombes, même profanes et mythologiques ; les peintres chrétiens empruntaient à l'Écriture ses figures comme ses traits historiques ; elle était pour les premiers disciples des Apôtres, comme pour nous, le livre par excellence, le livre divin ; ils allaient y chercher la parole de Dieu, l'aliment de leur âme ; ils donnaient à tout une couleur biblique ; les traits et les images des Saintes Lettres nourrissaient leur imagination comme les pensées qu'elles expriment réchauffaient leur cœur, fortifiaient leur foi et excitaient leur espérance. L'enseignement des prêtres et des évêques complétait l'Écriture et rendait vivante pour les fidèles la lettre morte contenue dans le livre sacré ; mais c'est dans la Bible, expliquée par la tradition, que nos pères dans la foi puisaient comme à la source de vie ; la place qu'elle tient dans les catacombes nous démontre quel respect, quelle vénération, quel amour ils professaient pour le recueil inspiré et en particulier pour le Nouveau Testament, qui leur faisait connaître la vie et la mort du Sauveur des hommes, les sacrements qu'il nous a laissés pour nous conférer la grâce, la résurrection bienheureuse qu'il nous a promise, comme récompense de notre fidélité à accomplir ses commandements.

# CHAPITRE III.

### RAISONS DU CHOIX DES SUJETS REPRÉSENTÉS PAR LES ARTISTES CHRÉTIENS PRIMITIFS.

On peut être surpris que les catacombes contiennent un nombre si restreint de sujets bibliques ; on peut se demander pourquoi l'on a répété si fréquemment les mêmes thèmes, à l'exclusion de tant d'autres qui auraient pu, ce semble, y figurer, et, tout en reconnaissant la place si considérable qu'occupe le Nouveau Testament dans les cimetières chrétiens, s'enquérir pourquoi un si grand nombre de faits de l'histoire sainte, et en particulier de l'histoire évangélique, n'y ont jamais été représentés.

Après avoir montré, par l'étude des monuments figurés des catacombes, que les artistes chrétiens allaient puiser leurs inspirations dans les Saintes Écritures, nous avons donc à rechercher maintenant quelle était la pensée qui les guidait dans leur choix et à expliquer ainsi pourquoi leur champ était si borné.

Leur secret est facile à découvrir. L'étude comparée des sujets qui reviennent le plus souvent dans les peintures des catacombes nous permet de reconnaître aisément l'idée qui dirigeait les artistes chrétiens : ils cherchaient, dans les événements ou dans les symboles bibliques, retracés par leur pinceau, des motifs de consolation et d'espérance : l'image des sacrements qui ouvrent aux fidèles les portes de l'Église et leur confèrent la grâce, l'image du ciel qui doit récompenser la fidélité à la foi, l'image de la résurrection bienheureuse, qui rendra au martyr un corps glorieux, à la place de ce corps de boue qu'il a livré aux bourreaux, pour l'amour de Jésus-Christ.

Les scènes représentant le Baptême et l'Eucharistie abondent. L'idée de la résurrection tient une si large place dans les peintures chrétiennes des premiers siècles que Jean L'Heureux[1] a pu prétendre qu'elles se rapportaient toutes exclusivement à ce sujet. C'est une exagération; mais il est vrai du moins que les premiers chrétiens, qui avaient fait au Christ le sacrifice de leur vie en recevant l'eau du baptême, aimaient par-dessus tout à se rappeler qu'il est « la résurrection et la vie [2]. » Ils prodiguaient sur les murs des catacombes les images de Lazare, de Jonas, de Daniel, des trois enfants dans la fournaise[3]. Elles parlaient à leur foi et animaient leur espérance ; elles leur disaient, comme nous le lisons dans les *Constitutions apostoliques* : « Celui qui a ressuscité Lazare mort depuis quatre jours, qui a retiré Jonas sain et sauf après trois jours du ventre du monstre marin, les trois enfants de la fournaise de Baby-

---

[1] Jean L'Heureux, *Hagioglypta sive picturæ et sculpturæ sacræ antiquiores, præsertim quæ Romæ reperiuntur*, in-8°, Paris, 1856. — Macarius ou Jean L'Heureux, mort en 1614, avait vécu pendant vingt ans à Rome et rédigé là son ouvrage, pour lequel il avait obtenu l'*imprimatur* en 1605. Pour des causes inconnues, il est resté manuscrit jusqu'en 1856, où il a été publié par le P. R. Garrucci.

[2] Joa., xi, 25.

[3] De Rossi, *Roma sotterranea*, t. ii, p. 354. Voir plus haut, Figure 32, p. 359.

lone et Daniel de la fosse aux lions, ne manquera pas de puissance pour nous faire revivre[1]. »

Si le nombre des sujets traités par les artistes était assez restreint, comme nous l'avons remarqué, le but qu'ils se proposaient d'atteindre nous fournit donc l'explication de leur choix. Ils ne cherchaient guère que des sujets doux ou consolants. Rien ne montre mieux quelle était la sérénité d'âme, le calme et la paix de ces confesseurs de la foi. Ils avaient trouvé dans la religion chrétienne l'apaisement, la joie et la félicité. Les mots *in pace*, « en paix, » qu'on lit si souvent sur les *loculi*, étaient gravés dans leurs cœurs avant de l'être sur leurs tombeaux. L'épithète de *dulcissimus, dulcissima*, « très doux, très douce, » qui est si fréquente dans les épitaphes, nous révèle le fond de leur âme et de leur caractère. Tout est paisible, tranquille, on pourrait dire heureux, dans l'aspect que nous offrent les tableaux des artistes chrétiens.

On devait s'attendre à trouver des scènes de torture, l'image des supplices infligés aux martyrs, ou du moins le souvenir de la passion du Sauveur; mais non, aucun trait n'a rapport aux persécutions, ni à la scène sanglante du Calvaire[2]; c'est partout l'idée de la clémence et de la miséricorde, la pensée de la résurrection et du paradis. Les premiers chrétiens étaient de belles âmes; ils ne respiraient pas la vengeance, ils ne songeaient pas à leurs ennemis; ils représentaient volontiers, nous l'avons vu, les trois enfants dans la fournaise ou Daniel dans la fosse aux lions, pour

---

[1] *Const. apost.*, v, 7, *Patr. gr.*, t. I, col. 844.
[2] La croix elle-même, pour des raisons de prudence, n'apparaît sur les tombeaux que sous des formes déguisées. On ne la voit guère bien formée que sur le marbre funéraire de Rufine, dans la crypte de Lucine, à la fin du deuxième siècle ou au commencement du troisième. De Rossi, *Roma sotterranea*, t. II, pl. XVIII; Roller, *Catacombes de Rome*, t. I, pl. XX.

marquer avec quel soin Dieu garde ses élus ; mais ils les représentaient seuls, sans leurs bourreaux[1] ; ils étaient tout au bonheur d'avoir trouvé la vérité, ils se plaisaient à se considérer comme les brebis du Bon Pasteur ou comme le poisson pris par les pêcheurs d'hommes. Le Bon Pasteur a une physionomie douce et suave, et l'orante est calme et tranquille comme un béatifié. Cette expression céleste est comme la marque propre des premières peintures chrétiennes. Elles ont visiblement pour auteurs des artistes de même école que ceux de Pompéi et d'Herculanum, mais elles s'inspirent d'un idéal nouveau ; les figures païennes ne nous offrent jamais ce caractère surnaturel qui est le fruit de la foi.

Quel contraste aussi entre l'art des catacombes et celui du moyen âge! Si on les compare l'un à l'autre, le rapprochement rend beaucoup plus sensible encore tout ce qu'il y a de sérénité et d'espérance au fond du cœur des premiers chrétiens. Dans les cimetières primitifs, on ne voit guère représentées que deux espèces de symboles, ceux des sacrements et de la vocation à la foi, ceux de la délivrance et de la récompense future : *dulcis in Deo, pax*, « doux en Dieu, paix, » tel est le résumé de la plupart des épitaphes. Pendant l'ère du martyre, on semble ne voir que le ciel ; à l'époque du moyen âge, on voit aussi l'enfer.

Pour dompter et pour assouplir ces âmes de barbares qui ont conquis l'empire romain, mais dont les mœurs sont

---

[1] Dans tout l'ensemble des peintures des trois premiers siècles, on en a découvert une seule représentant une scène de persécution, et encore ce n'est pas une scène de supplice, mais deux martyrs, probablement Parthénius et Calocérus, devant le tribunal de l'empereur. Northcote et Brownlow, *Roma sotterranea*, édit. de 1879, t. II, p. 173 ; cf. t. I, pl. VIII, p. 344. Ce sujet est reproduit dans de Rossi, *Roma sotterranea*, t. II, tav. xx, et en grand tav. xxi. Sur l'expression de la figure du martyr, voir Desbassayns de Richemont, *Les nouvelles études sur les catacombes,* in-8°, 1870, p. 171. Cf. *ibid.*, p. 365, sur l'expression de béatitude des orantes.

grossières et les passions violentes et brutales, il ne suffit pas de leur offrir en perspective les joies futures de la Jérusalem céleste, il faut les menacer des tourments éternels. Désormais un des sujets les plus communs de l'art chrétien, c'est le jugement dernier, avec tout son cortège de terreurs [1]. Le Rédempteur qu'on représente, ce n'est plus le Bon Pasteur, plein de tendresse et de mansuétude, c'est le juge redoutable des vivants et des morts ; il ne porte plus sur ses épaules la brebis égarée ; il lance sa foudre qui terrasse les coupables. Même quand il est peint en croix, il a quelque chose de terrible. Il exprime la puissance et la sévérité ; les proportions qu'on lui donne sont beaucoup plus grandes que celles de toutes les figures qui l'entourent et qui s'agenouillent tremblantes à ses pieds [2].

Nos Saints Livres offrent ainsi à chaque siècle ce qui lui convient : au moyen âge, des menaces propres à mettre un frein à ses passions ; aux chrétiens persécutés des premiers temps, des consolations et des espérances : *Habentes solatio sanctos libros;* « ayant pour consolation les Livres Saints [3]. »

Ces considérations nous expliquent tout à la fois pourquoi un certain nombre de sujets bibliques reviennent si souvent dans les catacombes, pourquoi un certain nombre d'autres ne s'y voient jamais. De plus, la discipline du secret, comme nous le dirons plus tard, empêchait d'exposer sur les murs des catacombes, aux regards de tous, certaines parties des mystères sacrés. Enfin, le respect dû à la personne adorable du Sauveur détournait également de figurer d'une manière

---

[1] On ne connaît qu'un marbre antique qu'on puisse considérer comme représentant le jugement dernier. Roller, *Catacombes de Rome*, t. I, pl. XLIII. Jésus-Christ est représenté en Bon Pasteur ; huit brebis sont à sa droite, cinq boucs, à sa gauche.

[2] Mesnard, *Art au moyen âge*, p. 31-32.

[3] 1 Mac., XII, 9.

sensible certaines scènes de la vie de l'Homme-Dieu, qui auraient pu être mal comprises des profanes[1]. En dehors de ces raisons dans le choix des sujets qui pouvaient être traités sans aucun danger, les pasteurs étaient guidés par les besoins de leur troupeau; ils voulaient que les peintures des catacombes fussent comme un écho de leur prédication, c'est-à-dire une explication de la parole révélée, une répétition des vérités consolantes qu'ils annonçaient, au nom de Dieu, à ces âmes généreuses, qui sacrifiaient tous les biens de la vie présente dans l'attente de la résurrection.

---

[1] Le crucifix à tête d'âne trouvé sur une muraille du palais des Césars au mont Palatin, à Rome, montre que les précautions prises par les chrétiens n'étaient pas inutiles. On lit au-dessous, en caractères grecs cursifs : « Alexamène adore son Dieu. » Voir Garrucci, *Il Crocifisso graffito in casa dei Cesari*, in-8º, Rome, 1857. Cf. Tertullien, *Apol.*, 16, t. i, col. 364; Noesch, *Caput asinium, Eselscult*, dans les *Theologische Studien und Kritiken*, Heft iii, 1882; Kraus, *Real-Encyklopädie*, t. ii, p. 775. Nous avons reproduit ce graffito dans les *Livres Saints et la critique rationaliste*, 4e édit., t. i, Figure 3, p. 99.

# CHAPITRE IV.

MÉTHODE D'INTERPRÉTATION DES ARTISTES CHRÉTIENS;
L'INTERPRÉTATION ALLÉGORIQUE.

Nous venons de voir la place que tient l'Écriture dans les catacombes et les raisons qui déterminaient les artistes chrétiens dans le choix de leurs sujets ; à présent il faut examiner quelle est la méthode d'interprétation qu'ils avaient adoptée et leur manière de comprendre les scènes sacrées.

Une des choses qui étonnent le plus dans la lecture des homélies et des commentaires des Pères, c'est la large place qu'y tient l'explication allégorique et mystique. Dès le commencement du Christianisme, dans l'ancienne Épître qui porte le nom de saint Barnabé, ces interprétations abondent. Chez tous les docteurs d'Alexandrie, dans Clément, dans Origène, comme plus tard chez les Pères de l'Église latine, tout devient symbole et image.

Ce point capital de l'histoire de l'exégèse biblique aux premiers siècles trouve son explication ou, si l'on aime mieux, sa contre-partie dans les catacombes. Là aussi presque toutes les peintures sont allégoriques : c'est comme une écriture hiéroglyphique qui n'est comprise que des initiés. Il est dit de Notre-Seigneur dans l'Évangile : « Il ne leur parlait qu'en paraboles[1]. » Ses disciples suivirent son exemple dans leurs discours et dans leurs écrits, comme dans les monuments de l'art. Les œuvres des docteurs nous donnent la clef des tableaux allégoriques des catacombes, et les tableaux des catacombes nous servent à entendre et à goûter les interprétations spirituelles et allégoriques des docteurs. De même que les monuments figurés de l'antiquité nous font mieux comprendre les auteurs classiques, de même les peintures des catacombes éclaircissent le langage des auteurs chrétiens, et réciproquement.

[1] Marc, iv, 34.

# ARTICLE I<sup>er</sup>.

## CARACTÈRE ALLÉGORIQUE DES PEINTURES DES CATACOMBES.

La Bible dans les catacombes est presque toujours interprétée d'une façon allégorique [1]. Dès lors que les Pères, pour instruire les fidèles, expliquaient volontiers la Sainte Écriture d'une manière mystique, les artistes des catacombes ne pouvaient manquer de reproduire avec empressement les allégories des Pères ; l'art a toujours aimé les symboles, et dans les cimetières de la religion nouvelle, ces symboles avaient de plus l'avantage d'être inintelligibles aux païens, tandis qu'ils étaient parfaitement compris des disciples du Christ.

Aussi l'amour des premiers chrétiens pour le symbolisme ne se manifeste-t-il pas seulement par ce grand nombre de représentations emblématiques que l'on rencontre dans les catacombes ; il se manifeste aussi dans la manière dont sont traités les sujets historiques eux-mêmes.

Les rares sujets païens qu'on rencontre au milieu des sujets bibliques n'y ont trouvé place que parce qu'ils ont été entendus dans un sens allégorique [2] ; les sujets bibliques

---

[1] C'est une vérité universellement reconnue. M. V. Schultze l'a contestée dans ses *Archäologische Studien über altchristliche Monumente*, Vienne, 1880, p. 5 et suiv. ; il a été réfuté par M. Kraus dans la *Literarische Rundschau*, 1881, p. 16. Le P. Garrucci a longuement traité la question du symbolisme chrétien dans sa *Storia dell' arte cristiana*, t. I, p. 151-260.

[2] De Rossi, *Roma sotterranea*, t. I, 1864, p. 344-345. Il montre comment Ulysse, écoutant le chant des sirènes, attaché au mât du navire, n'a été représenté dans les catacombes que parce que le navire figure l'Église

eux-mêmes sont représentés le plus souvent sous une forme plus ou moins symbolique. Au cimetière de Saint-Callixte, le vaisseau d'où l'on jette Jonas à la mer porte une croix à la poupe : c'est que Jonas et le navire ne sont que des figures : Jonas est la figure de Jésus-Christ nous sauvant par la croix ; le navire, c'est l'Église, souvent battue par la tempête, mais jamais submergée[1].

L'arche de Noé, fréquemment reproduite, ne sauve pas toujours le patriarche des eaux du déluge ; elle sauve aussi un jeune homme ou une femme, parce qu'elle figure l'Église, qui sauve le chrétien des dangers de ce monde[2].

Dans la célèbre chapelle des Sacrements du cimetière de Saint-Callixte, on voit Abraham, Isaac, le bélier et le bois du sacrifice, à côté des sept disciples mangeant le poisson divin sur les bords du lac de Tibériade, parce que l'Isaac céleste s'est immolé pour nous et est devenu notre nourriture dans l'Eucharistie[3].

A l'une des entrées principales du cimetière de Domitille, Daniel est représenté au milieu des lions, mais, au lieu d'être placé dans une fosse, conformément à la vérité historique, il est debout sur un rocher vers lequel se dirigent les animaux féroces ; ses bras sont levés pour prier ; il n'est point nu ou vêtu à la persane, comme il l'est ailleurs dans

---

et le mât la croix. Les sujets indifférents, le cycle cosmique, les scènes de la vie agricole et pastorale sont représentés dans les cimetières extérieurs, mais c'est parce qu'il n'était pas possible de peindre au dehors, aux yeux de tous, des sujets chrétiens. *Ibid.*, p. 343. Sur l'Orphée chrétien, voir *ibid.*, t. II, p. 355-356 ; Garrucci, *Storia dell' arte cristiana*, t. I, p. 258 ; Roller, *Catacombes de Rome*, t. I, p. 244. Cf. Is., XI, 6-8. Voir aussi ce que nous avons dit plus haut d'Orphée et des saisons, p. 371-372.

[1] De Rossi, *Roma sotterranea*, t. II, tav. XIV, et p. 346-347. « Talvolta, dit-il pour expliquer pourquoi la croix est placée à la poupe, s'inalberava a poppa il vessillo... La croce è il vero vessillo della mistica nave la Chiesa. »

[2] De Rossi, *Roma sotterranea*, t. II, p. 327-328. Cf. I Pet., III, 20-21.

[3] Roller, *Catacombes de Rome*, t. I. pl. XXIII, p. 126.

les catacombes, mais il est revêtu d'une tunique courte et exomide; l'épaule droite et une partie de la poitrine sont à découvert; en un mot, il porte le costume qui est souvent donné au Bon Pasteur. C'est parce qu'il est considéré comme la figure du Sauveur mourant sur le Golgotha, entouré de ses ennemis qui, semblables à des lions, veulent le dévorer [1].

Beaucoup de scènes de l'Ancien Testament sont ainsi interprétées dans les catacombes comme autant de prophéties typiques du Nouveau. Un des exemples les plus remarquables de ce genre d'interprétation, c'est celui des trois jeunes Hébreux dans la fournaise.

Saint Augustin, saint Jean Chrysostome et d'autres Pères ont considéré l'histoire des trois enfants dans la fournaise de Babylone comme un type de l'histoire de l'Église. Les puissances du monde ont voulu faire rendre les hommages divins à des créatures, mais elle a refusé d'adorer l'œuvre de la main des hommes et n'a voulu rendre un culte qu'au Créateur du ciel et de la terre. Elle a enfin triomphé, par la puissance céleste, de tous ses ennemis et les a conquis eux-mêmes à la foi. En tenant ce langage, ces docteurs ne faisaient que traduire ce qu'avaient déjà exprimé avant eux les artistes chrétiens. Les Mages sont plusieurs fois figurés à côté des jeunes Hébreux, et pour bien marquer que cette juxtaposition n'est pas accidentelle, mais voulue et intentionnelle, afin d'exprimer le rapport qu'on croit exister entre les deux événements, l'étoile des Mages est placée au-dessus de la tête de Sidrach, de Misach et d'Abdénago. On veut nous dire par là qu'ils étaient éclairés par une révélation spéciale, afin de ne point se laisser pervertir par l'idolâtrie de Babylone et d'adorer seulement le Christ [2].

---

[1] Garrucci, *Storia dell' arte cristiana*, t. I, p. 34-35.
[2] Northcote et Brownlow, *Roma sotterranea*, 1879, t. II, p. 114.

C'est ainsi que les sujets historiques empruntés à l'Ancien Testament sont toujours figuratifs.

Les symboles que les premiers chrétiens demandaient le plus volontiers à l'Ancien Testament, c'étaient, comme nous l'avons remarqué, ceux des sacrements et en particulier du Baptême et de l'Eucharistie, qui remplissaient leur cœur de joie, leur âme d'espérance et leur volonté d'une force surhumaine. Ils aimaient donc à chercher, dans l'histoire du peuple hébreu, des figures de l'eau sainte et du pain de vie, et ils exprimaient leur pensée de la manière la plus ingénieuse, par un heureux mélange de la réalité et de l'allégorie, du Nouveau et de l'Ancien Testament. Moïse, faisant jaillir l'eau du rocher [1], était un de leurs sujets de prédilection ; mais le rocher c'était le Sauveur : *Petra autem erat Christus* [2] ; l'eau, c'était l'eau du baptême [3]. Les artistes chrétiens tiraient de là comme un véritable poème. Dans le cimetière de Saint-Callixte, ils ont représenté, dans une première scène, le libérateur des Hébreux frappant le roc de sa verge. Un ruisseau bleu et limpide coule aussitôt avec abondance. Bientôt un pêcheur, dans une seconde scène, jette son hameçon dans le courant et prend un poisson que la fresque nous montre retiré à moitié des flots. Ce poisson, c'est le chrétien baptisé dans l'eau sainte par le pêcheur de Galilée, devenu pêcheur d'hommes, comme nous l'explique une autre scène où nous voyons un prêtre baptisant un enfant plongé jusqu'aux genoux dans le ruisseau miraculeux [4]. C'est la mise en action, symbolique et réelle, de ces belles paroles de Tertullien : « Nous autres, petits poissons, nous naissons dans l'eau selon l'*Ichthus* ou Poisson, qui est Notre-Seigneur Jésus-

---

[1] Voir plus haut, p. 360, et plus loin, p. 394-395.

[2] I Cor., x, 4.

[3] Tertullien, *De Baptismo*, ix, t. i, col. 1210, dit que l'eau baptismale *defluit de petra*.

[4] De Rossi, *Roma sotterranea*, t. ii, tavola xv, et p. 331-332.

## CHAP. IV. L'INTERPRÉTATION ALLÉGORIQUE.

Christ, et nous ne pouvons nous sauver qu'en demeurant dans l'eau [1]. »

Au lieu de Moïse, c'est souvent Pierre qui frappe le rocher [2], pour marquer d'une manière plus expressive encore, s'il est possible, que l'eau miraculeuse du désert n'est que le symbole de l'eau sainte qui régénère le chrétien dans les fonts baptismaux.

Ce ne sont pas seulement les faits de l'Ancien Testament qui sont regardés par les artistes chrétiens comme des prophéties du Nouveau, mais les épisodes évangéliques eux-mêmes sont souvent choisis comme étant une sorte de prophétie de l'avenir, une *adumbratio futurorum* pour les fidèles, ou comme des symboles des sacrements. Si l'on voit si fréquemment représentée la résurrection de Lazare, ce n'est pas uniquement comme un événement évangélique, c'est comme un enseignement, comme une annonce de l'avenir réservé aux chrétiens. Le Dieu qui a ressuscité Lazare les ressuscitera aussi un jour [3]. L'art des catacombes tire ainsi des Évangiles les mêmes leçons que les Pères, qui présentent aux fidèles les malades guéris par le Sauveur comme des figures de l'humanité.

Il serait aisé de multiplier indéfiniment ces exemples. Ce que nous aurons à dire plus loin nous fournira l'occasion d'en citer quelques autres. Pour le moment, ceux que nous avons rapportés suffisent amplement pour faire voir que l'interprétation allégorique était la méthode favorite des peintres des catacombes dans l'interprétation de nos Saintes Écritures.

---

[1] Tertullien, *De Baptismo*, I, t. I, col. 1197-1198. Voir le texte latin, rapporté plus haut, p. 367, note 4.

[2] De Rossi, *Roma sotterranea*, t. II, p. 332. « Ut petra erat Christus, dit saint Maxime de Tyr, ita per Christum Petrus factus est petra;... sicut in deserto, dominico sitienti populo, aqua fluxit e petra, ita universo mundo ariditate lassato, de ore Petri fons salutiferæ confessionis emersit. » *Opera*, Rome, 1784, p. 168; cf. p. 375, 467, 497.

[3] Voir plus haut, p. 374-375.

## ARTICLE II.

**CAUSES DE L'AMOUR DES PREMIERS CHRÉTIENS POUR L'INTERPRÉTATION ALLÉGORIQUE DES ÉCRITURES.**

Si nous recherchons maintenant les causes de cette prédilection de l'art chrétien pour le symbole et l'allégorie, elles ne sont pas difficiles à découvrir.

La principale de toutes, la plus importante à signaler, c'est que l'Ancien Testament était, en effet, la figure du Nouveau : *Novum Testamentum in Vetere latet; Vetus Testamentum in Novo patet.* « Le Nouveau Testament est caché dans l'Ancien; l'Ancien est expliqué dans le Nouveau [1]. » Saint Paul, en parlant de plusieurs des miracles de la sortie d'Égypte, avait écrit : « Toutes ces choses leur arrivaient en figures [2]. » Voilà la justification du symbolisme et de l'allégorisme des catacombes. Ils reposent sur l'autorité de l'Écriture même, à laquelle recourt l'Église pour le choix des sujets comme pour leur interprétation.

Une autre raison qui explique la prédilection des artistes chrétiens pour l'allégorisme, c'est la discipline du secret ou la nécessité de ne pas exposer à la profanation des païens les mystères chrétiens [3]. Si l'on était obligé, dans les discours, de ne s'exprimer que d'une manière voilée, intelli-

---

[1] Voir là-dessus notre *Manuel biblique*, 9, édit., t. I, n° 5, p. 34.
[2] I Cor., x, 11.
[3] « Lorsque la catéchèse est récitée, dit saint Cyrille de Jérusalem, *Procatech.*, 12, t. xxxiii, col. 352, si quelque catéchumène vient te demander : Que disaient les docteurs? ne réponds rien à cet homme du dehors. » Voir Martigny, *Dictionnaire des antiquités chrétiennes*, art. Secret, 2ᵉ édit., 1877, p. 725-728.

## CHAP. IV. L'INTERPRÉTATION ALLÉGORIQUE. 387

gible seulement pour les initiés, à plus forte raison devait-on éviter de peindre d'une manière trop facile à comprendre les dogmes de la religion nouvelle. Ces peintures trop claires auraient facilement trahi les disciples du Christ, et, ce qui eût été plus grave, elles auraient exposé à la dérision, au blasphème, les vérités les plus saintes et les plus vénérables. L'emploi de la peinture allégorique était donc une nécessité imposée par les circonstances.

Cela est si vrai que, lorsque les persécutions eurent cessé, l'art parla au grand jour et le symbole chrétien par excellence, le poisson, cessa d'être représenté; il ne se voit presque plus sur les monuments après Constantin et disparaît bientôt sans retour.

Ces faits nous paraissent d'autant plus dignes de remarque qu'ils jettent, à notre avis, beaucoup de lumière sur un point important de l'histoire de l'exégèse biblique, celui de la large place donnée à l'interprétation figurée de l'Écriture dans les écrits des Pères et des docteurs. Les peintures allégoriques ou mystiques augmentèrent dans les fidèles l'amour naturel du langage figuré; elles créèrent dans la langue ecclésiastique une foule de locutions et de métaphores très goûtées des chrétiens; — nous avons eu occasion d'en rapporter plusieurs exemples; — elles obligèrent de plus en plus les prédicateurs de l'Évangile à parler selon le goût de leur époque. Notre-Seigneur avait instruit ses auditeurs, gens simples et d'une intelligence peu cultivée, par des paraboles; les Pères par leurs écrits, les artistes chrétiens par leurs fresques et leurs sculptures, avaient continué le genre d'enseignement du Maître. Le goût de l'allégorisme, qui prédomine dans les Pères d'Alexandrie et dans les Pères d'Occident, comme dans les catacombes, augmenta ainsi de jour en jour sous la double influence de l'éloquence et de l'art.

On a dit que le goût de l'Église pour l'allégorie lui était

venu de l'école d'Alexandrie, où il avait fleuri d'abord chez les Juifs, en particulier chez Philon, et ensuite chez les chrétiens formés à l'école des Juifs. Il est vrai, en effet, que les premiers chrétiens ont reçu des Juifs, comme une sorte d'héritage, l'interprétation allégorique, et que c'est à Alexandrie qu'elle a compté ses plus illustres représentants, Clément d'Alexandrie et surtout Origène. On peut remarquer en particulier, comme un fait digne d'attention, que c'est dans Clément d'Alexandrie que nous trouvons la première allusion à l'emploi de l' Ἰχθύς ou Poisson, dans son sens mystérieux, ainsi qu'aux autres principaux symboles chrétiens [1]. Mais l'art des catacombes prouve que la méthode allégorique n'était pas exclusivement propre aux Alexandrins ; elle était commune à toute l'Église, parce qu'elle était chrétienne et d'origine apostolique.

C'est là ce qui justifie l'emploi qu'en ont fait les Pères et les commentateurs, depuis l'origine du Christianisme jusqu'à nos jours ; c'est là, par conséquent, ce qui condamne les sectateurs de Luther et de Calvin, qui n'ont pas cru pouvoir trouver assez de sarcasmes et de railleries contre cette manière d'interpréter la Sainte Écriture et l'ont traitée de froide, d'inepte et de ridicule [2].

Il est vrai, et nous en convenons sans peine, quelques docteurs et en particulier Origène, ont poussé à l'excès l'amour de l'allégorie. On peut penser que quelques Pères latins du IVe siècle sont allés aussi bien loin, mais, tout en reconnaissant l'exagération, il n'est que juste de remarquer que l'histoire nous en fournit, au moins en partie, l'explication : l'art chrétien avait accru dans les fidèles le goût et l'habitude du symbolisme et de l'allégorie, goût fondé sur

---

[1] Clément d'Alexandrie, *Pædag.*, III, 1, t. VIII, col. 634, cité plus haut, p. 366, note 2.

[2] J. G. Rosenmüller, *Historia interpretationis librorum sacrorum*, t. I, in-8°, Heidelberg, 1795, p. 60 ; t. III, Leipzig, 1807, p. 146, etc.

l'Écriture, et les prédicateurs de l'Évangile devaient suivre le mouvement qu'ils avaient fait naître.

Aussi la relation qui existe entre l'art des catacombes et les explications des Pères est-elle manifeste. Leur langage n'est, en plus d'un cas, parfaitement intelligible que si l'on a sous les yeux les peintures ou les sculptures des artistes chrétiens. C'est ainsi que les fresques des cimetières primitifs nous dévoilent en partie le secret de l'éxégèse des anciens docteurs.

# CHAPITRE V.

## LE CANON DES LIVRES SAINTS D'APRÈS LES MONUMENTS FIGURÉS DES PREMIERS SIÈCLES.

Les catacombes ne nous apprennent pas seulement quelle place tenait la Bible dans la pensée des premiers chrétiens et quelle richesse de sens ils trouvaient dans les pages sacrées; elles nous apprennent, de plus, quels livres étaient à leurs yeux les livres inspirés, comment ils entendaient et comprenaient un certain nombre de passages de l'Écriture.

On distingue dans l'Ancien Testament les livres protocanoniques et les livres deutérocanoniques, c'est-à-dire ceux qui appartiennent au premier canon, celui des Juifs de Palestine, et ceux qui appartiennent seulement au second canon, ou canon d'Alexandrie et de l'Église chrétienne[1]. Nous n'avons pas à nous occuper des premiers, puisque tout le monde reconnaît qu'ils ont été de tout temps reçus par les fidèles. Quant aux derniers, il sera utile d'examiner si nos pères dans la foi les acceptaient comme nous, parce

---

[1] Voir, sur cette question. *Manuel biblique*, 9ᵉ édit., t. ɪ, nᵒˢ 26 et suiv., p. 81 et suiv.

que les protestants les rejettent, sous prétexte qu'ils ne font pas réellement partie du recueil inspiré. Les peintures des catacombes nous montrent que les sectateurs de Luther et de Calvin s'écartent en cela de la tradition de la primitive Église, comme il est facile de le prouver[1].

Les chefs ecclésiastiques, qui veillaient avec un soin jaloux à ce que l'enseignement que donnaient aux yeux les murs des catacombes ne contînt rien de capable d'induire en erreur les fidèles, excluaient sévèrement tout ce qui n'était pas puisé à la source pure des écrits reconnus comme inspirés par l'autorité compétente. On n'y rencontre aucune peinture dont le sujet soit emprunté aux livres apocryphes de l'Ancien ou du Nouveau Testament.

Il n'est pas hors de propos d'établir, par des monuments d'une authenticité irréfragable, comme ceux des catacombes, avec quel soin l'Église primitive distinguait les livres authentiques de ceux qui ne l'étaient pas, acceptait seulement les premiers comme sacrés et dignes de foi, et rejetait impitoyablement les autres. « Des allusions aux récits des Évangiles apocryphes ou même des scènes entières représentées d'après eux se reconnaissent sur les monuments artistiques des siècles cinquième et suivants. Avant cette époque, les artistes semblent avoir été rigoureusement maintenus dans les strictes limites des livres canoniques. A mesure que la tradition évangélique se fut fixée et que le dépôt de la foi, solidement établi, ne courut plus le péril d'être altéré dans l'esprit des fidèles, l'autorité ecclésiastique se relâcha sans doute de sa surveillance et laissa aux peintres et aux sculpteurs une plus grande liberté dans le

---

[1] Quoique ce volume soit spécialement consacré au Nouveau Testament, nous ne devons pas négliger de traiter ici, de même que plus loin dans le chapitre V, certaines questions qui regardent l'Ancien Testament, afin de recueillir tous les renseignements utiles que nous fournissent sur les Saintes Écritures les découvertes archéologiques des catacombes.

choix des sources et la manière de traiter les sujets[1]. »

Nous pouvons donc établir comme règle que tous les livres dont se sont servis les artistes des quatre premiers siècles chrétiens étaient regardés comme faisant partie de la Sainte Écriture.

Or, c'est un fait aussi digne de remarque qu'important : une partie considérable des sujets empruntés à l'Ancien Testament est tirée des livres deutérocanoniques. Ces derniers ne s'y retrouvent point tous, mais il est aisé d'expliquer l'absence de ceux qu'on n'y rencontre pas. Nous avons vu que le cycle des catacombes était fort circonscrit : les peintres ne reproduisaient de l'Ancien Testament que les types du Nouveau ou les figures des sacrements. Quand un livre deutérocanonique ne contenait rien de semblable, il n'avait point de place sur les murailles des cimetières ; dans le cas contraire, les faits qu'il raconte sont peints aussi bien que ceux des livres protocanoniques, sans aucune distinction.

---

[1] P. Allard, *Rome souterraine*, 2º édit., 1874, p. 343. Le bœuf et l'âne auprès de la crèche du Sauveur, qu'on prétend être empruntés à l'*Évangile de l'Enfance*, n'apparaissent qu'au IVᵉ siècle, après Constantin. Roller, *Catacombes de Rome*, t. II, p. 143 ; de Rossi, *Bulletino di Archeologia cristiana*, 1877, p. 143.

## ARTICLE I<sup>er</sup>.

### LES LIVRES DEUTÉROCANONIQUES DE L'ANCIEN TESTAMENT.

Les livres ou fragments deutérocanoniques dont la canonicité est confirmée par les monuments des catacombes sont Tobie et les différents épisodes du livre du prophète Daniel qui ne nous sont connus que par la version grecque.

Divers traits du livre de Tobie sont figurés dans les monuments chrétiens primitifs. Une fresque, qu'on rapporte au II<sup>e</sup> siècle, nous présente le jeune Tobie commençant son voyage sous la conduite de l'ange Raphaël[1]. Une autre fresque, découverte en 1849 dans le cimetière des Saints-Thrason-et-Saturnin, nous fait voir Tobie qui vient de prendre le poisson dans le fleuve et le montre à son guide[2]. Dans

---

[1] Seroux d'Agincourt, *Histoire de l'art par les monuments*, 6 in-f°, Paris, 1823, t. v, *Peinture*, pl. vii, n° 3; *Texte*, t. iii, p. 5 : « Peintures trouvées vers 1779 dans une partie de la catacombe de Priscilla. » A côté de la scène représentant le départ de Tobie, que l'ange conduit par la main, on voit Tobie seul tenant le poisson.

[2] Voir Figure 35. Dans le registre inférieur, à droite, Tobie, un bâton à la main, part sous la conduite de l'ange Raphaël. Un peu plus loin, à gauche, il court pour montrer à son guide le poisson qu'il vient de prendre. — Au-dessus et à côté, on voit plusieurs des scènes qui sont fréquentes dans les catacombes. Immédiatement à droite, à côté de Tobie, la résurrection de Lazare; au-dessus, Noé dans l'arche et la colombe portant le rameau d'olivier. A gauche de l'arche, trois orantes; puis, la Sainte Vierge assise, tenant dans ses bras l'enfant Jésus a qui trois Mages offrent leurs présents; plus loin la multiplication des pains dans sept corbeilles et enfin, tout à fait à gauche, Moïse faisant jaillir l'eau du rocher. Cf. Garrucci, *Storia dell' arte cristiana*, t. II, pl. LXXIII, n° 2. Nous avons donc là la preuve incontestable que les premiers fidèles ne faisaient aucune différence entre

35. — Tobie et l'ange Raphaël. Scènes diverses.

une troisième fresque, Tobie revient à la hâte auprès de son vieux père ; de la main gauche il tient le bâton du voyageur ; dans la main droite, il porte le cœur et le fiel du poisson ; son chien le précède [1]. Ce dernier détail mérite d'être noté ; il prouve quelle est l'antiquité de notre texte latin de Tobie, qui seul mentionne le chien du jeune voyageur [2].

L'histoire de Tobie est reproduite dans les catacombes à cause du poisson qu'il prit dans le Tigre et qui lui servit à rendre la vue à son père. Les chrétiens ont vu dans ce poisson la figure du Sauveur : « Le Christ, dit saint Optat de Milève, est signifié par le poisson, qui, comme nous le lisons dans l'histoire du patriarche (Tobie), fut pris dans le fleuve du Tigre [3]. »

Le livre de Daniel contient plusieurs fragments deutérocanoniques : le cantique des trois enfants dans la fournaise ; l'histoire de Susanne ; Bel et le Dragon, et Daniel dans la fosse aux lions. Tous ces sujets sont reproduits dans les catacombes ; ils étaient considérés, par conséquent, comme sacrés et racontés dans des livres inspirés.

les livres protocanoniques et deutérocanoniques, puisqu'ils mêlaient ensemble les sujets empruntés soit aux uns soit aux autres.

[1] Jean L'heureux, *Hagioglypta*, p. 76.

[2] On voit aussi dans le cimetière de Sainte-Domitille une peinture du IIe siècle représentant Tobie nu, un poisson dans la main droite et un bâton (aujourd'hui détruit) dans la main gauche. Garrucci, *Storia dell' arte cristiana*, t. II, pl. XXVII ; cf. texte, p. 32.

[3] « Christus intelligitur per piscem, qui in lectione patriarchæ legitur in Tigride flumine prehensus : cujus fel et jecur tulit Tobias ad tutelam fœminæ Saræ et ad illuminationem Tobiæ non videntis. Ejusdem piscis visceribus Asmodæus dæmon a Sara puella fugatur, quæ intelligitur Ecclesia, et cæcitas a Tobia exclusa est ; hic est piscis, qui in baptismate, per invocationem fontalibus undis inseritur. » Saint Optat de Milève, *De schism. Donat.*, III, 2, t. XI, col. 991. « Piscis magnus, satians ex seipso in littore discipulos et toti se offerens mundo Ἰχθύν, ... dit aussi le Pseudo-Prosper d'Aquitaine, cujus *ex interioribus remediis quotidie illuminamur et pascimur.* » *De promiss. et benedictionibus Dei*, II, 38, 90, t. LI, col. 816.

La représentation des trois jeunes Hébreux dans la fournaise est très fréquente dans les peintures de la fin du IIIe siècle. Mais on la trouve dès le second siècle dans le cimetière de Sainte-Priscille[1]. Le texte hébreu raconte la partie principale de l'épisode; le fragment deutérocanonique, que nous ne possédons plus qu'en grec, d'où il a été traduit dans notre Vulgate, ajoute au récit que Sidrach, Misach et Abdénago prièrent au milieu des flammes et chantèrent au Seigneur le magnifique cantique : *Benedicite, omnia opera Domini, Domino*. Les artistes chrétiens nous montrent communément les victimes triomphantes de Nabuchodonosor debout et dans l'attitude de la prière, c'est-à-dire les bras élevés[2] : ils ont donc emprunté à la partie deutérocanonique de ce chapitre ce trait important de leur œuvre.

Un détail qui se lit aussi dans l'addition de la Bible grecque est reproduit dans la catacombe de Saint-Soter. « Un ange du Seigneur descendit avec Azarias et ses compagnons dans la fournaise, et il agita la flamme de la fournaise et il fit souffler au milieu de la fournaise comme un vent rafraîchissant[3]. » Cet ange a été représenté par l'artiste. Il a tracé les figures en blanc et en noir sur un fond rouge. Les trois jeunes gens, vaguement dessinés, ont un aspect saisissant : on dirait des spectres qui se meuvent dans une atmosphère de feu. Derrière eux est esquissée en blanc l'image, en partie invisible, de l'ange[4]. Cet ange se voit aussi dans une peinture de la catacombe de Saint-Hermès et sur plusieurs sarcophages.

L'histoire de Susanne, qui ne se lit point dans le texte hébreu, n'est pas aussi commune dans les catacombes, tant

---

[1] L. Lefort, dans la *Revue archéologique*, septembre 1880, p. 159.
[2] Bosio, *Roma sotterranea*, p. 495, 551, et passim.
[3] Dan., III, 49. Cf. cependant verset 94.
[4] De Rossi, *Roma sotterranea*, t. III, p. 81. Cette fresque est reproduite dans le *Manuel biblique*, 9º édit., t. I, nº 33, Figure 1, p. 92.

36. — Susanne sous forme d'orante.

s'en faut, que celle des trois enfants dans la fournaise. On n'en connaît que deux ou trois exemples, mais ils suffisent pour établir que les premiers chrétiens regardaient ce récit célèbre comme faisant partie de la Sainte Écriture.

M. Perret a publié une peinture allégorique de l'histoire de Susanne, découverte en 1845 au cimetière de Saint-Prétextat ; elle est figurée sous la forme d'une brebis et est placée entre deux bêtes féroces qui veulent la dévorer[1]. L'explication de l'allégorie n'est pas douteuse : au-dessus de la brebis, on lit : SVSANNA, et au-dessus d'une des deux bêtes féroces : SENIORIS (pour *seniores*), « les vieillards. »

Le P. Garrucci a retrouvé toute l'histoire de Susanne sur les parois d'un *cubiculum* du cimetière de Sainte-Priscille[2]. Dans une première scène[3], Susanne, sous la forme d'une orante est debout au centre ; à gauche, un personnage qui représente le Seigneur, dont l'œil voit tout, la regarde ; à droite, deux hommes se précipitent vers elle, en s'assurant qu'ils ne sont pas suivis. Une seconde scène[4] nous montre la victime de la calomnie entre ses deux accusateurs, qui, selon la coutume juive, étendent la main sur sa tête pour garantir la vérité de leur déposition. Enfin une troisième scène[5] nous fait voir Susanne et son époux Joachim dans

---

[1] Perret, *Catacombes de Rome*, t. i, pl. LXXVIII ; Garrucci, t. II, pl. 39, n° 2. D'après quelques-uns, ce sont deux loups ; d'après d'autres, avec plus de raison, ce ne sont point deux loups, mais un loup et un léopard ou une panthère. Cette peinture est du III° siècle. Northcote et Brownlow, *Roma sotterranea*, t. II, p. 171 ; L. Lefort, dans la *Revue archéologique*, novembre 1880, p. 275. Nous l'avons reproduite dans les *Mélanges bibliques*, VI, *Susanne*, 2° édit., Figure 19, p. 462.

[2] Garrucci, *Storia dell' arte cristiana*, t. II, pl. 80 ; voir son explication, texte, p. 86. Cf. Perret, *Catacombes de Rome*, t. III, pl. XXIV-XXV.

[3] Voir Figure 36, p. 400.

[4] Voir Figure 37, p. 403.

[5] Voir Figure 38, p. 403.

l'attitude de la prière : ils remercient Dieu, qui a vengé l'innocence calomniée. Ces peintures sont du IIe siècle[1].

Susanne est encore représentée, à la fin du IIIe siècle ou au commencement du IVe, dans un *arcosolium* de la catacombe des Saints-Marcellin et Pierre, entre les deux vieillards qui tendent un de leurs bras vers elle ; elle est placée elle-même dans l'attitude d'une orante, entre deux arbres[2].

Le dernier fragment deutérocanonique de Daniel raconte comment ce prophète fit périr un serpent adoré par les Babyloniens et comment il fut jeté, par suite de l'irritation du peuple, dans une fosse aux lions, où il fut miraculeusement préservé. Ces deux épisodes sont reproduits sur les monuments chrétiens, le premier rarement, le second fréquemment[3].

Sur un sarcophage du cimetière du Vatican, « on voit Daniel vêtu de la tunique et du pallium, et debout devant un autel d'où s'élèvent des flammes, et présentant des deux mains étendues au dragon, qui s'enlace autour d'un arbre placé derrière cet autel, des espèces de gâteaux qu'il avait composés avec de la poix, de la graisse et de la cire[4], afin de tuer le dieu, ainsi qu'il s'était engagé à le faire, *sans épée et sans bâton*[5]. Cette composition est d'un goût si pur et si conforme aux meilleures traditions de l'art antique, qu'elle a fait supposer au docteur Labus qu'elle n'a pu être conçue

---

[1] L. Lefort, dans la *Revue archéologique*, septembre 1880, p. 158-159.

[2] L. Lefort, dans la *Revue archéologique*, novembre 1880, p. 273. Voir la figure dans Garrucci : *Storia dell' arte*, t. II, pl. 53, n° 2, et son explication dans le texte, p. 58. Sur les autres monuments anciens de l'art chrétien représentant Susanne, voir Roller, *Les Catacombes de Rome*, t. I, p. 80.

[3] Voir plus haut, Figure 32, p. 359.

[4] Dan., XIV, 26.

[5] Dan., XIV, 25. Voir ce sarcophage dans Bosio, *Roma sotterranea*, t. II, c. 8, p. 57.

38. — Susanne et son époux Joachim.

37. — Susanne et ses calomniateurs.

que par un artiste chrétien du troisième siècle... Le même sujet se trouve sur un sarcophage de Vérone... Un sarcophage d'Arles montre la scène d'une manière un peu différente[1]. »

La scène de Daniel dans la fosse aux lions est l'une de celles que l'on rencontre le plus fréquemment dans les catacombes. Le prophète y fut jeté deux fois[2]; le récit de sa première condamnation aux bêtes se trouve dans la partie protocanonique du prophète; celui de la seconde, dans la partie deutérocanonique. Il est certain qu'une partie au moins des monuments figurés s'inspirent du récit deutérocanonique, car ils reproduisent un trait qui lui appartient exclusivement. Lorsque Daniel eut été jeté aux bêtes, Dieu, nous dit le dernier chapitre du livre de ses prophéties, fit transporter par un ange à Babylone le prophète Habacuc, afin qu'il donnât à son fidèle serviteur les aliments qui lui étaient nécessaires. A côté de Daniel nu entre deux lions, et dans l'attitude de la prière, on voit souvent Habacuc, lui présentant des pains[3].

Cet épisode de la vie de Daniel, qui était une figure de la résurrection et marquait la protection de Dieu envers ses saints, se rencontre parmi les plus anciens monuments figurés des catacombes, par exemple dans la partie la plus antique du cimetière de Sainte-Domitille[4].

[1] Martigny, *Dictionnaire des antiquités chrétiennes*, 2ᵉ édit., 1877, p. 236.

[2] Dan., vi, et xiv, 30.

[3] Bottari, *Sculture e pitture sagre*, t. i, pl. 49, etc. Habacuc est aussi représenté dans les airs, tenu par la main divine, sur un sarcophage de Brescia. Odorici, *Antichità cristiane di Brescia*, in-fº, Brescia, 1845, pl. xii, p. 69; Kraus, *Real-Encyklopädie*, t. i, p. 344.

[4] Northcote et Brownlow, *Roma sotterranea*, t. ii, p. 112, 123. Lefort, *Chronologie des peintures des catacombes romaines*, dans la *Revue archéologique*, septembre 1880, p. 156, date cette peinture de la fin du iᵉʳ siècle au commencement du iiᵉ.

Tous ceux des livres deutérocanoniques qui racontaient des faits entrant dans le cycle des sujets des catacombes ont donc été reproduits par les premiers peintres chrétiens. C'est là une preuve frappante que le canon de l'Église romaine était dès le commencement, pour les livres que les peintures nous permettent de vérifier, le même qu'aujourd'hui, celui qu'a promulgué solennellement le Concile de Trente[1].

[1] Voir *Dictionnaire de la Bible*, article *Canon*, t. II, col. 155-158.

## ARTICLE II.

### LES LIVRES DU NOUVEAU TESTAMENT.

Nous venons de voir comment les peintures des catacombes permettent de reconnaître quels étaient les livres que les premiers chrétiens regardaient comme faisant partie de la Sainte Écriture. Nous avons examiné quels sont les livres deutérocanoniques de l'Ancien Testament auxquels les peintres des catacombes ont fait des emprunts, et conclu de là qu'ils attribuaient une inspiration divine aux écrits dont ils s'étaient servis. Il nous faut faire maintenant une étude semblable pour les livres du Nouveau Testament. Les attaques des incrédules contemporains contre l'ancienneté de plusieurs écrits du Nouveau Testament donnent à cette partie de nos recherches une importance particulière.

L'art chrétien primitif nous fournit d'abord un grand nombre de documents précieux en faveur de l'authenticité des Évangiles.

Daprès beaucoup d'archéologues, dont l'opinion ne peut guère être contestée[1], les quatre fleuves du paradis terrestres, qui sont souvent figurés coulant d'un monticule ou d'un rocher sur lequel est placé Jésus-Christ[2], ou bien l'agneau qui le symbolise, sont l'image des quatre Évangiles.

---

[1] Voir Martigny, *Dictionnaire des antiquités chrétiennes*, 2ᵉ édit., 1877, p. 298, 326; W. Smith, *Dictionary of christian antiquities*, t. II, p. 686, 745, et les cinq sarcophages reproduits par Bosio, *Roma sotterranea*, p. 61, 63, 65, 67, 69. Voir aussi plus haut, p. 364, et ce que nous avons dit sur ce sujet dans les *Livres Saints et la critique rationaliste*, 4ᵉ édit., t. I, p. 231-236.

[2] Voir, Figure 39, un sarcophage en marbre du cimetière du Vatican,

Les Pères et les docteurs nous attestent que l'interprétation des archéologues est fondée. Nous lisons en effet dans saint Paulin :

> *Petram superstat ipse, petra Ecclesiæ,*
> *De qua sonori quatuor fontes meant,*
> *Evangelistæ viva Christi flumina* [1].

Sur le rocher est debout celui qui est le rocher de l'Église [2] ;
De ce rocher jaillissent quatre sources aux eaux mugissantes ;
Ce sont les Évangélistes, fleuves vivants du Christ.

L'Église primitive reconnaissait donc seulement quatre Évangiles, à l'exclusion de tous les autres. Ces quatre Évangiles, comme on va le voir, sont nos Évangiles canoniques.

Une première preuve de ce fait, que nous n'indiquons qu'en passant, parce qu'elle n'est que du IV° siècle, est tirée d'une peinture trouvée entre les cimetières de Saint-Callixte et de Sainte-Balbine. Elle représente le Sauveur entouré des quatre Évangélistes. Les quatre Évangiles sont aux pieds de Jésus-Christ dans une ciste [3] ; saint Matthieu montre du doigt, dans le ciel, l'étoile des Mages, parce qu'il est le seul qui ait raconté leur voyage à Bethléem, figure de la conversion des Gentils.

d'après Bottari, *Sculture e pitture sagre*, t. I, pl. XXIII. Au milieu, n° III, le Sauveur, entre saint Pierre et saint Paul, sur le rocher sacré d'où coulent les quatre fleuves mystiques. A gauche, n° I, Jésus prédit à saint Pierre son reniement ; n° II, Jésus multiplie miraculeusement le pain et les poissons ; n° IV, la Samaritaine tire de l'eau du puits ; n° V, la Chananéenne remercie le Sauveur qui a guéri sa fille.

[1] Saint Paulin, *Epist.* XXXII *ad Severum*, 10, t. LXI, col. 336.

[2] Jésus-Christ, dont saint Paul a dit : « Petra autem erat Christus. » I Cor., X, 4.

[3] Garrucci, *Storia dell' arte cristiana*, t. II, pl. 17, n° 2 ; texte, p. 21 ; Perret, *Catacombes*, t. I, pl. L ; L. Lefort, dans la *Revue archéologique*, novembre 1880, p. 282. Nous avons reproduit cette peinture dans *Les Livres Saints et la critique rationaliste*, Figure 11, t. I, p. 249.

39. — Les quatre fleuves évangéliques coulant du rocher sur lequel est debout Notre-Seigneur, entre saint Pierre et saint Paul. Sarcophage du cimetière du Vatican.

Des preuves encore plus précises et tout à fait certaines nous sont fournies par l'étude particulière des monuments les plus anciens des catacombes. Nous y trouvons représentées des scènes communes aux quatre Évangiles et des scènes particulières à chacun d'eux, ce qui nous permet de déterminer auquel des Évangélistes l'emprunt a été fait. Tous les quatre, saint Matthieu, saint Marc, saint Luc et saint Jean, mais ces quatre seuls, ont inspiré les artistes chrétiens ; les livres symbolisés par les quatre fleuves du paradis terrestre sont donc nos quatre Évangiles canoniques ; non seulement les premiers fidèles les connaissaient, mais ils les regardaient comme les seuls authentiques, puisqu'ils n'en comptent jamais que quatre et ne reproduisent aucun fait consigné dans les Évangiles apocryphes.

Le baptême de Notre-Seigneur, raconté par les trois synoptiques et mentionné par saint Jean[1], est peint dans les catacombes dès le second siècle. Deux hommes debout regardent Jésus-Christ ; l'un d'eux est Jean-Baptiste. Une colombe posée sur un arbre à droite est prête à s'envoler vers le Sauveur[2]. Dans un *cubiculum* fort ancien du cimetière de Sainte-Lucine, Notre-Seigneur sort des eaux du Jourdain ; la colombe plane au-dessus de sa tête ; saint Jean-Baptiste le prend par la main pour l'aider à sortir du fleuve[3].

---

[1] Matth., III, 13-17 ; Marc, I, 9-11 ; Luc, III, 21-23 ; Joa, I, 31-33 ; III, 26 ; II Pet., I, 17.

[2] Cimetière de Saint-Prétextat. Perret, *Catacombes de Rome*, t. I, pl. LXXX ; Garrucci, *Storia dell' arte cristiana*, t. II, pl. 39, n° 1 ; texte, p. 46. Ce n'est pas la manière ordinaire de représenter ce sujet ; aussi M. de Rossi, au lieu d'y voir, comme le P. Garrucci, le baptême du Sauveur, y voit-il le couronnement d'épines (*Bulletino di Archeologia cristiana*, 1872, p. 64). Cependant l'explication du P. Garrucci paraît ici préférable. Cf. L. Lefort, *Revue archéologique*, septembre 1880, p. 161 ; Roller, *Les Catacombes de Rome*, t. I, p. 103.

[3] Garrucci, *Storia*, t. II, pl. 1, n° 2 ; Northcote et Brownlow, *Roma sotterranea*, t. II, p. 132.

Le miracle de la guérison de l'hémorrhoïsse, raconté par les trois premiers Évangiles[1], est représenté par les plus anciennes peintures des catacombes. Au cimetière de Saint-Prétextat, dans le *cubiculum* de l'Hémorrhoïsse et de la Samaritaine (IIe siècle), on voit sur une des parois[2] la malade qu'allait guérir l'attouchement des vêtements du Sauveur, prenant le bord du manteau divin. Elle est à genoux ; Jésus est debout et accompagné de deux disciples.

Si Jonas jouit d'une si grande célébrité parmi les chrétiens primitifs, cette célébrité s'explique par les paroles dites à son sujet par Notre-Seigneur, en saint Matthieu et en saint Luc[3]. On le retrouve sur les monuments les plus antiques datant de la fin du Ier siècle ou du commencement du IIe[4], notamment dans un *cubiculum* des cryptes de Lucine[5].

L'adoration des Mages, qui ne nous est connue que par l'Évangile de saint Matthieu[6], est souvent représentée, comme nous avons eu déjà occasion de le remarquer. On la rencontre dès le IIe siècle, dans le cimetière de Domitille[7].

On voit aussi dans les catacombes des peintures représentant la parabole des vierges sages et des vierges folles, qui ne se lit également que dans saint Matthieu[8]. Dans le

---

[1] Matth., IX, 18-26 ; Marc, V, 21-43 ; Luc, VIII, 49-56.

[2] Garrucci, *Storia dell' arte cristiana*, t. II, pl. 38, n° 2 ; texte, p. 45 ; Perret, *Catacombes de Rome*, t. I, pl. LXII.

[3] Matth., XII, 39-40 ; Luc, XI, 29-30, 32.

[4] L. Lefort, dans la *Revue archéologique*, septembre 1880, p. 158. Pour le IIe siècle, voir *ibid.*, p. 160, 162.

[5] De Rossi, *Roma sotterranea*, t. I, pl. XIII ; R. Garrucci, *Storia dell' arte cristiana*, t. II, pl. 2, n° 2.

[6] Matth., II, 1-12.

[7] Garrucci, *Storia dell' arte cristiana*, t. II, pl. 30 (les Mages manquent) ; Perret, *Catacombes de Rome*, t. I ; L. Lefort, dans la *Revue archéologique*, septembre 1880, p. 163.

[8] Matth., XXV, 1-13.

CHAP. V. LE CANON DES LIVRES SAINTS. 413

cimetière de Saint-Cyriaque, Notre-Seigneur est représenté debout, vêtu d'une tunique et d'un manteau ; de la main droite levée, il semble inviter à venir à lui cinq vierges, d'âge différent, qui portent leurs torches allumées. A sa gauche, les cinq vierges folles tiennent leurs torches éteintes ; leur visage est triste ; le Sauveur ne fait aucune attention à elles [1].

Cette peinture n'est pas très ancienne, elle est du IV<sup>e</sup> siècle ; mais nous la retrouvons, à une date plus reculée, dans le cimetière ostrien, quoique d'une façon moins complète. Au centre d'un *arcosolium*, est une orante ; à sa droite, sont les cinq vierges sages, portant chacune de la main droite un flambeau et de la gauche un vase d'huile. Ces mêmes vierges sont figurées prenant part au festin de noces, dans la scène peinte à gauche de la femme en prières [2].

Plusieurs des faits particuliers à saint Luc et qui n'ont pu être, par conséquent, empruntés qu'à son Évangile, sont représentés dans les catacombes. Ainsi l'Annonciation [3] se voit sur une fresque du cimetière de Sainte-Priscille [4]. L'ange Gabriel, sous la forme d'un jeune homme, se tient debout devant la Sainte Vierge, assise, et dont le visage exprime tout à la fois la surprise et la timidité. Cette peinture est du II<sup>e</sup> siècle.

[1] De Rossi, *Bulletino di Archeologia cristiana*, octobre 1863, p. 76 ; L. Lefort, dans la *Revue archéologique*, décembre 1880, p. 327.

[2] Bosio, *Roma sotterranea*, p. 461 ; Garrucci, *Storia dell' arte cristiana*, t. II, pl. 64, n° 2 ; A. Péralié, *L'archéologie chrétienne*, in-12, Paris (1892), figure 75, p. 119.

[3] Luc, I, 26-38.

[4] Voir Figure 40, d'après Bosio, *Roma sotterranea*, p. 541. Cf. Bottari, *Sculture e pitture sagre*, t. III, pl. 176 ; dom Guéranger, *Sainte Cécile*, p. 261, etc. Les efflorescences du salpêtre ont malheureusement détruit aujourd'hui presque totalement cette belle scène, qui date du II<sup>e</sup> siècle. L. Lefort, dans la *Revue archéologique*, septembre 1880, p. 159.

**414**  LIVRE IV. LES CATACOMBES ET LE NOUV. TEST.

De même, Jésus dans le Temple, au milieu des docteurs, à l'âge de douze ans[1], est figuré dans une fresque du cimetière de Saint-Callixte. Il est assis sur un siège; sa main

40. — L'Annonciation de la Très Sainte Vierge.
Catacombe de Sainte-Priscille.

droite est étendue comme celle d'un homme qui parle; sa main gauche tient un volume à demi déroulé. Autour de lui sont les docteurs.

Les premiers chrétiens connaissaient l'Évangile de saint

[1] Luc, II, 40-52.

Jean comme ceux de saint Luc et de saint Matthieu. Les peintures des catacombes retracent en effet des scènes qui ne

41. — La Samaritaine au puits de Jacob.
Catacombe de Sainte-Domitille.

sont racontées que dans le quatrième Évangile, telles que les noces de Cana, la Samaritaine au puits de Jacob, la guérison du paralytique de trente-huit ans, celle de l'aveugle-né, la résurrection de Lazare, etc.

Le changement de l'eau en vin aux noces de Cana est représenté sur un certain nombre de sarcophages antiques et dans une catacombe chrétienne d'Alexandrie en Égypte[1].

L'histoire de la Samaritaine se voit sur quelques sarcophages et dans des fresques des catacombes. Une fresque du cimetière de Sainte-Domitille[2] nous montre cette femme seule auprès du puits. Une autre fresque, du cimetière de Saint-Prétextat, publiée par M. Perret[3], représente le moment où elle offre à Jésus, debout devant elle, une écuelle remplie d'eau. Ces deux peintures sont du second siècle[4].

Le paralytique guéri par Notre-Seigneur et emportant son grabat, selon le récit de saint Jean[5], est figuré dans la catacombe de Saint-Hermès[6], mais cette peinture n'est que de la seconde moitié du IIIe siècle[7].

Le banquet eucharistique est plusieurs fois représenté dans les catacombes par un poisson et un pain placés sur

---

[1] De Rossi, *Bulletino di Archeologia cristiana*, octobre 1865, p. 74. Cf. la planche, *ibid.*, vis-à-vis de la p. 60.

[2] Voir Figure 41, d'après Bottari, *Sculture e pitture sagre*, t. II, pl. 66, n° 3.

[3] *Catacombes de Rome*, t. I, pl. 81. Cf. Roller, *Catacombes de Rome*, t. I, pl. XXIV. « Évidemment l'Évangile selon saint Jean était connu au IIe siècle dans l'Église de Rome, » observe M. Roller au sujet de cette fresque. *Ibid.*, p. 136.

[4] J. Lefort, dans la *Revue archéologique*, septembre 1880, p. 160, 162. Voir une autre peinture du cimetière de Saint-Callixte, moins ancienne; *ibid.*, novembre 1880, p. 271; de Rossi, *Roma sotterranea*, t. III, pl. VIII, p. 65.

[5] Joa., v, 9.

[6] Garrucci, *Storia dell' arte cristiana*, t. II, pl. 83, n° 2; Bottari, *Sculture*, t. III, pl. CLXXXII. Voir une autre représentation dans Garrucci, pl. 23, n° 1.

[7] Voir plus haut, Figure 32, p. 359, une représentation du paralytique emportant son grabat.

42. — Le banquet eucharistique.

un autel ou sur une table[1]. Il est impossible, surtout si l'on rapproche ces peintures d'un certain nombre d'autres qui en confirment la signification, de ne pas voir là un souvenir du miracle de la multiplication des pains, interprété comme il l'est dans le chapitre sixième de saint Jean.

Le miracle de la multiplication des cinq pains est raconté dans les quatre Évangiles[2], mais il est suivi, dans celui de saint Jean, d'un discours important dans lequel le Sauveur compare la sainte Eucharistie à la manne qui avait nourri les Israélites dans le désert[3]. Cette circonstance nous permet d'affirmer que les artistes chrétiens connaissaient le récit du quatrième Évangile. On ne peut le conclure de la représentation seule du miracle, car elle pourrait avoir été tout aussi bien empruntée aux synoptiques, mais on peut le déduire de la peinture de la chute de la manne. Dans la catacombe de Saint-Cyriaque, ce pain tombe en abondance, et des Israélites, deux hommes et deux femmes, le recueillent[4]. Comme les scènes de l'Ancien Testament ne sont jamais entendues dans les catacombes que dans un sens symbolique, il nous paraît difficile de ne pas voir ici comme un écho du discours de Notre-Seigneur, comparant son corps sacré à la manne[5]. Il faut d'ailleurs remarquer que cette peinture n'est que du IVe siècle. La représentation du miracle même

---

[1] Voir, Figure 42, une fresque du cimetière de Sainte-Agnès, représentant le banquet eucharistique. Sur la table sacrée, on voit trois plats, contenant chacun un poisson et deux pains. Au devant sont deux vases et sept corbeilles, rappelant la multiplication miraculeuse des pains. Voir Bottari, *Sculture*, pl. CXLI; Garrucci, *Storia dell' arte cristiana*, pl. 60.

[2] Matth., XIV, 13-21; Marc. VI, 30-44; Luc, IX, 10-17; Joa., VI, 1-14.

[3] Joa., VI, 22; VII, 1.

[4] De Rossi, *Bulletino di Archeologia cristiana*, octobre 1863, p. 76. Cette peinture est au-dessus de celle des vierges sages et des vierges folles, dont nous avons parlé plus haut, p. 412.

[5] De Rossi, *Bulletino di Archeologia cristiana*, octobre 1863, p. 79-80.

est fréquente et se voit dans des peintures anciennes. Nous ne doutons pas, quoique nous ne puissions pas en apporter de preuves positives, que la fréquence des représentations ne s'explique par le discours de Notre-Seigneur, que nous lisons seulement dans saint Jean.

La guérison de l'aveugle-né est assez souvent figurée, spécialement sur les sarcophages. Une fresque de Saint-Callixte nous montre l'aveugle agenouillé devant Notre-Seigneur et les mains levées comme celles d'un suppliant. Le Sauveur, de sa main droite, lui touche l'œil gauche[1].

La résurrection de Lazare qui, comme le miracle de l'aveugle-né, ne nous est connue que par l'Évangile de saint Jean[2], est un des sujets les plus communs des catacombes et se rencontre partout[3]. On la trouve, dès le second siècle, dans le cimetière de Sainte-Priscille[4] et dans le cimetière de Sainte-Domitille[5].

La pêche miraculeuse, racontée dans le dernier chapitre de saint Jean[6], a fourni le sujet de plusieurs peintures, dont quelques-unes sont parmi les plus anciennes. Les sept disciples mentionnés par l'Évangéliste prennent part au banquet divin. Deux ou trois plats sont servis sur la table, mais ils ne contiennent que des poissons[7].

On peut regarder aussi comme un emprunt fait au quatrième Évangile un des plus anciens symboles des cata-

---

[1] Joa., ix, 6; Bottari, *Sculture e pitture sagre*, pl. 48, n° 1.

[2] Joa., xi.

[3] Voir plus haut, Figures 32 et 35, p. 359 et 395.

[4] Bottari, *Sculture sagre*, t. iii, pl. clxxvi et clxxvii; Garrucci, *Storia dell' arte cristiana*, t. ii, pl. 76, n° 1.

[5] Garrucci, *Storia dell' arte cristiana*, t. ii, pl. 25; Perret, *Catacombes de Rome*, t. i, pl. xxxiv bis.

[6] Joa., xxi, 1-14.

[7] De Rossi, *Roma sotterranea*, pl. 14-16; Northcote et Brownlow, t. ii, p. 127; Garrucci, *Storia dell' arte cristiana*, t. ii, pl. 9, n° 3. Cf. la Figure 42, p. 418.

combes. « La première en date des peintures (elle est du commencement du deuxième siècle, peut-être même de la fin du premier), la vigne de l'ambulacre de Domitille[1],

43. — La vigne sacrée.

nous paraît être surtout un commentaire du xv° chapitre de saint Jean, car les sarments y partent d'un seul cep,

---

[1] Voir, Figure 43, la vigne sacrée, d'après Bosio, *Roma sotterranea*, t. II, p. 3, pl. XCIII. Au milieu est le Bon Pasteur, portant sur ses épaules la brebis égarée. Deux autres brebis sont à ses pieds. Tout autour, dans quatre compartiments, la vigne mystique, chargée de feuilles et de fruits.

comme dans la parabole relatée par cet Évangéliste[1]. »

Ainsi l'Évangile de saint Jean, dont l'authenticité est aujourd'hui contestée avec un acharnement particulier, était parfaitement connu des premiers chrétiens de Rome aussi bien que les Évangiles de saint Matthieu et de saint Luc, dès le second siècle. Comment aurait-il pu être répandu parmi eux et accepté dès lors comme l'œuvre d'un Apôtre, s'il n'avait été composé qu'à cette époque en Asie Mineure?

En dehors des scènes évangéliques, on ne rencontre pas dans les peintures les plus anciennes des catacombes d'autres emprunts faits aux écrits du Nouveau Testament.

Les deux lettres apocalyptiques[2], A et Ω, appliquées à Notre-Seigneur, se lisent sur plusieurs épitaphes chrétiennes, placées des deux côtés du monogramme du Christ[3], mais elles n'apparaissent qu'à une époque assez tardive, au IVe siècle[4].

On peut voir également un emprunt fait à l'Apocalypse dans plusieurs représentations où le ciel est figuré par sept étoiles[5], mais on ne les rencontre que sur des sarcophages ou des mosaïques. Le paradis ou le ciel, demeure des bienheureux, est ordinairement représenté comme un jardin de délices planté d'arbres, c'est-à-dire semblable à celui où avaient été placés Adam et Ève. L'Éden, selon la mé-

---

[1] T. Roller, *Les Catacombes de Rome*, t. II, 1881, p. 373. Cf. p. 374, pour la parabole des moissons, Joa., IV, 30-39. « La parabole des moissons, dit-il, que semble rapporter un des détails du caveau de Saint Janvier (pl. XIV, 1), ne serait-elle pas celle que nous a conservée saint Jean? » Etc.

[2] Apoc., I, 8; XXI, 6; XXII, 13.

[3] Roller, *Les Catacombes de Rome*, t. I, pl. X, n[os] 32, 38, 40.

[4] Roller, *Les Catacombes de Rome*, t. I, p. 42.

[5] Apoc., I, 16; Martigny, *Dictionnaire*, p. 285. Cf. Habacuc portant son repas à Daniel, *ibid.*, p. 237; une lampe représentant le soleil, la lune et sept étoiles, au-dessus du Bon Pasteur; Roller, *Les Catacombes de Rome*, t. I, pl. XXVIII, n° 3.

thode allégorique des premiers chrétiens, était considéré comme un symbole du séjour éternel de la félicité.

Les catacombes nous fournissent donc, malgré le cycle restreint de sujets qu'elles renferment, des confirmations précieuses de la canonicité de plusieurs livres de l'Ancien Testament et de l'authenticité de nos quatre Évangiles. Cette preuve a d'autant plus de valeur qu'elle est plus claire et plus palpable. Il ne s'agit point ici d'expliquer des textes obscurs, susceptibles d'interprétations diverses. La présence de ces peintures dans les catacombes est un fait hors de toute contestation, qui prouve ainsi d'une manière irréfragable l'antiquité des écrits où sont racontées les scènes qu'elles représentent.

## CHAPITRE VI.

RENSEIGNEMENTS ARCHÉOLOGIQUES FOURNIS PAR LES PEINTURES DES CATACOMBES.

---

Après avoir exposé les preuves que l'on peut tirer des peintures des catacombes en faveur de l'authenticité des Évangiles, il ne nous reste plus qu'à recueillir les données archéologiques qu'elles offrent à notre étude.

Les monuments chrétiens des premiers siècles nous apprennent de quelle manière on comprenait alors certains faits bibliques et quelle était, à leur sujet, la tradition régnante. Ils nous fournissent ainsi quelques renseignements archéologiques et exégétiques qui ne sont pas sans valeur. Leur quantité est d'ailleurs assez peu considérable, à cause du petit nombre de sujets traités par les peintres des catacombes. Nous ne signalerons que ce qui nous paraît le plus digne d'intérêt : dans l'Ancien Testament[1], la scène de la tentation d'Adam et d'Ève, le sacrifice d'Isaac, l'histoire de Jonas, les compagnons de Daniel refusant d'adorer la statue élevée par Nabuchodonosor; dans le Nouveau Testament, les Mages, le tombeau de Lazare, les portraits de Notre-Seigneur, de la Sainte Vierge, de saint Joseph, de saint Pierre et de saint Paul.

[1] Voir plus haut, au sujet de ce que nous allons dire ici sur l'Ancien Testament, p. 392, note 1.

## ARTICLE I<sup>er</sup>.

SCÈNES DE L'ANCIEN TESTAMENT SUR LESQUELLES LES PEINTURES DES CATACOMBES FOURNISSENT DES RENSEIGNEMENTS ARCHÉOLOGIQUES.

Les premiers chrétiens voyaient dans le serpent qui tenta Ève, non ce reptile lui-même, mais le démon qui était entré dans le corps du serpent. Une fresque du cimetière de Sainte-Agnès, publiée par M. Perret[1], nous le montre avec un buste humain que termine une queue de serpent. Il regarde d'un air plein de satisfaction maligne nos premiers parents, victimes de sa séduction.

Les innombrables scènes figurées de la tentation d'Adam et d'Ève montrent qu'il n'existait pas de tradition constante sur la nature de l'arbre qui portait le fruit défendu. Tantôt c'est un figuier[2], tantôt d'autres arbres dont la nature est difficile à déterminer[3].

Le sacrifice d'Isaac, qu'on rencontre souvent dans les monuments primitifs, est figuré de manières très diverses. Abraham et son fils ont des costumes et des attitudes différentes : quelquefois l'autel se compose de deux pierres debout et d'une troisième posée au-dessus en travers; d'autres fois, il a la forme des autels profanes. On voit qu'il n'y avait non plus aucune tradition fixe et certaine pour cette représentation. Il en était de même pour celle de Moïse.

---

[1] Perret, *Catacombes de Rome*, t. II, pl. 41.
[2] Perret, *Catacombes de Rome*, t. II, pl. 22.
[3] Voir les différents arbres dans R. Garrucci, *Storia dell' arte*, t. II, pl. 34, 5; 55, 2; 63; 64, 2; 96, 1. Cf. A. Breymann, *Adam und Eva in der Kunst der christlichen Alterthums*, in-8°, Wolfenbüttel, 1893.

L'histoire de Jonas est au contraire toujours reproduite d'une manière uniforme.

C'est un des sujets les plus fréquemment représentés dans les catacombes et sur tous les monuments chrétiens de l'antiquité. Elle est divisée en quatre scènes. Jonas jeté à la mer et englouti par le poisson ; Jonas rejeté par le poisson ; Jonas assis sous un arbrisseau verdoyant ; Jonas reposant tristement sans aucun abri, ou bien sous l'arbrisseau desséché par les rayons brûlants du soleil. Le prophète est représenté nu dans toutes ces scènes. Le vaisseau qui l'emporte de Joppé n'a pas une forme consacrée ; cette forme varie selon les monuments ; mais le monstre marin et l'arbrisseau sont toujours les mêmes.

Le poisson qui est l'instrument de la vengeance divine et sur lequel on a tant discuté[1], est figuré avec un corps de grande dimension, replié comme un serpent ou un dragon dans la partie postérieure ; il a une tête énorme, un cou long et étroit ; de larges oreilles et deux pieds par devant[2]. Un pareil poisson n'a sans doute jamais vécu dans aucune mer, mais il a du moins l'avantage de prouver que, contrairement à la croyance vulgaire de nos jours, les premiers chrétiens ne croyaient pas que le poisson qui avait englouti Jonas fût une baleine. Le texte hébreu du prophète ne nomme pas le poisson ; il se contente de dire *dâg gâdôl*[3], *piscem grandem*, « grand poisson ; » saint Matthieu[4] l'appelle *cetus*. C'est ce mot du premier Évangile qui a porté les artistes chrétiens à

---

[1] Jean L'heureux, *Hagioglypta sive picturæ et sculpturæ sacræ antiquiores*, p. 215-219, prétend que le poisson de Jonas représenté sur les monuments chrétiens est le πρίστης d'Aristote, le *pistris* des auteurs latins ; mais la forme du *pistris* ou scie n'est pas celle qu'on voit sur les monuments chrétiens.

[2] Voir Figure 32, p. 359, au bas de la gravure.

[3] Jonas, II, 1.

[4] Matth., XII, 40.

figurer, comme ils l'ont fait, le *dâg gâdôl*. Le *cetus* était chez les anciens le nom d'une constellation, et l'on représentait cette constellation exactement de la même manière que le poisson de Jonas dans les catacombes, comme on peut le voir sur un globe céleste antique conservé au Musée de Naples[1]. Ce monstre marin est également représenté dans l'arc de Titus, sur le pied du candélabre à sept branches du Temple de Jérusalem[2]. Cette circonstance put n'être pas étrangère à l'adoption de ce type dans les catacombes.

L'arbrisseau sous lequel se trouve Jonas est toujours la *cucurbita* ou citrouille. Les catacombes nous fournissent ainsi une preuve curieuse que l'Église se servait alors de la version Italique des Saintes Écritures. On sait que saint Jérôme, dans sa traduction du prophète Jonas, rend par le mot *lierre* le mot hébreu *qiqaion*, qui désigne l'arbuste (probablement le ricin[3]) sous lequel le prophète, après sa prédication à Ninive, attendait l'accomplissement de ses menaces. Dans les nombreuses représentations de Jonas que nous offrent les premiers cimetières chrétiens, il est invariablement étendu sous une plante cucurbitacée, disposée en forme de berceau. C'est que l'ancienne version latine, connue sous le nom d'Italique, portait en effet *cucurbita*, au lieu de *hedera* (lierre).

Ce changement fut un de ceux qu'on reprocha le plus à saint Jérôme. « Écrivons, disait Rufin dans ses *Invectives* contre saint Jérôme, en faisant allusion aux peintures des catacombes, écrivons même, sur les tombeaux des anciens, afin que ceux qui avaient lu autrement ce [passage du pro-

---

[1] Jean L'heureux, *Hagioglypta*, p. 215 ; *Real museo borbonico*, 1829, t. v, pl. lii.

[2] Voir le chandelier à sept branches de l'arc de triomphe de Titus, reproduit dans *La Bible et les découvertes modernes*, 6ᵉ édit., 1896, t. iii, Figure 47, n° 1, p. 325.

[3] Voir les raisons dans le *Manuel biblique*, 9ᵉ édit., t. ii, n° 1092, p. 814-815.

phète] le sachent aussi : Jonas n'eut pas l'ombre d'une citrouille, mais d'un lierre[1]. » Saint Augustin lui-même [2] blâma d'abord le traducteur de cette innovation, qui devait surprendre et qui avait surpris les fidèles, si accoutumés à voir la *cucurbita*. La fréquence de la représentation de la cucurbite dans les catacombes et sur les monuments funéraires nous explique l'émotion produite par la substitution du mot *hedera* ou lierre dans la prophétie de Jonas.

Si nous passons du livre de Jonas au livre de Daniel, nous trouverons dans les catacombes une représentation intéressante d'un épisode fort connu. Les interprètes ne s'entendent pas entre eux sur la question de savoir si la statue d'or que Nabuchodonosor voulut faire adorer aux trois compagnons de Daniel était simplement un buste placé au-dessus d'une colonne ou bien une statue gigantesque. Beaucoup de commentateurs modernes se rangent à la première opinion, à cause des dimensions de cette œuvre colossale, qui avait soixante coudées de hauteur et six de largeur [3]. Les artistes chrétiens avaient ainsi compris le texte de Daniel. Dans un *arcosolium* du *cubiculum* de Sainte-Cécile, on voit, entre autres sujets, Nabuchodonosor voulant contraindre un jeune Hébreu à adorer la statue. Celle-ci consiste en un simple buste, placé sur une colonne d'une hauteur quatre à cinq fois plus grande que le buste

---

[1] « Scribamus etiam in sepulcris veterum, ut sciant et ipsi qui hic (Jonas, IV) aliter legerant, quia Jonas non habuit umbram cucurbitæ, sed hederæ. » Rufin, *Invect.*, I, 35, t. XXI, col. 614. Cf. saint Jérôme, *In Ezech.*, XL, 5-6, t. XXV, col. 375; *Cont. Vigil.*, 9-12, t. XXIII, col. 347-349; *In Jon.* IV, 6, t. XXV, col. 1147. Saint Jérôme répète les mêmes choses dans sa lettre à saint Augustin, *Epist.* LXXV, VII, 22, t. XXII, col. 930, et t. XXXIII, col. 263.

[2] Saint Jérôme, *Epist. CII ad Augustin.*, 22, t. XXII, col. 390. Cf. saint Augustin, *Epist.* LXXI, 15, t. XXXIII, col. 242-243.

[3] Daniel, III, 1. Environ 31 mètres 50 de hauteur et 3 mètres 15 de largeur.

lui-même[1]. Le buste paraît représenter le roi Nabuchodonosor, non une idole, car il ressemble au roi debout à côté de lui [2].

Les trois jeunes Hébreux, qui refusent de trahir leur religion à Babylone, ont quelquefois pour pendant les trois Mages qui adorent le Messie nouveau-né à Bethléem. Nous allons nous occuper maintenant de ces derniers personnages et des autres scènes du Nouveau Testament sur lesquelles les peintures des catacombes nous fournissent quelques renseignements archéologiques.

---

[1] Bosio, *Roma sotterranea*, p. 279; Garrucci, *Storia dell' arte cristiana*, t. II, tav. 35, n° 2; texte, p. 41; Bottari, *Sculture sagre*, tav. LXXXII. — On voit une représentation semblable sur un sarcophage donné par G. Allegranza, *Dissertazione IV sopra il gran sarcofago cristiano che esiste sotto il pulpito della Basilica di S. Ambrogio in Milano*, dans ses *Spiegazione e riflessioni sopra alcuni sacri Monumenti antichi di Milano*, in-4°, Milan, 1757, IV, et p. 54 ; Bosio, *Roma sotterranea*, p. 63 ; cf. de Rossi, *Bulletino di Archeologia cristiana*, juillet et août 1866, p. 64.

[2] Voir cette représentation dans *Les Livres Saints et la critique rationaliste*, 4° édit., t. V, Figure 152, p. 193. Voir aussi *ibid.*, t. I, Figure 8, p. 234.

## ARTICLE II.

SCÈNES DU NOUVEAU TESTAMENT SUR LESQUELLES LES PEINTURES DES CATACOMBES FOURNISSENT DES RENSEIGNEMENTS ARCHÉOLOGIQUES.

La tradition artistique concernant les Mages n'était pas rigoureusement fixée sur certains points de détail, mais elle l'était sur d'autres, au sujet desquels les monuments figurés ne varient jamais. Le nombre des Mages est quelquefois de quatre, quelquefois de deux, le plus souvent de trois. S'il y a sous ce rapport des différences, qui tiennent sans doute à des raisons de symétrie, sous d'autres rapports l'uniformité règne dans tous les monuments. Par exemple, ils sont représentés comme étant de même race, et non comme appartenant à trois races distinctes, ainsi qu'on les figure sur un grand nombre de tableaux plus récents.

Ce ne sont pas des rois, ainsi qu'on l'a souvent répété depuis, mais simplement de grands personnages. D'ordinaire ils sont coiffés du bonnet phrygien, de même que les trois Hébreux dans la fournaise [1]. Ils portent une tunique sur laquelle flotte quelquefois un manteau rejeté en arrière ; les reins sont ceints ; les jambes, nues ou recouvertes d'une sorte de pantalon collant. C'est là le costume des Perses, ce qui nous montre que la primitive Église croyait les Mages

---

[1] Voir, Figure 44, les Mages offrant leurs présents. La Très Sainte Vierge, assise, tient sur ses genoux l'enfant Jésus. Garrucci, *Storia dell' arte cristiana*, pl. 55 (Cimitero dei SS. Marcellino e Pietro) ; Bottari, *Sculture sagre*, pl. cxxvi ; cf. cxxiv, Cubiculo xiv. Cf. J. Wilpert, *Die Katakombengemälde und ihre alten Copien*, in-f°, Fribourg-en-Brisgau, 1891, pl. xiii ; F. Noack, *Die Geburt Christi in der bildenden Kunst*, in-4°, Darmstadt, 1894.

originaires de la Perse ou des pays limitrophes[1]. Cette croyance a une grande valeur, puisque les premiers artistes chrétiens étaient très rapprochés des événements dont ils perpétuaient le souvenir.

44. — Les Mages offrant leurs présents à l'enfant Jésus placé sur les genoux de la Très Sainte Vierge.

Les autres scènes reproduites dans les catacombes ne nous fournissent aucune lumière particulière pour l'interprétation archéologique du texte sacré, à part la résurrection de Lazare[2].

Les nombreuses représentations de ce miracle sont le commentaire du récit de saint Jean. Le mort est enveloppé de bandelettes à la manière égyptienne[3]. Il ressemble d'une

---

[1] Cf. Fouard, *La Vie de Notre-Seigneur Jésus-Christ*, 2e édit., t. I, p. 81, 89.

[2] Joa., XI, 1-44.

[3] Voir Bosio, *Roma sotterranea*, p. 359, 383, 393; de Rossi, *Roma sotterranea*, t. II, tav. XXIV, et tous les recueils des monuments des catacombes. Dans la plus ancienne peinture connue, celle du Cimetière de

manière si frappante à une momie que, lorsqu'on trouva, il y a quelques années, dans les catacombes, des statuettes représentant Lazare avec ses *institæ*, on crut d'abord que c'étaient des idoles égyptiennes [1]. Quelquefois le ressuscité est déjà à demi débarrassé de ses bandelettes. Elles sont, en général, de couleur blanche, comme en Égypte. Lazare est ordinairement debout. Sa tête est entourée d'un linge de telle façon que le visage reste découvert. Il est petit comme un enfant. Notre-Seigneur le rappelle à la vie, tantôt, et c'est le plus souvent, en le touchant avec une verge, signe de puissance, tantôt en étendant simplement vers lui sa main droite. Cette verge est sans doute un pur symbole, emprunté à l'histoire de Moïse, produisant ses miracles en Égypte avec son bâton; il ne faut y chercher aucune intention historique.

Le tombeau est apparemment reproduit, non seulement d'après le récit évangélique, mais aussi d'après les usages connus des Juifs. C'est une grotte taillée dans le roc [2], à laquelle on *monte* par quelques marches ou par une rampe. Il est parfois orné, parfois sans ornements [3].

« Le tombeau de Lazare, tel qu'on le montre aujourd'hui, est une cavité taillée dans le roc, revêtue en partie de maçonnerie : on y *descend* par six degrés; il était recouvert par une pierre placée horizontalement, qui en fermait l'en-

---

Sainte-Priscille, Lazare n'est pas enveloppé de bandelettes comme une momie; L. Lefort, dans la *Revue archéologique*, septembre 1880, p. 160.

[1] Northcote et Brownlow, *Roma sotterranea*, t. II, p. 328. Cf. Joa., XI, 44. Les premiers chrétiens avaient une telle prédilection pour l'histoire de Lazare, qu'ils regardaient à bon droit comme un gage de leur résurrection future, ainsi que nous l'avons déjà remarqué, que lorsqu'ils ne pouvaient faire peindre ou sculpter ce sujet sur les tombeaux, ils attachaient à l'extérieur des statuettes de Lazare en métal ou en ivoire.

[2] Bosio, *Roma sotterranea*, p. 567.

[3] Voir plus haut, Figure 32, p. 359, le médaillon à droite, et Figure 35, p. 395, la scène à droite, au-dessous de l'arche de Noé et des orantes.

trée ce qui s'accorde parfaitement avec les paroles de l'Évangile : *C'était une grotte et une pierre était placée dessus* [1]. Quoiqu'il diffère de la forme ordinaire des sépulcres anciens, entreautres du Saint-Sépulcre, il ressemble cependant à quelques tombeaux qu'on trouve encore aujourd'hui, et où l'on ne mettait pas les morts dans des niches séparées, mais dans une grotte unique qui pouvait renfermer plusieurs corps [2]. »

On voit que la tradition de la Palestine n'est pas pleinement d'accord avec les monuments des catacombes sur la forme du tombeau de Lazare ; mais la peinture, pour présenter le miracle aux yeux, devait modifier les détails, car elle ne pouvait faire voir le mort au fond d'un caveau.

En dehors des points que nous venons de signaler, les catacombes ne nous donnent plus que des renseignements iconographiques sur Notre-Seigneur, la Sainte Vierge et les Apôtres.

Les Évangiles ne nous tracent nulle part le portrait de Notre-Seigneur. Les peintures des catacombes suppléent, mais imparfaitement à leur silence. Au premier siècle l'horreur de tout ce qui pouvait avoir la moindre apparence d'idolâtrie, dans des contrées où l'on faisait un si révoltant abus des images des dieux, empêcha les chrétiens de fixer par la peinture les traits sacrés de notre Rédempteur. Dès le second siècle, on disputa sur la beauté ou la laideur de son visage [3]. On peut conclure de ce que dit saint Irénée que tout le monde ignorait ce qu'il en était [4].

---

[1] Joa., xi, 38.

[2] Mislin, *Les Saints Lieux*, 2ᵉ édit., t. ii, p. 483-484.

[3] Sur le débat que suscita entre les Pères grecs et les Pères latins la beauté ou la laideur de Jésus, voir Rio, *L'art chrétien*, Introd., 1874, t. i, p. 41-42; Landriot, *Le Christ et la tradition*, Paris, 1865, t. ii, p. 214-221 ; cf. saint Jérôme, *Epist.* lxv *ad Principiam Virginem*, 8, t. xxii, col. 627; Suarez, *De Incarn.* q. 14, art. 4, disp. 32, t. xviii, p. 173-174; *Dictionnaire de la Bible*, t. i, col. 1534.

[4] Saint Irénée, *Contr. hær.*, i, 25, 6; iii, 19, 2, t. vii, col. 685, 940-941.

CHAP. VI. LES RENSEIGNEMENTS ARCHÉOLOGIQUES. 435

Cependant, dès le même second siècle, il s'introduisit une sorte de type traditionnel de Jésus-Christ. Nous en trouvons

45. — Notre-Seigneur Jésus-Christ.

la source, ou du moins le premier exemple connu, dans une chapelle de la catacombe de Sainte-Domitille¹. « Le

¹ Voir Figure 45. Cf. Bosio, *Roma sotterranea*, p. 253 ; Bottari, *Sculture e pitture sagre*, t. II, pl. LXX ; Garrucci, *Storia dell' arte cristiana*, t. II, pl. 29, n° 5 (II° siècle) ; Northcote et Brownlow, *Roma sotterranea*, t. II, p. 218 et 219. — Le Musée d'Athènes possède le buste antique d'un Athénien qui, vu de face et de profil par un des côtés, représente d'une manière singulière le type reçu de Jésus-Christ.

Sauveur des hommes y est représenté en buste, à la manière des anciennes *imagines clypeatæ* des Romains ; il s'y montre avec le visage de forme ovale, légèrement allongée, la physionomie grave, douce et mélancolique, la barbe courte et rare, terminée en pointe, les cheveux séparés au milieu du front et retombant sur les deux épaules en deux longues masses bouclées [1]. » Nous reproduisons ce monument précieux de l'art antique dans la Figure 45. C'est le type qui a inspiré Léonard de Vinci, Raphaël, Annibal Carrache. On le trouve pendant toute la période byzantine et dans les anciennes mosaïques de Rome et de Ravenne ; il se conserva pendant tout le moyen âge et passa ainsi aux premiers maîtres de la Renaissance [2].

[1] Martigny, *Dictionnaire des antiquités chrétiennes*, p. 387. — On peut voir, sur les portraits de Notre-Seigneur, ce que disent Northcote et Brownlow, *Roma sotterranea*, t. II, p. 214, 215-225 ; Kügler *The Schools of painting in Italy*, trad. Eastlake, 1851, t. I, p. 15-17 ; J. H. Friedlieb, *Das Leben Jesu Christi*, in-8°, Munster, 1887, p. 479 ; Frd. W. Farrar, *The Life of Christ as represented in art*, in-8° ; Londres, 1894 (les plus anciens portraits de Notre-Seigneur, au nombre de cinq, sont reproduits, p. 86-88). Cf. R. Lanciani, *Pagan and Christian Rome*, in-8°, Londres, 1892, p. 384. Voir aussi K. Pearson, *Die Fronica, ein Beitrag zur Geschichte der Christusbilder in Mittelalter mit neunzehn Tafel*, in-8°, Strasbourg, 1887.

[2] Nicéphore Callixte, moine et historien grec, mort vers 1350, trace dans les termes suivants le portrait de Notre-Seigneur, d'après la tradition byzantine : « Voici, au témoignage des anciens et autant que l'imperfection du langage se prête à le reproduire, le portrait de Notre-Seigneur Jésus-Christ. Sa figure était d'une exquise beauté et très expressive ; sa taille mesurait sept palmes. Sa chevelure était blonde, point très fournie et tendant quelque peu à friser. Les sourcils étaient noirs et d'une courbure peu sensible. Les yeux d'un fauve clair avaient une douceur infinie, en même temps que le regard pénétrant ; le nez était allongé, la barbe blonde et d'une longueur médiocre. Il portait au contraire les cheveux longs, « car les ciseaux ne touchèrent jamais sa tête, » non plus que la main d'aucune personne, si ce n'est celle de sa mère, quand il était enfant. Le cou était légèrement incliné, de façon qu'il n'y eût dans sa tenue rien de raide ni de hautain. Le visage n'était ni rond ni trop effilé, très res-

CHAP. VI. LES RENSEIGNEMENTS ARCHÉOLOGIQUES. 437

Une autre représentation antique de Notre-Seigneur mérite seule d'être mentionnée à côté de celle dont nous venons de parler. C'est celle d'un sarcophage du IVe siècle, conservé au Musée chrétien de Latran [1]. Jésus-Christ est figuré guérissant l'hémorrhoïsse, mais il n'est pas, comme sur les autres monuments du même genre, jeune et imberbe; il a plusieurs points de ressemblance avec le Christ de la catacombe de Sainte-Domitille, et le groupe du bas-relief rappelle la description que nous a laissée Eusèbe [2] de la statue du Sauveur élevée, d'après son récit, par l'hémorrhoïsse reconnaissante, à Panéas ou Césarée de Philippe. « [Le monument] est placé sur un haut piédestal, dit-il, devant la porte de la maison de cette femme; une statue d'airain la représente à genoux, les mains tendues en avant, dans l'attitude d'une suppliante; vis-à-vis d'elle est un homme debout, de même matière; il est drapé dans un manteau gracieusement jeté autour de lui et tend sa main vers la femme... On dit que cette statue représente le portrait de Jésus. Elle s'est conservée jusqu'à nous. » Le bas-relief du sarcophage ressemble d'une manière si frappante à la description d'Eusèbe, qu'on ne peut s'empêcher de croire que le sculpteur romain a reproduit l'original oriental.

La Très Sainte Vierge est représentée dans le cimetière

---

semblant à celui de sa mère, un peu penché sur le devant. Le teint d'une rougeur modérée avait quelque chose qui rappelait la couleur des blés jaunissants. Sa physionomie respirait un mélange de gravité et de sagesse, de douceur et de bonté, sans aucune trace de violence. Pour résumer en un mot, il avait en toute chose une ressemblance frappante avec sa divine et très pure mère. » Nicéphore, *Hist. eccl.*, I, 40, t. CXLV, col. 748-749, trad. L. Gaillard, *Le vrai portrait de Notre-Seigneur*, dans les *Études religieuses,* août 1888, p. 536-537.

[1] Il est reproduit par M. de Grimouard de Saint-Laurent, Planche I du *Guide de l'art chrétien*, t. II, 1873, cf. p. 236; Northcote et Brownlow, *Roma sotterranea*, p. 221; cf. *ibid.*, la note p. 361.

[2] Eusèbe, *H. E.*, VII, 18, édit. Teubner, p. 315-316.

de Sainte-Priscille[1], de Saint-Callixte[2], etc. Nous avons d'elle environ cinquante représentations antiques[3].

La peinture de Sainte-Priscille est de l'époque la plus ancienne, du commencement au moins du IIe siècle[4]. Malheureusement les types de la Mère de Dieu reproduits par les artistes primitifs ne se ressemblent point entre eux, de sorte qu'ils ne peuvent nous servir à reconstituer le véritable portrait de Marie[5] et que nous sommes réduits à répéter le mot de saint Augustin : *Neque enim novimus faciem Virginis Mariæ*[6]. « Nous ne connaissons point le portrait de la Vierge Marie. »

La tradition des catacombes représente saint Joseph, dans les scènes évangéliques où il joue un rôle, comme la Nativité et la fuite en Égypte; il n'apparaît jamais isolément. A partir du ve siècle, sous l'influence sans doute des Évangiles apocryphes, on le figure sous les traits d'un homme mûr ou d'un vieillard; mais dans les monuments des quatre premiers siècles, il est jeune et sans barbe. On ne saurait

---

[1] Bottari, *Sculture sagre*, tav. 176. La Sainte Vierge porte l'enfant Jésus sur son sein; une étoile brille au-dessus de sa tête; Isaïe montre cette étoile. Voir *Manuel biblique*, 9e édit., t. II, n° 929, Figure 82, p. 637.

[2] Bottari, *Sculture sagre*, t. III, p. 218.

[3] V. Schulze, *Archäologische Studien über altchristliche Monumente*, VI, p. 176, 211-219.

[4] L. Lefort, dans la *Revue archéologique*, septembre 1880, p. 158.

[5] Northcote et Brownlow, *Roma sotterranea*, t. II, p. 224-225; Schultze, *Archäologische Studien*, p. 177.

[6] Saint Augustin, *De Trinit.*, VIII, 5, 7, t. XLII, col. 952. — Voir plus haut, Figure 44, p. 432, une des représentations de la Sainte Vierge dans les catacombes. — Cf. J.-B. de Rossi, *Immagini scelte della B. Vergine Maria*, Rome, 1863; Rohault de Fleury, *La Sainte Vierge, études archéologiques et iconographiques*, in-4°, Paris, 1878; F. von Lehner, *Die Marienverehrung in der ersten Jahrhunderten*, 2e édit., in-8°, Stuttgart, 1886; H. Liell, *Die Darstellungen der allerseligsten Jungfrau Maria auf den Kunstdenkmäler der Katakomben*, in-8°, Fribourg-en-Brisgau, 1887.

attacher à aucune de ces représentations une valeur historique.

Nous sommes plus favorisés pour saint Pierre et pour saint Paul, les deux seuls personnages du Nouveau Testament dont les catacombes nous fassent connaître le véritable portrait. D'après les juges les plus compétents, les peintures antiques, un célèbre médaillon de bronze du IIe ou IIIe siècle [1] et les verres dorés nous donnent les traits véritables des princes des Apôtres. Voici, d'après la comparaison de ces divers monuments, leur type traditionnel : « Saint Pierre a la taille droite et haute, la tête et le menton fournis d'un poil épais et crêpu, mais court, le visage rond et les traits un peu vulgaires, les sourcils arqués, le nez long et aplati à l'extrémité. Saint Paul, au contraire, est d'une stature basse et un peu courbée ; il a le front dénudé, la barbe longue et droite, le visage ovale, les sourcils bas, le nez droit et allongé ; dans tous les traits, ainsi que dans le teint, quelque chose de délicat qui caractérise ordinairement les gens d'une certaine condition [2], surtout quand ils sont d'une complexion peu robuste, comme saint Paul nous l'apprend de lui-même : *Præsentia corporis infirma* [3]. Les Ménées des Grecs donnent un portrait à peu près identique, à cette seule différence près qu'ils attribuent la calvitie à saint Pierre comme à saint Paul... Il faut observer aussi que saint Paul est quelquefois représenté avec le front garni de cheveux. Ces derniers portraits sembleraient supposer qu'il y avait dans l'antiquité deux types de cet Apôtre, l'un exécuté au début de son apostolat, époque où il était encore assez jeune, et l'autre plus tard... Les portraits des deux Apôtres se trouvent

---

[1] De Rossi, *Bulletino di Archeologia cristiana*, 1864, p. 85. Cf. L. Polidori, *Sulle immagini dei santi Pietro e Paolo*, in-16, Milan, 1834.

[2] A Rome, on caractérise saint Paul en disant qu'il avait « le type patricien. »

[3] II Cor., x, 10.

à profusion sur les vases de verre à fond doré[1], qui, comme on sait, remontent en partie au temps des persécutions[2]. »

46. — Saint Pierre et saint Paul. Fond de verre chrétien.

Un de ces vases de verre représente la Sainte Vierge entre saint Pierre et saint Paul[3]. Les trois personnages sont dési-

[1] Voir, Figure 46, un de ces fonds de verre, d'après Bottari, *Sculture sagre*, t. III, pl. 197.
[2] Martigny, *Dictionnaire des antiquités chrétiennes*, p. 647. Cf. Northcote et Brownlow, *Roma sotterranea*, t. II, p. 225, 285-312.
[3] En voir la reproduction dans F. von Lehner, *Die Marienverehrung*, Taf. VIII, n° 78; H. Liell, *Die Darstellungen der allerseligsten Jungfrau*, fig. 3, p. 180.

gnés par les mots : MARIA, PETRUS, PAULUS. Dans le champ sont deux volumes, symboles de la loi divine, sans doute l'Ancien et le Nouveau Testament. L'artiste chrétien les a placés à côté des deux princes des Apôtres pour nous rappeler qu'ils ont été les hérauts, les interprètes et les gardiens de la parole de Dieu. Les disciples de Jésus-Christ prêchèrent la bonne nouvelle aux Romains ; ils leur firent connaître quels étaient les livres inspirés ; ils leur montrèrent comment l'Ancien Testament n'était que la préparation du Nouveau. Les peintres des catacombes se servirent de leurs pinceaux et de leurs couleurs pour rendre sensibles ces vérités aux yeux des fidèles ; ils nous ont appris ainsi à nous-mêmes qu'ils vénéraient la Bible comme l'œuvre de Dieu, qu'ils recevaient les livres que nous recevons, qu'ils interprétaient l'Écriture comme les Pères et les docteurs, qu'ils croyaient, en un mot, ce que nous croyons : c'est l'enseignement constant que nous donnent les peintures des catacombes, ces monuments vénérables que nous a légués la piété de nos pères dans la foi. Ils confirment ainsi les traditions de l'Église catholique et les justifient contre les njustes attaques de l'hérésie et de l'incrédulité, de sorte que les découvertes archéologiques modernes rendent un éclatant hommage à nos Livres Saints et à la vérité que nous ont transmise les Papes et les Conciles.

# CHAPITRE VII.

CONCLUSION GÉNÉRALE.

Si nous jetons maintenant un regard en arrière sur la route que nous venons de parcourir, nous avons bien le droit de constater scientifiquement que, des découvertes archéologiques modernes relatives au Nouveau Testament, aucune ne contredit la tradition et la croyance catholique, et que toutes au contraire leur rendent un éclatant hommage. Les progrès de la philologie comparée nous mettent en état de démontrer que nos Évangiles n'ont pu être composés que par des écrivains d'origine juive et au premier siècle de l'ère chrétienne. L'épigraphie justifie les assertions historiques de saint Luc contre d'injustes attaques. Toutes les sciences archéologiques proclament de concert la parfaite exactitude des Actes des Apôtres jusque dans leurs plus minutieux détails. Enfin les catacombes nous font entendre en quelque sorte, après tant de siècles, l'écho de la voix des premiers chrétiens, pour nous redire qu'ils ont admis comme nous les quatre Évangiles canoniques, et seulement ces Évangiles, que leur foi, en un mot, a été la nôtre.

Ainsi les découvertes des savants modernes, quel que soit l'esprit qui les anime, tournent à la gloire de nos Saintes

Écritures et nous apportent tour à tour des preuves nouvelles en faveur de la véracité du Nouveau comme de l'Ancien Testament[1], de telle sorte que le Livre sacré, le Livre de Dieu, apparaît, bon gré mal gré, à tous les regards, comme un livre qui ne ressemble à aucun autre, comme un monument unique au monde, dont rien ne peut ébranler la solidité et que tous doivent admirer.

Ces pensées se présentaient à mon esprit avec une force particulière, un jour que, en Égypte, la Bible ouverte sous les yeux, et me rappelant les oracles des prophètes sur l'empire des Pharaons, je contemplais, du haut de la grande pyramide, le magnifique spectacle qui se déroulait devant moi. Qu'il me soit permis, en terminant ces pages, de rappeler ces impressions qui sont restées profondément gravées dans ma mémoire.

J'étais allé en Orient pour suivre les traces du peuple de Dieu. Cette idée ne me quittait jamais, et partout je songeais à nos Saintes Écritures. C'était à la fin de mars, par une de ces tièdes journées, éclairées d'une lumière radieuse, comme on n'en peut voir qu'au Caire, à cette époque de l'année. Je venais d'arriver au sommet de la pyramide. Un des Arabes qui m'accompagnaient m'avait rappelé les paroles légendaires : « D'ici, quarante siècles nous contemplent. » Oui, me disais-je, cet immense amas de pierres, accumulé avec des efforts et un travail inouïs par les ordres de Chéops, a vu s'écouler déjà bien des siècles, mais ce monument colossal n'est rien à côté de ce petit livre que j'ai là entre les mains. La grande pyramide n'a exercé aucune influence sur les destinées des peuples, tandis que les pages sacrées de l'Écriture ont apporté aux hommes de bonne volonté la paix du cœur et la véritable lumière. Ce que la créature fait

---

[1] Nous l'avons établi pour l'Ancien Testament dans *La Bible et les découvertes modernes en Palestine, en Égypte et en Assyrie*.

de plus grand est vain et stérile, tandis que la moindre parole de Dieu porte ses fruits [1].

Nulle part au monde, on ne peut se rendre mieux compte qu'en cet endroit de la vanité des œuvres humaines et de la grandeur des œuvres divines, jouir d'un panorama plus varié et plus étendu, embrasser d'un seul coup d'œil tant de contrastes, évoquer tant et de si glorieux souvenirs. Une dizaine de touristes de tous les pays, rassemblés sur la petite plate-forme de la pyramide, admiraient le paysage et les ruines imposantes des alentours. Je ne pouvais me lasser moi-même de regarder et d'admirer.

On a là, en quelque sorte, tout l'univers en raccourci. Du haut de cet observatoire qui domine au loin l'Égypte aux quatre points de l'horizon, l'œil voit d'un côté tout ce que la nature a de plus riant et de plus beau, et de l'autre tout ce qu'elle a de plus triste et de plus sévère. Le monument de Chéops est à la lisière même du désert. Pour éclairer la scène, le soleil d'Orient, dans un ciel sans nuages, verse à flots ses rayons d'or. Au midi, une vaste plaine, légèrement ondulée, au sable fauve, sans culture, sans habitants, l'image même de l'aridité et de la désolation, va se perdre dans l'immensité. Au nord, au contraire, le riche Delta étale son tapis verdoyant, doux repos pour les yeux; le Caire dresse sa forêt de minarets aigus qui s'élancent vers le ciel; le Nil roule majestueusement ses eaux nourricières et les prodigue dans mille canaux, semblables à des filets d'argent, qui portent partout la vie et la fécondité; çà et là de hauts palmiers bercent mollement leur gracieux panache; partout une population nombreuse travaille, s'agite dans les champs, autour de nombreux villages, comme des abeilles autour de leur ruche. Aussi loin que la vue puisse s'étendre de ce côté, tout est animé, vivant, et la végétation la plus luxuriante fait de cette terre fortunée un véritable paradis, tel

---

[1] Is., LV, 11.

que devait être l'Éden aux premiers jours de la création.

Abaissez maintenant vos regards à vos pieds, quel nouveau contraste! Tandis que la vie se manifeste avec tant d'intensité dans le Delta, vous ne voyez plus là que les traces de la mort et les tristes marques de la caducité des choses humaines. Au bas et tout autour des pyramides, ce ne sont que monceaux de débris et de ruines : tombeaux profanés, bandelettes de momie déchirées, fragments de cercueil en bois de sycomore, temples détruits, blocs de granit et de porphyre brisés et mis en pièces. L'art et la science avaient dépensé là toutes leurs forces, épuisé tous leurs secrets, et il ne reste rien ou presque rien du fruit de tant de labeurs. De combien de vicissitudes, de combien de révolutions cet impétrissable monument de pierres sur lequel je suis, n'a-t-il pas été le témoin muet? Tout a changé autour de lui : les conquérants ont succédé aux conquérants, les Perses aux Égyptiens, les Grecs aux Perses, les Romains aux Grecs, les Arabes aux Byzantins. Dans les vastes plaines qui s'étendent là au-dessous, le sang a coulé à flots, depuis les jours les plus anciens des Pharaons jusqu'aux Français de Bonaparte, depuis les batailles sans nom qui remontent aux origines des peuples jusqu'à la bataille des Pyramides. Les villes s'y sont élevées, elles ont jeté un moment un vif éclat et puis elles ont disparu. L'orgueilleuse Memphis gît là, couchée dans son tombeau, sous les blés qui verdissent dans les champs où brillèrent autrefois ses merveilleux édifices. De ses somptueuses constructions, ils ne reste plus rien aujourd'hui. Quelques débris des statues colossales du grand Sésostris, exhumées à grand'peine, des milliers de morceaux de briques rouges brisées, mêlés avec le limon du Nil, marquent seuls la place où fleurit la superbe capitale des Pharaons. De pauvres fellahs, couverts de guenilles, cultivent le sol couvert jadis par les temples et les palais, et là où couraient, attelés de chevaux richement caparaçonnés, les magnifiques chars des grands rois, l'on ne voit plus cheminer que des chameaux, à la marche lente et solennelle, ou des ânes chargés de leurs fardeaux. Les prophètes l'avaient prédit, l'antique Égypte devait périr :

> Où sont tes sages, [ô Égypte]?
> Qu'ils t'annoncent, s'ils le savent,
> Ce que le Seigneur a décrété sur toi!
> Les princes de Tanis ont perdu le sens,
> Les princes de Memphis se sont trompés [1]...
> Annoncez-le à l'Égypte, publiez-le à Migdol;
> Faites-le savoir à Memphis et à Taphnès;
> Dites : « Debout, prépare-toi,
> Car le glaive dévorera tout ce qui t'entoure...
> Fais tes préparatifs pour la captivité, fille de l'Égypte,
> Parce que Memphis deviendra une solitude,
> Elle ne sera plus habitée [2]. »

Ces menaces prophétiques se sont littéralement accomplies. Seules les pyramides sont restées debout; elles ont survécu aux désastres de l'empire des Pharaons, elles ont résisté aux siècles et aux hommes. « Tout craint le temps, disent les Arabes, mais le temps craint les pyramides. » Les pierres de leur revêtement sont tombées, leur sommet est découronné, mais elles sont toujours là, fermes et immuables, assises sur leur masse solide, l'œuvre la plus imposante qu'ait élevée la main de l'homme, et comme l'emblème de la stabilité et de la durée.

C'est là, aussi, me dis-je alors, l'emblème et l'image de nos Saintes Écritures; elles sont dans le monde spirituel et moral, et mieux encore, ce qu'est la grande pyramide dans le monde matériel. Tout craint le temps, mais le temps respecte les Écritures. Toutes les pages sacrées demeurent entières et intactes. Les siècles s'écoulent, les empires som-

---

[1] Is., XIX, 12-13. Voir aussi Ézéchiel, XXIX-XXX.
[2] Jér., XLVI, 14, 19.

brent et disparaissent, les générations succèdent aux générations, les peuples aux peuples, les langues aux langues, et les Écritures sont toujours là, debout dans leur imposante simplicité et dans leur impérissable majesté. Tout change autour d'elles et elles sont immuables. Elles nous prêchent toujours ce que nous devons croire et pratiquer ; elles nous montrent l'homme avec toutes ses grandeurs et toutes ses faiblesses, les peuples avec toutes leurs ambitions et leurs querelles, mais surtout Dieu avec sa justice et sa sainteté, sa bonté et sa miséricorde, Jésus-Christ, notre Sauveur, le ciel qu'il nous a préparé, la voie qui doit nous y conduire ; elles nous enseignent, en un mot la vérité éternelle. Les chrétiens les vénèrent comme le livre de vie ; des hommes dévoyés cherchent à les dépouiller de leur auréole, à les profaner, à les détruire. Ils les attaquent avec un acharnement opiniâtre, au nom de la science et du progrès avec toutes les armes de l'érudition, avec toutes les subtilités de la sophistique la plus captieuse. Vains efforts, rage impuissante ! Rien ne peut ébranler l'Écriture. Ses ennemis disparaissent ; elle demeure [1].

Et non seulement elle triomphe de toutes les attaques et survit à tous ceux qui lui font la guerre, mais elle continue

---

[1] M. le chanoine Palis, aumônier à Béziers, qui a bien voulu me prêter pour la correction des épreuves de cet ouvrage le plus précieux concours, me signale à propos de l'idée exprimée ici un passage de Lamennais que je ne connaissais point. L'auteur de l'*Essai sur l'indifférence* dit au sujet de l'Église, dans l'*Introduction* de ce livre célèbre : « L'Église voit les sectes rebelles expirer l'une après l'autre à ses pieds ;... son gouvernement, affermi par les coups qu'on lui porte, subsiste inaltérable, et se perpétue de siècle en siècle au milieu des déplacements et des ruines des gouvernements humains : semblable à ces antiques monuments de l'Égypte, dont l'Arabe vagabond, qui plante le soir, à l'abri de leur masse immobile, la tente qu'il enlèvera le matin, essaie de détacher en passant quelques pierres, et bientôt, fatigué d'un travail sans fruit, s'enfonce et disparaît dans des solitudes inconnues. » *Essai sur l'indifférence*, 4e édit., t. I, Paris, 1818, p. 24-25.

dans tous les temps et en tous lieux son œuvre divine. Tandis que l'hérésie et l'incrédulité sont stériles comme le désert qui s'étend au sud de la pyramide, la foi qui se nourrit du Livre Saint est féconde comme les riches plaines du Delta. On ne croit plus aux anciens poètes et aux philosophes, aux fables d'Homère et de Virgile, aux rêveries de Platon sur une autre vie, aux explications des anciens sages sur l'origine du monde et sur la nature des choses ; on croit toujours à la Bible, et, avec la grâce de Dieu, elle produit toujours des héros et des saints.

Notre siècle doit l'honorer comme ceux qui l'ont précédé, et s'incliner à son tour devant elle, quelque fier qu'il soit de ses inventions et de ses progrès. Des sciences autrefois inconnues naissent au milieu de nous; les explorateurs multiplient les découvertes, tout se modifie et se renouvelle à notre époque, géographie, histoire, linguistique, et au milieu de ce mouvement qui semble emporter toutes choses, le Livre des Livres, qui contient la parole de Dieu, est toujours le même, comme placé entre le ciel et la terre, monument sublime destiné à frapper et à attirer de loin tous les regards, comme la pyramide de Chéops.

Oui, cette grande œuvre de l'art et de la science de l'Égypte est l'image de nos Saintes Écritures, mais avec cette différence que nos Saints Livres sont l'œuvre de Dieu, et non l'œuvre des hommes, une œuvre bienfaisante et salutaire, et non une œuvre morte et sans fruits. Les Pharaons ont pu élever des monuments destinés à braver les siècles; mais ils n'ont pu donner à l'humanité ce qu'ils ne possédaient pas eux-mêmes, la lumière et la vérité. C'est là ce que nous donne l'Écriture, sortie des mains de Dieu. Dieu seul a pu nous faire ce don magnifique, nous révéler la vérité, nous éclairer de sa lumière. Mieux encore que ce soleil éclatant, qui est sa créature, n'inonde la terre d'Égypte de ses brillants rayons, le Seigneur, par ses Évangiles et les autres livres sacrés, illumine notre intelligence et nous enseigne la justice. Les sciences nouvelles, loin de démentir sa parole, sont obligées de lui rendre hommage et de proclamer qu'il est le Dieu de toute science et de toute vérité[1]. A mesure que ces sciences, comme autant d'astres lumineux, se lèvent et brillent au ciel des intelligences, elles racontent la gloire du Créateur et attestent la vérité des Écritures qu'il a inspirées[2], et à mesure que les découvertes deviennent plus nombreuses, s'augmentent aussi les preuves et les témoignages en faveur de nos Livres Saints.

Telles étaient les pensées qui se pressaient en foule dans mon esprit, tandis que je considérais l'œuvre de Chéops et le volume saint qui contient la parole révélée. Je ne pouvais m'arracher à ce spectacle et à ces réflexions. Cependant tout le monde était déjà redescendu du haut de la pyramide; je restais seul étranger sur son sommet. Je baisai donc ma Bible avec respect et avec amour, et je redescendis enfin en me disant : Ce monument de pierres semble bâti pour l'éternité, mais ce petit livre sera encore plus durable que ce colosse. Viendront peut-être des jours où la dernière pierre de la grande pyramide aura été arrachée de ses fondements, et si alors les hommes existent encore, si notre planète a encore des habitants, on aura fait de nouvelles découvertes, qui auront confirmé de plus en plus la véracité de nos Livres Saints ; le Christianisme sera toujours florissant et des peuples dont nous ignorons les noms continueront à chanter les louanges de Dieu et de son Christ : « Béni soit le Dieu de l'Ancien et du Nouveau Testament; loué soit Jésus-Christ à jamais, car la vérité subsiste éternellement. » *Veritas Domini manet in æternum*[3].

[1] *Deus scientiarum Dominus.* I Reg., II, 3. *Ego sum veritas.* Joa., XIV, 6.

[2] Cf. Ps., XVIII (hébreu, XIX), 1.

[3] Ps., CXVI (hébreu, CXVII), 2.

# TABLE GÉNÉRALE DES MATIÈRES.

|  | Pages. |
|---|---|
| AVANT-PROPOS de la première édition | v |
| AVERTISSEMENT de la seconde édition | VIII |
| Le Nouveau Testament et les découvertes archéologiques modernes. Considérations générales | 1 |

## LIVRE PREMIER.

### DE L'AUTHENTICITÉ DES ÉCRITS DU NOUVEAU TESTAMENT PROUVÉE PAR LEUR LANGAGE.

| | |
|---|---|
| CHAP. Ier. Observations préliminaires | 7 |
| CHAP. II. De la langue parlée par Notre-Seigneur et les Apôtres. | 9 |
|    I. Historique de la question | 11 |
|    II. Le grec n'a pas été la langue de Notre-Seigneur | 19 |
|    III. L'araméen, langue de Notre-Seigneur et des Apôtres | 27 |
| CHAP. III. Caractères propres de la langue parlée par Notre-Seigneur et les Apôtres. — Comparaison de cette langue avec le grec. — Conséquences qui en découlent. | 41 |
| CHAP. IV. Le langage du Nouveau Testament, preuve de son authenticité | 59 |
| CHAP. V. Conclusion | 77 |

## LIVRE II.

### LES ÉVANGILES.

| | |
|---|---|
| Observations préliminaires | 87 |
| CHAP. Ier. Le recensement de Quirinius | 89 |

|  |  |
|---|---|
| I. Recensement général de l'empire romain sous l'empereur Auguste | 91 |
| II. Premier recensement de la Judée avant la mort d'Hérode. | 102 |
| III. Rôle de Quirinius dans le premier recensement de la Judée | 110 |

Chap. II. Lysanias, tétrarque d'Abilène .................. 131

Chap. III. Les synagogues au temps de Jésus-Christ et des Apôtres ................................. 143

|  |  |
|---|---|
| I. Origine des synagogues | 145 |
| II. Forme des synagogues | 148 |
| III. Organisation et service des synagogues | 156 |

Chap. IV. Le parfum de Marie-Madeleine ................ 163

Chap. V. La Passion au point de vue archéologique ....... 169

# LIVRE III.

## LES ACTES DES APÔTRES.

Chap. I<sup>er</sup>. Exactitude et véracité des Actes des Apôtres ...... 195

Chap. II. Saint Paul dans l'île de Cypre .................. 199

Chap. III. Saint Paul à Philippes ....................... 211

Chap. IV. Saint Paul à Thessalonique ................... 231

Chap. V. Saint Paul à Athènes ........................ 257

Chap. VI. Saint Paul à Éphèse et la sédition des orfèvres dans cette ville ................................ 273

|  |  |
|---|---|
| I. Le récit de la sédition par saint Luc | 279 |
| II. Le temple de Diane à Éphèse | 282 |
| III. La grande Diane des Éphésiens | 288 |
| IV. Constitution politique et municipale d'Éphèse | 301 |
| V. Locutions éphésiennes dans le récit de saint Luc | 306 |

Chap. VII. Saint Paul, à Jérusalem, accusé d'avoir fait violer par les Gentils l'enceinte du Temple .............. 313

Chap. VIII. Le voyage de saint Paul de Césarée à Rome ....... 321

# LIVRE IV.

LE NOUVEAU TESTAMENT DANS LES CATACOMBES ET SUR LES MONUMENTS FIGURÉS DES PREMIERS SIÈCLES DE NOTRE ÈRE.

                                                                              Pages.

CHAP. I<sup>er</sup>. Les Livres Saints et les catacombes............ ......... 353

CHAP. II. De la place qu'occupe le Nouveau Testament dans les catacombes et les monuments primitifs de l'art chrétien................................,.............. 355
    I. Sujets historiques représentés dans les catacombes..... 358
    II. Sujets symboliques représentés dans l'art chrétien primitif. 362

CHAP. III. Raisons du choix des sujets représentés par les artistes chrétiens primitifs....................... 373

CHAP. IV. Méthode d'interprétation des artistes chrétiens; l'interprétation allégorique........................ 379
    I. Caractère allégorique des peintures des catacombes..... 381
    II. Causes de l'amour des premiers chrétiens pour l'interprétation allégorique des Écritures.................. 386

CHAP. V. Le canon des Livres Saints d'après les monuments figurés des premiers siècles..................... 391
    I. Les livres deutérocanoniques de l'Ancien Testament.... 394
    II. Les livres du Nouveau Testament..................... 407

CHAP. VI. Renseignements archéologiques fournis par les peintures des catacombes.......................... 425
    I. Scènes de l'Ancien Testament sur lesquelles les peintures des catacombes fournissent des renseignements archéologiques................................... 426
    II. Scènes du Nouveau Testament sur lesquelles les peintures des catacombes fournissent des renseignements archéologiques................................... 431

CHAP. VII. Conclusion générale............................. 443

FIN DE LA TABLE GÉNÉRALE DES MATIÈRES.

# TABLE DES ILLUSTRATIONS.

|   | Pages. |
|---|---|
| 1. Monnaie de bronze d'Hérode le Grand..................... | 19 |
| 2. Monnaie de Zénodore.................................... | 136 |
| 3. Plan d'une synagogue, par M. l'abbé Douillard............. | 149 |
| 4. Ruines de la synagogue de Kefr Birim, en Galilée, d'après une photographie.......................................... | 153 |
| 5. Olivier du Jardin de Gethsémani, d'après une photographie du P. Van Hamme...................................... | 171 |
| 6. Sainte Épine de Trèves. — Saint Clou de Trèves. — Pointe du saint Clou de Trèves conservée à Toul. Vis-à-vis de la page. | 177 |
| 7. Titre de la Croix de Notre-Seigneur...................... | 185 |
| 8. Médaille de Cominius Proclus, proconsul de Cypre......... | 204 |
| 9. Médaille de la ville de Philippes........................ | 215 |
| 10. Médaille macédonienne. Première division................ | 222 |
| 11. Médaille macédonienne. Seconde division................ | 223 |
| 12. Médaille de Thessalonique...  ........................ | 234 |
| 13. Première inscription des politarques..................... | 240 |
| 14. Troisième inscription des politarques.................... | 245 |
| 15. Quatrième inscription des politarques................... | 249 |
| 16. Cinquième inscription des politarques................... | 253 |
| 17. Sixième inscription des politarques...................... | 255 |
| 18. Ruines de l'Acropole d'Athènes, d'après une aquarelle de M. de Curzon......................................... | 260 |
| 19. Lettres éphésiennes magiques........................... | 274 |
| 20. Médaille représentant le temple de Diane à Éphèse........ | 285 |
| 21. Diane Lucifère, d'après l'original du Musée du Capitole, à Rome................................................ | 290 |
| 22. Diane d'Éphèse, d'après l'original du Musée du Vatican, à Rome................................................ | 290 |

# TABLE DES ILLUSTRATIONS.

Pages.

23. Diane chasseresse, d'après l'original du Musée de Dresde... 290
24. Ruines du théâtre d'Éphèse, d'après Léon de Laborde...... 295
25. Ruines du théâtre d'Éphèse, d'après une photographie prise en 1893 par M. Henri Cambournac..................... 299
26. Monnaie d'Éphèse portant le nom d'un proconsul........... 302
27. Médaille du grammate Cousinios....................... 303
28. Médaille de l'Asiarque Ménandre....................... 304
29. Plan du Temple de Jérusalem, d'après la restauration de M. de Vogüé.............................................. 315
30. Inscription d'une stèle du Temple de Jérusalem............ 318
31. Navire antique, d'après un tombeau de Pompéi............ 326
32. Le Bon Pasteur et scènes diverses de l'Ancien et du Nouveau Testament représentées dans les catacombes....... 359
33. Cornaline représentant les symboles chrétiens des catacombes. 367
34. Moïse recevant les tables de la loi de la main de Dieu....... 370
35. Tobie et l'ange Raphaël. Scènes diverses.................. 395
36. Susanne sous forme d'orante. Catacombe de Sainte-Priscille. 400
37. Susanne et ses calomniateurs. Catacombe de Sainte-Priscille. 403
38. Susanne et son époux Joachim. Catacombe de Sainte-Priscille. 403
39. Les quatre fleuves évangéliques coulant du rocher sur lequel est debout Notre-Seigneur entre saint Pierre et saint Paul. Sarcophage du cimetière du Vatican.............. 409
40. L'Annonciation de la Très Sainte Vierge. Catacombe de Sainte-Priscille .................................................. 414
41. La Samaritaine au puits de Jacob. Catacombe de Sainte-Domitille....................................................... 415
42. Le banquet eucharistique. Catacombe de Sainte-Agnès.... 418
43. La vigne sacrée........................................ 421
44. Les Mages offrant leurs présents à l'enfant Jésus placé sur les genoux de la Très Sainte Vierge.................... 432
45. Notre-Seigneur Jésus-Christ. Catacombe de Sainte-Domitille. 435
46. Saint Pierre et saint Paul. Fond de verre chrétien......... 440

FIN DE LA TABLE DES ILLUSTRATIONS.

# TABLE ALPHABÉTIQUE DES MATIÈRES.

## A

A et Ω, dans les catacombes, 422.
*Abba*, mot araméen dans saint Marc, 36; saint Paul, 36.
*Abdénago*, dans la fournaise de Babylone, 398. Voir *Enfants*.
**Abila**, ville de l'Anti-Liban, 134-137.
**Abilène**, pays dont Abila était la capitale, 134.
**Abraham** immolant Isaac, représenté dans les catacombes, 358, 382, 426.
*Abstraits* (mots), leur rareté dans le Nouveau Testament, 46, 64 et suivantes.
**Achaïe**, province sénatoriale à l'époque du voyage de saint Paul à Corinthe, 200.
**Acropole**, à Athènes, 257, 261, 264-267.
*Actes des Apôtres*, leur exactitude, 195.
**Adam** et Ève représentés dans les catacombes, 358, 426.
**Adramyttion**, Adrumette, ville de Mysie, 322-323.
**Adrumette**, voir *Adramyttion*.
*Affection*, voir *Amour*.
*Agneau*, dans les catacombes, son sens symbolique, 363.

*Agonie* de Notre-Seigneur, description de la grotte où elle eut lieu, 170.
*Agora*, à Athènes, 261.
**Agrippa**, son *Orbis pictus*, 96.
**Agrippa**, gendre d'Auguste, gouverne l'Orient, 122.
*Alabastrum*, vase à parfums, sa description, 166.
**Alassa**, près de Kalo-Limniones, 329.
1. **Alexandre le Grand** dépose son portrait peint par Apelles dans le temple de Diane à Éphèse, 283.
2. **Alexandre**, Juif d'Éphèse, du temps de saint Paul, 280, 303.
*Ame*, dans l'Écriture, 61.
*Amour*, *Haine*, dans le Nouveau Testament, 66-67.
*Allégorique* (Interprétation) dans les catacombes, 381-389.
*Amen*, mot araméen dans le Nouveau Testament, 34.
**Amyntas**, roi des Homonades, tué par ses sujets, 125.
*Anciens*, leur rôle dans les synagogues, 156.
**Ancyre** (Monument d'), contient le Testament d'Auguste, 91.
**Andjar**, ancienne Chalcis, 133.

**Anne**, grand prêtre, sa maison à Jérusalem, 173.

*Annonciation*, représentée dans les catacombes, 413, 414.

**Antoine**, triumvir, fait périr Lysanias I$^{er}$, 133.

*Apocalypse*, emprunts que lui ont faits les peintres des catacombes, 422.

*Apocryphes* (Évangiles) rejetés par les peintres des catacombes, 392.

**Appius** (Forum d'), saint Paul y passe en allant à Rome, 349.

*Arabe*, langue sémitique, 11.

*Araméen*, langue du pays d'Aram, 11; divisée en deux dialectes, 12; parlée par les Juifs après la captivité, 12; par Jésus-Christ et les Apôtres, 27, 40; son caractère, 43.

*Arbre* de la science du bien et du mal, dans les catacombes, 426.

*Arche* de Noé, dans les catacombes, 382.

*Archisynagogus*, ses fonctions, 156, 158, 161.

**Aréopage**, à Athènes, 261, 264.

**Argenteuil**, sainte Tunique que possède son église, 188.

**Aristarque**, compagnon de saint Paul, à Éphèse, 280.

**Artémis** ou Diane d'Éphèse, 288-298.

**Artémision** à Éphèse, 277, 278.

*Aruspices*, nommés dans la traduction de la Vulgate, 80.

*Asiarques*, grands-prêtres du culte de Rome et d'Auguste, 301, 302, 303, 304.

*Assyrien*, langue sémitique, 11.

**Athènes**, au temps de saint Paul, 257; synagogue de cette ville, 262; ses philosophes, 263; curiosité de ses habitants, 263; leur superstition, 268-269; discours que prononce saint Paul sur la colline de l'Aréopage, 264-272.

**Auguste**, son testament, 91; son *Breviarium imperii*, 92; fait un recensement général de l'empire romain, 94.

**Augustin** (Saint), sur le nard pistique, 164.

*Autel* élevé au Dieu inconnu, à Athènes, 269.

**Autun**, épines de la sainte Couronne que possède le grand séminaire de cette ville, 177.

*Aveugle-né*, sa guérison représentée dans les catacombes, 420.

**Avezac** (D'), sur la *Cosmographie* d'Éthicus, 93, 94.

**Azarias**, dans la fournaise de Babylone, 398. Voir *Enfants*.

## B

**Balbek**, fait partie du royaume de Lysanias I$^{er}$, 137.

**Balbus**, sur le recensement général d'Auguste, 94.

*Baptême chrétien*, souvent figuré dans les catacombes, 374; baptême de Notre-Seigneur, 411.

**Barabbas**, nom propre araméen, 28.

**Barjésu**, nom propre araméen, 28; magicien juif en Cypre, 206.

**Barjona**, nom propre araméen, 28.

**Barnabé**, nom propre araméen, 28.

**Baronius,** son opinion sur le titre de Sergius Paulus, 201 ; son opinion sur le scribe ou grammate d'Éphèse, 303.
**Barsabas,** nom propre araméen, 28.
**Barthélemy,** nom propre araméen, 28.
**Bartimée,** nom propre araméen, 28.
*Bâsâr,* nom du corps dans l'Écriture, 61.
**Batiffol,** note sur l'île de Caudos mentionnée dans Strabon, 333-334.
*Batlanim,* personnages désignés pour assister d'office au service des synagogues, 157.
**Béelzébub,** nom d'une fausse divinité dans l'Écriture, 29.
**Bel** et le dragon, dans les catacombes, 402.
**Béthesda,** nom propre araméen, 30.
*Biscuit, panis nauticus,* pain qu'on mange sur les navires, 341.
**Boanergès,** surnom araméen des fils de Zébédée, 29.
*Bon Pasteur,* dans les catacombes, 362-363, 376.
**Bonsports,** où passa saint Paul se rendant en Italie, 329.
*Boussole,* inconnue des anciens navigateurs, 336.
*Brebis,* dans les catacombes, leur sens symbolique, 363-364.
*Breviarium imperii,* contenu de cet écrit, 92-93.
*Brisement* des os des suppliciés, 187.
*Breuvage* donné aux crucifiés, 180.

## C

**Cadouin,** possède le Saint-Suaire du chef de Notre-Seigneur, 190.
1. **Caïphe,** nom d'homme araméen, 29.
2. **Caïphe,** grand-prêtre, sa maison à Jérusalem, 173.
**Caïus César,** *præpositus Orientis,* 121-123.
1. **Calvaire,** traduction du mot araméen Golgotha, 30.
2. **Calvaire,** description de son état actuel, 181.
**Cana** (Noces de), représentées dans les catacombes, 416.
*Canon* des Écritures dans les catacombes, 391 ; livres deutérocanoniques de l'Ancien Testament, 394-406 ; les quatre Évangiles, 407-422 ; l'Apocalypse, 422.
**Cassiodore,** sur le recensement de l'empire par Auguste, 96.
**Cassius.** Voir *Dion Cassius.*
*Castor et Pollux,* nom du navire qui porta saint Paul de Malte à Pouzzoles, 346.
*Catacombes,* ce qu'elles sont, 355.
**Cauda,** île près de laquelle la tempête poussa le navire qui portait saint Paul, 333-334.
**Caudos.** Voir *Cauda.*
**Céphas,** nom propre araméen, 29.
**Césarée** de Palestine, on y parle la langue grecque, 19 ; elle est la résidence ordinaire de Pilate, 174 ; le point de départ du voyage maritime de saint Paul, 322.
**Cesnola** (Di), fait des fouilles en Chypre, 196, 202, 205.
*Chair,* dans le Nouveau Testament, 61.

**Chalcis**, ville au pied du mont Liban, 132.

*Chaldaïque* (Langue). Voir *Araméen*.

**Chapelle (Sainte).** Voir *Sainte-Chapelle*.

**Charybde et Scylla**, écueils franchis par le navire de saint Paul, 347.

*Chien* de Tobie, représenté dans les catacombes, 397.

*Chlamyde*, manteau de pourpre dont est couvert Notre-Seigneur, 175.

**Christ**, traduction du mot Messie, 30.

**Chypre**, côtoyée par le navire qui portait saint Paul, 324. Voir *Cypre*.

1. **Cicéron**, proconsul de Cypre, 202.

2. **Cicéron**, fils de l'orateur, légat de Syrie, 121, 124.

*Ciel*, comment il est représenté dans les catacombes, 422.

**Cisterna**, ville d'Italie, n'est pas Trois Tavernes, 348.

*Cité libre*, ce qu'elle était dans l'empire romain, 235.

*Citrouille* de Jonas, dans les catacombes, 428.

**Clauda**, île. Voir *Cauda*.

*Claudienne* (Table), sur le recensement des Gaules, 98-101.

**Clément** d'Alexandrie, sur les symboles chrétiens, 366, 388.

**Cléopâtre**, reine d'Égypte, demande et obtient la mort de Lysanias I<sup>er</sup>, 133.

**Clermont-Ganneau**, découvre une inscription grecque à Jérusalem, 197.

**Clites**, recensement qui leur est imposé, 102-103.

*Clous* qui ont servi à attacher Notre-Seigneur à la croix, 182; leur nombre, 182; clou de Notre-Dame de Paris, 182; de Sainte-Croix-de-Jérusalem, à Rome, 183; de Trèves, 183; de Toul, 183; de Monza, 183.

**Cnide**, saint Paul passe dans le voisinage de cette ville en se rendant en Italie, 328.

**Cocyte**, nommé dans la traduction de la Vulgate, 81.

*Cœur*, signification philosophique de ce mot dans le Nouveau Testament, 68-71.

*Colombe*, dans les catacombes, 368, 411.

*Colonie* romaine, ce qu'elle était, 217-220.

*Colonne* de la flagellation de Notre-Seigneur, 175.

**Cominius Proclus**, proconsul de Cypre, 203-204.

*Conscience*, dans le Nouveau Testament, 71-72.

*Corban*, mot araméen dans le Nouveau Testament, 36.

*Corbanas*, mot araméen dans saint Matthieu, 36.

*Corne* de la Croix, 180.

*Corps*, signification de ce mot dans le Nouveau Testament, 61.

*Coumi, coum*, mot araméen prononcé par Notre-Seigneur, 22, 36.

1. *Couronne d'épines* de Notre-Seigneur, 176-177.

2. *Couronne de fer* de Monza, près de Milan, 183.

**Cozza**, découvre dans les fragments palimpsestes de Strabon le nom de Caudos ou Cauda, des Actes des Apôtres, 333.

*Crainte de Dieu*, signifiant « religion », dans l'Écriture, 75-76.

**Crésus**, contribue à l'édification du temple de Diane à Éphèse, 282.

**Crète**, côtoyée par le vaisseau de saint Paul, 329.

*Croix*, cruauté et atrocité de ce supplice, 179; pourquoi Notre-Seigneur l'a choisi, 178-179; description de la croix en général, 180-181; de celle du Sauveur, 181; crucifiement, 181-182; titre de la croix, 183-187; *Croix*, symbole de la patience dans le Nouveau Testament, 75; *Croix*, dans les catacombes, 366, 375.

*Crucifiement* de Notre-Seigneur, 181; le crucifiement n'est pas représenté dans les catacombes, 375.

*Crucifix* à tête d'âne du mont Palatin, 378.

*Cubiculum*, dans les catacombes, 355.

*Cucurbite* de Jonas dans les catacombes, 428.

**Curium**, inscriptions magiques trouvées dans cette ville, 206.

**Cypre**, sous les Romains et du temps de saint Paul, 199-209; tablettes magiques trouvées dans cette île, 206.

**Cyrinius, Cyrinus**. Voir *Quirinius*.

## D

**Daniel**, dans la fosse aux lions, figuré dans les catacombes, 374, 375, 382, 405.

**Démétrius**, orfèvre d'Éphèse, provoque une sédition contre saint Paul, 279-281.

*Devineresse* de Philippes, 227-229.

**Diane** d'Éphèse, 279-288; son temple, 282-298.

1. **Dieu**, représenté par une main sortant des nuages, dans les catacombes, 369-370.

2. **Dieu inconnu**, adoré à Athènes, 269-270.

**Diodati**, pense que Jésus-Christ a parlé grec, 16.

**Dion Cassius**, sur le gouvernement de l'île de Cypre, 202-203.

**Dioscoride**, sur le nard, 164, 166.

**Douleur**, manière dont elle est exprimée dans le Nouveau Testament, 67.

*Dragon* de Daniel, dans les catacombes, 402.

**Duchesne**, fait des recherches archéologiques en Macédoine, 196, 212; découvre des inscriptions grecques à Thessalonique, 250, 255.

## E

*École*, dans les synagogues, 155.

*Écriteau* indiquant la cause de la condamnation des suppliciés, 183.

**Éden**, figure du ciel, dans les catacombes, 422.

**Édremid**. Voir *Adramyttion*.

**Egnatia**, voie romaine de ce nom, traversant la Macédoine, 224, 231.

*Élohi, Élohi, lema sabachtanei*, phrase araméenne prononcée par Notre-Seigneur sur la croix, 37.

*Embaumement* de Notre-Seigneur, 189.
*Enfants* (Les trois) dans la fournaise, 374, 375, 383, 398, 429-430.
*Entendre*, dans le Nouveau Testament, 65.
**Éphèse**, description de cette ville, 273-276 ; sédition des orfèvres dans cette ville à l'occasion de la prédication de saint Paul, 279-281 ; temple de Diane à Éphèse, 282-287 ; déesse qui y est adorée, 288-298 ; constitution politique et municipale de la ville, 301-305.
*Éphésiennes* (Lettres), lettres magiques, 274-275 ; locutions éphésiennes dans les Actes des Apôtres, 306-311.
*Épicuriens*, à Athènes, 263.
*Épines* de la couronne de Notre-Seigneur, 176-177.
*Ephphatha*, mot araméen prononcé par Notre-Seigneur, 36.
**Érostrate**, brûle le temple d'Éphèse, 282.
*Escalier* du Prétoire ou Scala Santa, 174.
**Esdras**, généralise l'institution des synagogues, 147.
**Éthicus**, sur le recensement général d'Auguste, 93.
*Éthiopien*, langue sémitique, 11.
*Étoiles*, servant aux anciens pour se guider sur mer, 336.
*Eucharistie*, souvent figurée dans les catacombes, 374, 382, 416-419.
*Eurakylon*, nom du vent du nord-est dans les Actes des Apôtres, 332.

1. *Évangiles* (Les quatre), dans les catacombes, 364, 407, 408-422.
2. *Évangiles apocryphes*, rejetés par les peintres des catacombes, 392.
**Ève**, représentée dans les catacombes, 358.

## F

**Festus**, procurateur romain, envoie saint Paul en Italie, 322.
*Figuier*, représentant l'arbre de la science du bien et du mal dans les catacombes, 426.
*Flagellation* de Notre-Seigneur, 173-174.
*Fleuves* (les quatre) du paradis terrestre, représentant les quatre Évangiles sur les monuments chrétiens primitifs, 364, 407-411.
**Forum d'Appius**, saint Paul y passe en allant à Rome, 349.
**Frise**, recensement fait dans ce pays par les Romains, 101.
**Frontin**, sur le recensement général d'Auguste, 94.

## G

**Gabbatha**, nom de lieu araméen, 30.
**Gabriel** (L'ange), représenté dans les catacombes, 413-414.
**Gadara**, ville de Palestine où l'on parle grec, 20.
**Gaïus**, compagnon de saint Paul à Éphèse, 280.
**Gamaliel**, permet l'étude de la littérature grecque, 19.

**Garamantes,** vaincus par Quirinius, 111.
**Gaules,** recensement fait dans ce pays par les Romains, 101.
*Géhenna, Géhènne,* nom araméen dans le Nouveau Testament, 34, 35.
**Gethsémani** (Jardin de), description, 169-171.
*Ghemara.* Voir *Talmud.*
**Gnide.** Voir *Cnide.*
1. **Golgotha,** nom araméen du Calvaire, 30.
2. **Golgotha,** le Calvaire, description de son état actuel, 181.
*Goûter,* verbe, dans le Nouveau Testament, 65.
*Grammaires,* grecque et araméenne, différentes, 43.
*Grammate, Grammateus,* à Éphèse, 302, 304, 305, 310.
*Grec,* n'a pas été la langue de Notre-Seigneur, 19-25.
**Grégoire** (Saint) de Nazianze, sur les difficultés de la navigation antique, 330.
**Grotius,** son opinion sur le titre de Sergius Paulus, 201.
*Grotte de l'Agonie,* près du jardin des Oliviers, 170, 173.

# H

**Habacuc,** apportant des aliments à Daniel, représenté dans les catacombes, 405.
*Haceldama,* nom araméen d'un champ près de Jérusalem, 30, 31.
*Hagada, haggâdâh,* commentaire moral de l'Écriture chez les Juifs, 160.
*Haine.* Voir *Amour.*

*Halâkâh,* commentaire juridique de l'Écriture chez les Juifs, 160.
*Hazan,* sacristain des synagogues, 156.
*Hébraïque* (*Langue*), dans le Nouveau Testament veut dire langue araméenne, 11.
*Hébraïsmes,* dans le Nouveau Testament, 59-76.
**Hémorrhoïsse,** représentée dans les catacombes, 412, 437.
**Hérennia,** Espagnole qui fait un legs pour célébrer des jeux à Thessalonique, 244-249.
**Hérode,** recensement fait en Judée avant sa mort, 102-105 ; monnaie en bronze de ce roi, 19.
**Heuzey,** explore la Macédoine, 196, 211, 213, 216, 219, 220, 221, 225, 226-228, 242, 244.
*Hiéron,* signification de ce mot, 313.
**Hillel** parle araméen, 39.
*Homélies* et sermons, leur origine, 160.
**Homonades,** peuplade de Cilicie, vaincue par Quirinius, 111, 125.
*Hosanna,* locution araméenne dans les Évangiles, 32.

# I

*Ichthus,* ou le poisson, dans les catacombes, 364-368, 388.
1. *Inscription de Lyon,* dite Table Claudienne, sur le recensement des Gaules, 100 ; *Inscription* de Secundus, 116-117 ; de Tivoli ou Tibur, 118-126 ; *Inscriptions* grecques sur Lysanias, 137, 139 ; inscription de Kertch,

en Crimée, 175; de Cypre, 205; de Philippes, 216, 219, 220, 226, 228; des politarques à Thessalonique, 238-256; d'une porte d'Athènes, 262; d'un tombeau juif à Athènes, 262; d'un éphèbe à Athènes, 271-272; inscriptions diverses trouvées à Éphèse, relatives à Diane, 292-295; à l'organisation civile de la ville, 302, 303, 305; inscription du Temple de Jérusalem, 318-319; de l'île de Malte, sur le titre de son premier magistrat, 345; de Dasummia Quiriaca, dans les catacombes, 368; inscriptions des catacombes, 356.

2. *Inscription* de la Croix de Notre-Seigneur, 184-187; fragment du titre de la Croix conservé à Sainte-Croix-de-Jérusalem, à Rome, 185.

*Intelligence*, dans le Nouveau Testament, 68-70.

1. *Interprétation* de la Bible, d'après la méthode juive, 159, 160.

2. *Interprétation* allégorique de l'Écriture dans les catacombes, 381-389.

**Isaac** (Sacrifice d'), dans les catacombes, 358, 382, 426.

**Isidore de Séville** (Saint), sur le recensement d'Auguste, 98.

## J

*Jardin des Oliviers*, description, 169-171.

**Jean** (Saint), l'Évangéliste, caractères de son langage, 54-55, 68, 72; ne décline pas certains mots grecs dans l'Apocalypse, 55; emprunts faits à son Évangile dans les catacombes, 415-422.

**Jean-Baptiste** (Saint) baptisant Notre-Seigneur, représenté dans les catacombes, 411.

**Jérôme** (Saint), particularités de sa traduction de la Vulgate, qui démontrent son origine occidentale, 80.

**Jésus-Christ**, date de sa naissance, 127; langue qu'il a parlée, 17; sa passion, 169-192. Voir *Notre-Seigneur*.

**Jonas**, son histoire, souvent représentée dans les catacombes, 374, 382, 412, 427-429.

*Joncs* de la Sainte Couronne d'épines, 176.

**Joseph** (Saint), représenté dans les catacombes, 438.

**Josèphe**, parle araméen, 37; apprend difficilement le grec, 38; cite des mots araméens, 38; lacunes dans son histoire et sur le recensement sous Hérode, 105-107; traces du premier recensement sous Hérode, 106-107.

**Judée**, soumise au tribut sous Pompée et plus tard, 104-105.

*Jugement dernier*, sa représentation au moyen âge, 377.

*Juifs* à Athènes, 262.

**Jules**, centurion de la cohorte impériale, chargé de conduire saint Paul à Rome, 322, 323, 327.

**Jules César**, ordonne un recensement général, 93.

## K

**Kalo-Limniones**, où passa saint Paul, se rendant en Italie, 329-332.

# TABLE ALPHABÉTIQUE DES MATIÈRES. 465

**Kiémer,** son arc de triomphe, 219.

## L

*Lampes* des catacombes, 356.

*Latin,* parlé par Notre-Seigneur, d'après Wernsdorf, 12; liste des mots latins employés dans le Nouveau Testament, 13-14.

**Latro;** ancienne Phénice, 331-332.

**Lazare,** ressuscité, souvent figuré dans les catacombes, 374, 420, 432-434.

*Léb.* Voir *Cœur.*

*Lecteur,* dans les synagogues, 156, 157, 159.

*Légat,* magistrat romain placé à la tête d'une province impériale, 199.

*Legio,* mot latin dans les Évangiles, 13.

*Lettres éphésiennes,* lettres magiques, 274-275.

*Libre* (Ville), ce qu'elle était dans l'empire romain, 235.

*Licteurs,* nommés dans la traduction de la Vulgate, 80; à Philippes, 221.

*Lierre* de Jonas, dans les catacombes, 428.

*Loculi,* dans les catacombes, 355.

**Luc** (Saint), caractères de son langage, 55, 62, 69, 70; explications diverses de ce qu'il dit sur le recensement de Quirinius, 113-115; emprunts faits à son Évangile dans les catacombes, 413-414; accompagne saint Paul en Macédoine, 211; exactitude de ses récits dans les Actes des Apôtres, 195-197.

**Lydie,** marchande de pourpre de Thyatire, 226.

1. **Lysanias,** dynaste de Chalcis, 131, 133.

2. **Lysanias,** tétrarque d'Abilène au commencement de la vie publique de Notre-Seigneur, 138-140.

**Lystre,** pour Myrrha, dans la Vulgate, 325-326.

## M

*Macédoine,* province romaine, 221-224.

**Madeleine.** Voir **Marie-Madeleine.**

*Mages,* dans les catacombes, 383, 412, 430, 431-432.

*Magiques* (Lettres) à Éphèse, 274-275; formules magiques en Cypre, 206.

*Main,* sortant des nuages, représentant Dieu dans les catacombes, 369-370.

*Maison* d'Anne, 173; de Caïphe, 173.

**Malte,** île où fait naufrage le vaisseau de saint Paul, 342-346.

*Mammona,* mot araméen dans le Nouveau Testament, 35.

*Manne,* figure de l'Eucharistie, dans les catacombes, 419.

*Manteau de pourpre* dont est couvert Notre-Seigneur, 175.

*Maran atha,* phrase araméenne employée par saint Paul, 37.

**Marie,** va à Bethléem avec Joseph, pourquoi, 109; représentée dans les catacombes, 413-414, 437-438. Voir *Vierge (Très Sainte).*

**Marie-Madeleine**, parfum qu'elle répand sur Notre-Seigneur, 163-167.
**Marmarides**, vaincus par Quirinius, 111.
**Marthe**, nom araméen de femme, 29.
*Martyre* (Scènes de), ne sont pas représentées dans les catacombes, 375.
**Matthieu** (Saint), caractère de son langage, 61 ; emprunts faits à son Évangile dans les catacombes, 412-413.
*Mausolée*, dans la traduction de la Vulgate, 80.
*Médailles*. Voir *Monnaies*.
**Méléagre**, dit que le grec est compris à Gadara, 20.
**Méléda**. Voir *Mélita*.
**Mélita** des Actes des Apôtres est Malte, non Méléda, 342.
*Mémoire*, faculté de l'âme, dans le Nouveau Testament, 71.
**Mercure**, nommé dans la traduction de la Vulgate, 80.
**Mérom** (Lac), le pays des alentours fait partie du royaume de Lysanias Ier, 135.
**Mésa**, sa stèle, au Musée du Louvre, 11.
**Messie**, mot hébreu et araméen, 29.
*Midrasch*, commentaire juif, 160.
*Midraschim*, commentaires juifs, écrits en araméen, 39.
*Mine*, *mna*, monnaie araméenne, 34.
**Misach**, dans la fournaise de Babylone, 398. Voir *Enfants*.
*Mna*, mine, monnaie araméenne, 34.

*Moabite* (Langue), peu différente de l'hébreu, 11.
*Modius*, mot latin dans les Évangiles, 13.
**Moïse**, dans les catacombes, 369-370, 384.
*Moissons*, dans les catacombes, 422.
**Mommsen**, sur l'inscription de Tibur, 119 et suivantes.
*Monnaie* d'Hérode, porte des légendes grecques, 19 ; *Monnaies*, de Lysanias, 135 ; de Zénodore, 136 ; de Cypre, portant le nom de Cominius Proclus, proconsul, 204 ; de Philippes, 215 ; de Macédoine, 222, 223 ; de Thessalonique, 234 ; *Monnaie* des Éphésiens représentant le temple de Diane, 285.
*Môré*, mot étranger dans le Nouveau Testament, 35.
*Mots abstraits*. Voir *Abstraits*.
*Multiplication des pains*, représentée dans les catacombes, 419.
**Munk**, son objection contre le recensement de la Judée, 104.
**Myrrha**, ville de Lycie, où saint Paul change de navire pour se rendre en Italie, 325-328.

# N

**Nabuchodonosor**, sa statue représentée dans les catacombes, 429-430.
*Naos*, signification de ce mot, 314.
*Nard*, nature de ce parfum, 164-166.
*Nardostachys jatamansi*, nard indien, 164-165.

# TABLE ALPHABÉTIQUE DES MATIÈRES. 467

*Navigation* dans l'antiquité, ses difficultés, 330, 336.

*Navire* antique, 326, 327; navire d'Alexandrie, 322, 327; la nourriture à bord, 340-341.

*Nébel, nablas*, instrument de musique, 229.

*Néfeš*, âme en hébreu, 62.

*Néocore*, signification de ce mot, 308-309.

*Noces de Cana*, représentées dans les catacombes, 416.

**Noé**, dans les catacombes, 382.

*Noms propres* de personnes, dans le Nouveau Testament, hébreux, 28; grecs, 28; latins, 28; araméens, 28.

**Notre-Dame de Paris**, Couronne d'épines de Notre-Seigneur qu'elle possède, 176; Clou du crucifiement, 182.

**Notre-Seigneur**, dans le Temple, à l'âge de douze ans, figuré dans les catacombes, 414; son portrait d'après les monuments de l'art chrétien primitif, 434-437. Voir *Jésus-Christ*.

## O

*Oliviers* du jardin de Gethsémani, 170-171.

*Onocentaure*, nommé dans la traduction de la Vulgate, 80.

*Orantes* dans les catacombes, 357.

*Orbis pictus* d'Agrippa, 96.

**Orose**, sur le recensement d'Auguste, 98.

**Orphée**, représenté dans les catacombes, 371, 382.

*Os* des suppliciés, brisés sur la croix, 187.

## P

*Pains* (Multiplication des), représentée dans les catacombes, 417.

*Paludamentum*, manteau de pourpre dont est couvert Notre-Seigneur, 175.

**Panéas**, fait partie du royaume de Lysanias I$^{er}$, 135.

*Panis nauticus* ou biscuit, pain qu'on mange sur les navires, 341.

**Paphos**, visitée par saint Paul, 205.

*Pâques*, origine araméenne de la forme de ce nom, 33-34.

*Paradis terrestre*, figure du ciel, dans les catacombes, 422.

*Paralytique*, guéri par Notre-Seigneur, représenté dans les catacombes, 416.

*Parfums* employés pour l'embaumement de Notre-Seigneur, 189; parfum de Marie-Madeleine. Voir *Nard*.

*Parole*, signifiant « chose, » dans le Nouveau Testament, 79.

*Paros* (Marbre de), nommé dans la traduction de la Vulgate, 80.

*Passion* de Notre-Seigneur, étudiée au point de vue archéologique, 169-192.

*Pasteur* (Bon), dans les catacombes, 363, 367, 368, 376, 421.

*Patience*, son nom dans le Nouveau Testament, 75.

**Paul** (Saint), parle araméen et grec, 24, 37, 55, 70; ses missions racontées par saint Luc, dans l'île de Cypre, 199-209; à Philippes, 211-229; à Thessalonique, 231-255; à Athènes, 257-272; à Éphèse, 273-311; à Jérusalem, 313-320; sa traversée de Césarée de

Palestine à Pouzzoles, 321-347 ; saint Paul représenté dans les catacombes, 439-440.

1. **Paulus** (Sergius), proconsul de l'île de Cypre, 201-205.

2. **Paulus** (Gottlob), pense que Jésus-Christ a parlé grec, 17.

*Pêche miraculeuse*, représentée dans les catacombes, 420.

*Pentateuque*, sa division pour le service des synagogues, 157.

**Périandre**, philosophe grec, nomme la conscience, 71.

**Peutinger**, sa table géographique, 96.

**Pfannkuche**, enseigne que Jésus-Christ a parlé araméen, 16.

*Pharisien*, origine araméenne de la forme de ce nom, 33.

**Phénice**, port de mer, 331-332.

*Phénicien*, peu différent de l'hébreu, 11.

**Philippes**, en Macédoine, description de cette ville, 212-214 ; son histoire, 214-215.

**Philon**, interprète allégoriquement l'Écriture, 388.

*Philosophique* (Langue), du Nouveau Testament, 60 et suivantes.

**Pierre** (Saint), parle araméen, 22-23 ; il est représenté dans les catacombes, 439-440.

*Piété, pieux*, ne sont pas nommés expressément dans les Évangiles, 75.

**Pilate**, procurateur de la Judée, 174.

**Pise**, branche de zizyphus de la Sainte Couronne d'épines qu'elle possède, 177.

*Pistique* (Nard), origine de ce mot, 165.

*Plaisir*, manière dont il est exprimé dans le Nouveau Testament, 67.

**Pline**, sur le nard, 163.

**Pnyx**, colline d'Athènes, 261, 266.

**Pococke** (Richard), découvre une inscription sur Lysanias II, 137 ; copie à Thessalonique une inscription des politarques de cette ville, 241.

*Poisson*, dans les catacombes, son sens symbolique, 364-368, 388, 397, 416 ; poisson de Jonas, 427-428.

*Politarques*, magistrats de Thessalonique, 236-241 ; leurs inscriptions, 241-255.

**Pompée**, fait la guerre à Ptolémée de Chalcis, 132-133.

*Pourpre* (Manteau de), dont est couvert Notre-Seigneur, 175.

**Pouzzoles**, port où débarque saint Paul en Italie, 347.

*Premier*, titre du magistrat qui gouvernait l'île de Malte, 345.

*Préteur*, ses fonctions, 221 ; à Philippes, 221.

*Prétoire*, à Jérusalem, 174.

**Priape**, nommé dans la traduction de la Vulgate, 80.

**Proclus** (Cominius), proconsul de Cypre, 203-204.

*Proconsul*, magistrat romain placé à la tête d'une province sénatoriale, 199 ; proconsul à Éphèse, 301.

*Propréteur*, magistrat romain placé à la tête d'une province impériale, 199.

*Proseuché*, ce que c'était, 224.

# TABLE ALPHABÉTIQUE DES MATIÈRES. 469

*Provinces romaines* au premier siècle de notre ère, leur organisation, 199 ; provinces sénatoriales et impériales, 199.

*Psyché*, nom de l'âme dans le Nouveau Testament, 62.

1. **Ptolémée**, fondateur de la dynastie des Lysanias, 132-133.
2. **Ptolémée**, géographe, sur Abila, 134.

**Publius**, Premier ou chef de l'île de Malte, 345.

**Puteoli.** Voir *Pouzzoles*.

**Pygmées**, nommés dans la traduction de la Vulgate, 80.

**Python**, nommé dans la traduction de la Vulgate, 80 ; jeune fille ayant un esprit de Python, à Philippes 227-229.

## Q

*Qadaïs*, prière juive, 161.

*Qiqaion* de Jonas, est le ricin, 428.

*Quadrans*, mot latin dans les Évangiles, 13.

**Quirinius (Publius Sulpicius)**, son histoire, 111 ; son recensement, 89-130.

## R

*Rabbi*, mot araméen dans les Évangiles, 32.

*Rabboni*, mot araméen dans les Évangiles, 32.

*Raca*, mot araméen dans le Nouveau Testament, 34.

*Raison*, n'est pas nommée dans le Nouveau Testament, 70.

*Raisonnement*, n'est pas nommé dans le Nouveau Testament, 70.

**Raphaël** (L'ange), figuré dans les catacombes, 394, 395.

1. *Recensement*, manière dont il se faisait dans les villes où l'on possédait, 107.
2. *Recensement*, de Quirinius, 89-130 ; recensement général de l'empire romain sous Auguste, 91-101 ; premier recensement de la Judée avant la mort d'Hérode, 102-109 ; rôle de Quirinius dans le premier recensement de la Judée, 110-130.
3. *Recensement*, des Gaules, 101 ; de la Frise, 101.

*Réfléchir*, dans le Nouveau Testament, 70.

**Reggio.** Voir *Rhegium*.

*Religion*, n'a pas de nom spécial dans les Évangiles, 75.

**Renan**, sur Lysanias, tétrarque d'Abilène, 139-141.

*Résurrection* souvent figurée dans les catacombes, 374.

**Reuss**, nie le recensement général de l'empire romain sous Auguste, 91, 102, 110.

*Rhamnus* (Espèce de), sert à faire la Sainte Couronne d'épines, 176.

**Rhegium**, visitée par le vaisseau de saint Paul, 347.

**Roberts**, pense que Notre-Seigneur a parlé grec, 18-25.

**Rohault de Fleury**, sur les instruments de la Passion, 177, 180, 183, 187, 188, 190.

1. **Rossi (Bernard de)**, prouve que Jésus-Christ a parlé syro-chaldaïque, 16.
2. **Rossi (J.-B. de)**, ses travaux sur les catacombes, 354.

**Rubens,** sa manière de représenter le crucifiement, 181.

### S

**Sabazis,** divinité thrace, 229.
**Sacy (Sylvestre de),** prouve contre Paulus que Notre-Seigneur a parlé araméen, 17.
*Sadducéen,* origine araméenne de la forme de ce nom, 33.
**Sainte-Chapelle,** à Paris, construite pour servir de reliquaire à la Sainte Couronne d'épines, 176.
**Saint-Sépulcre,** description, 191-192.
**Saint-Sernin,** église de Toulouse, qui possède une épine de la Sainte Couronne, 177.
*Saint-Suaire.* Voir *Suaire.*
*Saisons,* pourquoi représentées dans les catacombes, 371.
**Samaritaine,** représentée dans les catacombes, 412, 416.
**Samos** (Poterie de), nommée dans la traduction de la Vulgate, 80.
**Sanclemente,** sur le recensement de Quirinius, 115.
**Saphire,** nom araméen de femme, 29.
*Sarcophages* chrétiens des premiers siècles, 356.
*Satan,* origine araméenne de la forme de ce nom dans les Évangiles, 34.
*Saton,* nom araméen de mesure, 33.
1. **Saturninus** (Sentius), légat de Syrie, 121, 125.
2. **Saturninus** (Volusius), légat de Syrie, 121, 125.

*Scala Santa,* escalier du Prétoire de Jérusalem transporté à Rome, 174.
1. *Scribe,* chez les Juifs, son rôle, 146.
2. *Scribe* ou grammate d'Éphèse, 302, 303, 304, 305.
*Secret* gardé sur les mystères chrétiens aux premiers temps de l'Église, 386.
**Secundus** (Æmilius Palatinus), son inscription, 116-117.
*Sedile* de la croix, 180.
*Šeliah,* ministre officiant des synagogues, 156, 158.
*Sémitiques* (Langues), leur caractère, 43-49.
*Sénat* d'Éphèse, 301.
*Sens,* organes de la sensation, ne sont pas nommés dans le Nouveau Testament, 64.
*Sensibilité,* n'a pas de nom dans le Nouveau Testament, 63.
**Sepphoris,** ville de Palestine où l'on parlait grec, 19.
*Septante* (Version des), citée dans le Nouveau Testament, pourquoi, 24.
**Sergius Paulus,** proconsul de l'île de Cypre, 201-205.
1. *Serpent* qui tenta Adam et Ève, représenté dans les catacombes, 426.
2. *Serpents* dans l'île de Malte, 344-345.
**Sidon,** ville de Phénicie où s'arrêta le navire qui portait saint Paul, 324.
*Sidra,* lecture qui doit être faite dans les synagogues, 157.
**Sidrach,** dans la fournaise de Babylone, 398. Voir *Enfants.*

*Sikéra*, nom araméen d'une boisson fermentée dans saint Luc, 33.
**Silanus** (Cæcilius), 121, 125.
**Simon** le Cyrénéen porte la croix du Sauveur, 181.
**Sinope** (Terre rouge de), nommée dans la traduction de la Vulgate, 80.
**Sirènes**, nommées dans la traduction de la Vulgate, 80.
**Smith** James, écrit un livre sur le voyage et le naufrage de saint Paul, 321.
*Soif* qu'on endure dans le supplice de la croix, 179.
*Spicanard*. Voir *Nard*.
*Statue* de Nabuchodonosor, représentée dans les catacombes, 429-430.
*Stèle* de Mésa, au Musée du Louvre, 11; stèle du Temple de Jérusalem, 317-319.
*Stoïciens*, à Athènes, 263.
**Strabon**, sur le gouvernement de l'île de Cypre, 200-201; nomme Caudos, la Cauda de saint Paul, dans un fragment palimpseste, 333-334.
**Strauss**, attaque saint Luc au sujet du recensement de la Judée, 91, 101, 102, 105, 109, 110; de Lysanias, tétrarque d'Abilène, 131.
*Suaire* (Saint) de Notre-Seigneur à Turin, 190; à Cadouin, 190.
*Substance*, n'est pas nommée dans le Nouveau Testament, 74.
**Suidas**, sur le recensement d'Auguste, 97.
*Superstitions* des Athéniens, 268-269.
1. *Supplices* divers, usités chez les Juifs, 178.

2. *Supplices* des martyrs, ne sont pas représentés dans les catacombes, 375.
**Susanne**, représentée dans les catacombes, 398-402.
*Symboles* chrétiens dans les catacombes, 367-368. Voir *Interprétation* allégorique, *Poisson, Agneau, Brebis*.
*Synagogues*, leur rôle dans l'établissement du Christianisme, 142; leur origine, 145; leur forme, 148; organisation et service des synagogues, 156-162; synagogue de Kefr Berim, 151; synagogue à Athènes, 262.
**Syracuse**, ville de Sicile où s'arrêta le vaisseau de saint Paul, 346.
*Syro-chaldaïque* (Langue). Voir *Araméen*.
**Syrtes**, écueils qui menacent le vaisseau de saint Paul, 335, 336.

# T

**Tabitha**, nom de femme araméen, 28.
1. *Table Claudienne*, sur le recensement des Gaules, 98-101.
2. *Table* géographique de Peutinger, 96.
*Talmud*, la ghemara du Talmud est écrite en araméen, 38-39.
*Targumiste*, interprète des Écritures dans les synagogues, 157, 158, 159.
*Targums*, paraphrases de l'Écriture, écrits en araméen, 39.
**Tavernes (Trois)**, saint Paul y passe en allant à Rome, 348-349.

1. *Temple* de Jérusalem, description sommaire, 314.
2. *Temple* de Diane à Éphèse, 282-287.

**Tertullien**, sur le recensement d'Auguste, 98, sur l'atrocité du supplice de la croix, 179.

*Testament d'Auguste*, énumère les cens du peuple romain faits par cet empereur, 92.

*Thalitha coumi*, mots araméens prononcés par Notre-Seigneur, 22, 36.

*Théâtre* d'Éphèse, 295, 298.

**Théophraste**, son portrait du superstitieux, 268-269.

**Thessalonique**, ville de Macédoine, sa description, 231-234; ses monnaies, 234; cité libre, 234; ses *politarques*, 236-255.

**Thomas**, nom d'homme araméen, 28.

**Tibériade**, ville de Palestine où l'on parlait grec, 19.

**Titius**, légat de Syrie, 121, 125.

*Titre* de la croix de Notre-Seigneur, 184-187.

**Tobie**, divers traits de son histoire sont représentés dans les catacombes, 394-397.

1. *Tombeau* de Notre-Seigneur, 191-192.
2. *Tombeau* de Lazare, comment il est représenté dans les catacombes, 433-434.

**Toul**, sa relique du Saint Clou, 183.

**Toulouse**, épine de la Sainte Couronne conservée dans l'église Saint-Sernin de cette ville, 177.

**Trève A.**, sur la traversée de saint Paul de Césarée à Pouzzoles, 321.

**Trèves**, sa relique de la Sainte Épine, 177; du Saint Clou, 183; de la Sainte Tunique, 188.

**Trois Tavernes**, saint Paul y passe en allant à Rome, 348-349.

**Trophime** d'Éphèse, compagnon de saint Paul à Jérusalem, 314.

**Tunique** sans couture de Notre-Seigneur, 188.

**Turin**, possède le Saint-Suaire, 190.

**Tyrannus**, tient une école à Éphèse, 155.

## U

**Ulysse**, figuré dans les catacombes, 381.

**Upis**, véritable nom de la Diane d'Éphèse, 292.

## V

*Vaisseau* antique, 326-327; vaisseau d'Alexandrie, 323, 327; la nourriture à bord, 340-341.

**Vardar**, porte de Thessalonique, son inscription, 242.

**Varron**, légat de Syrie, 121, 124.

**Varus** (Quintilius), légat de Syrie, 121, 124.

**Vénus**, honorée à Paphos, en Cypre, 205.

*Verres* à fond d'or ou verres dorés, des premiers siècles de notre ère, 356, 440.

*Vertu*, comment elle est désignée dans le Nouveau Testament, 74.

# TABLE ALPHABÉTIQUE DES MATIÈRES.

**Vierge** (Très Sainte), son Annonciation représentée dans les catacombes, 413-414 ; diverses représentations de la Sainte Vierge dans les catacombes, 437-438.

*Vierges sages et vierges folles*, représentées dans les catacombes, 412-413.

*Vigne* mystique représentée dans les catacombes, 421.

*Ville libre*, ce qu'elle était dans l'empire romain, 235.

*Vipères*, dans l'île de Malte, 344-345.

*Voie Egnatia*, voie romaine qui traversait la Macédoine, 224, 231.

*Voir*, dans le Nouveau Testament, 65.

**Vossius (Isaac)**, pense que Jésus-Christ a parlé grec, 15.

## W

**Wernsdorf E. F.**, suppose que Jésus-Christ a parlé latin, 12.

**Wood**, fait des fouilles à Éphèse, 196, 277, 284, 293-298.

## Z

**Zénodore**, fils de Lysanias I<sup>er</sup>, possède la Batanée, la Trachonitide et le Hauran, 136 ; ses monnaies, 136.

*Zizyphus spina Christi*, sert à faire la couronne d'épines de Notre-Seigneur, 176.

FIN DE LA TABLE ALPHABÉTIQUE DES MATIÈRES.

BAR-LE-DUC. — IMPRIMERIE CONTANT-LAGUERRE.

www.ingramcontent.com/pod-product-compliance
Lightning Source LLC
Chambersburg PA
CBHW050252230426
43664CB00012B/1917